U0600505

现代农产品流通与创新

——北京市农产品O2O流通模式与电子商务平台框架研究

牛东来 ◎ 著

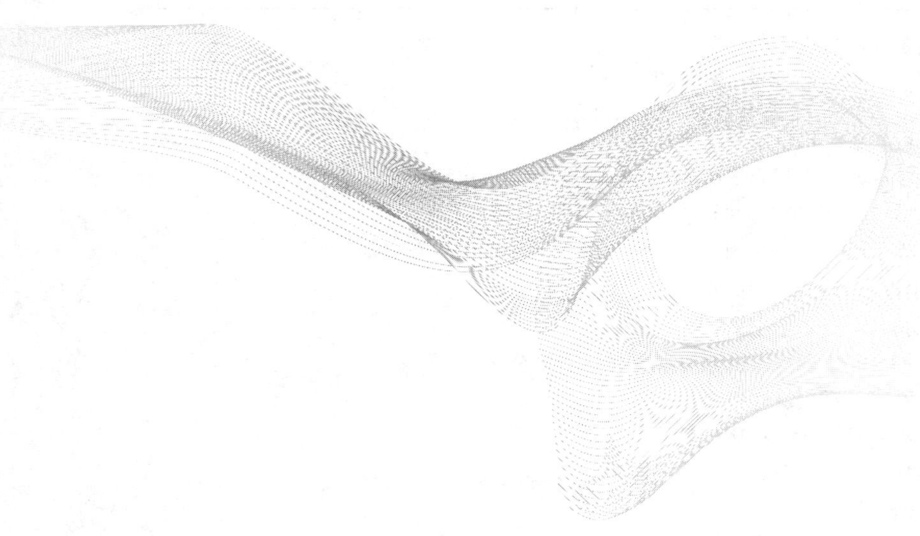

首都经济贸易大学出版社
Capital University of Economics and Business Press
·北 京·

图书在版编目（CIP）数据

现代农产品流通与创新：北京市农产品 O2O 流通模式与电子商务平台框架研究/牛东来著. --北京：首都经济贸易大学出版社，2018.8

ISBN 978-7-5638-2739-8

Ⅰ.①现… Ⅱ.①牛… Ⅲ.①农产品流通—研究—北京 Ⅳ.①F724.72

中国版本图书馆 CIP 数据核字（2018）第 001846 号

现代农产品流通与创新——北京市农产品 O2O 流通模式与电子商务平台框架研究

牛东来 著

责任编辑 赵晨志 彭 芳

封面设计 砚祥志远·激光照排 TEL：010-65976003

出版发行 首都经济贸易大学出版社

地　　址 北京市朝阳区红庙（邮编 100026）

电　　话 (010)65976483 65065761 65071505(传真)

网　　址 http://www.sjmcb.com

E-mail publish@cueb.edu.cn

经　　销 全国新华书店

照　　排 北京砚祥志远激光照排技术有限公司

印　　刷 北京玺诚印务有限公司

开　　本 710 毫米×1000 毫米 1/16

字　　数 475 千字

印　　张 26.5

版　　次 2018 年 8 月第 1 版 2018 年 8 月第 1 次印刷

书　　号 ISBN 978-7-5638-2739-8/F·1529

定　　价 65.00 元

作 者 简 介

牛东来，首都经济贸易大学教授。计算机软件理学学士、日本流通经济大学经济学硕士、中国人民大学管理学博士和中国人民大学计算机科学与技术博士后。

从事流通领域管理，计算机信息系统开发，流通业电子商务、物流和供应链管理的研究与应用推广工作近 30 年，在流通业信息化、电子商务、物流和供应链管理领域有着扎实的理论基础和丰富的实践经验。

出版《鸡蛋流通》《流通业供应链管理与电子商务模型及应用》《现代物流信息系统》《电子商务理论与实践》等著作十余部，发表《基于 CPFR 的流通业供应链协同关系模型》《我国生鲜农产品冷链物流发展问题及对策研究》《我国农产品电子商务平台发展研究》等几十篇论文。承担多项国家和省部级课题，主持多家著名企业的管理咨询、IT 规划和信息化应用项目。

主持的应用项目包括："物流山西"公共信息服务平台规划与开发实施咨询、海尔集团 CRM/VMI 分销信息平台、宝洁（中国）有限公司 DRP/DMS 分销信息系统、长安汽车集团物流 RDC/VDC 信息系统、广东新华发行集团 IT 规划及 SAP/ERP 实施项目顾问及监理、北京西单大悦城购物中心 SAP/BW 数据分析等。

前　言

我国改革开放已近40年，农产品的生产体制和流通体系不断变革。在传统的农产品流通模式中，突出的问题是流通环节烦琐、流通效率低。我国目前大部分的农产品都是经由“经纪人—产地批发商—销地批发商—零售商”的模式到达消费者手中的，烦琐的环节使得农产品的流通成本逐级增加。近年来，农产品电子商务平台不断涌现，在全国各地发展原产地农产品电子商务的强烈需求拉动下，出现了一批专业化的农产品电子商务服务商，它们成为地方政府、地方传统产业和第三方电子商务平台之间的桥梁。

北京作为超大型城市，农产品的供应与百姓的生活密切相关，是建立和谐社会、满足消费者日益增长的提高生活品质需求的重要因素。就目前的情况分析，北京的农产品流通基本上还是采用传统的模式，即农产品以销地批发市场为主，通过零售超市、社区菜市场等渠道进入千家万户。农产品电子商务作为补充，尚处于初级阶段，呈现不断探索和不断壮大的趋势，具有广阔的发展空间和发展前景。

国家非常重视农产品流通体系和农产品电子商务的发展。早在2011年12月，国务院就下发了《国务院办公厅关于加强鲜活农产品流通体系建设的意见》。2012年年底，商务部发布《关于加快推进鲜活农产品流通创新的指导意见》，提出要鼓励利用互联网、物联网等现代信息技术，发展线上线下相结合的鲜活农产品网上批发和网上零售。近几年中共中央和国务院的一号文件都把农产品流通和电子商务提到非常重要的地位加以推动。例如，2017年中共中央、国务院在中央一号文件《关于深入推进农业供给侧结构性改革加快培育农业农村发展新动能的若干意见》中指出，应促进新型农业经营主体、加工流通企业与电商企业全面对接融合，推动线上线下互动发展；深入实施电子商务进农村综合示范；鼓励地方规范发展电商产业园，聚集品牌推广、物流集散、人才培养、技术支持、质量安全等功能服务；推进“互联网＋”

现代农业行动。除了中央层面政策上的关注，各个省区也出台了多部地方政策来助力当地农产品电子商务的发展。

2015 年 1 月，首都经济贸易大学课题组承担了北京市教育委员会科技计划面上项目“北京市农产品 O2O 流通模式与电子商务平台框架研究”（KM201510038002），利用长达两年的时间，运用相关学科理论进行建模和定量分析，对北京市农产品的流通模式和流通渠道，以及电子商务平台框架进行深入的探讨，取得了一定的成果。

研究当前北京市农产品流通体系以及流通经济学、物流学、连锁经营理论和信息技术融合交叉的建模和优化的基础科学问题，其理论价值主要体现在利用相关的理论并按照农产品流通的特点，建立相关的流通模式；其实践意义在于，利用本项目所建立的农产品线下线上流通模式及信息平台框架，能够对建立北京市农产品新的流通模式提供指导和帮助，能够通过电子商务提高农产品的流通水平和效率，通过开展实证研究推动我国现代农产品流通的示范作用。

本书作为项目的成果之一，阐述了农产品流通的一般理论、现状，通过农产品经营参与主体分析，研究现代互联网背景下农产品的流通模式、电商平台的框架体系和电商物流效率，分析了农产品电商平台案例，并且采用科学方法对相关效率进行了评价。

完成本项目及本书撰写的过程，也是作者不断学习的过程。非常高兴在我国重视农产品质量安全和流通效率的今天，接触了许多关于农产品流通的新模式、新思路和新趋势。如阿里巴巴的农产品网上交易、新发地农产品批发市场的升级改造、农产品农社（区）对接和消费者直供、新零售的盒马鲜生、永辉的超级物种以及农产品信息化平台和物流公共信息服务平台的建设等。我们赶上了现代信息化和新技术驱动下的社会变革及实践大潮。

在本书即将付梓之际，衷心感谢课题组的老师和研究生同学们，感谢首都经济贸易大学的金继东、周从周老师，感谢北京新发地农副产品批发市场研究院周伟院长和农业部规划设计院孙静博士，还要感谢研究生孙开国、杨子健、赵斯惠、江亦、夏华荣、张鑫鑫、张玉、范孟会、魏鑫磊、代雨桐和郝悦同学，他们为完成本课题付出了大量劳动并贡献了学识和智慧，为本书的撰写付出了辛勤的劳动。同时也非常感谢首都经济贸易大学出版社社长兼总编辑杨玲老师和责编赵晨志老师，他们为本书的出版做了大量的工作，并给予作者极大的支持与鼓励。

本书参考了国内外大量的书籍和资料以及互联网网络的信息和文章，在全书的结尾以参考文献的形式列出，在此对相关的作者和机构表示诚挚的谢意。

由于农产品流通及电子商务尚处于不断发展之中，社会的变革和信息技术的飞速发展将不断产生新的理念和应用模式，加之作者的水平有限，还需要不断地学习和提高，书中难免会有一些不全面、纰漏和错误之处，希望广大读者和专家学者给予批评指正，共同促进和推动我国农产品流通和电子商务的持续发展。

本课题的出版得到了北京市教育委员会科技计划面上项目“北京市农产品 O2O 流通模式与电子商务平台框架研究”（KM201510038002）的资助。

牛东来

目　录

1　北京市农产品流通综述

在传统的农产品流通模式中，突出问题是流通环节烦琐、流通效率低下。我国目前大部分的农产品都是经由“经纪人—产地批发商—销地批发商—零售商”的模式到达消费者手中的，多次交易使得农产品的流通成本逐级增加。我国果蔬、肉类、水产品流通腐损率分别达到30%、12%、15%，仅果蔬一类每年损失就达到1 000亿元以上，蔬菜流通成本占总成本的比重达到54%，蔬菜在流通环节的成本是世界平均水平的2～3倍。

北京作为特大型城市，农产品的供应与百姓的生活密切相关，是建立和谐社会的重要因素。就目前的情况分析，北京的农产品流通基本上还是采用了传统的模式，以销地批发市场为主，通过零售超市、社区菜市场等渠道，进入到千家万户。

农产品电子商务在2013年迎来快速发展的一年。首先新农人群体崛起，他们活跃在各类网络社交平台上，成为领域内最具活力的群体，在各类电子商务平台上积极推动着农产品电子商务的实践，这一年对于农产品电子商务是一个从草莽到规范化、品牌化、平台化转型的一年。生鲜农产品一直是农产品流通领域的重点和难点，2013年在淘宝网（含天猫）平台上，生鲜相关类目（水产肉类/新鲜蔬果/熟食）连续两年保持快速增长，2012年同比增长99%，2013年呈现加速态势，增速高达194.58%。截至目前，从事电子商务交易的农产品平台包括以技术和平台为支撑的电子商务平台、以物流和平台为支撑的电子商务平台、以企业与产品为支撑的电子商务平台和以依托超市的物流和第三方平台为支撑的电子商务平台，以及线上线下贯通的电子商务平台等，历经市场的“风风雨雨”，还有几十家在“奋力拼搏”。

农产品流通关系到消费者的生活水平和生活质量以及百姓的幸福指数，解决好北京市农产品流通问题是具有理论价值和实践意义的大事。

1.1 农产品流通与O2O概述

1.1.1 农产品流通概念

1.1.1.1 农产品的概念

农产品是农业生产的产品，包括粮食、水果等种植产品和禽畜及衍生品等养殖产品以及各个地区的土特产等。国家规定的初级农产品是指农业活动中收获的植物、动物及其产品，不包括经过加工的各类产品。

1.1.1.2 什么是流通

流通，或称商品流通，是指商品从生产者开始到消费者手中所经过的流转的全部过程。马克思曾指出“流通是商品所有者的全部相互关系的总和”。流通包括商流、物流、信息流与资金流。

流通也即商品的运动过程。广义的流通是商品买卖行为以及相互联系、相互交错的各个商品形态变化所形成的循环的总过程，它使社会生产过程永不停息，周而复始地运动。狭义的流通是商品从生产领域向消费领域的运动过程，由售卖过程（W—G）和购买过程（G—W）构成，它是社会再生产的前提和条件。

1.1.1.3 农产品流通

结合现代流通理论，农产品流通即以脱离农业生产领域的农产品为中心发生的一系列物质运动过程和相关的技术信息的组织、管理等活动的总和。农产品流通涉及农产品的运输、储存、加工、包装、装卸搬运、配送和信息管理等一系列环节，并且在这一过程中实现了农产品价值增值和组织目标。

农产品流通业一头连接生产，一头连接消费，是农产品生产和消费之间的桥梁。在产品日益丰富的今天，农产品的现代流通将扮演越来越重要的角色，成为活跃消费、改善人们生活质量水平的主要途径之一，更是刺激生产、提高效率和降低成本之外的第三利润来源。

1.1.1.4 农产品流通模式

农产品流通模式是指在农产品流通体系中，为了更好地实现流通的价值、

节约流通中的成本、保证流通中流体的质量和安全、提高流通的效率，基于流通不同环节而形成的相关技术、装备、设施的集成利用范式。

1.1.1.5 农产品商流与物流

现实的经济活动常常可以划分为生产活动、流通活动和消费活动三方面，物流活动是包含在流通活动之中的。农产品流通从机能上来看，分为商流和物流两大类。商流是一种以货币为媒介的买卖交易，其最终目的是实现农产品的价值。农产品物流则是一种追加的生产过程，它克服时间和空间的阻碍，通过提供有效、快速的农产品输送和保管等服务来创造农产品的效用。

1.1.1.6 农产品商流与物流关系

现代农产品流通涵盖了与农产品相关的生产、流通和消费领域，连接了供给主体和需求主体。也就是说，它从传统的只涉及商品流通领域的销售扩展到了生产前和生产过程中的物质、信息流通过程，而且还向生产之后的市场营销活动、售后服务等领域发展，涉及企业经营的每一个领域。农产品流通首先是从商流开始的，通过生产者与消费者之间农产品所有权的转移来实现价值效用。在商流中必然产生农产品实体的让渡，而这种让渡在市场极大发展的市场经济阶段往往遇到时间和空间的阻隔。为了实现消费者满意，农产品物流以较低的成本和优良的服务完成农产品实体从供应地到消费地的运动，促进商流有效地开展。因此，农产品商流与农产品物流密不可分，相互联系，共同构成农产品流通。

1.1.2 农产品流通的构成要素

1.1.2.1 农产品流通的基本要素

（1）人是农产品流通中的主体

农产品流通系统的正常运转需要人来完成，这个系统运作的最终目的也是为了满足人的需求。从整个农产品流通系统来看，人的作用渗透在农产品的生产、销售以及流通流程的设计、实施等各个环节。从最终流通系统的产品来看，农产品从生产出来直至到达消费者手中都是为了让消费地居民能够享受到优质、低价的时令果蔬。“依靠人的贡献，满足人的需求”是农产品流通的核心，发挥人在农产品流通工作中的积极性、主动性和创造性是非常重要的。

（2）物是农产品流通中的唯一对象

农产品流通中的物是指整个农业生产中所有粮食作物、蔬菜、瓜果、特产畜牧产品等产出的原材料及其加工的半成品、成品等。农产品流通存在的目的就是把这些物品从生产地转移到消费地，来满足人们的生活需要。

（3）市场是农产品流通的场所

农产品流通市场是指提供从事与农产品流通有关的各方交易行为及其组成供需体系的场所，这里的场所不受空间概念的限制。农产品流通市场包括为达成农产品交易而存在的各种农产品经济组织、政府部门、个人等，各种运输载体，必要的信息等方面，所以农产品流通市场也是农产品流通基本要素中很重要的一部分。

（4）电子商务平台是农产品流通的桥梁

平台是指某些支撑的环境，在此基础之上开展相关作业和工作。软件平台是指计算机应用所需要的计算机硬件或软件的操作与基础环境。电子商务平台即电子商务网上销售平台，是指从事商品流通的商家、互联网公司或其他公司在网络上建立的虚拟门店，用于开展商品的宣传、推广、销售及评价等，包括商业企业自身建立的电子商务平台，也包含由第三方或技术公司所建立的供商家进行网上交易的网上集市或网上购物中心。

电子商务的兴起以及所开展营销的跨区域特征，使得农产品在电子商务平台上（如淘宝、顺丰优选、沱沱工社等）所开展的销售迅猛发展，为农产品的流通开辟了新的渠道，并在新农人、新农村和农产品与广阔消费者之间搭建了桥梁。

（5）资金是农产品流通的保障

农产品流通的交易需要有资金作为资本，同时也需要有一定的流通设施和设备，农产品流通系统的构建需要一定数量的资金支持。由于农产品流通范围较大、品种繁多，而且需要一定的运输保管条件和先进的设备设施，这就要有大量的资金作为保障。

1.1.2.2 农产品流通的辅助要素

（1）流通设施

流通设施是组成农产品流通的物质条件，主要包括运输线路、保管仓库、车站码头机场、加工中心、配送中心、流通园区等。

（2）流通设备、工具

流通设备、工具是农产品流通中的载体，所有流通活动都需要通过它们来具体执行，具体包括运输设备、包装工具、装卸机械、各种加工保管工具等。

（3）组织管理

农产品流通是一个对组织管理要求非常高的行业，供应链各个环节之间要密切配合，需要对整个过程有一个统筹的规划，才能保证农产品运输、保管等活动的顺畅进行。

（4）流通信息体系

农产品流通运转是否有效，与流通信息体系的健全关系密切。强大的信息网络能够保证农产品的有效流动。不论农产品的供应还是需求都有一定的目的性，准确的信息能使供应和需求量化，不但实现“物畅其流”，还能取得产品有效供应的效果。

（5）行业的标准化

为了使整个流通过程流畅、快捷，形成高效运转的整体，就必须实现农产品流通行业的标准化。农产品流通标准化的建立解决了各个环节的接口问题，有利于推动这个行业的发展，加快与世界范围内农产品流通接轨。

（6）法律法规

法律法规是农产品流通行业要遵守的运行规则，也是政府鼓励和支持市场公平竞争、有序发展的依据。完善的法律法规能促进行业的发展，为企业和个体创造稳定的环境。

1.1.3 农产品流通特性分析

农产品自身具有自然属性和经济属性的特点，使得其流通过程表现出诸多矛盾，由此也决定了其流通的基本特性。

1.1.3.1 农产品特性分析

（1）农产品的生产特性

①土地的小农制度。目前，我国农业生产实行家庭联产承包责任制。这一制度有利于提高农民生产的积极性，有利于农村的稳定和为农民提供社会保障，有利于保障国家粮食安全，有利于加强城乡联系，对我国农村经济的发展起到了很大的促进作用。但是这种小农经济也使得单个农产品生产者与市场接轨困难。单个农产品生产者的产量只是市场需求量极其微小的一部分，需要集中多数农产品生产者的全部产品才有可能满足社会需求，因此要求农产品流通在产地阶段具有集货功能。

②生产的季节性。农业生产受到自然条件的限制，具有明显的季节性，而消费者对农产品的需求大多是全年性的。反季节农产品的生产成本高，受各种条件限制，推广面积小、产量低，无法满足需求。因此，为了解决农产品供求时间的脱节问题，要求农产品流通必须具备加工或者储存等运销服务的功能。

③生产的分散性。农产品的生产分散在广大的空间，存在于全国各地。并且，农产品生产遭受的自然风险比较多，产量不稳定。因此，要求农产品流通具备良好的运输条件和仓储调节功能。

④有机不可分割性。农业生产的产品皆为有生命的动植物，需要一定的成长时间和空间，人们无法完全控制其生长状态，也无法做到让其规格一致（如：大小、重量、甜度等）。因此，在运输或者贩卖之前需要进行分级与标准化处理。这也是对农产品流通的要求。

（2）农产品的消费特性

①消费的少量性。农产品的消费主要以家庭和个人为单位，每个消费单位的购买量很小，购买行为分散。

②多频度性。农产品的需要是经常性的，并且农产品大多易腐、不易储存，所以一般家庭或者消费单位都要每天或隔几天即往市场采购新鲜的农产品。

③需求量的固定性。农产品主要是用于满足人们基本生存需要的必需品，其需求受价格或者收入变动的影响很小，其最低需求量是一定的。

④消费的习惯性。一般的消费者对农产品有着不同的偏好和食用习惯，这种习惯根深蒂固很难改变。例如，南方人习惯吃米，北方人习惯吃面，

等等。

（3）农产品的固有属性

①易腐性。农产品一般易腐，寿命短。为保持产品新鲜度及品质，在储藏期间和运输途中需要有良好的低温与保鲜技术，或进行急速冷却、加工处理等作业。这对农产品流通的技术提出了较高要求。

②比重高。农产品一般单位价值很小，即比重较高。这一方面给农产品的运输、储存和包装造成了很大负担，另一方面也提高了有关作业与营运的成本。

③品质差异大。农产品的生长受自然条件的影响很大，其产品品质无法保证统一，因而农产品流通中查看产品实物的“验货”交易势在必行。要根据品质差异进行分类，采取不同的包装、运输方式等。

④价格波动大。由于农产品大多属于生活必需品，而且其产量变动不大，这就使得农产品的需求价格弹性和收入弹性都比较小。当供给增加时，需求变化非常小，但是价格变化却非常明显。因此，各种原因造成的农产品供给变化都会导致价格的大起大落。

1.1.3.2 农产品流通的基本矛盾

通过以上分析，发现农产品特殊的生产、消费特征及其作为商品的特殊性质，使得农产品从生产到消费的流通过程中表现出诸多矛盾。由农产品特性衍生的农产品流通的基本矛盾，主要表现在以下几个方面。

①农产品生产的地域性与消费的全域性的矛盾。许多农产品是此地生产、彼地消费，一地生产、各地消费，几地生产、全国消费。我国900多个粮食生产基地县的产量占全国粮食总产量的80%，全国300多个植棉县的产量占全国的80%。改革开放以来，在全国形成了许多特色农业地区，这必然产生生产与消费空间的矛盾。

②供给和需求的矛盾。农业生产受自然条件的制约和影响，使产量不稳定，不是丰收就是歉收，由此产生了供给与需求之间的矛盾。需求不变，丰收则供大于求，歉收则供小于求，造成市场价格大幅波动。这一矛盾要通过异地调剂与利用仓储来解决。

③农产品季节性生产与全年消费的矛盾。解决这一矛盾的办法就是储存

保鲜。

④需加工的特性与消费及时性、绿色要求的矛盾。农产品是有生命的动物性、植物性产品，只有通过加工才能到达消费者手中，这便产生了需加工的特性与消费及时性、绿色要求的矛盾。这一矛盾只有通过农产品流通过程的增值服务来解决。

⑤千家万户的小生产与千变万化大市场的矛盾。让千家万户小生产方式生产出来的农产品进入流通领域，按消费者的要求到达市场，必须形成更加完善的农产品流通系统。

⑥一国农产品生产的局限性与消费的全球性的矛盾。世界上任何一个国家，不可能什么都生产，所以必须互补，形成了农产品的全球流通。另外，一个国家的气候与地理条件适合于生产某种农产品，必然出现供大于求形成出口，另一些农产品无法生产需要进口。

解决以上六大矛盾是对农产品流通的基本的、必然的要求。

1.1.3.3 农产品流通的基本特性

为了解决由农产品自身自然和经济特性而衍生的矛盾，满足农产品生产和消费的需要，农产品流通必然要具备一定的基本特征。由农产品流通基本矛盾决定的农产品流通基本特征主要有以下几个方面。

①农产品流通的运作具有相对独立性，对技术要求高、专业性强、难度大。农产品自身的生化特性和特殊重要性决定了它在基础设施、仓储条件、运输工具、技术手段等方面具有相对独立的特性。农产品是鲜活的动物性、植物性产品，在农产品储运过程中，为使农产品的使用价值得到保证，需采取低温、防潮、烘干、防虫害等一系列技术措施。这并非仅靠交通部门就能做到的，它要求有配套的硬件设施，包括专门设立的仓库、输送设备、专用码头、专用运输工具、装卸设备等。鲜活农产品具有的含水量高、保鲜期短、极易腐烂变质等特点；使得对鲜活农产品在仓储、包装、运输等环节的技术要求大大提高。而且，农产品流通中的发、收以及中转环节都需要进行严格的质量控制，以确保农产品质量、品质达到规定要求。

②加工增值是发展农产品流通的重要环节。农民生产出来的农产品，大部分都要经过加工处理后才能满足消费者的需要。因此，农产品很大部分价

值是在离开生产领域之后实现的。所以，加工增值是农产品流通的重要内容。加工环节的矛盾是农产品流通环节的主要矛盾，解决加工环节的矛盾，就抓住了农产品流通的主要问题。

农产品加工增值和副产品的综合利用是减少农产品损耗、延长其保存期限、提高农产品附加值、丰富人民生活、使农产品资源得以充分利用的重要途径。因此，农产品加工是农产品流通中一个不可缺少的重要组成部分，具体包括研磨、抛光、色选、细分、干燥、规格化等生产加工和价值贴付、单元化和商品组合等促销加工作业，这些工序保障农产品流通能顺利进行。

③农产品流通存在明显的季节性和地域性。农业生产的季节性和地域性，决定了农产品生产和运销的季节性与地域性，进而使农产品流通表现出同样的属性。季节转换使农产品品种发生变化，形成季节性流通。同时，不同地区气候、土壤、降水等存在差异，有各自适宜种植的品种，使农产品产生品种、产量和质量差异，形成地域性流通。这正是农业生产的季节性与消费的全年性、生产的地域性与消费的普遍性之间的矛盾。

④农产品流通的主要流向是从农村到城市。农产品的生产地一般情况下在农村，广大的农产品消费者却生活在远离农村的城市之中。要满足城市对农产品的消费需求，实现农产品商品化，必须先将农产品从农村转移到城市，这是实现农产品商品化的前提。农产品流通正是在这一前提下，准确、快捷地把农产品传送到消费者手中，完成其向商品转化即实现农产品最终价值的过程。

1.1.4 O2O 概念及农产品 O2O 流通模式

1.1.4.1 O2O 及其发展

O2O 即 online to offline（在线离线/线上到线下），这个概念最早来源于美国，是指将线下的商务机会与互联网结合，让互联网成为线下交易的前台。在该模式下，消费者在网上下单并完成支付，获得极为优惠的订单消费凭证，然后到实体店消费。

作者在上述概念基础上进行了延展，认为应上升到商业模式的高度看待和分析 O2O 的概念。O2O 可以理解为 online to offline 或 offline to online。前者是将网上的虚拟商店发展到网下实体门店，进行网上网下融合，发挥各自优势克服各自缺陷的一种经营模式；后者则是将网下实体门店同网上门店相融合，发挥实体门店优势和网上优势的经营模式。

从目前的状况看，O2O经营模式还没有成功和成熟的先例，天猫、京东等电商平台，试图拓展和推动网上与网下实体融合的尝试，苏宁等一大批实体零售企业都纷纷发展网上业务，拟通过网上业务与大的电子商务平台抗衡与竞争。

在O2O早期即1.0阶段的时候，线上线下初步对接，主要是利用线上推广的便捷性把相关的用户集中起来，然后把线上的流量倒到线下，主要集中在线上团购和促销等领域。在这个过程中，主要存在单向性运作、黏性较低等特点。平台和用户的互动较少，基本上以交易的完成为终结点。用户更多地受价格等因素驱动，购买和消费频率等也相对较低。

O2O发展到2.0阶段后，基本上已经具备了目前大家所理解的要素。这个阶段最主要的特色就是升级为服务性电子商务模式。这种模式包括商品（服务）、下单、支付等流程，把之前简单的电子商务模块转移到更加高频和生活化场景中来。由于传统的服务行业一直处在一个低效且劳动力消化不足的状态，因此在新模式的推动和资本的催化下，出现了O2O的狂欢热潮。上门送餐、上门生鲜、上门化妆、滴滴打车等各种O2O模式层出不穷。在这个阶段，由于移动终端、微信支付、数据算法等环节的成熟，加上资本的催化，用户数出现了井喷式增长，使用频率和忠诚度开始上升，O2O和用户的日常生活开始融合，成为生活中密不可分的一部分。但是，在这中间，有很多看起来很繁荣的需求（由于资本的大量补贴等），虚假的泡沫掩盖了真实的状况，许多并非刚性需求的商业模式开始浮现。

OTO发展到3.0阶段后，开始了明显的分化。真正的垂直细分领域的公司开始凸现出来，如专注于快递物流，专注于高端餐厅排位，专注于白领快速取餐。与此同时，垂直细分领域的平台化模式得到发展，由原来的细分领域的解决某个痛点的模式开始横向扩张，覆盖到整个行业。

1.1.4.2 农产品O2O研究现状

随着技术的不断创新和快速迭代，移动互联网和智能终端的日益普及为

新的商业模式O2O开创了极大的应用场景，各个产业都在不断进行模式创新和服务创新。作为一种新型的电子商务交易模式，O2O对包括农产品流通在内的传统行业产生了广泛的影响，引起了学术界的热议。

国内外学者对农产品O2O的研究一般分为流通模式的创新、流通渠道的改进和消费者行为的研究。周毅（2012）、徐丽艳（2010）、张晓阳（2007）等认为，目前我国农产品流通模式中的流通链条长、效率低、损耗大、基础设施简陋、农民农业知识不全面、缺少农产品加工企业，这些问题导致我国农产品流通不畅。针对我国鲜活农产品物流体系中的问题，邓俊淼（2010）、赵洁（2010）等改进了农产品流通模式，提出了“超市+批发市场”的鲜活农产品物流运作模式。而胡定寰等针对农产品的质量安全问题，提出了基于供应链管理的“超市+农产品加工企业+农户”的新型农产品流通模式。汪旭晖、张其林（2014）研究了以不同流通主体为核心的农产品O2O模式，构建了农产品O2O的基本框架并分析了其运行机制，采用信息化系统和数据集成处理技术的协同策略保证O2O的高效运行。张应语、张梦佳（2015）等通过感知收益—感知风险框对消费者购买意愿进行了研究，研究表明，消费者的信任、感知收益和感知风险直接影响购买意愿，消费者的知识、总体态度间接影响购买意愿，并给出了一些营销指导意见。董津津、陈学云（2015）通过对农产品流通过程存在的问题进行归纳和关键要素分析，提出以优化农产品零售终端为切入点，引入农产品O2O交易平台的概念，来强化“线上线下”交易，从而实现农产品“物畅其流”。秦芬、张佳倩（2016）分析了现阶段我国农产品O2O模式的类型、产品特点和O2O模式对消费者、农产品经营者和农产品生产者的影响，提出利用闭环O2O和C2B模式进行营销，实现生产者、经营者、消费者的共赢。徐伟（2017）通过对农产品O2O营销模式的优势和劣势的分析，对O2O模式发展提出了保持信誉、提高服务质量等对策和建议。

杰夫·霍普金斯（Jeff Hopkins，2009）研究了2000年美国农场主互联网与电子商务的使用情况。罗尔夫·穆勒（Rolf A. E. Mueller，2012）论述了电子商务在农业生产贸易发展中的背景、当前发展状况及农产品电子商务贸易的意义。妮可尔·勒鲁（Nicole Leroux，2011）指出行业结构、产品的复杂性，认为交易的高门槛是影响农业在电子商务中应用的重要因素，并且对农产品电子商务未来的发展起着重要作用。杰森·亨德森（Jason Henderson，2010）利用调查问卷方法，发现在农业生产资料企业的供应链中，与上游供应商的交易可能会更多地采取电子商务，因此在已经建立好的供应链中交易量的增加是电子商务交易增长的主要源泉。保罗·威尔逊（Paul Wilson，2013）分析了电子商务在农业中如何发展的问题，并描述了互联网在农产品贸易中已有的进展及其在未来发展的前景。方、库雪希（Y Fang 、I Qureshi，2014）研究了一个在线供应商和在线顾客重购意向之间的信任关系，发现正向调节顾客的满意和信任之间的关系，可以提高客户对过去的交易经验与供应商的依赖。门蒂玛吉·萨罗（Mantymaki. Salo，2013）基于 UTAUT 模型，利用 Habbo Hotel 的用户数据，分析了虚拟社区的购物行为。李慧娟（Huijuan Li，2017）提出优化“互联网+”时代的农产品 O2O 供应链的关键是整合优化各地区、各企业和各行业的供应链流程。

1.1.4.3 农产品 O2O 发展趋势

未来农产品电子商务的主要挑战表现为：农产品生产碎片化现象严重，品牌化程度低，农产品电子商务运营亟待提升，冷链物流依然是重要瓶颈，农产品电子商务人才短缺等问题。

展望今后，农产品电子商务的基础设施将持续完善，更多的创新模式不断涌现，中国农产品电子商务将会继续迅猛发展。

首先，专业化的农产品电子商务服务商崛起。在全国各地发展原产地农产品电子商务的强烈需求拉动下，一批专业化的农产品电子商务服务商将涌现，它们将成为连接地方政府、地方传统产业和第三方电子商务平台的有力纽带。

其次，跨境农产品电子商务崭露头角。更多优质的海外农产品将通过电子商务平台进入中国家庭的餐桌，同时，借助“速卖通”等平台，部分特色农产品的出口量也将显著提升。

最后，移动和 O2O 向农产品电子商务加强渗透。交易终端无线化，已经是我国电子商务的重要发展趋势，农产品面临同样的发展趋势，如何通过无线互联网拉进农业生产者和消费者的距离、以 O2O 的方式增强消费者体验，

是农产品电子商务的重要方向。

1.1.5 农产品O2O流通模式研究的意义

国家非常重视农产品流通体系的发展。2011 年 12 月 13 日国发办下发《国务院办公厅关于加强鲜活农产品流通体系建设的意见》。2012 年 8 月国发办下发《国务院关于深化流通体制改革加快流通产业发展的意见》。2012 年 12 月商务部下发《商务部关于加快推进鲜活农产品流通创新的指导意见》。

各级政府对于农产品电子商务也是愈发重视。2012 年年底，商务部发布《关于加快推进鲜活农产品流通创新的指导意见》，提出要鼓励利用互联网、物联网等现代信息技术，发展线上线下相结合的鲜活农产品网上批发和网上零售。2014 年 1 月，中共中央、国务院印发《关于全面深化农村改革加快推进农业现代化的若干意见》，提出要启动农村流通设施和农产品批发市场信息化提升工程，加强农产品电子商务平台建设。2017 年中共中央、国务院在中央一号文件《关于深入推进农业供给侧结构性改革加快培育农业农村发展新动能的若干意见》中指出，应促进新型农业经营主体、加工流通企业与电子商务企业的全面对接融合，推动线上线下互动发展。深入实施电子商务进农村综合示范。鼓励地方规范发展电子商务产业园，聚集品牌推广、物流集散、人才培养、技术支持、质量安全等功能服务。推进“互联网 +”现代农业行动。除了中央层面政策上的关注，各个省区也出台了多项地方政策来助力当地农产品电子商务的发展。

1.1.5.1 理论意义

从本质上来讲，本项目研究的是流通经济学、物流学、连锁经营理论和信息技术融合交叉的建模和优化的基础科学问题，其理论意义主要体现在利用相关的理论并按照农产品流通的特点，建立相关的流通模式，并通过电子商务实施，具体表现在两个方面。

第一，本项目研究流通经济学、物流学、连锁经营理论和信息技术融合后对农产品流通模式的变换，以及农产品生产者、经纪人、批发市场、零售超市和消费者等多方主体的电子商务交易模式，涉及线下实体流通和线上网络营销融合后的商流、物流、资金流和信息流的各种形态。该研究对农产品流通多因素影响复杂条件下的理论及建模方法的发展，具有较强的理论意义。

第二，基于新的农产品流通模式下的电子商务信息化平台是一个新的研究领域，与现有的商品交易平台有非常大的区别。阿里巴巴的淘宝和天猫所构建的是农产品的提供者和消费者之间的信息沟通，其物流通过第三方完成。而本项目所研究的是基于实体的农产品批发市场与网上交易的融合，研究如何建立物流配送中心、资金清算中心及信用体现中心等，研究如何构建信息平台的技术架构及其功能问题。

1.1.5.2 实践意义

最主要的实践意义就在于本项目研究的成果，即所建立的农产品线下线上流通模式及信息平台框架，能够对建立北京市的农产品新的流通模式提供指导和帮助，开展的实证研究能够起到推动我国现代农产品流通的示范作用。

本项目的研究理论、方法和思路，对于研究我国其他地区农产品的流通具有推广价值，特别是涉及农民利益和满足消费者需求的大问题。在目前我国政府和百姓关注“三农”问题的时期，研究农产品流通和电子商务问题具有较好的参考价值。

因此，要促进我国农产品线下线上流通模式及电子商务的发展，必须在理论和技术方面进行创新，提高我国农产品流通的应用水平和管理水平，减少浪费、提高流通效率，满足市场的需要和消费者的需求。

1.2 北京市农产品流通渠道

1.2.1 北京市农产品的消费特征

据北京市统计局公布的数据显示，2016 年年末全市常住人口 2 172.9 万人，比上年末增加 2.4 万人。其中，常住外来人口 807.5 万人，占常住人口的比重为 37.2%。常住人口中，城镇人口 1 879.6 万人，占常住人口的比重为 86.5%。全市农林牧渔业产值 132 亿元，比 2015 年减少 8.7%，占全市生产总值的 0.5%。全市农业观光园 1 258 个，比上年减少 70 个；观光园总收入 28 亿元，比上年增长 6.3%。设施农业实现收入 54.4 亿元，比上年下降

2.0%。全年实现市场总消费19 926.2亿元，比上年增长8.1%。实现社会消费品零售总额11 005.1亿元，比上年增长6.5%。其中食品类商品2 296.7亿元，占比20.9%，比上年增长5.4%。

北京市作为我国的首都，人口已经超过2 000万人，属于特大型城市，农产品是市民生存的必需品，具有其特殊性及区别于其他地区的消费特征。

1.2.1.1 农产品生产逐年减少、消费逐年增加

从北京市统计局的数据分析，北京市农产品的生产产量近年来呈下降趋势，下降原因主要是城镇化建设的推进，农业耕地和从事农业人口减少。而消费数量在逐年增长，增长原因有：一是近年来北京市常住人口的增长，尽管近年来特别是2016年增长幅度大大减少；二是全年全市居民人均可支配收入的明显提高以及物价上升所带来的影响。

1.2.1.2 农产品消费多元化特征

北京市市民对农产品消费呈现出多元化的特征，包括品种多元化、来源多元化和层次多元化。

品种多元化是指消费农产品的品种种类众多，蔬菜、果品和禽蛋常年保持稳定的供应，基本不受季节的影响和生产产地的限制。据新发地农产品批发市场公布的数据，常年供应的主要蔬菜、果品、禽蛋、水产和粮油等达到500多种。

来源多元化是指农产品从国内不同的产地集聚到北京，大量的进口水果从全世界汇聚北京，使得北京不仅成为消费地，而且成为辐射华北和东北、西北的农产品集散地。

层次多元化是指农产品的品种档次呈现出多元化特征，不仅有大量普通百姓消费的蔬菜和水果，也有大量满足高端消费需求的反季节蔬菜产品和各种进口水果。不同层次的消费者都可以在不同的季节采购到不同层次的农产品，以满足不同消费层次的需求。

1.2.1.3 农产品消费模式的多级分散特征

北京市农产品的消费模式呈现多级分散特征，主要表现在交易的多级、物流的多级、信息的不对称和消费人口的分散等方面。

交易的多级是指农产品大部分是从销地批发市场通过各级流通环节最终

到达消费者手里的。大部分消费者都是在社区购买蔬菜和水果，购买渠道有超市、社区菜市场和餐馆、食堂等。这些农产品往往需要经过生产者、经纪人到销地批发市场，再从销地批发市场通过超市或菜贩、果贩或通过餐馆、食堂到达消费者手中，中间需要经过多次交易。即使是利用新兴的电子商务平台，受采购量的局限，大量的产品也需要从批发市场采购。

物流的多级是伴随着交易的多级而产生的。北京作为特大型消费城市，绝大部分农产品是从全国各地或国外汇聚而来，其运输和储存等物流是必不可少的。从目前农产品的流通模式看，还达不到商流物流分离，或共同物流和共同配送的水平。农产品电子商务也存在“最后一公里”的配送成本问题，以及农产品全程冷链问题。

信息的不对称是指农产品的质量和价格在供应链中存在不对称的现象。农产品的农药残留和转基因等食品安全问题、有机产品和品牌的质量问题以及农产品的价格问题等，都存在生产者、销售者与消费者之间的不对称，使得消费者在购买农产品时无法辨别和判断其价值的合理性。

消费人口的分散是指由于北京拥有 16 个区/县，共 147 个街道、38 个乡和 144 个镇，常住人口 2 172. 9 万人分布在总面积 16 412 平方公里的区域内，农产品的消费除了主城区面积 1 369 平方公里的 1 283 万人，还有分散的 92% 区域的 41% 的人口，导致主城区和其他区域的农产品流通模式和消费不同。

1. 2. 1. 4　农产品消费结构的升级演化

从农产品消费结构升级看，目前我国农产品消费正在发生一系列结构性变化，工业化、城镇化、市场化、农产品价格和收入增长是产生这种结构性变化的根源。农产品消费结构的升级所导致的需求增长往往具有较大的弹性，不同产品之间存在替代关系。一些产品需求出现峰值，加工食品、更有营养和附加值的食品将进一步替代初级食品，农产品消费的范围不断拓宽，农产品质量要求和精细加工水平不断提高，农产品浪费增加，总体需求快速增长。

食物消费结构升级是未来推动我国农产品消费增长最主要的动力。根据联合国粮农组织发布的食物平衡表中提供的数据，中国人均每日摄入食物能量以及蛋白质、脂肪等营养成分的数量与欧美国家仍有较大差异，但接近或相当于日本和韩国的水平。随着城乡居民收入快速增长，食品消费结构将快

速升级，人均直接食用的口粮和蔬菜数量将略有减少，产品质量会有所提高。人均油脂消费目前还处于快速增长阶段，但增长速度将放慢。在动物蛋白消费方面，全国肉、蛋、奶等人均消费量将快速增长。

1.2.2　北京市农产品的来源

1.2.2.1　销地批发市场

北京市的农产品主要来源为几大农产品批发市场，包括新发地、大洋路、八里桥、锦绣大地农产品批发市场等。其中，新发地为主要农产品批发市场，其农产品销售数量占比为全北京市的80%左右。而这些批发市场的农产品来自全国各地，按照季节从南到北或从西向东汇聚北京。

北京新发地农产品批发市场是以蔬菜、果品、肉类批发为龙头的国家级农产品中心批发市场，成立于1988年5月16日，经过30余年的建设和发展，现已成为首都北京乃至亚洲交易规模最大的专业农产品批发市场，在世界同类市场中具有很高的知名度和影响力。

市场现占地1 120 000平方米，管理人员1 500名，主要经营蔬菜、果品、肉类、粮油、水产、副食、调料、禽蛋、菌类、茶叶、种子等农副产品。现有固定摊位5 558个，定点客户8 000多家，日均车流量3万多辆（次），客流量6万多人（次）。市场日吞吐蔬菜1 500多万公斤、果品1 600多万公斤、生猪3 000多头、羊3 000多只、牛200多头、水产1 800多吨。形成以蔬菜、果品批发为龙头，肉类、粮油、水产、调料等十大类农副产品综合批发交易的格局。为服务首都的四个中心，保障和满足首都农产品供应，维护首都稳定，促进中国农业增产、农民增收做出了重大贡献。

据新发地农产品批发市场统计，2014年的蔬菜来源主要为河北、山东、东三省和北京，占比为55%；水果来源主要为广东、河北、山东、海南、湖北、湖南，占比为52%。来源统计如图1-1所示。

1.2.2.2　农超对接

农超对接（“Farming - Supermarket” Docking）指的是农户和商家签订意向性协议书，由农户向超市、菜市场和便民店直供农产品的新型流通方式，主要是为优质农产品进入超市搭建平台。“农超对接”的本质是将现代流通方

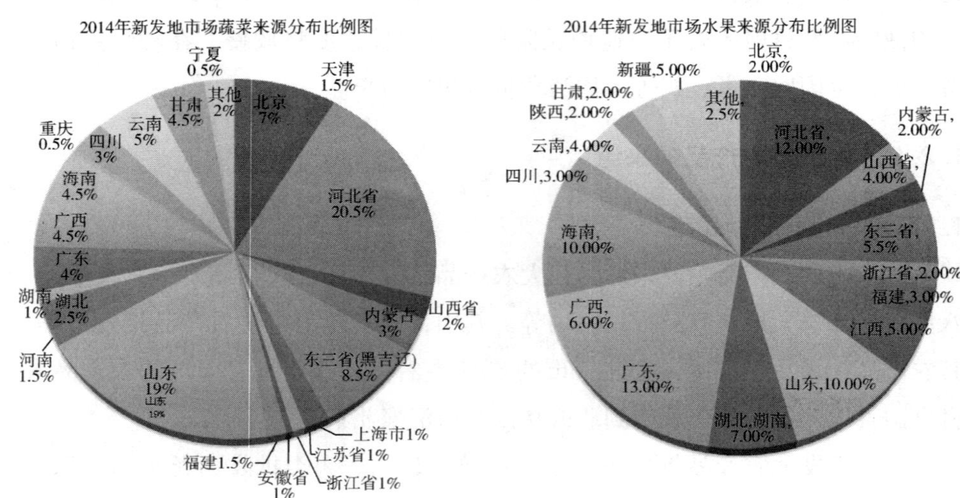

图 1－1　2014 年北京市新发地农产品批发市场蔬菜水果来源统计

式引向广阔农村，将千家万户的小生产与千变万化的大市场对接起来，构建市场经济条件下的产销一体化链条，实现商家、农民、消费者共赢。

农超对接是国外普遍采用的一种农产品生产销售模式，目前，亚太地区农产品经超市销售的比重达 70% 以上，美国达 80%，而中国只有 15% 左右。

随着大型连锁超市和产地农民专业合作社的快速发展，部分地区已经具备了鲜活农产品从产地直接进入超市的基本条件。开展鲜活农产品“农超对接”试点，积极探索推动鲜活农产品销售的有效途径和措施，是减少农产品流通环节、降低流通成本的有效手段，有利于实现农产品从农田到餐桌的全过程质量控制。

北京市商务委流通处相关负责人 2011 年 7 月 30 日透露，2010 年本市家乐福、沃尔玛等 6 家大型超市宣布加入农超对接联盟，2011 年年底与永辉等 8 家连锁超市实现农超对接，市民从超市购买的蔬菜将比现有价格便宜至少 20%。

1.2.2.3　种养殖基地

种养殖基地是以下游企业或需求单位所主导的，采用自有土地及设施或租用土地及设施，从事农产品种植或畜禽产品养殖的场所或地点。

北京的一些超市如京客隆，承包河北的一些农用土地进行蔬菜的种植，并通过生鲜配送中心将蔬菜提供给所属超市，直接销售给消费者。

1.2.2.4　产地直供

电子商务的兴起使得消费者向产地的农户或农业合作社等进行直接订货成为可能，也推动了产地直供模式的形成。在商流可以直接对接的背后，其物流还需要第三方的支撑，特别是保质期短和保质条件要求高的生鲜蔬菜和水果，需要快捷的物流保障，使消费者获得优质的产品。

1.2.2.5　少部分本市生产区域

北京市拥有13个郊区农林牧渔业生产单位。2016年北京市农林牧渔业总产值338.1亿元，蔬菜及食用菌产量183.6万吨、禽蛋18.3万吨、牛奶45.7万吨，以及生猪出栏数275.3万头，主要供本市人口消费。

北京市知名的农产品有小汤山蔬菜、平谷大桃、大兴西瓜，以及昌平的京白梨和草莓、怀柔板栗等。

1.2.3　北京市农产品流通渠道分析

综上所述，通过对北京市农产品的来源进行分析，我们可以清晰地判断本市农产品流通的渠道并深入研究本市农产品流通的模式，主要包括以下五种模式。

1.2.3.1　销地批发市场集散模式

销地批发市场集散模式（如图1－2所示）即农产品从多区域、多渠道汇集至销地批发市场再进行市内流通的模式，北京市新发地农产品批发市场采取的就是这种模式。该模式的流通主体与流通渠道有以下几种：

①农户—经纪人/农民合作社—产地批发商—销地批发商—超市/餐馆/菜市场—消费者；

②农户—产地批发市场—销地批发商—超市/餐馆/菜市场—消费者；

③农户—经纪人/农民合作社—销地批发商—超市/餐馆/菜市场—消费者；

*④农户—经纪人/农民合作社—销地批发商—农产品交易平台—餐饮—消费者；

*⑤农户—经纪人/农民合作社—销地批发商—农产品交易平台—消费者。

以上＊号表既属于销地批发市场集散模式又属于电子商务平台中介模式。

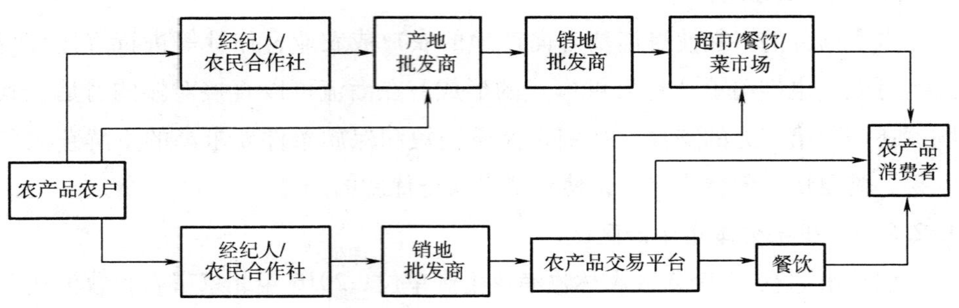

图 1－2　销地批发市场集散模式

1.2.3.2　农超对接模式

农超对接模式（如图 1－3 所示）即农产品与超市直接对接，市场需要什么，农民就生产什么，既可避免生产的盲目性，稳定农产品销售渠道和价格，又可减少流通环节，降低流通成本（通过直采可以降低流通成本 20%～30%），给消费者带来实惠。其包括订单与种养殖基地模式。该模式的流通主体与流通渠道有以下几种：

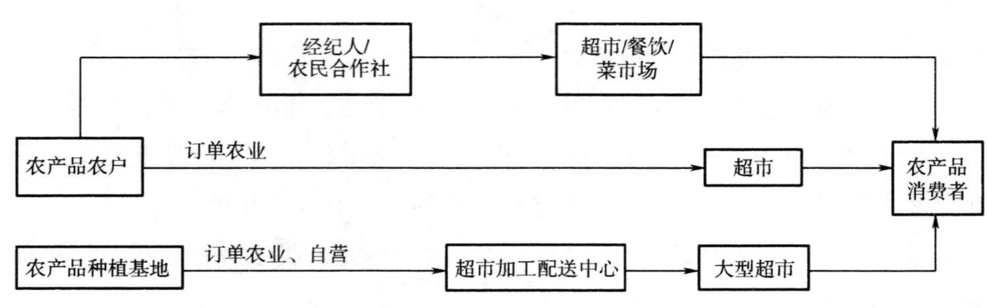

图 1－3　农超对接模式

①农户—经纪人/农民合作社—超市、餐馆、菜市场—消费者；

②农户（订单农业）—超市—消费者；

③种植基地（订单农业、自营）—大型超市—消费者。

1.2.3.3 电子商务平台中介模式

电子商务平台是一个为企业或个人提供网上交易洽谈的平台，在供应商和消费者之间起信息沟通作用（如图1－4所示）。企业、商家可充分利用电子商务平台提供的网络基础设施、支付平台、安全平台、管理平台等共享资源有效地、低成本地开展自己的商业活动，如阿里巴巴的淘宝和天猫等。该模式的流通主体与流通渠道有以下几种：

①农户—经纪人/农民合作社—农产品交易平台—餐饮—消费者；

②农户—经纪人/农民合作社—农产品交易平台—消费者；

③农户—经纪人/农民合作社—农产品交易平台—展示店—消费者；

④农户—农产品交易平台—加工企业—展示店—消费者；

⑤农户—经纪人/农民合作社—农产品交易平台—加工企业—展示店—消费者；

⑥种植基地（订单农业、自营）—农产品交易平台—加工企业—展示店—消费者；

⑦农户—经纪人/农民合作社—销地批发商—农产品交易平台—超市/菜市场—消费者。

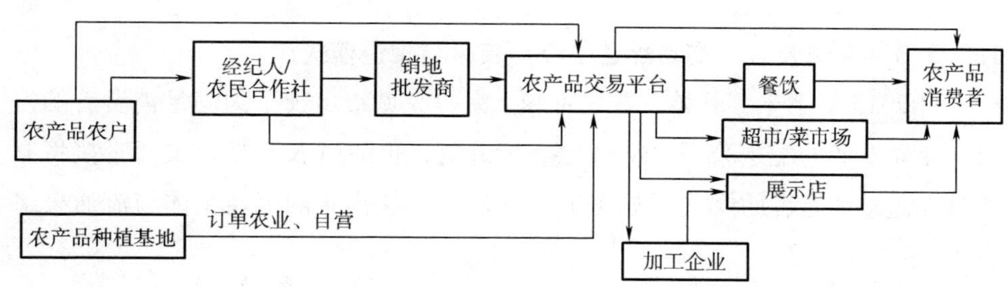

图1－4 电子商务平台中介模式

1.2.3.4 电子商务的产地直供模式

电子商务的产地直供模式（如图1－5所示）即消费者通过电子商务平台向农产品生产者或中间商下订单，将产品从产地直接通过快递送达消费者的模式，如沱沱工社、顺丰优选等。该模式的流通主体与流通渠道有以下几种：

①农户—农产品交易平台—消费者；

②农业企业—农产品交易平台—消费者；

③农户—农产品交易平台—展示店—消费者；

④种植基地（订单农业、自营）—农产品交易平台—展示店—消费者；

*⑤农户—经纪人/农民合作社—销地批发商—农产品交易平台—餐饮—消费者；

*⑥农户—经纪人/农民合作社—销地批发商—农产品交易平台—消费者。

以上＊号表示既属于销地批发市场集散模式又属于电子商务平台中介模式。

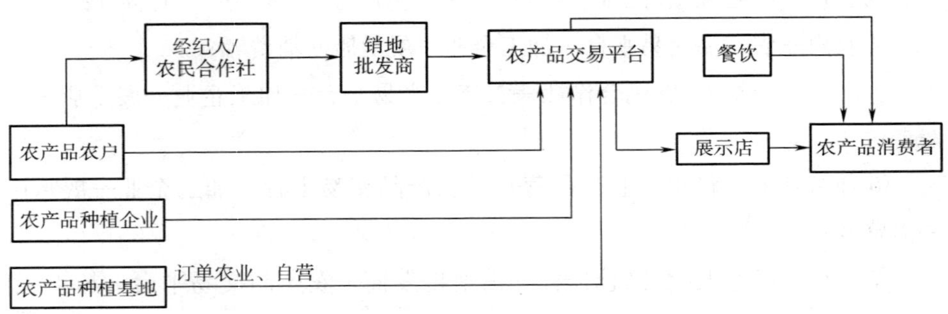

图1－5　电子商务的产地直供模式

1.2.3.5　配送公司（交易配送中心）集采与配送模式

自2015年下半年开始，在北京和上海等大城市出现了为满足消费者的需求，建立专业的配送公司，从产地直接进货，再通过农产品批发商直接将农产品提供给消费者的模式（如图1－6所示）。该模式的流通主体与流通渠道主要为：

农户—经纪人/农民合作社—配送公司（交易配送中心）—农产品批发商—消费者。

图1－6　配送公司（交易配送中心）集采与配送模式

1.3 北京市农产品流通数量及分析

北京市占地面积16 412平方公里、拥有常住人口2 172.9万人口，人口聚集且流动人口多。2015年全年北京市社会农产品及其加工品消费累计1 008.68亿元，而2015年农林牧渔行业累计生产总值为142.6亿元，缺口为866.08亿元，意味着有85.9%的农产品需要从外埠补充。北京市属于典型的消费型特大城市。

消费型城市是对应于生产型城市的一个概念。与生产型城市相比，消费型城市在城市环境、经济和社会等方面均具有明显的特征，并以提供丰富的消费产品和其强大的消费需求支撑城市的经济基础。消费型城市不仅通过消费来拉动本城市的经济发展，同时辐射周边，对于区域和国家的经济发展都有重要作用。消费型城市主要通过服务产业来促进消费，包括生产者服务业和消费者服务业，以满足生产者、消费者的服务需求，提供不同形式的服务劳动和服务产品。

1.3.1 北京市农产品产量及分析

北京市在“十一五”期间着眼建设“创新、和谐、宜居新北京”，在“十二五”期间着眼建设“人文北京、科技北京、绿色北京”。从2003年起，北京市蔬菜种植面积和产量呈逐年下降趋势，图1－7显示了2011—2015年北京市蔬菜（含食用菌）播种面积及产量，由图中可以看出，播种面积及产量逐年下降，且有加速下降的趋势。其中，播种面积由2011年的66 796.9公顷下降到2015年的54 270.7公顷，降幅达到18.8%；产量由2011年的296.9万吨下降到205.1万吨，降幅达到30.9%。

不仅蔬菜种植面积、产量不断降低，单产水平也略有下降。据《北京统计年鉴》统计，2014年北京市蔬菜种植面积5.75万公顷，蔬菜产量236.16万吨，单位面积平均产量4.11万公斤/公顷；到2015年，北京市蔬菜种植面积5.43万顷，蔬菜产量205.1万吨，单位面积平均产量3.78万公斤/公顷。

在自给水平低的情况下，受自然资源、发展导向、政策要素等多方面制

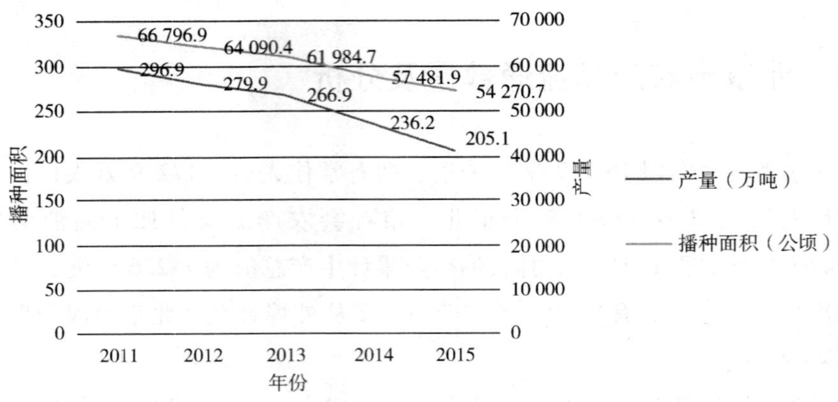

图 1－7　北京市 2011—2015 年蔬菜（含食用菌）播种面积及产量

约，北京市蔬菜种植面积增长空间十分有限。从蔬菜布局上看，根据《北京农村统计年鉴》的调查，北京市蔬菜种植主要集中在大兴、通州、顺义、密云等生态涵养发展区。从蔬菜品种上看，北京种植的蔬菜品种包括油菜、卷心菜、菠菜、芹菜、萝卜、番茄、黄瓜、菜豆、南瓜、茄子等常见品种，并根据地理区位及气候条件，形成近郊主要生产叶菜和特菜，远郊主要生产大路菜的种植格局。2011—2015 年北京市主要农产品数量如表 1－1 所示。

表 1－1　2011—2015 年北京市主要农业产品数量　（单位：万吨）

年份	粮食	油料	蔬菜及食用菌	干鲜果品	牛奶	肉类	猪牛羊肉	禽蛋产量	水产品
2011—2015	458.3	4.9	1285	397.5	307.3	205.1	134.9	87.1	33.9
2011	121.8	1.4	296.9	87.8	64	44.4	27.6	15.1	6.1
2012	113.8	1.3	279.9	84.3	65.1	43.2	27.3	15.2	6.1
2013	96.1	1	266.9	79.5	61.5	41.8	27.9	17.5	6.4
2014	63.9	0.7	236.2	74.5	59.5	39.3	26.9	19.7	6.8
2015	62.6	0.6	205.1	71.4	57.2	36.4	25.2	19.6	8.2

1.3.2　北京市农产品消费分析

由于消费地点众多及转运环节较长，目前学界、产业界以及相关政府部门对北京市蔬菜消费情况的统计、测算结果具有较大差异。目前较为主流的

观点有两类：一是根据2010年北京市农业局的统计结果，北京市人年均蔬菜消费量为480公斤；二是根据北京市统计中心测算，北京市人日均蔬菜及水果消费量为1公斤。根据北京市农业局2011—2015年对居民、餐厅、高校以及各级市场中的蔬菜及水果消费、流转、浪费情况的全面调研结果（尚未公开），北京市人日均蔬菜及水果消费量接近1公斤，此数值也在北京市价格监测中心进行典型调研后得到了印证。本书采用北京市人日均蔬菜消费量1公斤的观点，通过计算得出，北京市日蔬菜及水果消费量约为2.5万吨，全年蔬菜及水果消费量约为912万吨。

以2016年为例，全市年产蔬菜（含食用菌）仅183.6万吨，结合测算出的当年需求量912万吨，可知北京每年蔬菜自给率仅占20%，难以满足众多人口对新鲜蔬菜的刚性需求，因此所需要的大部分蔬菜均由外省调入。由此可见，北京市农产品输入量远远大于输出量，蔬菜输入量高达728.4万吨。

表1－2显示了2011—2015年北京市居民农产品消费支出情况，可以看出北京市农产品年消费支出逐渐增加，且五年内增幅达到42.7%。

表1－2　2011—2015年北京市农产品年消费支出　（单位：亿元）

年份	农产品年消费支出
2011	707.00
2012	768.34
2013	833.49
2014	894.18
2015	1 008.68

北京市居民农产品人均年支出主要可以分两种，分别是北京市城镇居民农产品人均年支出和北京市农村居民农产品人均年支出，由图1－8可以看出，2011—2015年北京市居民农产品人均年支出逐年上升，且北京市城镇居民农产品人均年支出与北京市农村居民农产品人均年支出之间的差距逐渐减小。由此，可以总结出北京市主要农产品消费有以下特点。

一是城镇居民农产品消费的支出较多。2011—2015年北京市城镇居民在农产品消费方面的平均年度人均支出为4 030.8元，农村居民的平均年度人均支出为2 074元，城镇居民在此方面的支出约为农村居民的1.94倍。

二是农村居民农产品消费的支出增幅较大。城镇居民2011—2015年在农产品消费方面的年度人均支出增速约为31.3%，农村居民2011—2015年在农产品消费方面的年度人均支出增速约为79.9%。由此可见，城镇居民与农村居民在农产品消费方面的差距逐步缩小。

三是农产品消费在食物支出中的比重上升。根据可获得的数据，城镇居民农产品消费在食物支出中的比重由2011年的51.2%上升为2015年的60.7%；农村居民农产品消费在食物支出中的比重由2011年的45.6%上升为2015年的67.5%。此外，随着农产品种类丰富、外出就餐增加以及健康意识增强，北京市农产品消费已开始向多元化、特色化、品质化发展。

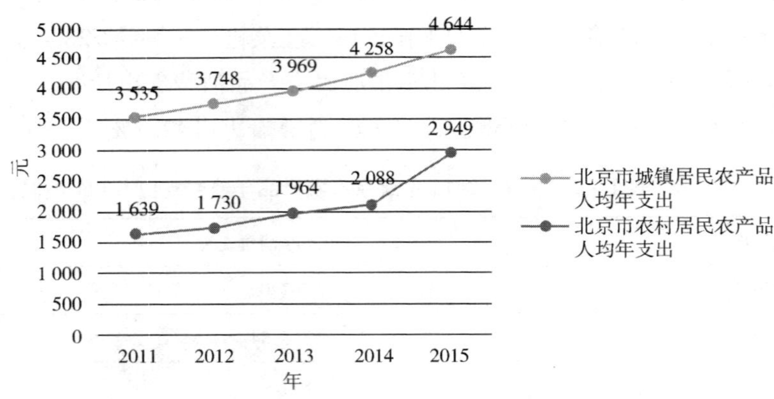

图1-8 北京市居民农产品人均年支出

1.3.3 北京市各大农产品批发市场数据分析

当前，北京2 172.9万市民每天所消耗的农产品主要由新发地批发市场、大洋路批发市场、锦绣大地批发市场等各大批发市场供应。这些传统的米袋子、菜篮子、果盘子、鱼池子承载着保障首都农产品供给的功能。

1.3.3.1 北京市新发地批发市场

新发地批发市场（以下简称“新发地”）是北京市乃至全国规模较大的批发市场，是首都名副其实的大“菜篮子”和大“果盘子”，是以蔬菜、果品批

发为龙头，拥有肉类、粮油、水产、调料等十大类农副产品的综合批发市场。

2016 年新发地蔬菜交易量为 689. 14 万吨，比 2015 年的 690. 94 万吨下降了 1. 8 万吨，这是新发地 1988 年成立来，蔬菜交易量首次下降。出现交易量下降的不仅仅是蔬菜，食用油、牛羊肉、水产品、调料、干果等产品交易量在 2016 年均有下降。不过，交易额的变化却呈相反趋势，逐年增长，2016 年新发地交易额达 721 亿元，比 2015 年（606 亿元）增长 19%，交易额增长率甚至也高于 2015 年（13%）。

蔬菜交易量的增减取决于人口的多少，新发地蔬菜交易量的降低与北京疏解政策分不开，因为人口刚需在减少。2017 年的政府工作报告也显示，2016 年北京常住人口增量、增速继续保持“双下降”，城六区常住人口实现了由增到减的“拐点”。北京目前蔬菜品种有 261 个，水果品种也达到 270 个以上。北京农产品交易市场的功能实际正在被便民菜店和直通车所代替，新发地也将成为本市农产品的配送中心。目前，新发地已经有社区直通车、便民菜店 500 多个。2017 年，新发地将新配 1 000 辆电动“直通车”，直接向北京城内社区送菜，每一辆“直通车”可辐射 2 个社区。在价格上，由于减少了中间环节、降低了成本，这些“直通车”和便民店的菜价会高于市场批发价，但会低于超市等零售店。

未来，新发地也将迎来“变身”。2016 年，新发地占地规模将减至 600 亩，在保证营业面积基本不变的情况下，退出的 1 000 多亩土地由政府统一安排。根据计划，新发地蔬菜交易楼将动工建设。再过两三年，新发地将不再有露天交易，场内还会进行绿化升级。

1.3.3.2 北京市大洋路批发市场

大洋路批发市场位于京城东南郊三环路东侧的十八里店乡大洋路商业街中段，毗邻京沈和京塘高速公路，是联系东北、华北及华南各省区产地与市场的必经路，物流主要辐射 CBD 商业、使馆区和经济技术开发区京泰物流港。大洋路批发市场现占地面积已达 32. 6 万平方米，建筑面积 7 万平方米，保鲜冷库容量为 12 500 吨。市场投资总额 11 430 万元，固定资产总额 8 419 万元，流动资产总额 2 033 万元。市场吸引了 20 多个省区大批量的蔬菜、水果及农副产品。

大洋路批发市场按经营类别划分为五大交易区（蔬菜区、果品区、海鲜区、商住楼区，以及鲜肉、粮油、调料等厅棚区），固定摊位2 000多个，拥有17.6万平方米的经营场地和停车泊位，可容纳5 000辆车同时发货，每天有4万人次和近万辆车次进出市场，各类商品日吞吐量约1万吨。肉类日均量为：猪日均1 600头，牛日均69头，羊日均1 322只，白条鸡日均20吨，活鱼日均100吨。随着经营模式的转变衍生出专业配送公司达到275家。交易额千万元以上的商户350多家。2016年全年交易量362万吨，交易额280亿元。

1.3.3.3 北京市锦绣大地批发市场

锦绣大地批发市场位于海淀区阜石路，距西五环0.8公里，距西四环3.5公里，交通便利，总建筑面积50余万平方米。目前市场已建成5个特色交易区（建筑面积共40 000平方米）、3座大型冷库及20 000平方米的仓储区、10 000平方米道路和10 000平方米的绿化区。此外，还建有现代化农产品安全质量检测中心，基础设施比较完善，具有良好的经营条件。

此前，作为北京西部地区最大的农副产品交易市场，锦绣大地批发市场的农副产品供应覆盖北京超过三分之一的市场需求，年交易额约为260亿。过去锦绣大地批发市场进口干果交易量和调料交易量位列北京市第一，粮油交易量和肉类交易量位列北京市第二。此外，它可以保证北京市三天的食物供应，是北京的“米袋子”。目前该市场已经成为北京最重要的肉类产品批发集散地之一。

随着非首都功能的疏解，锦绣大地通过线上线下一体化发展，向电子商务升级转型，直接服务于北京广大市民。锦绣大地商务在线2015年7月15日上线运行，到2016年年底，交易额累计近70亿元。

1.4 本项目的研究内容及创新点

1.4.1 本项目的研究内容

本项目将重点研究以下三个方面的问题。

1.4.1.1　农产品 O2O 流通模式研究

本项目以北京市为研究范围，充分考虑特大型城市的特点及消费者的需求，以农产品流通渠道为研究对象，通过农产品经营的主导者、农产品生产者、第三方物流配送企业、销售网点和消费者等多方主体参与，研究流通经济学、物流学、连锁经营理论和信息技术融合之后对农产品流通的影响及所发生的变化。项目涉及线下实体流通和线上网络营销融合后的商流、物流、资金流和信息流的各种形态的电子商务交易模式，需要研究成本问题、运营机制，以及社会资源利用等方方面面，研究的问题比传统农产品流通更为复杂。

目前比较常见的农产品电子商务模式有目录模式、信息中介模式、虚拟社区模式、电子商店模式、电子采购模式、供应链整合模式、第三方电子交易市场模式等。哪种模式比较适合北京的现状并易于推广，是否需要根据该体系的具体特征进行相应改进，以及如何改进等，这些问题都需要深入研究。

1.4.1.2　O2O 农产品流通信息化平台框架研究

在确定以上农产品流通模式的基础上，构建 O2O 的电子商务信息化平台架构。主要研究平台的技术体系，所涉及的应用功能和主要数据规范，以及应用流程等方面。

研究内容包括电子商务信息化总体设计原则与技术路线、平台体系结构、总体集成、功能结构、数据字典与数据规范、数据结构、业务流程等。

1.4.1.3　农产品流通信息化平台案例及应用分析研究

以北京新发地农副产品批发市场或其他农副产品批发市场为依托，经过案例的实证分析，对 O2O 环境下所提出的农产品流通模式与电子商务平台框架进行修正，形成既符合流通经济学、物流学、连锁经营理论，又具有实际操作可行性的农产品流通模式，便于进行推广应用，为“三农”产业创造价值，为百姓提供优质放心的农产品。

1.4.2　预期取得的突破和创新

O2O 农产品流通模式不同于传统的农产品流通模式，这里所研究的电子商务平台也不仅仅是网上的农产品销售，与目前所流行的 O2O（online to offline，即线上到线下）也有所不同，是 offline to online 即线下到线上的应用，或更确切地说，是线下线上的融合形式，更加具有研究价值和应用价值。

首先，在政府和各级部门重视农产品流通和食品安全，以及电子商务飞速发展的当代，利用流通经济学、物流学、连锁经营理论，结合电子商务，研究北京市特大城市的农产品流通模式，解决“三农”问题和百姓的日常生活保障问题，具有新颖性。

第二，根据构建的现代 O2O 农产品流通模式，对所必需的电子商务平台进行构架，既具有理论研究意义，又具有现实应用价值，解决了主要的技术和数据规范问题。通过案例分析和研究，提出适用于北京市的农产品流通新模式和解决方案。

1.5 本项目的研究思路与方法

1.5.1 研究思路和方法

本项目——北京市农产品 O2O 流通模式与电子商务平台框架研究是一个难度较大、具有现实挑战性和复杂性的问题，也是一个全新的研究课题。我们在继续研读相关文献及调研的基础上，综合运用流通经济学、物流学、连锁经营理论以及电子商务理论等学科的研究思路和方法，对农产品的线下和线上流通模式进行充分的理论推导、算法设计和仿真实验研究，运用电子商务信息化的思想，对电子商务平台框架进行研究和设计。通过实际的案例，提供北京市农产品 O2O 流通模式与电子商务平台框架及优化方案。

本项目采用归纳法和演绎法相结合的技术方法。从提出问题和研究内容入手，针对现实问题，利用相关理论和实际运行模式，归纳提炼出北京市农产品 O2O 流通模式，再根据电子商务信息化的特点和优势，以及目标和方法，提出电子商务平台框架，通过实证分析进行优化，形成示范推广方案，解决项目所提出的问题并完成项目的内容，以及指导其他区域和相关领域项目的实践。

1.5.2 研究结构与路径

本项目的研究结构与路径如图 1－9 所示。

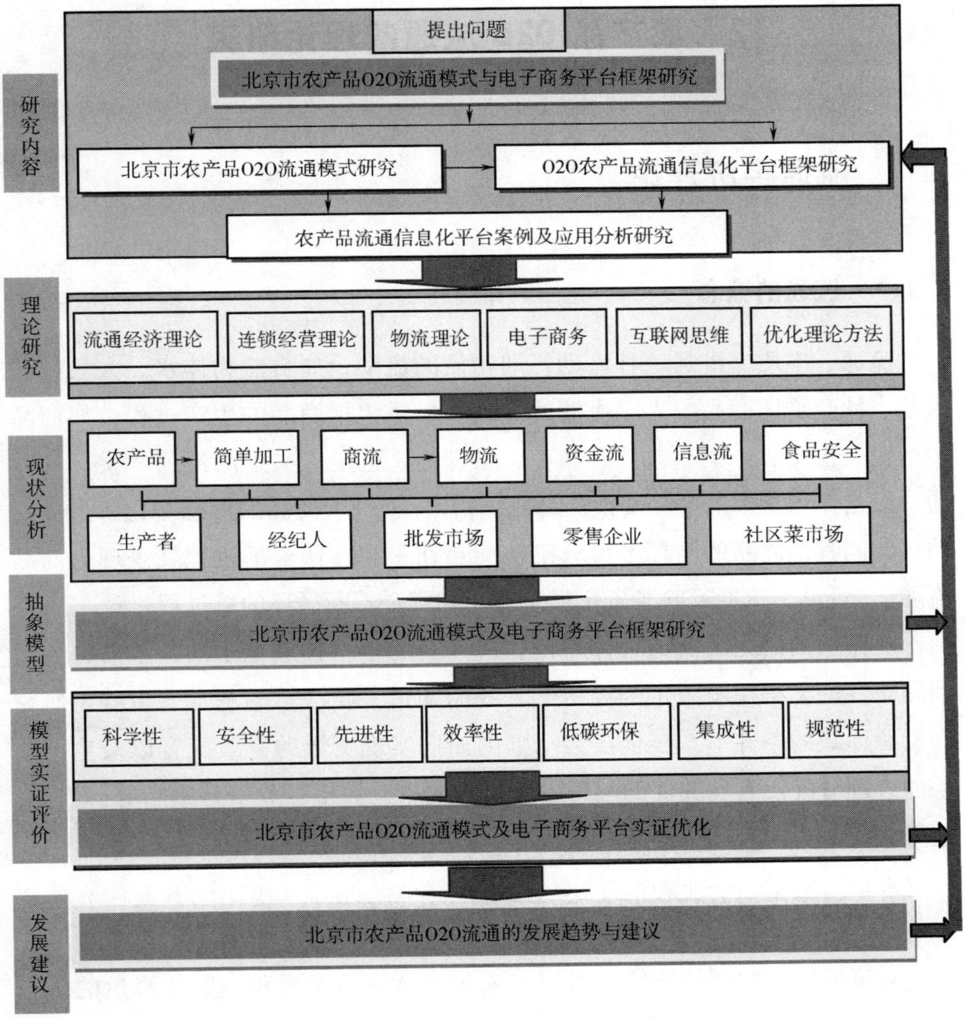

研究内容

提出问题

北京市农产品O2O流通模式与电子商务平台框架研究

北京市农产品O2O流通模式研究 → O2O农产品流通信息化平台框架研究

农产品流通信息化平台案例及应用分析研究

理论研究

流通经济理论 | 连锁经营理论 | 物流理论 | 电子商务 | 互联网思维 | 优化理论方法

现状分析

农产品 → 简单加工 | 商流 → 物流 | 资金流 | 信息流 | 食品安全

生产者 | 经纪人 | 批发市场 | 零售企业 | 社区菜市场

抽象模型

北京市农产品O2O流通模式及电子商务平台框架研究

模型实证评价

科学性 | 安全性 | 先进性 | 效率性 | 低碳环保 | 集成性 | 规范性

北京市农产品O2O流通模式及电子商务平台实证优化

发展建议

北京市农产品O2O流通的发展趋势与建议

图 1－9 北京市农产品 O2O 流通模式与电子商务平台框架研究的结构与路径

2 农产品O2O流通的理论研究

2.1 流通经济理论

2.1.1 流通的概念

流通，本质上讲是一种流动，即物质的流动，如自然物体水、大气等的流动，社会物体商品、人、血液的流动等，还包括商品的生产过程，如商品的运输、检验、分类、包装、储存、保管等。这是广义上的流通。狭义的流通一般指作为货币的商品交换。马克思指出，"每个商品的形态变化所形成的循环，同其他商品的循环不可分割地交错在一起，这全部过程就表现为商品流通"。可见，流通反映了资金形态转化和资金不断循环的总过程。

对流通的研究因流通客体不同，所涉及的学科领域也不同，本书将流通问题研究的学科视角限定为经济学。我们知道，经济学的基本逻辑就是研究在资源稀缺的条件下，在全社会范围内如何实现资源的有效配置以及生产成果的合理分配。它所关注的问题是交换、成本、效率、竞争与垄断等，因此，这里将流通界定为"人类生产成果或生产要素的流动"。

2.1.2 流通问题的研究视角与流通理论的学科属性

对流通问题的理论研究，可以有宏观和微观两个视角。宏观视角的研究所关注的重点是流通的纵向过程，即从超越微观单位（企业或用户）的角度来研究全社会的商品是如何完成由生产领域到消费领域的转移的：这种转移是在什么样的体制或机制下，由哪些主体，以怎样的关系（竞争与合作）、方式与技术方法，以什么样的规模、结构、绩效来完成；这种转移会给生产者、

中间商、消费者和经济社会产生怎样的影响，社会公共机构（政府）如何影响这一转移过程等。微观视角的研究关注的重点则是流通的横向过程，即微观单位尤其是企业组织，如何有效地实现所生产或经营的商品由供应地到使用地的转移. 包括如何构建自己的流通渠道，如何建立与维护渠道成员的关系；如何降低流通成本，如何提升影响力，如何提高流通绩效，等等。

显然，宏观视角下的流通问题会更多地涉及一般经济学问题在流通领域的具体体现以及流通领域所特有的经济学问题。因此，要从宏观视角对流通问题进行科学研究，就必须更多地使用经济学的有关知识与分析工具，所形成的理论也就更具有经济学的学科属性，从而可以将从宏观视角研究流通问题的理论称为“流通经济理论”或“流通经济学”。

流通经济理论或流通经济学从学科属性上来看，应该是经济学的一个分支或领域。从经济学角度上讲，流通是社会再生产的重要环节，是市场经济发展的产物，市场经济越发展流通越重要，因而流通经济学在市场经济国家获得相当可观的发展。但现实的问题是：第一，国内现有的“商业经济学”“贸易经济学”“流通经济学”，其学科属性界定得不是很清晰；第二，是否存在真正的专门以流通为研究对象并主要以经济学为分析工具的流通经济理论或流通经济学，学术界尚存争议。但力主构建流通经济学的学者认为，流通经济理论或流通经济学是存在的，只是国内现有的研究成果不够成熟，缺乏理论解释力。如日本的流通经济理论就相当发达，有关流通经济理论的学术成果相当多，也相当有学术价值，除传统的以“商业学”“商业经济论”“流通经济论”“流通论”命名的理论体系外，20 世纪 90 年代以来，又有许多主流经济学者分别以制度经济学、信息经济学、计量经济学为分析方法来研究流通问题，其所形成的分析框架、概念模型、命题结论，相当符合现代主流经济学的研究规范，已初步形成流通经济理论或流通经济学的基本框架。

2.1.3 流通经济学的发展

放眼世界经济学界，流通经济学是经济国家的特殊产物。这其实是不奇怪的。一方面，社会主义国家是在马克思主义理论指导下建立的，马克思独树一帜的经济理论以及流通理论自然成为社会主义国家流通实践的指导思想和理论基石；另一方面，社会主义国家普遍实行的计划经济体制客观上要求建立相对应的流通体制，同样要求重视和建立自己的“流通经济学”。改革开放以来，随着市场经济体制的逐步完善，流通业在我国国民经济地位中得到了普遍的关注和认可。尽管新古典经济学为了研究市场在资源配置中的有效性，假设生产者和消费者直接见面，将流通环节抽象掉了，但是多年来经济发展的实践和众多相关研究却表明，流通业正在从一个末端行业逐渐走向相对独立与成熟。

回顾新中国近70年的发展历程，总体上看，流通经历了“贬低—抬高—回归”的特殊演变过程。

中华人民共和国成立后计划经济体制建立的初期，受苏联“无流通论”的影响，我国理论界认为社会主义消灭了商品生产和商品交换，消灭了集贸市场，在短缺经济条件下主要采取计划票证定量供应的方法进行分配，那时，流通的地位被极大地贬低，“无流通论”笼罩着整个理论界。

在高度集中的计划经济体制时期，我国逐步建立了商业、粮食、供销合作、外贸等流通组织系统。这些流通组织系统的发展过程起伏跌宕，特别是在十年动乱时期遭受了巨大的挫折，艰难地维持了当时国民经济的运转。这一时期，流通开始受到初步的重视。我国著名经济学家孙冶方就是在这时对“无流通论”提出批评，并开始研究价值规律和流通问题的。

改革开放以后，计划经济体制开始松动，商品经济开始发展，流通领域转向活跃，流通的重要性充分显现；但计划经济体制的根基尚未动摇，整个经济仍处于供不应求的“紧运行”状态。这一时期我国进一步完善和强化了商业、物资、粮食、供销合作、外贸五大流通组织系统，建立了商业部、物资部、粮食部、供销合作总社、外贸部等五大国家管理部门，将流通活动组织到了最严密的程度。与此相适应，流通理论研究空前活跃，发出建立流通经济学的强大呼声，流通的地位被推向极致。

但是，进入90年代之后，社会主义市场经济体制开始确立，流通的地位发生逆转。随着计划经济向市场经济的转轨，随着流通的社会化、民间化、微观化，大部分国家流通职能转移到民间，不需要专门的国有流通组织系统来承担，流通的“重要性”明显弱化，流通理论研究急剧降温，流通经济学

的困惑和衰落也随之出现。

总之，中华人民共和国成立后，流通在我国经历了“贬低—抬高—回归”的曲折发展历程，流通理论研究和流通经济学的设立也随之起伏。目前的正常复归是经济背景发生重大变化的必然结果，对此，没有必要困惑，而应该有清醒而正确的认识。

2.1.4 我国流通经济理论研究

国内众多学者对流通业的研究在2003—2017年一直呈现较为稳定的态势。吴建国（2009）详细回顾了中华人民共和国成立六十周年的流通业发展：由“无流通论”“轻流通论”到“一般流通论”，由“一般流通论”到“流通先导产业论”，由“流通先导产业论”到“流通基础产业论”的三次飞跃，初步形成目前具有中国特色的流通理论基础。黄国雄（2010）对流通的概念做出新的阐释，指出流通是生产性劳动，能为社会提供有益的产品和有效的服务，流通的利润是多元化的，是价值创造的最终成果，是社会总价值中不可或缺的部分。郑书莉（2014）通过对流通业文献的分类梳理，发现与国外相比，我国流通经济学的研究受到更广泛的关注。

随着我国社会主义市场经济体制的确立，已有流通理论对现实中流通领域的现象和问题的解释力下降，理论导向功能弱化，而市场经济的确立和流通的快速发展对流通理论的发展提出了迫切的需求，学界发出了加强流通理论研究的呼声。黄国雄（2010）重新定义了流通概念，认为要加强流通理论创新，推动流通产业快速发展。王雪峰（2013）依据我国流通理论研究滞后的现状提出要加强理论研究支持，引导流通企业健康发展的建议。蒋艳辉（2012）首先将网格技术应用在供应链信息集成中，指出供应链整合应用网格技术可以提高供应链运作效率。杨圣明（2014）通过对马克思流通理论的再学习、再认识发现，随着我国社会主义市场经济的快速发展，深化流通体制改革的紧迫性不言而喻。李丽娜（2015）着力于全球贸易环境下供应链管理中针对性的供应商评估和选择体系构建，提出加强对供应商的管理和评估，能够有效提升供应链的管理。赵爱东（2016）提出我国的商贸流通理论应以马克思经济学商贸流通理论为主，应结合我国实际，借鉴西方精华，形成中国特色的商贸流通理论。吴丽华（2017）从资源配置、产业关联、技术创新、信息技术、结构转型、体制深化六个方面明确我国流通理论核心概念和我国流通经济学体系构建，创新我国流通理论方法研究。可见，经济社会的发展和时代的变化与流通理论发展滞后的现实矛盾以及我国流通业发展存在的问题都为我国流通领域的专家学者进行理论创新提供了一个千载难逢的机会。

2.1.5 农产品流通经济理论

农产品流通不畅越来越成为农业发展的瓶颈和农民增收的障碍，严重制约着农业经济效益的提高和农村社会财富的增加。解决农产品流通不畅问题，探索现代农产品流通模式，客观上要求依托农产品流通理论进行深入研究。目前关注“三农”问题的专家学者、论文、专著较多，但对农产品流通进行理论探索很少，我国农产品流通理论研究明显不足。

回顾我国农产品流通理论研究，在传统的计划经济体制下，我国农产品流通主要由国家指定的四大机构统一承担收购、销售职责，与其说它们担当流通功能，倒不如说履行行政分配职能。生产决定流通，流通处于绝对从属地位，流通停留在人们视野的时间非常短暂，以致容易忽略它的存在。20 世纪 80 年代，随着“三多一少”流通改革目标获得广泛赞同，我国以粮食为重点的农产品流通体制改革逐步深入，尤其是 1995 年国内贸易部提出深化商品体制改革的“五三一”工程后，我国一批经济学者和关心农村经济发展的专家开始对农产品流通问题进行探讨和研究。

在农产品流通体制方面，丁声俊（1998）和李柏园（1999）提出宏观调控下市场经济型农产品大流通目标模式，农产品流通主体研究主要体现在农产品流通组织创新上，解决产销衔接效率问题；华南农业大学的温思美提出以批发市场为中心的目标体系；王秀杰（2001）提出完善现货交易，大力发展远期和约交易，稳步发展期货交易。理论研究更新了人们的流通观念，推动了我国农产品流通体制改革实践的深入，促进了农村经济发展和农民收入增加，为探索新型农产品流通模式，提升农业竞争力提供了智力支持，填补了农产品流通领域的空白。

2.2　连锁经营理论

连锁经营作为一种先进的现代商业模式，被誉为商业界又一次革命性的创新，在世界范围内影响着商业的发展。本节整合国内外有关连锁经营研究的主要观点，综述连锁经营基本理论、优势及风险，以及连锁经营的规模、连锁经营模式，并对连锁经营发展前景理论做比较研究，揭示连锁经营理论研究的新趋势。

1859 年美国的乔治·F. 吉尔曼和乔治· H. 哈特福特成功创办第一家连锁店“太平洋与大西洋茶叶公司”，此后不久，连锁经营迅速发展并取得了巨大的成功，从而使商品流通领域产生了一场革命，推动了流通产业的发展和现代化，促进了经济的发展。连锁经营的快速发展引起了国内外学者对这种经营方式的广泛关注，相关文献主要集中于连锁经营基本理论、优势及风险，以及连锁经营的规模、连锁经营模式及比较、连锁经营发展前景及趋势等方面。

2.2.1　连锁经营的概念

连锁经营是商业企业用同一名称、同一销售方式，在同一商业范畴，按照同一种模式所进行的多个营业实体的统一经营与管理的经营模式。商业的连锁经营主要体现在统一名称、统一标识、统一门店格局、统一店员服装、统一设备、统一资金分配、统一进货、统一配送、统一货区位置、统一定价、统一广告策略等方面。

2.2.1.1　连锁经营必须具备的条件

（1）一定的销售规模。连锁经营须建立多家商业店铺，几十家、上百家甚至上万家。世界上第一家连锁店是美国纽约的“大西洋和太平洋茶叶公司”连锁店，自 1859 年建立至 1930 年已发展到 15 000 余家；截至 2016 年 5 月底，日本的“7－11”连锁便利店在日本国内就已拥有 18 768 家门店，在世界上开设总计近 6 万家门店。达到一定的销售规模，才具有商品采购和成本的优势，才富有竞争力。有人做过初步的估算，连锁超市发展到十家以上，才能够分担总部和配送中心的费用。

（2）适合市场需求。商业连锁经营的产生是商业领域市场竞争的必然结果，连锁企业的地点选择、商品定位、货品结构以及服务等都必须根据市场的需要来确定。连锁企业主要以附近居民为消费对象，以中低档商品为主，兼顾部分高档商品。

（3）规范的经营管理。商业连锁经营体现的各种统一，是规范化经营管理的结果，无论哪家连锁企业都必须按照规范的店铺、规范的服务、规范的票据格式、规范的工作流程，为顾客提供高质量的服务，以突显整个企业的经营特征、风格，树立企业形象，同时也易于企业本身的店铺拓展。

（4）集中订货、存储和配送的物流支持。连锁企业的连锁经营，必须要有物流系统的支持，集中订货、存储和配送，可以大大降低商品的成本，提高经营效率。该系统主要包括接受订单和订货系统、物流中心系统和运输配送系统，有许多分支的物流中心，来支持整个公司庞大的订货、存储和配送体系。

（5）先进的计算机管理系统。连锁企业的连锁经营是与现代化的管理手段密切相关的，集中的进销存控制，必须要有计算机系统来进行处理，做到数据及时传递、处理与反馈，为总部提供必要的决策信息。

2.2.1.2 连锁经营的组织形式

连锁经营不断发展至今，其组织形式也多种多样，目的都在于发挥统一管理、规范经营、降低成本的优势，实现商业活动的标准化、专业化、集中化和单纯化。从连锁经营实体所有权和经营权的根本利益划分，通常归纳为正规连锁、加盟连锁和自愿连锁。

（1）正规连锁。这是全部连锁企业的门店由一个集团或一个公司所有，进行统一的集中领导，总部拥有门店的所有权和经营权的一种企业连锁形式。各连锁企业的经理是公司的职员，各店实行标准的统一经营管理，总部对各店的人事、采购、计划、广告、会计和经营方针进行统一控制，实行统一核算制度，资金统一调配，进行考虑整体利益的全局安排。这种形式易于发挥大企业的优势，便于人才培养、新项目开发和现代化管理等。

（2）加盟连锁。加盟连锁又称“特许连锁”，是由大型生产企业，大型

零售企业或大型分销企业将自己企业象征的商标、商号，以及开发的产品、经营技术等通过营业合同的形式授予加盟店，以联合更多的店铺、扩大经营的一种企业连锁形式。加盟店需交纳一定的营业权使用费，并承担规定的义务，加盟店尽管保持着门店的所有权，但一切要按照总部的规定执行。总部制订经营方针计划、实施统一管理，甚至包括统一标识、统一店铺风格、统一员工服装等。

（3）自愿连锁。自愿连锁又称“自由连锁”，是由各个独立的连锁门店，在保持所有权、经营权的条件下，经过自愿联合共同合作，采用统一进货、统一管理的一种企业连锁形式。它是一些小规模的连锁企业为生存而与资本雄厚的大企业进行竞争的手段，大都以分销企业为主导，共同协商决定整体的经营，各个成员要向总部交纳管理费并接受指导。自愿连锁店的总部职务是由主导企业兼任的，具有总体销售计划制定、业务指导、广告促销、统一进货、物流组织、教育培训、财务管理等职能。这种形式的优点是：各个门店具有一定的自主权，能发挥本身的积极性和优势，又有统一的整体性。

2.2.2 连锁经营的基本理论综述

李静（2017）认为，将连锁经营与区域市场开发结合，可以有效使传统销售模式与现代经营理念相适应，此方法是推动我国传统企业发展的有效营销手段。涂欣（2016）认为，实现商业发展无界限的手段首先当属连锁经营。连锁经营实现了很多产业的规模效应，加强了各个地区文化交流以及在经济市场发展中的组织协调能力。但是，在连锁经营的发展过程中也会遇到诸多问题，我国的商业体制使得我国的连锁经营面临着许多阻碍。柯禹煌（2014）认为，随着我国连锁企业的蓬勃发展，作为连锁经营核心技术之一的物流配送技术成为连锁经营的基础和保障，而相对滞后的物流配送体系严重制约了连锁企业的发展，阻碍了我国连锁运营模式效益的发挥，成为连锁企业发展的“瓶颈”。陶薇（2014）在《美国好事多（Costco）超市营销策略分析及启示》中总结认为，自 20 世纪 90 年代初我国开始大力发展连锁经营业以来，超市这一现代流通模式得到了空前发展，但随着国际零售业巨头的加入和国内外经济环境的变化，我国连锁超市正面临前所未有的压力和挑战。通过对超市的分析，指出准确定位是持续保持高利润率的重要保证，合理的会员制度是培养忠实消费者的有效手段，高品质、低价格是连锁经营超市成功的关键。王晓虹（2015）指出，连锁经营是当前具有活力的经营模式。但国内连锁经营的发展较慢，随着互联网的发展，连锁店已具有良好的发展潜力。把连锁经营同计算机技术结合起来也是社会发展的必然趋势，连锁经营是现代企业发展的方向，具有很大的发展空间。把计算机技术结合到连锁经营模式中，可以提高连锁管理的效率，带来更高的价值。胡延坤（2015）认为，我国连锁经营发展速度不断加快，规模不断扩大，成为国民经济增长的重要力量之一，但是连锁经营人才的培养和发展还存在一定的差距，无法满足企业发展的需要。

2.2.3 连锁经营的优势及风险分析

连锁经营的快速增长，使得其优越性已成为人们的共识。国内外学者对连锁经营的优势进行了大量的研究。国际连锁经营协会认为连锁经营是一种无与伦比的商业模式，其分析了其风险小、成长速度快、成本低等方面的优势。学者安迪·科斯特卡（Andrew kostecka）对连锁经营进行了全面的研究，认为连锁经营的最大优势在于特许经营，可以通过无资本的扩张来获得规模优势。王吉方（2005）认为，连锁经营是将现代工业生产的原理用于商业，实现商业的标准化、专业化和统一化，这使其具有明显的效益优势和竞争优势，主要体现为组织、成本及营销方面的优势。熊联勇（2006）从市场营销的角度分析了连锁经营所具有的六大优势：产品优势、品牌优势、价格优势、促销优势、渠道优势和营销队伍培养优势。也有学者从经济学的角度对连锁经营的优势进行了分析，如睦蔚（2007）从规模经济理论、专业分工理论、信息经济理论、交易费用理论和产权理论等经济学理论的角度对连锁经营的制度优势做出了分析与探讨。对于如何发挥连锁经营的优势，学者们也做了一定的研究。汪国华（2005）运用社会网理论构建了连锁企业的网络图，认为连锁企业优势的有效发挥与企业拥有稳定的网络资源有着重要的关系。另外，有学者从构建物流系统和信息系统的角度阐示连锁经营的优势。

当然，连锁经营也存在着风险。陈兵（2007）认为，连锁经营的风险有

总部带来的风险、加盟者带来的风险、市场竞争的风险和中国20年连锁经营困难风险等；并指出通过连锁经营风险教育、损失预防和抑制、回避风险、承担风险和转移风险等方面来控制风险；同时采用一些量化方法分析了投资项目所存在的风险。汤伟伟（2008）指出，如果不将连锁经营这种组织方式与经营者的能力、资金以及市场环境等各方面因素相结合，它是发挥不出自身所具有的优势的，并说明风险来源于经营者、市场以及总部三方面。当然，如果选择了特许加盟的经营模式，还会出现双边道德风险以及信用危机等，这无疑给连锁企业自身树立和培养了竞争对手。黄本新、睦蔚（2008）指出，连锁经营扩张所带来的风险：在扩张中管理滞后、适应能力变弱、物流配送发展滞后、资源供应不足、信息管理成为扩张的瓶颈、“牛鞭效应”的产生、财务报表与经营活动脱节以及人才的缺乏等。

学者们的研究，普遍肯定连锁经营的优势，并提出了规模优势、成本优势、渠道优势、品牌优势等多种优势，丰富了连锁经营优势的研究，但多数研究都是从定性的角度来分析的，而且缺乏对如何在实际应用中发挥连锁经营优势的研究。对于风险，学者们认为连锁经营风险有扩展风险、双边道德风险、市场竞争风险等，但是对连锁系统外部风险或者非可控因素导致的风险研究不足，在这方面还有很大的研究空间。

2.2.4 连锁经营模式研究

如何选择和运用连锁经营模式对连锁经营的发展至关重要，关系着企业连锁经营能否成功运营。发荣、何春凯（1999）在《连锁致胜》一书中陈述了连锁经营的三种基本模式，即直营连锁模式、特许经营模式和自愿连锁模式，并对三种模式进行了比较，认为三种模式都有自身的特质，不能断定孰优孰劣；指出在进行连锁经营模式转换时应先自我评估，有了充分的准备和阶段性的选择才能逐渐转换。A. K. 帕斯旺（Andhesh K Paswan），帕杰夫·P. 旦特（Pajiv P Dant）和约翰·斯坦翁（John Stanwonh，1996）对特许经营中的所有权转向理论进行分析，认为特许连锁和受许者的加盟行为是一种短期的、早期发展阶段的行为，当财务资本和人力资本的稀缺性不再凸显时，特许人基于未来发展的需要，将会选择更传统的成长策略（如自己开设分店）。浩宇（2008）通过实例比较分析认为，对于直营和特许经营的选择取决于企业发展的规模及阶段，早期由于资源的稀缺可能偏向于特许经营，然后逐渐向直营转换，到了一定阶段，企业可以根据自身的发展特点和需要来选择特许和直营或两种模式并用。而肖朝阳（2008）认为，连锁企业在发展到一定的规模以后，都会以特许经营为主要的经营模式。

也有学者建议综合运用这三种模式。张荣齐（2007）提出了连锁模式综合运行的周转轮体系，直营模式直接在总部的控制下同轴运转，连锁单元在直营状态，总部对连锁单元的控制权是强有力的；此时，单元的资本构成中，总部处于支配地位，其他投资者处于从属地位。刘荔（1999）认为，直营是连锁经营的地基，特许经营是连锁经营模式发展的高级阶段，是主体，综合运用会使得连锁经营取得更好、更快的发展。刘玉芽（2007）指出，直营与特许经营的双重分布现象会造成一系列的矛盾，主要表现为价格、货品、形象、服务和理念上的冲突，以及其他的人为矛盾；提出了解决双重分布问题的建议，即协调好稳定性和快速性，利用好统一性和适应性，制定科学的终端管理制度。艾浪滔（2004）分析了几种模式并存的矛盾及矛盾产生的原因，从另外一个角度分析了解决矛盾的方法：制定合理的销售半径、严格进行价格规范、统一终端形象建设、保持促销活动的统一步调和科学进行货品品类管理。

专家学者主要探讨了影响企业选择连锁模式的各种因素，这些因素有时间、资本、人才、总部实力等因素，进一步的研究还可以从特许方品牌发展阶段、行业连锁模式及其影响因素等方面进行研究，在研究方法上还有很多的创新空间。

2.2.5　连锁经营发展前景及趋势探讨

国内外相关学者对连锁经营发展前景的研究十分深入细致，普遍看好连锁经营的发展前景，并通过一系列的实证和理论分析来说明。洛佩兹和卡洛斯（1999）以1945—1998年北美各主要连锁商店（如 wal - Mart，K - Mart，Sears）在波多黎各岛的演进、扩张及空间分布情况为样本，对零售业连锁经营的全球化趋势进行了实证研究。朱坤萍（2003）在借鉴国外经验的基础上，

研究了连锁经营的有效扩张问题，认为连锁扩张是我国零售业发展的必然趋势。张念（2003）指出，连锁经营将成为经济增长的热点，其销售额占社会零售总额的比例会越来越高。此外，也有少数学者认为特许连锁的发展已经饱和，不应该盲目地进行连锁扩张。

对于连锁经营的发展趋势，不少学者也都给予了分析和预测。其中，李曙明（2005）在《构建你的连锁王国——连锁经营的运作与管理》一书中分析得很全面。他指出，在未来的连锁企业经营发展中：第一，连锁经营发展的区域分布更为合理，行业范围持续扩大；第二，连锁经营的业态形式更趋合理化、多样化；第三，连锁经营管理手段和技术手段更趋规范化；第四，竞争会更加有序，但同时也会更趋激烈；第五，特许连锁将成为最具增值潜力的连锁经营形态。

连锁化和规模化是零售业发展的趋势，这是不容置疑的，今后在连锁扩张的方式和连锁模式的创新、定量化研究、个案研究方面都有很大的研究空间。

2.3　物流理论

2.3.1　物流概念

中国的“物流”一词是引进的外来词，源于日文资料中对“Logistics”一词的翻译——“物流”。物流是指为了满足客户的需求，以最低的成本，通过运输、保管、配送等方式，实现原材料、半成品、成品或相关信息由商品的产地到商品的消费地的计划、实施和管理的全过程。物流是一个控制原材料、制成品、产成品和信息的系统，是从供应开始经各种中间环节的转让及拥有而到达最终消费者手中的实物运动，以此实现组织的明确目标。现代物流是经济全球化的产物，也是推动经济全球化的重要服务业。世界现代物流业呈稳步增长态势，欧洲、美国、日本成为当前全球范围内的重要物流基地。

中国物流行业起步较晚，随着国民经济的飞速发展，中国物流行业保持较快的增长速度，物流体系不断完善，行业运行日益成熟和规范。物流有七大构成部分：物体的运输、仓储、包装、搬运装卸、流通加工、配送以及相关的物流信息等。

2.3.2 农产品物流分析

2.3.2.1 农产品物流的概念

农产品物流是物流业的一个分支，指的是为了满足消费者需求而进行的农产品物质实体及相关信息从生产者到消费者之间的物理性流动，就是以农业产出物为对象，通过农产品产后加工、包装、储存、运输和配送等物流环节，做到农产品的保值增值，最终送到消费者手中。农产品物流的发展目标是增加农产品附加值，节约流通费用，提高流通效率，降低不必要的损耗，从某种程度上规避市场风险。农产品物流的方向主要是从农村到城市，原因是商品化农产品的主要消费群体在城市。

2.3.2.2 农产品物流的特点

农产品物流以农业产出物为对象，通过农产品产后加工、包装、储存、运输和配送等物流环节，做到农产品保值增值，最终送到消费者手中。农产品自身的特点是决定农产品物流特点的原因之一，农产品在生产、加工、销售等各个方面的独特性，也使得农产品物流不同于其他物流形式。其特点具体如下。

（1）农产品物流需求量大、产品种类繁多。我国是一个农业大国，丰富的土地资源适宜多种农作物的种植。近年来，随着农村市场经济的快速发展，农林牧渔等农产品在满足了人们日常生活的同时，也作为原材料供应于工业生产中。为了提高农产品的竞争能力，必须提高农产品的质量。因此，农产品的种植必须因地制宜，考虑当地的自然条件合理种植，这样才能使农产品顺利地进入物流的环节。

（2）农产品物流环节的难度大。首先，农产品是有生命的产品，为了使农产品在送达需求者时仍然保持新鲜，在整个物流的环节中就要及时处理包装、运输、储藏等问题。其次，农产品供给者和需求者之间存在着时间和空间的差异，农产品物流的集中仓储、分期供应、区域间配送运输可以解决农产品的区域性和季节性带来的问题。可是空间和时间上的差异必然导致信息

不对称，这给农产品物流的发展带来了重重障碍。

(3) 农产品物流技术条件要求高。首先，多数农产品在物流环节中容易变质，它的生物特性就决定了农产品在流通的过程中必须运用先进的技术来保证农产品的鲜活度。其次，为了提高企业利润必须控制物流环节的成本。最后，部分农产品在流通过程中有其特定的要求，如运用低温物流技术运送奶制品、肉类等。由于农产品的生长周期长而生命周期短暂，所以高效而及时的农产品物流是必要的。

(4) 农产品物流环节中的增值必不可少。目前农产品物流环节中的增值主要包括分类包装增值、适度小包装增值、配送增值、运输增值、仓储和管理增值等。农产品物流环节中的加工增值服务必不可少，它可以提高物流产品的竞争力，保证产品的质量。从各个方面的数据看来，我国农产品物流的技术尚有待提高。

(5) 农产品物流通常较为独立。农产品物流的需求受到自然环境和经济因素两方面的影响。农产品的生长和生存受到自然环境的影响，而农产品的需求又受到经济的影响。农产品物流环节中所要满足的各种条件较为繁杂和特殊。以上这些原因导致了农产品物流相对独立。

(6) 农产品物流呈现农村流向城市。城市是大量农产品消费者的聚集地，而农村是农产品的主要产出地，这必然导致农产品的物流方向是由农村流向城市。为了及时地满足工业生产和城市居民的消费需求，需要采用各种物流手段准确而快速地将农产品传递到城市。基于此，农产品物流方向呈现以城市为最终目的地的形式。

2.3.2.3 农产品物流理论研究

最早进行农产品物流研究的学者是美国的约翰·F. 格鲁威尔（John Crowe），在 1901 年的美国政府报告《农产品流通产业委员会报告》中，他第一次论述了影响农产品配送成本的各种因素和费用，揭开了认识农产品物流的序幕。经过多年的发展，国外农产品物流管理理论早已进入成熟阶段，形成了比较完善的物流管理理论体系。近年来，国外农产品物流领域具有代表性的研究成果主要集中在物流模式、成本控制与管理、供应链与物流联盟等方面。

国内农产品物流研究起步较晚，起源于对农产品流通的研究。近年来随着市场经济的发展以及现代物流理念的深入人心，国内一些学者尝试将现代物流理论引入农产品流通领域，开始关注农村和农产品物流的现状，提出以现代物流理论指导农村物流实践的建议。王中军（2007）介绍了美国、德国、法国、日本等国家的农产品物流组织、加工技术、信息技术、物流人才培养以及政府支持等方面的政府支持政策，提出中国应借鉴先进经验。石少春（2017）借鉴欧美及日本物流模式提出搞好农产品物流基础的建设工作、扩大农产品物流主体的规模、为农产品物流运作主体提供强大的支持及构建一支强大的农产品物流人才队伍四大解决举措，以此推动我国农产品物流发展。安进（2006）运用集成管理的思想和方法，提出了由精益供应链物流服务集成商勾结精益供应链物流运作模式的观点，探讨了精益物流供应链运作模式的特点。李栋（2016）在对生鲜农产品物流供应链模式演化路径分析的基础上得到生鲜农产品物流供应链模式演化的五项动因，依据演化博弈理论验证了生鲜农产品物流供应链模式的优化，并提出生鲜农产品物流供应链模式演化建议。杨信廷（2008）从农产品质量安全认证体系现状、生产过程信息管理系统、质量安全可追溯系统及条形码/RFID 应用技术等物流技术方面，介绍了国外农产品安全生产与物流溯源技术的发展，并提出了我国的物流技术发展方向。王宁提出基于信息网络的 SCOR 模型，并构建了信息网络环境下的农产品物流供应链模式，并通过实证分析证明了其有效性和实用性。王新宇探讨了 RFID 技术在供应链物流管理中的应用。

2.3.2.4　农产品物流发展存在的主要问题

（1）农产品物流相关设施及研究缺乏。在一些比较偏远的农村，道路状况差，各种运输以及仓储设备和加工以及保鲜技术都相对比较落后，导致发生较大的农产品物流损耗，不但延长了时间，还增加了成本；涉及农产品仓储、运输以及通信和装卸等环节的基础设施相对比较落后，严重制约了农产品物流的发展。另外，我国的农产品物流研究成果相对比较贫乏，需要进一步完善和系统化，尤其是缺少对有关农产品物流发展中操作层面以及关键问题进行深入细致的研究。

（2）仓储环境不容乐观。农产品储存需要保证有较好的仓储环境和设施，

因为农产品对人们来说是很重要的生活资料。但是，我国目前的农产品仓储条件很难满足这一要求，在很多地方缺乏相关的冷藏技术、安全防范以及进出库管理等规范标准，仅有最基础的库房设施。

（3）农产品物流成本高。目前，我国的农产品物流成本仍然很高，因为我国的农产品流通环节多、物流速度慢，导致损耗率较高。据统计，发达国家果蔬产品的损耗率仅为5%左右，而我国果蔬产品流通过程中损耗率高达25%～30%。

（4）物流信息化建设滞后。物流信息建设是农产品物流健康发展的主要动力之源。我国农产品数量较大，品种众多，质量不等，没有形成专业化的种植基地。我国物流信息化程度相对低下，而产品是有其交货时限和生命周期的，这使得产品周转的时间过长，极大地降低了农产品的实际价值，也影响了市场供求信息。另外，生产者的分散经营是导致农产品生产和运输难以形成规模优势的一大障碍。彼此之间的条块分割严重，信息共享率低，农产品之间的供求信息不能相互弥补，难以形成整体优势，导致重复种植、重复运输等资源浪费现象严重。

（5）物流专业人员素质薄弱。目前，缺乏专业性物流人才的现象十分明显。很多物流专业的毕业生找工作的时候都会选择留在城市，服务工业物流，很少有物流专业人才选择到农村或城镇就业。此外，制约农产品物流进一步发展和完善的最大障碍就是现有的物流人员技术素质和专业水平都不高。

2.3.3 农产品冷链物流

冷链物流（Cold Chain Logistics）也叫“低温物流”，是一种特殊的物流形式，其主要对象是易腐食品，所以国外普遍称其为“易腐食品冷藏链”。农产品冷链物流是指以水果、蔬菜、肉、禽、鱼、蛋等为代表的生鲜产品从产地采购加工、贮藏、运输、销售直到消费的各个环节都处于低温环境中，通过这种方式保证农产品的质量，减少农产品的损耗，防止农产品变质和污染。

中国是农业生产和农产品消费大国，目前蔬菜产量约占全球总产量的60%，水果和肉类产量占30%，禽蛋和水产品产量占40%。近年来中国农产品产量快速增加，每年约有4亿吨生鲜农产品进入流通领域，农产品冷链物流比例逐步提高，农产品冷链物流的规模快速扩大。

近年来，中国农产品冷链物流市场规模和需求增速不断加快，仅食品行业农产品冷链物流的年需求量就在1亿吨左右，年增长率在8%以上。目前，国内有1万多家超市亟待引入冷冻技术和寻求合作伙伴，农业市场对其有更大的需求，而一些大城市则筹划建立并完善食品冷链系统。因此，中国农产品冷链物流还有十分巨大的发展空间。农产品冷链物流的特点如下。

（1）复杂性。农产品冷链物流的最终质量取决于冷链的储藏温度（temperature）、流通时间（time）和产品本身的耐储藏性（tolerance）。在流通过程中农产品的质量会随着温度和时间的变化而变化，不同的产品都必须要有对应的温度控制和储藏时间。这就大大提高了农产品冷链物流的复杂性。

（2）协调性。由于生鲜果蔬等不易储藏，要求农产品冷链物流必须高效运转，物流过程中的每个环节都必须具有协调性，这样才能保证整个链条的稳定运作。

（3）高成本性。为了确保生鲜果蔬等在流通各环节中始终处于规定的低温条件下，必须安装温控设备，使用冷藏车或低温仓库。为了提高物流运作效率又必须采用先进的信息系统等。这些都决定了农产品冷链物流的成本要比其他物流系统成本高。

2.4 电子商务理论

2.4.1 电子商务概念及分类

到目前为止，国际上对“电子商务”的定义尚无统一定义。根据不同研究组织、研究专家所提出的对电子商务的定义和阐述，将当下一些优秀的主要观点归纳出来，希望有助于更好地解电子商务的本质。

2.4.1.1 中内外学者的定义

1997年美国学者卡拉克塔和温斯顿从以下四个方面来定义：从服务的角度来定义，电子商务是一种提高产品质量和服务速度的工具，传达公司、消费者和管理层的要求；从通信的角度来定义，电子商务是一种将信息、产品

服务和支付的过程，借助网络、计算机或其他电子信息媒介得以实现；从专业流程的角度来定义，电子商务是企业通过电子通信技术来实现其交易和工作流程；从信息及时性的角度来定义，电子商务是一种提供在线的信息服务，借助于相关网络推广，为产品实现在线销售。

2.4.1.2 世界各类组织的观点

全球信息基础设施委员会（GIIC）电子商务工作委员会认为，电子商务是对产品和服务进行宣传和购买的一系列通信活动。联合国经济合作和发展组织（OECD）认为，电子商务仅指 B2B 模式和 B2C 模式的商务交易活动，其中的限定条件是“在互联网背景下进行的”。

2.4.1.3 电子商务的分类

从不同角度划分电子商务，以下列举几种分类体系。

（1）按参与对象分类，分为企业对消费者电子商务（B2C）、企业对企业电子商务（B2B）、企业对政府电子商务（B2G）、消费者对政府电子商务（C2G）、消费者对消费者电子商务（C2C）。

（2）按照网络类型分类，分为基于 EDI 的电子商务、基于 Intranet 的电子商务、基于 Internet 的电子商务。

（3）按商业活动方式分类。首先，完全电子商务，即完全通过电子商务方式实现或完成整个交易过程。其次，按运营模式分类，分为网上采购、网上销售、网上中介、网上市场。

（4）按开展电子商务的信息网络范围分类，分为本地电子商务、远程国内电子商务、全球电子商务。

2.4.2 电子商务流程框架

电子商务框架是描述电子商务的组成元素、影响要素、运作机理的总体性结构体系。电子商务是利用先进的信息网络技术开展的商务活动。其核心是降低个人、组织和社会的交易成本，提高商务活动的效率。经济活动中离不开一些要素的流动：商流（即商品特定权利的让渡）、信息流、资金流和物流，其中，商流是目的，信息流是手段，资金流是条件，物流是终结和归宿。这样便有了“四流说”。

作为基于信息技术的商务活动，电子商务同样需要经济要素的共同作用。实践表明，市场主体的参与（人员流）和市场主体之间的互相提供信用（信用流）是有效完成交易的根本保障。因此，只有传统商务活动中的信息流、资金流和物流与人员流和信息流共同作用，才能达到商流的最终目标，这样才称得上是完整的电子商务活动。将传统“四流”拓展为“六流”的过程，充分强调了信用流和人员流在此过程中发挥的作用，会使电子商务研究人员讨论得更为全面、更为深入和更为实际。图 2－1 揭示了电子商务的“六流”体系，同时，此框架给出了我们研究电子商务的总架构。

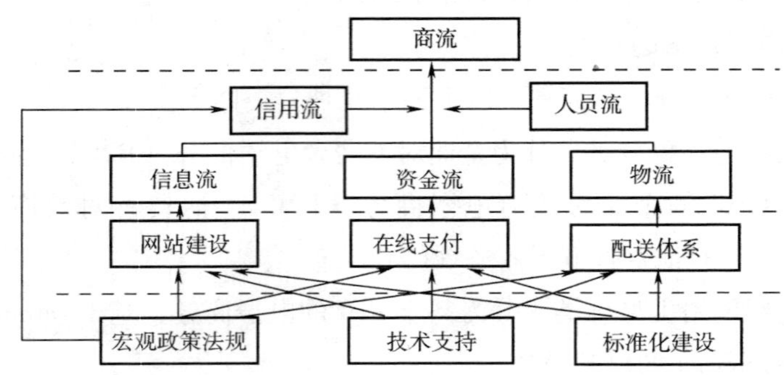

图 2－1　电子商务架构

2.4.3　农产品电子商务及模式

2.4.3.1　农产品电子商务

农产品电子商务属于电子商务范畴，在互联网上指的是直接销售的生鲜类农产品，如新鲜的水果、蔬菜、鲜肉等。农产品电子商务随着冷链物流网络的发展而发展。农产品电子商务区别于传统农产品商业模式的最主要一点，在于必须依赖互联网。

2.4.3.2　农产品电子商务模式

电子商务模式是企业运用电子商务创造价值的具体表现形式，通过对电子商务模式的分析研究，我们可以总结出企业在电子商务中创造价值的规律所在，这也是电子商务存在与发展的核心。电子商务模式是研究电子商务的一个重要角度，是企业认识电子市场运作规律的一个出发点。农产品电子商

务模式指在农产品市场流通中所采用的主要电子商务业务模式。在我国农产品的电子商务活动中，出现了许多反映农产品生产和贸易特点的不同的电子商务模式。

（1）B2B 模式。B2B 模式是农产品电子商务的重要模式之一，其运用电子商务技术在农产品生产企业、加工企业、销售企业之间进行农产品交易活动。其主要表现方式有三种。一是在线交易模式，如在线拍卖、网上招投标和网络直销等。二是信息服务模式，表现在能及时提供价格信息、供求信息以及衍生信息等相关服务。三是期货市场交易模式，即通过网络可以进行远期商品的一系列交易。B2B 模式不仅是电子商务渠道发展最快的模式，也是电子商务规模最大的模式。

（2）B2C 模式。B2C 模式是指农产品企业建立自己的农产品网店，进行产品宣传，提供农产品在线订货和在线服务等。这种模式最大的优势在于比实体店开设成本低，交易过程也很方便。它包括农产品生产企业独立开设的网上商店，以及依托天猫等第三方电子商务平台开设的农产品销售渠道。随着农产品电子商务的形式更加多元化，这种模式在农产品电子商务交易额中所占比例逐渐降低。

（3）G2C 模式。G2C 模式是通过政府涉农网站整合农产品生产企业和加工企业及农产品经销企业信息资源，是对 B2B 模式、B2C 模式的有力补充。政府的服务型网站模式为主要载体，包括在政府网站上发布农产品需求信息、农产品生产企业和加工企业所做的产品推广信息、农产品经销企业和农产品中介组织所做的农产品交易信息、农民所做的农产品网上广告和农产品信息中介公司所做的农产品市场分析预测信息等。G2C 模式是符合我国国情的推广农产品电子商务最佳模式，这种模式实现了信息的流动，降低了企业搜寻信息的交易成本。

（4）第三方电子商务模式。这种模式包括两种形式：水平型电子商务和垂直型电子商务。由第三方给农产品生产者和消费者提供公平交易的平台。在该模式中，各种规模的农产品经营主体之间的竞争十分平等，小的经营主体与大企业运用同样的成本即可加入第三方电子商务平台。从行业范围来看，第三方电子商务的最大优势在于能提供专业的服务，降低平台建设、经营、维护等费用，使得农产品电子商务的门槛更容易吸纳小规模经营者，比单个生产经营主体独立创建电子商务平台要经济、高效。

（5）O2O 模式。O2O 模式的概念是2011 年由兰佩尔提出来的，他指出应将线下商务的机会与互联网结合在一起，让互联网成为线下交易的前台。这样线下服务就可用线上来揽客，消费者可用线上来筛选服务，成交后可在线结算，可以很快形成规模。目前对农产品 O2O 模式的概念还没有准确的说法，但是农产品交易 O2O 模式正是基于 O2O 模式概念衍生出来的，即将线下丰富的农产品更好地与互联网进行结合，打破传统单向农产品交易模式，更好地实现农产品线上线下的完美体验。通过线上推广和线下用户体验，得到消费者数据并进行分析，从而更好地进行战略布局。同时，每笔农产品交易都可跟踪，每次推广效果也可分析调查。

2.5 互联网思维与 + 互联网

互联网（Internet），又称“网际网络”，或音译为“因特网”“英特网”。互联网始于 1969 年美国的阿帕网，是网络与网络之间所串连成的庞大网络，这些网络以一组通用的 TCP/IP 协议相连，形成逻辑上的单一巨大国际网络。万维网只是基于超文本相互链接而成的全球性系统，是互联网所能提供的服务之一。

由于互联网能够不受空间限制进行信息交换，以及具有人与人、人与信息之间的互动性，其已经成为国际上应用最普及和最广泛的计算机网络。

根据 2017 年 1 月 22 日中国互联网络信息中心（CNNIC）发布的第 39 次全国互联网发展统计报告，截至 2016 年 12 月，我国网民规模达 7. 31 亿，全年共计新增网民 4 299 万人。互联网普及率为 53. 2%；我国农村网民规模持续增长，但城乡互联网普及差异依然较大，农村网民在即时通信、网络娱乐等基础互联网应用使用率方面与城镇地区差别较小，但在网购、支付、旅游预订类应用上的使用率差异达到 20 个百分点以上；2017 年我国手机网民规模达 6. 95 亿，较 2015 年年底增加 7 550 万人，网民中使用手机上网人群的占比由 2015 年的 90. 1% 提升至 95. 1%。

2.5.1　互联网思维的概念与特点

2.5.1.1　互联网思维概念及来源

互联网思维，就是在“互联网+”、大数据、云计算等科技不断发展的背景下，对市场、用户、产品、企业价值链乃至整个商业生态进行重新审视的思考方式。互联网思维的六大特征包括“大数据、零距离、趋透明、慧分享、便操作、惠众生”。

最早提出互联网思维的是百度公司创始人李彦宏。在百度的一个大型活动上，李彦宏与传统产业的老板、企业家探讨发展问题，李彦宏首次提到“互联网思维”这个词。他说，我们这些企业家们今后要有互联网思维，可能你做的事情不是互联网，但你的思维方式要逐渐转变到从互联网的角度去想问题。现在几年过去了，这种观念已经逐步被越来越多的企业家，甚至企业以外的各个领域的人所认可。但“互联网思维”这个词也演变成多个不同的解释。

互联网时代的思考方式，不局限在互联网产品、互联网企业。这里指的互联网，不单指桌面互联网或者移动互联网，是泛互联网，因为未来的网络形态一定是跨越各种终端设备（台式机、笔记本、平板、手机、手表、眼镜等）的。互联网思维是降低维度，让互联网产业低姿态主动去融合实体产业。

不是因为有了互联网，才有了这些思维，而是因为互联网的出现和发展，使得这些思维得以集中爆发。

2.5.1.2　互联网思维的特点

互联网思维是怎么产生的？生产力决定生产关系，互联网技术特征在一定程度上会影响到其在商业层面的逻辑。工业社会的构成单元是有形的原子，而构成互联网世界的基本介质则是无形的比特。

这意味着，工业文明时代的经济学是一种稀缺经济学，而互联网时代则是丰饶经济学。根据摩尔定律等理论，互联网的三大基础要件——带宽、存储、服务器都将无限指向免费。在互联网经济中，垄断生产、销售以及传播将不再可能。

而且，一个网状结构的互联网，是没有中心节点的，它不是一个层级结构。虽然不同的点有不同的权重，但没有一个点是绝对的权威。所以互联网的技术结构决定了它内在的精神，是去中心化，是分布式，是平等。平等是互联网非常重要的基本原则。

在一个网状社会，一个“个人”跟一个“企业”的价值，是由连接点的广度跟厚度决定的。你的连接越广、连接越密集，你的价值越大，这也是纯信息社会的基本特征，你的信息含量决定你的价值。所以，开放变成生存的必需手段，你不开放，就没有办法去获得更多的连接。

互联网商业模式必然建立在平等、开放的基础之上，互联网思维也必然体现平等、开放的特征。平等、开放意味着民主，意味着人性化。从这个意义上讲，互联网经济是真正的以人为本的经济。

农业文明时代最重要的资产是土地跟农民。工业时代最重要的资产是资本、机器（机器是固化的资本）和流水线上被异化了的人。工业时代早期考虑最多的是异化的人，因为人也被当作机器在处理：人是流水线当中的螺丝钉。到了知识经济的时代，最核心的资源，一个是数据，一个是知识工作者，后者就是德鲁克在20世纪末讲的知识工人（Knowledge Worker）。企业的管理方式也会从传统的多层次走向更加扁平、更加网络、更加生态。让知识工人真正能够创造价值，变成任何一个组织和整个社会最重要、最需要突破的地方。

2.5.1.3　互联网思维的内涵

在互联网上流传着几种思维，非常形象地诠释了互联网思维的内涵。

（1）用户思维。互联网思维最重要的，就是用户思维。用户思维，是指在价值链各个环节中都要“以用户为中心”去考虑问题。作为厂商，必须从整个价值链的各个环节，建立起“以用户为中心”的企业文化，只有深度理解用户才能生存。没有认同，就没有合同。

（2）简约思维。互联网时代信息爆炸，用户的耐心越来越不足。所以，必须在短时间内抓住客户。

（3）极致思维。极致思维，就是把产品、服务和用户体验做到极致，超越用户预期。什么叫极致？极致就是极力做到最好。

（4）迭代思维。“敏捷开发”是互联网产品开发的典型方法论，是一种

以人为核心、迭代、循序渐进的开发方法，允许有所不足，不断试错，在持续迭代中完善产品。这里面有两个点，一个是“微”，另一个是“快”。

（5）流量思维。流量意味着体量，体量意味着分量。“目光聚集之处，金钱必将追随”，流量即金钱，流量即入口，流量的价值不必多言。

（6）社会化思维。社会化商业的核心是网，公司面对的客户以网的形式存在，这将改变企业生产、销售、营销等整个形态。

（7）大数据思维。大数据思维，是指对大数据的认识，对企业资产、关键竞争要素的理解。

（8）平台思维。互联网的平台思维就是开放、共享、共赢的思维。平台模式最有可能成就产业巨头。全球最大的100 家企业里，有60 家企业的主要收入来自平台商业模式，包括苹果、谷歌等。

（9）跨界思维。随着互联网和新科技的发展，很多产业的边界变得模糊，互联网企业的触角已无孔不入，如零售、图书、金融、电信、娱乐、交通、媒体等等。

2.5.2 互联网思维的研究与经济学价值、复杂性分析

2.5.2.1 我国互联网思维研究综述

互联网思维这一概念在2013 年提出来之后对传统产业和传统思维造成了前所未有的冲击，我国众多学者也掀起了互联网思维的研究热潮。李海舰等（2014）首次对互联网思维进行了定义，并将互联网思维解读分析为三个层次：互联网精神、互联网理念以及互联网经济。金元浦等（2014）认为，互联网思维是第三次工业革命的先导理念，是当代高科技与文化创意跨界融合实践的新思维方式，是科技革命中范式转换的必然成果，并会给未来社会带来更为巨大的变革。黄升民等（2015）从审视互联网发展开始，切入分析所谓的“互联网思维”，继而从互联网的三个核心装置——“电子商务”“大数据”和“终端”反证其思维的存在基础以及运行机制，提出了关于互联网思维的五点思考。曾鸣等（2016）运用能源互联网思维，分析得出长期以来我国能源供给体系存在的主要问题，并利用能源互联网的用户思维、平台思维、整合思维以及大数据思维为能源供给侧改革提供创新思路。黄俭（2017）通

过研究我国互联网第二波浪潮的背景、特征和成功经验，从中提炼出具有中国特色的互联网思维，提出“互联网+”教育要解决的核心问题和关键对策。

2.5.2.2 互联网思维的经济学价值

我们借助经济学的供需分析工具阐述互联网思维的价值。对任何一种产品（服务也可理解为产品），不同的客户都可能有不同的评价。那些主观需求程度高的客户愿意为产品支付高价格，需求度低的客户就只愿支付较低价格。所以，随着产品价格的上升，愿意为产品掏钱的客户数量会下降。将其画在价格和数量的二维图上，就成为人们所熟悉的向下倾斜的需求曲线。另一方面，厂商往往面临着边际成本上升的局面。产量越大，就需要越高的售价来弥补成本。在图形中，这就是向上倾斜的供给曲线。需求曲线与供给曲线的交点，对应着实际交易的数量和价格。

如图2－2所示，在传统生产技术之下，生产的边际成本会快速上升。这可能是因为厂商的产能有限，产量接近产能极限时机器的磨损以及工人工资等成本会急剧上升。还可能是因为厂商营销能力受限，要将产品信息推广给更多人需要付出更高成本。不管是什么样的原因，其结果都是厂商所能服务的客户群规模有限。将其画在供需图上，就对应着一条较为陡峭的供给曲线。它与需求曲线的交点不会离原点太远。我们将这个位置称为需求曲线的“近尾”位置。

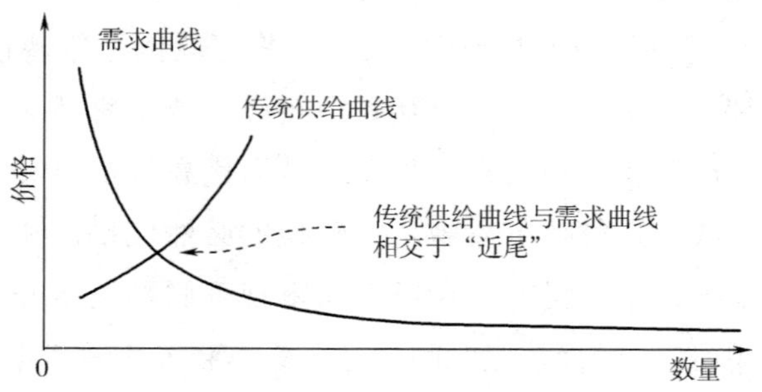

图2－2 传统生产技术之下生产的边际成本示意

但互联网改变了这一切。它极大地降低了信息传递成本，从而很大程度上降低了厂商的边际成本。对一些服务提供者来说，互联网甚至可以把边际

成本压低到零。比如，在网上把一首歌多卖给一个人，显然不会带来什么额外的成本。而对那些实物产品来说，虽然生产成本可能难以改变，但营销费用却可以利用互联网来压低。成本的降低意味着厂商能够服务的客户数量大幅增加。在如图 2－3 所示的供需图上，表现为供给曲线的大幅下移。这样一来，供给曲线与需求曲线的交点就大幅外推。我们将这个远离原点的新位置定义为需求曲线的“远尾”，以便与传统供给曲线对应的“近尾”区域做区分。

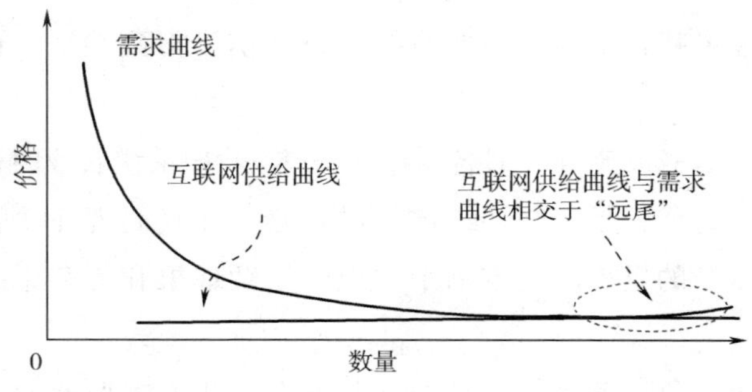

图 2－3　互联网思维下生产的边际成本示意

从“近尾”到“远尾”虽然只有一字之差，但在客户特性以及商业模式上却有着根本性的差别。这正是互联网思维和传统商业思维之间的差异所在。

2.5.2.3　互联网思维的复杂性

互联网在中国已经经历了 20 年，电子商务在中国也有了接近 20 年的发展。如果说 10 多年前大家谈的还是工业时代的电子商务，那么现在我们看到经过 20 年的发展，互联网、电子商务已经成了促进整个社会从工业时代向信息时代演进的重大力量。与此同时，整个社会的商业模式、经济体系都在发生重大的变化。如果说我们在农业时代看到的是一个小规模的简单发展方式，工业时代我们看到的是一个大规模的简单发展方式，那么，在信息时代我们看到的就是大规模的复杂的发展方式。所以说，复杂成了我们越来越不可回避的非常现实的时代逻辑。随着信息技术发展，特别是互联网、大数据和云计算的发展，整个世界都在发生重大的变化，我们认知、了解、改造这个世界的方式也在发生变化。我们可以看出，由于互联网的出现，我们所面对的世界上的主体的数量空前增加。以阿里巴巴为例，淘宝的卖家现在已经成长到成千上万。在淘宝这样的平台上，买家卖家规模和交易的规模比我们线下能够看到的同样主体高出无数倍，这是一个重大变化。我们看到，互联网时代，“连接”成为一个无时不在的存在。

这些都使我们看到复杂本身已经开始从一个隐性的存在变成一个显性的存在。同时，让我们非常振奋的一点是，随着互联网、云计算的发展，我们认知这个复杂世界的能力也在发展，我们把这样一个问题变成一个非常现实的问题，从这个意义上说这个时代的发展使得我们很多基础研究与业界前沿走到了一起，很多基础研究的问题直接可以在前沿得到验证。这一变化非常重要。

这些年有一本书很流行，书名叫作《三体》。如果说农业时代是一个“一体”社会，工业时代就是一个“二体”的社会，而我们现在面临的正是“三体”的世界，复杂的世界。这本书中体现的复杂现象和复杂思维带给我们很多启发。

这个时代的问题绝不是个简单层面的问题，我们需要面向未来的信息时代去思考。如果说面向这些问题的思维特征跟过去有什么不同，我想就是复杂。我们说生态、协同、大规模等，都共同指向这个最重要的特征，是一个思维方式的变化。在一定程度上这是一种认知的回归。因为过去信息不发达，所以很多东西被我们简单化甚至忽略了。但是现在，在信息越来越充分的趋势下，我们的认知能力在转化。这是一个非常重要的变化。

比如说不确定性，我们能够越来越真实地感受到不确定性。面向未来，我们必须将整个思维方式做重大的转型和转变。这些年人们谈论最多的互联网思维，我觉得它的核心就是复杂性思维。如果没有复杂性做内核，互联网思维将只是一个表象。这是我们这个时代都在面对的重要的挑战和机会。

2.5.3 “互联网+”与“+互联网”的逻辑

2015 年 7 月 4 日，国务院印发《国务院关于积极推进“互联网+”行动的指导意见》。2016 年 5 月 31 日，教育部、国家语委在京发布《中国语言生活状况报告（2016)》。“互联网+”入选十大新词和十个流行语。

2.5.3.1 什么是“互联网+”

(1)“互联网+”的概念。“互联网+”就是“互联网+各个传统行业”，但这并不是简单的两者相加，而是利用信息通信技术以及互联网平台，让互联网与传统行业进行深度融合，创造新的发展生态。它代表一种新的社会形态，即充分发挥互联网在社会资源配置中的优化和集成作用，将互联网的创新成果深度融合于经济、社会各域之中，提升全社会的创新力和生产力，形成更广泛的以互联网为基础设施和实现工具的经济发展新形态。“互联网+”是互联网思维的进一步实践成果，它推动经济形态不断地发生演变，从而使社会经济实体具有越来越强的生命力，为改革、创新、发展提供广阔的网络平台。

(2)“互联网+”的主要特征。“互联网+”是两化融合的升级版，将互联网作为当前信息化发展的核心特征提取出来，并与工业、商业、金融业等服务业全面融合。这其中关键就是创新，只有创新才能让这个“+”真正有价值、有意义。正因为此，“互联网+”被认为是“创新2.0”下的互联网发展新形态、新业态，是知识社会“创新2.0”推动下的经济社会发展新形态。

“互联网+”主要有六大特征。

一是跨界融合。“+”就是跨界，就是变革，就是开放，就是重塑融合。敢于跨界，创新的基础就更坚实；融合协同了，群体智能才会实现，从研发到产业化的路径才会更垂直。融合本身也指代身份的融合，客户消费转化为投资，伙伴参与创新等，不一而足。

二是创新驱动。中国粗放的资源驱动型增长方式早就难以为继，必须转变到创新驱动发展这条正确的道路上来。这正是互联网的特质，用所谓的互联网思维来求变、自我革命，也更能发挥创新的力量。

三是重塑结构。信息革命、全球化、互联网业已打破原有的社会结构、经济结构、地缘结构、文化结构。权力、议事规则、话语权在不断发生变化。互联网+社会治理、虚拟社会治理会与过去有很大的不同。

四是尊重人性。人性的光辉是推动科技进步、经济增长、社会进步、文化繁荣的最根本的力量，互联网的力量之强大最根本地也来源于对人性的最大限度的尊重、对人体验的敬畏、对人的创造性发挥的重视，如UGC、卷入式营销、分享经济等。

五是开放生态。关于"互联网+"，生态是非常重要的特征，而生态本身就是开放的。我们推进"互联网+"，其中一个重要的方向就是要把过去制约创新的环节化解掉，把孤岛式创新连接起来，让研发成为由人性决定的市场驱动，让努力创业者有机会实现价值。

六是连接一切。连接是有层次的，可连接性是有差异的，连接的价值是相差很大的，但是连接一切是"互联网+"的目标。

2.5.3.2 什么是"+互联网"

（1）"+互联网"的概念。"+互联网"是针对传统行业融合、产业变革所产生的概念，是传统行业借助互联网手段把线下的生意做到线上去，并将互联网技术融合到产品的生产、管理、销售、服务等环节中。"+互联网"强调顺势创新，是传统行业以既有业务为基础利用互联网技术和理念来提高为用户服务的效率和质量的一种方式。

实体产业"+互联网"不只是把线下的业务转移到线上进行（O2O），更多的是将互联网技术融合到产品的生产、管理、销售、服务等环节中。没有实体产品，互联网基础设施就没有真正起到作用。

（2）与供给侧企业的结合。就"+互联网"进行争论的焦点方在于实体企业。在供给侧结构性改革的背景下，生产制造和实体经营企业的触网势在必行。既有的生产制造和实体经营企业，在处理好"+互联网"工作的基础上，需要将互联网所具有的人与人、人与物、人与生产活动、人与生活消费活动等充分调动起来。生产制造和实体经营企业的"+互联网"需要借助云计算、物联网、智能工业机器人等技术的应用，以生产优质产品为核心，将生产装备智能化升级，对工艺流程进行改造，实现基础数据共享，优化生产线，让工厂生产线达到一定程度的"智能制造"，有效支撑起企业的智能化转型。

2.5.3.3 "互联网+"与"+互联网"的异同

（1）两者站位不同。"互联网+"更多强调"逆袭创新"。大体而言，电子商务是互联网向商业的逆袭，互联网金融是互联网向金融业的逆袭，互联网传媒是互联网向传媒业的逆袭……这种由"新"向"旧"的突入式扩张，已经产生了强烈的震撼力，而且这也许只是开始。"+互联网"则更多强调

“顺势创新”，如工业互联网、金融互联网等，主要是传统行业以既有业务为基础，利用互联网技术和理念，提高为用户服务的效率和质量。

（2）两者优势不同。“互联网+”有新技术优势、体制机制优势和更广泛的社会支持，容易产生爆发性增长。互联网技术是基础，其优惠的价格、便捷的操作、舒适的体验，足以赢得大量的消费者。如果再在体制机制上做一点突破，其爆发力往往令互联网企业自己也始料未及。例如，在利率管控的大背景下，一些互联网金融产品就能以资金回报率上的小小差异，把原本在银行的庞大存款吸引过去，引起社会的高度关注和争议。

相对而言，“+互联网”拥有的是存量优势、行业标准优势和公信力优势。对外迫于互联网企业的压力，对内迫于问题导向的压力，传统企业正热情利用互联网技术提高自身服务客户的能力。利用互联网对自己进行自我创新甚至自我革命，具体到每一个行业每一个企业可能命运各异，但总体上是符合“继承—创新—再继承—再创新”这条历史逻辑的。

（3）两者主导者不同。根据上述两个不同之点推论，“互联网+”的主导者往往是互联网企业，从技术、商业模式、资金、人才等方面看，都是互联网企业主导着融合进程，“+互联网”则正好相反，主要是传统企业在主导着融合进程。

2.6 最优化理论与方法

2.6.1 最优化理论及技术的发展

2.6.1.1 什么是最优化理论

最优化理论是一门实践性很强的学科。所谓最优化问题，一般是指按照给定的标准在某些约束条件下选取最优的解集。该理论被广泛地运用于生产管理、军事指挥和科学试验等领域，如工程设计中的最优设计、军事指挥中的最优火力配置问题等。

优化理论和方法于20世纪50年代形成基础理论。在第二次世界大战期间，出于军事上的需要，提出并解决了大量的优化问题。

2.6.1.2 最优化技术的发展

第二次世界大战前，处理最优化问题的数学方法主要是古典的微分法和变分法。第二次世界大战中，由于军事的需要产生了运筹学（美国某工程师入伍，研究在何种运动频率和铁锨大小情况下，单位时间内挖的土最多）。提出了大量用上述古典方法不能解决的最优化问题。因此，最优化理论和方法得到了发展，但作为一门新兴学科，则是在丹齐格（G. B. Dantzig）提出求解线性规划问题的单纯形法，库哈（H. W. Kuhnh）和塔克（A. W. Tucker）提出非线性规划基本定理，贝尔曼（R. Bellman）提出动态规划的最优化原理以后。

促进最优化技术发展的主要因素是科研和生产发展的需要。现代化工程技术的复杂化、大型化和精密化，使得一个决策的好坏能够对经济效果产生重大影响，因此要寻求最优的决策，以获取最好的经济效益，这就为最优化技术发展提供了必要性。

电子计算机的飞速发展为最优化技术提供了有力的工具，使优化理论得到飞速的发展，至今已形成具有多分支的综合学科。其主要分支有：线性规划、非线性规划、动态规划、博弈论、决策论等。

2.6.2 线性规划与非线性规划

2.6.2.1 线性规划

线性规划（Linear Programming，LP）是运筹学中研究较早、发展较快、应用广泛、方法较成熟的一个重要分支，它是辅助人们进行科学管理的一种数学方法，是研究线性约束条件下线性目标函数的极值问题的数学理论和方法。它是运筹学的一个重要分支，广泛运用于军事作战、经济分析、经营管理和工程技术等方面。为合理利用有限的人力、物力、财力等资源做出的最优决策提供科学依据。

（1）建立数学模型。

建立数学模型一般采取以下三个步骤：

①列出约束条件及目标函数；

②画出约束条件所表示的可行域；

③在可行域内求目标函数的最优解及最优值。

（2）从实际问题中建立数学模型。

从实际问题中建立数学模型一般采取以下三个步骤

①根据影响所要达到目的的因素找到决策变量；

②由决策变量和所在达到目的之间的函数关系确定目标函数；

③由决策变量所受的限制条件确定决策变量所要满足的约束条件。

（3）发展。

法国数学家傅里叶和瓦莱—普森分别于 1832 和 1911 年独立地提出线性规划的想法，但未引起注意。

1939 年苏联数学家康托罗维奇在《生产组织与计划中的数学方法》一书中提出线性规划问题，也未引起重视。

1947 年美国数学家 G. B. 丹齐格提出求解线性规划的单纯形法，为这门学科奠定了基础。

1947 年美国数学家 J. 冯・诺伊曼提出对偶理论，开创了线性规划的许多新的研究领域，扩大了它的应用范围和解题能力。

1951 年美国经济学家 T. C. 库普曼斯把线性规划应用到经济领域，为此与康托罗维奇一起获 1975 年诺贝尔经济学奖。

50 年代后在对线性规划进行大量的理论研究时，涌现出一大批新的算法。例如，1954 年 C. 莱姆基提出对偶单纯形法，1954 年 S. 加斯和 T. 萨迪等人解决了线性规划的灵敏度分析和参数规划问题，1956 年 A. 塔克提出互补松弛定理，1960 年 G. B. 丹齐格和 P. 沃尔夫提出分解算法等。

线性规划的研究成果还直接推动了其他数学规划问题包括整数规划、随机规划和非线性规划的算法研究。随着数字电子计算机的发展，出现了许多线性规划软件，如 MPSX，OPHEIE，UMPIRE 等，可以很方便地求解几千个变量的线性规划问题。

1979 年苏联数学家 L. G. 哈奇扬提出解线性规划问题的椭球算法，并证明它是多项式时间算法。

1984 年美国贝尔电话实验室的印度数学家 N. 卡马卡提出解线性规划问题的新的多项式时间算法。用这种方法求解线性规划问题在变量个数为 5 000

时只要单纯形法所用时间的1/50。现已形成线性规划多项式算法理论。线性规划的应用范围不断扩大。

（4）应用。

线性规划在企业的各项管理活动中，如计划、生产、运输、技术等领域都有广泛应用。

2.6.2.2 非线性规划

非线性规划是具有非线性约束条件或目标函数的数学规划，是运筹学的一个重要分支。非线性规划是20世纪50年代才开始形成的一门新兴学科。70年代又得到进一步的发展。非线性规划在工程、管理、经济、科研、军事等方面都有广泛的应用，为最优设计提供了有力的工具。

非线性规划研究一个n元实函数在一组等式或不等式的约束条件下的极值问题，且目标函数和约束条件至少有一个是未知量的非线性函数。目标函数和约束条件都是线性函数的情形则属于线性规划。

（1）常见问题。

对于一个实际问题，在把它归结成非线性规划问题时，一般要注意如下几点。

①确定供选方案。首先要收集同问题有关的资料和数据，在全面熟悉问题的基础上，确认什么是问题的可供选择的方案，并用一组变量来表示它们。

②提出追求目标。经过资料分析，根据实际需要和可能，提出要追求极小化或极大化的目标。并且，运用各种科学和技术原理，把它表示成数学关系式。

③给出价值标准。在提出要追求的目标之后，要确立所考虑目标的“好”或“坏”的价值标准，并用某种数量形式来描述它。

④寻求限制条件。由于所追求的目标一般都要在一定的条件下取得极小化或极大化效果，因此还需要寻找出问题的所有限制条件，这些条件通常用变量之间的一些不等式或等式来表示。

（2）数学模型。

对实际规划问题做定量分析，必须建立数学模型。建立数学模型首先要选定适当的目标变量和决策变量，并建立起目标变量与决策变量之间的函数

关系，称之为“目标函数”。然后将各种限制条件加以抽象，得出决策变量应满足的一些等式或不等式，称之为“约束条件”。非线性规划问题的一般数学模型可表述为求未知量 x_1，x_2，…，x_n，使满足约束条件：

$$g_i(x_1,\cdots,x_n) \geq 0 \quad i = 1,\cdots,m$$

$$h_j(x_1,\cdots,x_n) = 0 \quad j = 1,\cdots,p$$

并使目标函数 f（x_1，…，x_n）达到最小值（或最大值）。其中 f，诸 g_i 和诸 h_j 都是定义在 n 维向量空间 R_n 的某子集 D（定义域）上的实值函数，且至少有一个是非线性函数。

上述模型可简记为：

$$\min f(x)$$

$$\text{s.t. } g_i(x) \geq 0 \quad i=1,\cdots,m$$

$$h_j(x) = 0 \quad j=1,\cdots,p$$

其中，$x=$（x_1，…，x_n）属于定义域 D，符号 min 表示“求最小值”，符号 s. t. 表示“受约束于”。

定义域 D 中满足约束条件的点称为“问题的可行解”。全体可行解所成的集合称为问题的可行集。对于一个可行解 x^*，如果存在 x^* 的一个邻域，使目标函数在 x^* 处的值 f（x^*）优于（指不大于或不小于）该邻域中任何其他可行解处的函数值，则称 x^* 为问题的局部最优解（简称“局部解”）。如果 f（x^*）优于一切可行解处的目标函数值，则称 x^* 为问题的整体最优解（简称“整体解”）。实用非线性规划问题要求整体解，而现有解法大多只是求出局部解。

（3）最优方法。

最优方法是指寻求一元函数在某区间上的最优值点的方法。这类方法具有实用价值。大量多维最优化方法依赖于一系列的一维最优化。常用的一维最优化方法有黄金分割法、切线法和插值法。

①黄金分割法，又称 0.618 法。它适用于单峰函数。其基本思想是：在初始寻查区间中设计一列点，通过逐次比较其函数值，逐步缩小寻查区间，以得出近似最优值点。

②切线法，又称牛顿法。它也是针对单峰函数的。其基本思想是：在一

个猜测点附近将目标函数的导函数线性化，用此线性函数的零点作为新的猜测点，逐步迭代去逼近最优点。

③插值法，又称多项式逼近法。其基本思想是用多项式（通常用二次或三次多项式）去拟合目标函数。

此外，还有斐波那契法、割线法、有理插值法、分批搜索法等。

（4）无约束法。

无约束法是指寻求 n 元实函数 f 在整个 n 维向量空间 R_n 上的最优值点的方法。这类方法的意义在于：虽然实用规划问题大多是有约束的，但许多约束最优化方法可将有约束问题转化为若干无约束问题来求解。

无约束最优化方法大多是逐次一维搜索的迭代算法。这类迭代算法可分为两类。一类需要用到目标函数的导函数，称为“解析法”。另一类不涉及导数，只用到函数值，称为“直接法”。这些迭代算法的基本思想是：在一个近似点处选定一个有利的搜索方向，沿这个方向进行一维寻查，得出新的近似点。然后对新点施行同样手续，如此反复迭代，直到满足预定的精度要求为止。根据搜索方向的取法不同，可以有各种算法。属于解析型的算法有 4 种：一是梯度法，又称最速下降法。这是早期的解析法，收敛速度较慢。二是牛顿法。该方法收敛速度快，但不稳定，计算也较困难。三是共轭梯度法。该方法收敛较快，效果较好。四是变尺度法。这是一类效率较高的方法。其中，达维登 - 弗莱彻 - 鲍威尔变尺度法，简称“DFP 法”，是最常用的方法。属于直接型的算法有交替方向法（又称“坐标轮换法”）、模式搜索法、旋转方向法、鲍威尔共轭方向法和单纯形加速法等。

（5）约束法。

约束法是指前述一般非线性规划模型的求解方法。常用的约束最优化方法有 4 种：一是拉格朗日乘子法。它将原问题转化为求拉格朗日函数的驻点。二是制约函数法，又称“系列无约束最小化方法”，简称“SUMT 法”。它又分两类，一类叫“惩罚函数法”，或称“外点法”；另一类叫“障碍函数法”，或称“内点法”。它们都是将原问题转化为一系列无约束问题来求解。三是可行方向法。这是一类通过逐次选取可行下降方向去逼近最优点的迭代算法。如佐坦迪克法、弗兰克 - 沃尔夫法、投影梯度法和简约梯度法都属于此类算

法。四是近似型算法。这类算法包括序贯线性规划法和序贯二次规划法。前者将原问题化为一系列线性规划问题求解，后者将原问题化为一系列二次规划问题求解。

（6）凸规划。

这是一类特殊的非线性规划。在前述非线性规划数学模型中，若 f 是凸函数，诸 g_i 都是凹函数，诸 h_j 都是一次函数，则称之为凸规划。所谓 f 是凸函数，是指 f 有如下性质：它的定义域是凸集，且对于定义域中任意两点 x 和 y 及任一小于 1 的正数 α，下式都成立：

$$f\left[(1-\alpha)x+\alpha y\right]\alpha\leqslant(1-\alpha)f(x)+\alpha f(y)$$

将上述不等式中的不等号反向即得凹函数的定义。所谓凸集，是指具有如下性质的集合：连接集合中任意两点的直线段上的点全部属于该集合。

对于一般的非线性规划问题，局部解不一定是整体解。但凸规划的局部解必为整体解，而且凸规划的可行集和最优解集都是凸集。

（7）二次规划。

二次规划是一类特殊的非线性规划。它的目标函数是二次函数，约束条件是线性的。求解二次规划的方法很多。较简便易行的是沃尔夫法。它是依据库恩－塔克条件，在线性规划单纯形法的基础上加以修正而成的。此外还有莱姆基法、毕尔法、凯勒法等。

（8）几何规划。

几何规划是一类特殊的非线性规划。它的目标函数和约束函数都是正定多项式（或称“正项式”）。几何规划本身一般不是凸规划，但经适当变量替换，即可变为凸规划。几何规划的局部最优解必为整体最优解。求解几何规划的方法有两类。一类是通过对偶规划去求解；另一类是直接求解原规划，这类算法大多建立在根据几何不等式将多项式转化为单项式的思想上。

（9）应用问题。

在经营管理、工程设计、科学研究、军事指挥等方面普遍地存在着最优化问题。例如：如何在现有人力、物力、财力条件下合理安排产品生产，以取得最高的利润；如何设计某种产品，在满足规格、性能要求的前提下，达到最低的成本；如何确定一个自动控制系统的某些参数，使系统的工作状态最佳；如何分配一个动力系统中各电站的负荷，在保证一定指标要求的前提下，使总耗费最小；如何安排库存储量，既能保证供应，又使储存费用最低；如何组织货源，既能满足顾客需要，又使资金周转最快等。对于静态的最优化问题，当目标函数或约束条件出现未知量的非线性函数，且不便于线性化，或勉强线性化后会招致较大误差时，就可应用非线性规划的方法去处理。

2.6.3 动态规划

动态规划（dynamic programming）是运筹学的一个分支，是求解决策过程（decision process）最优化的数学方法。20 世纪 50 年代初美国数学家 R. E. 贝尔曼等人在研究多阶段决策过程（multistep decision process）的优化问题时，提出了著名的最优化原理（principle of optimality），把多阶段过程转化为一系列单阶段问题，利用各阶段之间的关系，逐个求解，创立了解决这类过程优化问题的新方法——动态规划。贝尔曼 1957 年出版了他的名著《动态规划》（*Dynamic Programming*），这是该领域的第一本著作。

2.6.3.1 动态规划的概念

动态规划问世以来，在经济管理、生产调度、工程技术和最优控制等方面得到了广泛的应用。例如，最短路线、库存管理、资源分配、设备更新、排序、装载等问题，用动态规划方法比用其他方法求解更为方便。

虽然动态规划主要用于求解以时间划分阶段的动态过程的优化问题，但是一些与时间无关的静态规划（如线性规划、非线性规划），只要人为地引进时间因素，把它视为多阶段决策过程，也可以用动态规划方法方便地求解。

动态规划程序设计是对解最优化问题的一种途径、一种方法，而不是一种特殊算法。不像搜索或数值计算那样有一个标准的数学表达式和明确清晰的解题方法，动态规划程序设计往往针对一种最优化问题，由于各种问题的性质不同，确定最优解的条件也互不相同，因而动态规划的设计方法对不同的问题有各具特色的解题方法，而不存在一种万能的动态规划算法，可以解决各类最优化问题。因此，读者在学习时，除了要对基本概念和方法正确理解外，必须具体问题具体分析，以丰富的想象力去建立模型，用创造性的技巧去求解。我们也可以通过对若干有代表性的问题的动态规划算法进行分析、

讨论，逐渐学会并掌握这一设计方法。

2.6.3.2 动态规划分类

动态规划一般可分为线性动规、区域动规、树形动规、背包动规四类。

①线性动规：拦截导弹，合唱队形，挖地雷，建学校，剑客决斗等；

②区域动规：石子合并，加分二叉树，统计单词个数，炮兵布阵等；

③树形动规：贪吃的九头龙，二分查找树，聚会的欢乐，数字三角形等；

④背包问题：01 背包问题，完全背包问题，分组背包问题，二维背包，装箱问题，挤牛奶（同济 ACM 第 1132 题）等。

应用实例：最短路径问题，项目管理，网络流优化等。

2.6.3.3 基本思想

动态规划算法通常用于求解具有某种最优性质的问题。这类问题可能会有许多可行解，每一个解都对应于一个值，我们希望找到具有最优值的解。动态规划算法与分治法类似，其基本思想也是将待求解问题分解成若干个子问题，先求解子问题，然后从这些子问题的解得到原问题的解。与分治法不同的是，适合于用动态规划求解的问题，经分解得到子问题往往不是互相独立的。若用分治法来解这类问题，则分解得到的子问题数目太多，有些子问题被重复计算了很多次。如果我们能够保存已解决的子问题的答案，而在需要时再找出已求得的答案，这样就可以避免大量的重复计算，节省时间。我们可以用一个表来记录所有已解的子问题的答案。不管该子问题以后是否被用到，只要它被计算过，就将其结果填入表中。这就是动态规划法的基本思路。具体的动态规划算法多种多样，但它们具有相同的填表格式。

2.6.3.4 基本结构

多阶段决策问题中，各个阶段采取的决策，一般来说是与时间有关的，决策依赖于当前状态，又随即引起状态的转移，一个决策序列就是在变化的状态中产生出来的，故有“动态”的含义，我们称这种解决多阶段决策最优化问题的方法为动态规划方法。

2.6.3.5 基本模型

建立动态规划的基本模型的步骤如下：

①确定问题的决策对象；

②对决策过程划分阶段；

③对各阶段确定状态变量；

④根据状态变量确定费用函数和目标函数；

⑤建立各阶段状态变量的转移过程，确定状态转移方程。

2.6.3.6 适用条件

任何思想方法都有一定的局限性，超出了特定条件，它就失去了作用。同样，动态规划也并不是万能的。适用动态规划的问题必须满足最优化原理和无后效性。

①最优化原理（最优子结构性质）。最优化原理可这样阐述：一个最优化策略具有这样的性质，不论过去状态和决策如何，对前面的决策所形成的状态而言，余下的诸决策必须构成最优策略。简而言之，一个最优化策略的子策略总是最优的。一个问题满足最优化原理又称其具有最优子结构性质。

②无后效性。无后效性是指将各阶段按照一定的次序排列好之后，对于某个给定的阶段状态，它以前各阶段的状态无法直接影响它未来的决策。换句话说，每个状态都是过去历史的一个完整总结。

③子问题的重叠性。动态规划将原来具有指数级时间复杂度的搜索算法改进成具有多项式时间复杂度的算法。其中的关键在于解决冗余，这是动态规划算法的根本目的。动态规划实质上是一种以空间换时间的技术，它在实现的过程中，不得不存储产生过程中的各种状态，所以它的空间复杂度要大于其他算法。

2.6.3.7 实现问题

算法实现是比较好考虑的。但有时也会遇到一些问题，而使算法难以实现。动态规划思想设计的算法从整体上来看基本都是按照得出的递推关系式进行递推的，这种递推相对于计算机来说，只要设计得当，效率往往是比较高的，这样在时间上溢出的可能性不大，而相反地，动态规划需要很大的空间以存储中间产生的结果，这样可以使包含同一个子问题的所有问题共用一个子问题解，从而体现动态规划的优越性，但这是以牺牲空间为代价的，为了有效地访问已有的结果，数据也不易压缩存储，因而空间矛盾是比较突出的。另一方面，动态规划的高时效性往往要通过大的测试数据体现出来（以

与搜索作比较)，因而，对于大规模的问题，如何在基本不影响运行速度的条件下，解决空间溢出的问题，是动态规划解决问题时普遍会遇到的问题。

一个思考方向是尽可能少占用空间。如从结点的数据结构上考虑，仅仅存储必不可少的内容，以及在数据存储范围上精打细算（按位存储、压缩存储等)。当然这要因问题而异，进行分析。另外，在实现动态规划时，我们经常采用的一个方法是用一个与结点数一样多的数组来存储每一步的决策，这对于倒推求得一种实现最优解的方法是十分方便的，而且处理速度也有一些提高。但是在内存空间紧张的情况下，我们就应该抓住问题的主要矛盾，省去这个存储决策的数组，而改成在从最优解逐级倒推时再计算一次，选择某个可能达到这个值的上一阶段的状态，直到推出结果为止。这样做，在程序编写上比上一种做法稍微多花一点时间，运行的时效也可能会有一些（往往很小）下降，但却换来了很多的空间。因此，运用这种思想处理某些问题，是很有意义的。

但有时，即使采用这样的方法也会发现空间溢出的问题。这时就要分析，这些保留下来的数据是否有必要同时存在于内存之中。因为有很多问题，动态规划递推在处理后面的内容时，前面比较远处的内容实际上是用不着的。对于这类问题，在已经确信不会再被使用的数据上覆盖数据，从而使空间得以重复利用，如果能有效地使用这一手段，对于相当大规模的问题，空间也不至于溢出（为了求出最优方案，保留每一步的决策仍是必要的，这同样需要空间)。

当采用以上方法仍无法解决内存问题时，也可以采用对内存的动态申请来使绝大多数情况有效出解。而且，使用动态内存还有一点好处，就是在重复使用内存进行交换时，可以只对指针进行交换，而不复制数据，这在实践中也是十分有效的。

2.6.4　博弈论

博弈论又称“对策论”，既是现代数学的一个新分支，也是运筹学的一个重要学科。

博弈论主要研究公式化了的激励结构间的相互作用，是研究具有斗争或竞争性质现象的数学理论和方法。博弈论考虑游戏中的个体的预测行为和实际行为，并研究它们的优化策略。生物学家使用博弈理论来理解和预测进化论的某些结果。

博弈论已经成为经济学的标准分析工具之一。在生物学、经济学、国际关系、计算机科学、政治学、军事战略和其他很多学科中都有广泛应用。

其基本概念中包括局中人、行动、信息、策略、收益、均衡和结果等。其中，局中人、策略和收益是最基本的要素。局中人、行动和结果被统称为博弈规则。

2.6.4.1 理论历史

博弈论是指在二人平等的对局中各自利用对方的策略变换自己的对抗策略，达到取胜的目的。博弈论思想古已有之，中国的《孙子兵法》不仅是一部军事著作，而且算是最早的博弈论著作。博弈论最初主要研究象棋、桥牌、赌博中的胜负问题，人们对博弈局势的把握只停留在经验上，没有向理论化发展。

博弈论考虑游戏中的个体的预测行为和实际行为，并研究它们的优化策略。

近代对于博弈论的研究，开始于策梅洛，波莱尔及冯·诺依曼。

1928 年，冯·诺依曼证明了博弈论的基本原理，从而宣告了博弈论的正式诞生。1944 年，冯·诺依曼和摩根斯坦共著的划时代巨著《博弈论与经济行为》将二人博弈推广到 n 人博弈结构并将博弈论系统地应用于经济领域，从而奠定了这一学科的基础和理论体系。

1950—1951 年，约翰·福布斯·纳什利用不动点定理证明了均衡点的存在，为博弈论的一般化奠定了坚实的基础。纳什的开创性论文《n 人博弈的均衡点》（1950）、《非合作博弈》（1951）等，给出了纳什均衡的概念和均衡存在定理。此外，莱因哈德·泽尔腾、约翰·海萨尼的研究也对博弈论发展起到推动作用。今天，博弈论已发展成一门较完善的学科。

2.6.4.2 博弈要素

（1）局中人。在一场竞赛或博弈中，每一个有决策权的参与者成为一个局中人。只有两个局中人的博弈现象称为“两人博弈”，而多于两个局中人的

博弈称为“多人博弈”。

（2）策略。一局博弈中，每个局中人都有选择实际可行的完整的行动方案，即方案不是某阶段的行动方案，而是指导整个行动的一个方案，一个局中人的一个可行的自始至终全局筹划的一个行动方案，称为这个局中人的一个策略。如果在一个博弈中局中人都总共有有限个策略，则称为“有限博弈”，否则称为“无限博弈”。

（3）得失。一局博弈结局时的结果称为得失。每个局中人在一局博弈结束时的得失，不仅与该局中人自身所选择的策略有关，而且与全局中人所取定的一组策略有关。所以，一局博弈结束时每个局中人的“得失”是全体局中人所取定的一组策略的函数，通常称为支付（payoff）函数。

（4）结果。对于博弈参与者来说，存在着一种博弈结果。

（5）均衡。博弈涉及均衡。均衡是平衡的意思，在经济学中，均衡意即相关量处于稳定值。在供求关系中，在某一商品市场，如果在某一价格下，想以此价格买此商品的人均能买到，而想卖的人均能卖出，此时我们就说，该商品的供求达到了均衡。纳什均衡是一种稳定的博弈结果。

2.6.4.3 博弈类型

博弈的分类根据不同的基准也有不同的分类。

一般认为，博弈主要可以分为合作博弈和非合作博弈。合作博弈和非合作博弈的区别在于相互发生作用的当事人之间有没有一个具有约束力的协议，如果有，就是合作博弈，如果没有，就是非合作博弈。

从行为的时间序列性上，博弈论进一步分为静态博弈、动态博弈两类。静态博弈是指在博弈中，参与人同时选择或虽非同时选择但后行动者并不知道先行动者采取了什么具体行动。动态博弈是指在博弈中，参与人的行动有先后顺序，且后行动者能够观察到先行动者所选择的行动。通俗地理解，“囚徒困境”就是同时决策的，属于静态博弈；而棋牌类游戏等决策或行动有先后次序的，属于动态博弈。

按照参与人对其他参与人的了解程度，分为完全信息博弈和不完全信息博弈。完全博弈是指在博弈过程中，每一位参与人对其他参与人的特征、策略空间及收益函数有准确的信息。如果参与人对其他参与人的特征、策略空间及收益函数信息了解得不够准确，或者不是对所有参与人的特征、策略空间及收益函数都有准确的信息，在这种情况下进行的博弈就是不完全信息博弈。

经济学家们所谈的博弈论一般是指非合作博弈，由于合作博弈论比非合作博弈论复杂，在理论上的成熟度远远不如非合作博弈论。非合作博弈又分为完全信息静态博弈、完全信息动态博弈、不完全信息静态博弈、不完全信息动态博弈。与上述四种博弈相对应的均衡概念为：纳什均衡（Nash equilibrium），子博弈精炼纳什均衡（subgame perfect Nash equilibrium），贝叶斯纳什均衡（Bayesian - Nash equilibrium），精炼贝叶斯纳什均衡（perfect Bayesian - Nash equilibrium）。

博弈论还有很多分类。例如：以博弈进行的次数或者持续长短可以分为有限博弈和无限博弈；以表现形式可以分为一般型（战略型）或者展开型；以博弈的逻辑基础不同可以分为传统博弈和演化博弈。

2.6.5 决策论

决策论（Decision Theory）是根据信息和评价准则，用数量方法寻找或选取最优决策方案的科学，是运筹学的一个分支和决策分析的理论基础。在实际生活与生产中对同一个问题所面临的几种自然情况或状态，又有几种可选方案，就构成一个决策，而决策者为对付这些情况所取的对策方案就组成决策方案或策略。

2.6.5.1 简介

决策论是在概率论的基础上发展起来的。随着概率论的发展，早在1763年贝叶斯发表贝叶斯定理时起，统计判定理论就已萌芽。1815年拉普拉斯用此定理估计第二天太阳还将升起的概率，把统计判定理论推向一个新阶段。统计判定理论实际上是在风险情况下的决策理论。这些理论和对策理论概念上的结合发展成为现代的决策论。决策论在包括安全生产在内的许多领域都有着重要应用。

2.6.5.2 决策类型

决策问题根据不同性质通常可以分为确定型、风险型（又称“统计型”

或“随机型”）和不确定型三种。

（1）确定型决策。确定型决策是研究环境条件确定情况下的决策。例如，某工厂每种产品的销售量已知，研究生产哪几种产品获利最大，它的结果是确定的。确定型决策问题通常存在着一个确定的自然状态和决策者希望达到的一个确定目标（收益较大或损失较小），以及可供决策者选择的多个行动方案，并且不同的决策方案可计算出确定的收益值。这种问题可以用数学规划，包括线性规划、非线性规划、动态规划等方法求得最优解。但许多决策问题不一定追求最优解，只要能求出满意解即可。

（2）风险型决策。风险型决策是研究环境条件不确定，但以某种概率出现的决策。风险型决策问题通常存在着多个可以用概率事先估算出来的自然状态，及决策者的一个确定目标和多个行动方案，并且可以计算出这些方案在不同状态下的收益值。决策准则有期望收益最大准则和期望机会损失最小准则。

风险情况下的决策方法通常有最大可能法、损益矩阵法和决策树法三种。

最大可能法是在一组自然状态中当某个状态出现的概率比其他状态大得多，而它们相应的益损值差别又较小的情况下所采用的一种方法。此时可取该具有最大概率的自然状态而不考虑其他决策，并按确定性决策问题方法进行决策。

决策树是按一定的决策顺序画出的树状图。以一个产品的开发为例，它有一系列的决策：是否需要进行开发，选择什么样的生产模式和规模，确定生产费用、售价及可能的销售量等。按此种决策顺序可画出决策树。决策者可在决策点（如对不同的开发费用）赋予相应的主观概率，并对机会点（如对未来的销量）用主观概率算出不同售价下的期望效用。选取期望效用最大者为该决策点的效用值，相应的决策就是这个点的最优决策。于是，由最后一个决策点逐步逆推，直到最初的决策点，就得到在诸决策点上的一串最优决策及相应的期望效用值。

（3）不确定型决策。不确定型决策是研究环境条件不确定，可能出现不同的情况（事件），而情况出现的概率也无法估计的决策。这时，在特定情况下的收益是已知的，可以用收益矩阵表示。

不确定型决策问题的方法有乐观法、悲观法、乐观系数法、等可能性法和后悔值法等。乐观法又称“冒险主义法”，是对效益矩阵先求出在每个行动方法中的各个自然状态的最大效益值，再确定这些效益值的最大值，由此确定决策方案；悲观法又称“保守法”，是先求出在每个方案中的各自然状态的最小效益值，再求这些效益值的最大值，由此确定决策方案；乐观系数法是乐观法乘以某个乐观系数；等可能性法是在决策过程中不能肯定何种状态容易出现时都假定它们出现的概率是相等的，再按矩阵决策求解；后悔值法是先求出每种自然状态在各行动方案中的最大效益值，再求出未达到理想目标的后悔值，由此一步步确定决策方案。

3 北京市农产品流通现状与调查研究

我国是一个拥有9亿农民的农业大国，农产品流通在国民经济发展中具有举足轻重的作用，关系到农业产业化发展、农民的增收以及我国农产品国际竞争力水平的提升。经过多年的农业改革，我国的农产品流通体系发生了根本性的变化，取得了巨大的成就，但是也依然存在着流通环节多、流通成本居高不下的问题。

3.1 国内农产品流通现状

在农民生产和市民消费的中间区域，是一块国民经济的“黑暗大陆”，可称为农产品流通行业。当下在社会主义市场经济的运行过程中，流通决定生产，尤其是鲜活农产品的生产，没有好的农产品流通模式与快速的物流道路，将导致农产品流通不畅，从而直接影响农业产业化进程、农民利益增长和新农村建设。

3.1.1 农产品流通政策

2006年以来，国家出台了一系列有关农产品流通体系建设问题的中央一号文件。2011年4月20日，商务部、财政部联合印发《关于2011年开展农产品现代流通综合试点有关问题的通知》（以下简称《通知》），决定在江苏、浙江、安徽、江西、河南、四川和陕西等省开展农产品现代流通综合试点。《通知》明确工作的市场化运作，鼓励地方在规划、用地、用水、用电、税收、资金等方面出台优惠政策，对纳入试点的项目，中央财政将提供不超过项目总投资额50%的资金支持。2012年中央一号文件指出，提高市场流通效率，切实保障农产品稳定均衡供给。加强农产品流通设施建设。统筹规划全国农产品流通设施布局，加快完善覆盖城乡的农产品流通网络。推进全国性、区域性骨干农产品批发市场建设和改造，重点支持交易场所、电子结算、信息处理、检验检测等设施建设。2014 年农业部发布了《2014 年国家深化农村改革、支持粮食生产、促进农民增收政策措施》，有 50 项涵盖种粮直补、农机补贴、产粮大县奖励等的支农惠农政策，其中仅种粮直补、良种补贴、农资综合补贴、农机补贴等四项补贴资金规模就达到 1 600 亿元。

2016 年 3 月 23 日，商务部印发《2016 年电子商务和信息化工作要点》（以下简称《要点》），《要点》特别提出要“加快电子商务进农村”，地方商务主管部门要深入落实推进电子商务进农村和农产品电子商务发展的各项举措，切实提高政策扶持效果，农村电子商务恰恰是“互联网 +”和“新农村发展”这两个热点概念的交会点。《要点》要求地方商务主管部门着力完善农村、农产品电子商务应用环境，研究制定促进政策和措施，推动农产品电子商务规范有序发展和农村商务信息服务普及应用。

2017 年 2 月 5 日，新世纪以来指导“三农”工作的第 14 份中央一号文件由新华社授权发布。这份文件题为《中共中央、国务院关于深入推进农业供给侧结构性改革加快培育农业农村发展新动能的若干意见》，全文约 13 000 字，共分 6 部分 33 条。其中，第 14 条强调，推进农村电子商务发展，促进新型农业经营主体、加工流通企业与电子商务企业全面对接融合，推动线上线下互动发展。加快建立健全适应农产品电子商务发展的标准体系。支持农产品电子商务平台和乡村电子商务服务站点建设……完善全国农产品流通骨干网络，加快构建公益性农产品市场体系，加强农产品产地预冷等冷链物流基础设施网络建设，完善鲜活农产品直供直销体系。推进“互联网 +”现代农业行动。

3.1.2 农产品流通规模

在各种惠农政策的支持下，全国城市农贸中心联合会发布的抽样调查报告显示，2016 年全国农产品批发市场交易额同比增长 8.8%，交易量同比增长 5.1%。电子结算交易额同比增长 8.4%。中经未来产业研究院数据库显示：2016 年全国农产品批发市场经销商数明显提升，销售额超亿元的经销商数同

比增长15.3%；0.5亿元至1亿元的经销商数同比增长22.9%；0.1亿元至0.5亿元的经销商数同比增长24.2%。2016年全国农产品批发市场交易额达4.7万亿元，交易量达8.5亿吨。

2014年以来，农村县域电子商务成为新兴热点，电子商务园区成为县市领导最常见的抓手。阿里研究院4月1日发布的《中国电子商务园区研究报告（2016)》显示，截至2016年3月，全国电子商务园区数量达1122家，同比增长约120%。

目前全国农产品批发市场在4 000家左右，年流通额在1亿元以上的企业有2 000多家，农批市场集团化企业有深圳农产品、雨润集团、寿光地利、宏安集团等几家，集团化管理的农批市场合计不足100家，在规模市场中占比不足5%，没有一家能够形成寡头。同时，整个农批市场行业共同的问题是管理和经营模式落后。农批市场信息化管理系统，包括电子结算系统的应用，将大幅改善这一现状。

不过近年来，我国实施的促进农产品增产和完善农产品流通基础设施建设的政策，为提高农业经济效益及农产品流通效率、确保城乡市场供应起到了良好作用，对解决我国农村现存的小农经济“买难卖难”、提高组织化程度与农产品商品化率等问题都起到了促进作用，现代农产品流通体系的建设在我国国民经济中的地位与作用逐渐受到重视。我国已初步形成了产地市场、销地市场和集散市场统筹发展，综合市场和专业市场互补互进，以大中城市为核心，遍布城乡的多层次、多元化的市场流通格局。

3.1.3 农产品流通的模式

目前，我国农产品流通市场形成以农户、农民合作社、农产品加工企业以及经销商为主要流通主体，以农贸市场和批发市场为载体的格局。是经历多年的市场化变革由计划调节下的统购统销模式演进来的。下面我们分析现阶段我国的几种模式。

3.1.3.1 农户+（收购小贩）+批发商+零售终端

这种模式又可以分为两种形式。

（1）存在小贩。在中国的广大农村地区，正常情况下都是农民将农产品收割之后直接卖给小贩，小贩直接将收购所得农产品转卖给下一级批发商，批发商再转卖给零售商，结束农产品流通。这种模式的特点是渠道单一，容易造成农民对小贩的严重依赖。

（2）不存在小贩。这种模式的前提条件就是某种农产品大片集中种植在某个区域，从而形成规模经济，农户可以以较低的成本进入市场直接和批发商进行交易。这种模式的特点是农户和批发商的交易是一次性的，双方只是寻求当次交易的利益最大化。

3.1.3.2　农户+龙头企业+（批发商）+零售终端

这种流通模式关键在于农户与龙头企业之间的关系。根据双发签署的合同，农户按照合同中相应的产品质量标准生产既定数量和种类的农产品，而龙头企业则兼司收购、加工以及销售工作，将收购来的农产品进行深加工，提高农产品的附加值，然后转卖给下级批发商和零售商来完成流通，这种流通操作被称为“订单农业”。该模式的优点在于：一方面，通过合同将农户和龙头企业进行绑定，这样可以使农户和龙头企业共同承担市场压力，使农户利益得到保障；另一方面，和第一种流通模式相比，该种模式更能优化农产品流通，既维持了农产品的独立性与自主性，又节省了信息搜寻的成本。同时，该模式也存在着一些缺点，如农户与企业之间的契约关系比较脆弱。

3.1.3.3　农户+农民合作社+龙头企业+（批发商）+零售终端

这种模式是在农户和龙头企业之间加上了农民合作社，其实它是对第二种模式的完善与矫正，区别在于，农户与龙头企业不再有直接关联，农民合作社成为二者之间的纽带和桥梁。合作社将散落的农户集中起来，根据订单要求组织生产，对农户的产品进行统一收购，然后统一组织销售。这种模式的优点是：首先，农民合作社代替散落的农户与龙头企业进行交易可以节省磋谈的时间，并且相对稳固的关系可以使流通渠道更加流畅；其次，合作社比散落的农户肯定具有更强的谈判能力，因而可以为农户争取更多的利益。这种模式的优点与带给农户的好处是毋庸置疑的，但农民合作社在我国尚处于初级阶段，运作起来并不熟悉，缺乏规范性，因此要大力培养优秀的农民合作社。

3.1.3.4 农户（农业合作社）+零售终端（超市）

这种流通方式叫作“农超对接”，是我国近年来重点鼓励的农产品流通模式，此种模式的特点为：以超市为代表的零售终端与代表农户的农民合作社没有任何其他中间环节，二者以直供和直采的形式对接农产品。超市凭借其自身资金、管理、技术等方面的优势参与农产品的生产加工与流通过程，并以其信息、技术、物流等为农业提供一条龙服务，使农户与市场之间无须流通组织也能有效连接，达到缩减流通环节，降低流通成本的目的。这种模式的优点主要体现在：第一，最大限度地缩短了供应链的长度，降低了流通过程的消耗和成本，并且超市对农产品流通过程进行监控，充分地保障了产品的质量；第二，从农户的角度看，很大程度地降低了市场的不确定性对农户种植的影响，而且避免了农户的盲目生产；第三，从超市的角度来看，省去的中间流通环节节省了流通成本，从而降低了产品的价格，提高了零售行业的产品竞争力；第四，从消费者的角度看，产品价格的降低是消费者的最大福利。

3.1.4 农产品流通效率

虽然农产品的流通渠道和方式在不断发展与完善，但以下几点仍是目前影响农产品流通效率的不容忽视的现状。

3.1.4.1 超小规模的农户与个体户依然是我国农产品流通的最重要的主体

相较于发达国家而言，我国农产品的生产主体和流通主体均是农户和从事农产品批发与零售的个体户，而农业企业非常少，经营规模小。其中，户均经营耕地面积0.53公顷。户均销售粮食1 047.34公斤、猪肉97. 62公斤、禽蛋55. 48公斤，是世界上比较小型的农户生产类型。这种现状受我国地理环境和人口因素等制约难以从根本上改变，并且以家庭为单位进行农产品的生产经营并不是我国独有的，而是许多国家的普遍现象，如日本农户的经营规模也非常小。但是，小型农户式生产必然对流通效率的高低造成很大的影响。

3.1.4.2 农产品批发的特征

市场数量庞大，但平均交易规模小，档次不高，功能不完善。从1991年开始，我国开始把建立“以批发市场为中心的农产品市场体系作为流通改革的一项重要内容来对待”，分别在农产品的集中产区、集散地和大中城市建立起相互衔接、相互配套的中央级和区域性的农产品批发市场网络。到2007年，我国亿元以上农产品批发市场交易总额约9 300亿元，占农业生产总值的37%。全国经由农产品批发市场交易的农产品比重高达70%以上，并且这一比例仍在继续升高。

3.1.4.3 渠道技术含量普遍较低，导致效率低下

农产品运输渠道中所运用的保鲜、防腐、防损等技术要求较高，是农产品渠道中十分重要的技术，农产品含水量高、保质期短、极易腐烂变质的特性对渠道的交易时间和保鲜条件提出了很高的要求，而我国目前的渠道建设和技术水平均有待提高。

3.1.5 农产品流通存在的问题

目前中国农业不是传统农业也不是现代农业，而是向现代化迈进中的过渡性农业。农业产业化经营的组织方式和运行机制使整个农业生产具有以下几方面的特性：小农户经营规模不经济；旧体制形成障碍；生产成本上升，后劲不足；农产品及其质量结构不适应市场要求；农业组织结构落后，不利于市场农业发展。在这个背景下农产品的流通对农业结构的转型和发展显得至关重要。

近年来，我国农产品流通设施和环境等受到各级政府和企业的高度关注，并有一定程度的改善，但多数小规模且分散的农产品生产方式与大市场、大流通和多品种、多样化消费需求形成的矛盾，依然导致一些农产品流通成本居高不下，或因流通渠道不畅而影响了农民的生产积极性。

3.1.5.1 农产品流通成本高

我国虽是世界上主要农产品生产大国，农产品生产逐渐向商品性生产发展，但产业化水平较低，既影响了好品质的农产品的生产，也加大了流通成本。

（1）小规模且分散的农产品生产方式，加上生产时间和生产技术措施的差异性等，使达到市场需求的大规模流通成本高；

（2）生产资料和劳动力等生产成本提高，造成生产者重数量、轻质量；

（3）小而分散的个体生产很难保证农产品的标准化，影响了农产品应有的价值；

（4）因缺乏完整的市场体系，农产品生产者与市场没有完全建立稳定的交易关系，上市和运输存在一定的盲目性；

（5）大多数小规模生产者因缺乏市场需求信息，不能及时调整产品品种和把握市场良机等，这些小农不经济的现象，是造成流通成本高的主要因素。

3.1.5.2　缺少农产品价格形成的基础体系

（1）缺少公开的竞价机制，市场叫价不透明；

（2）销地变化的市场需求信息不能及时反馈到产地，更不能到达众多的产地生产者，产地价格形成缺少依据；

（3）少数产地农产品价格高于销地大型批发市场价格，即价格倒挂；

（4）国家缺少对生鲜农产品价格形成的监督与管理手段及类似经济杠杆的职能与作用。

3.1.5.3　现有基础设施不能确保“放心农产品”流通

多年来，国家和不同经济结构的农产品流通主体对大城市的蔬菜流通设施建设都进行了不同程度的投入，对农产品流通发展起到了一定的促进作用。但是，相对于日益提高的全国城乡消费水平和支持有效生产而言，尚不能满足大市场、大流通需要。

（1）产销地市场的流通设施少且简陋，有的产地市场连大棚都没有，建设或改造缺乏资金支持；

（2）农产品运输保鲜设施落后，我国封闭车或冷藏车运输使用率较低，而日本等发达国家90%以上的生鲜食用农产品都要经过预冷处理，如我国蔬菜流通保鲜技术应用较差，使蔬菜综合损耗较高；

（3）产地基本无相关标准农产品的选别设施，丧失了在产地提高商品率和增加农民收入的机会。

3.1.5.4　缺乏配套的政策、法规与农产品大流通相适应

（1）缺少规范农产品流通的法律法规；

（2）农产品采摘缺少标准化、规范化的指导或监管；

（3）产地经纪人多而无组织；

（4）缺少中立性的产销地农产品检测机构和强制性的规定；

（5）缺少产销地不合格农产品处理机制；

（6）缺少持续性的预防措施和财政预算，过去采取的一些措施基本是针对已经出现的问题的“拯救式”对策。

3.1.5.5 产品结构调整不及时、不到位

由于对市场信息分析不够，缺乏对市场产品生产结构的掌控，尤其是千家万户分散的生产者很难面对瞬息万变的市场，所以在生产结构调整时往往存在矫枉过正的倾向。农产品生产的周期性，也使产品结构调整很难到位。

3.1.5.6 出口农产品受国际市场影响

世界农产品贸易形势仍然很严峻，一些国家奉行贸易保护主义，设置高关税、配额和技术性壁垒对本国产业实行保护。我国政府虽然也高度重视农产品贸易的发展，不断探寻促进农产品国际贸易的可靠途径，但出口农产品受国际市场多变因素的影响仍很大。

（1）出口产品成本不断上升，出口效益受到影响。2006 年以来，受国际市场能源价格、原材料价格、劳动力成本和运输费用普遍上涨，检验检疫费用涨幅较大（对日出口增长 50% 以上），汇率波动导致换汇成本增加等诸因素影响，农产品出口的综合成本上升 6% ~15% 左右。

（2）虽然出口农产品价格有所上升，但出口企业的整体效益均有不同程度下降，生猪、柑橘罐头、部分蔬菜以及初加工农产品的利润下滑明显。

（3）我国农产品在产品质量、质量监督检验检疫体系等方面与国际接轨缓慢，使出口受阻。

目前我国农产品市场流通体系还不健全，基础设施总体薄弱、信息不对称、产销组织化偏低的问题仍然突出。特别是近年来随着市场化、国际化程度的稳步提高，农业和宏观经济的互动性增强，农产品市场与国际市场的联动性增强，鲜活农产品市场波动加剧，部分地区出现买难、卖难交替的情况，价格的暴涨暴跌也时有发生。因此，我们应尽快推进我国农产品流通体系进一步发展。

3.2　北京市农产品市场调研

为了更好地了解北京市农产品批发市场、超市和社区农贸市场的情况，掌握农产品流通的相关细节及流通状况，我们于2015年7—8月对北京市的主要农产品批发市场、超市生鲜配送中心、超市和社区菜市场进行了调研，并于2015年11月对杭州农产品批发市场进行了调研。于2017年7月对丰台区首都经济贸易大学周边的超市和菜市场进行了调研。

3.2.1　销地批发市场

通过实地调研北京市主要的批发市场，了解北京的农产品流通模式及其特点，以及农产品在流通过程中的成本、损耗、运输等相关问题，特别是研究白菜在北京销地批发市场的流通方式，研究白菜在北京销地批发市场的来源、去向、价格和供求等市场特性，掌握销地市场农产品流通的模式及设备、设施状况，针对存在的问题给出初步建议，探究北京农产品的流通模式及其特点，探讨未来农产品电子商务的主要挑战，为构建电子商务平台框架打好基础。

我们重点调研了北京新发地批发市场、北京锦绣大地农副产品批发交易市场、北京大洋路农副产品市场有限公司，选取杭州农副产品物流中心作为参考。

3.2.1.1　新发地批发市场

（1）市场概况。

北京新发地批发市场是北京市乃至全国规模较大的批发市场，是首都名副其实的大“菜篮子”和大“果盘子”。新发地批发市场对于蔬菜水果的批发、流通等具有很强的代表性，方便我们进行调研及后续工作的展开。

（2）以白菜为例的蔬菜调研情况。

①产品来源。白菜都从张北、山东等地进货。可以自己向农民收购，也可以通过经纪人代理收购。统一在装卸的时候包装，统一用标有“新发地”的包装袋包装。

图 3－1　北京新发地农产品批发市场

②产品去向。白菜属于易腐烂的商品，所以采取的方式是不卸货销售，即运到批发市场的白菜就在车里卖，卖完之后空车直接走。而顾客一般都是工地、超市、学校、单位食堂等。此外，南方批发市场会到新发地批发市场购进白菜。

图 3－2　北京新发地批发市场白菜摊位及包装

③设备。运输设备为带顶箱式货车，长度为 5. 2 米，载重量为每车 7. 8 吨。装卸设备为叉车，称重设备为电子秤，称重精确，准度较好。

④中间环节费用。白菜从农民手里收购的时候可以采用两种方式，一种方式是批发市场商户直接从农民手里买，另一种方式就是与跟当地农民很熟的经纪人合作。经纪人通过每车收取 200 块钱佣金的方式代理收购白菜。

收购白菜的时候会产生装货的费用，这个费用是按照 0. 2 元/公斤的计价方式计算，合计一车 1 560 元。

货车从张北运送白菜到新发地批发市场的时候，将产生油钱、过路费、

维护费等费用合计约900元。

装满白菜的货车进入新发地批发市场的时候，将缴纳每车180元的进场费。

在批发市场出售白菜的时候，将产生装卸费，此时卸货费用为400元/车。

除此之外，还会产生大量的损耗费。白菜的损耗费主要发生在运输过程中，此时水分易蒸发导致重量减轻。此外，白菜滞销会发生腐烂。因为腐烂而卖不出去的白菜是不能留在批发市场的，而如果要运出批发市场，则要缴纳出场费。

⑤交易价格及交易量。白菜向农民买入价格为0.6元/公斤，卖出价格为1.2元/公斤。平均每一天交易量为一车。但是算上收购、运输时间，平均每一辆车交易量需要耗时三天。

⑥流通方式。销地批发商与农民或者经纪人建立起长期合作关系，一般由销地批发商负责将白菜运到批发市场，采取的运输工具一般为带顶厢式货车。运到批发市场以后，销地批发商销售白菜采取坐地批发的方式，即白菜购买者来到货车摊点处，与销地批发商达成协议以后进行交易。在货车摊点面前即实现白菜所有权的转移。具体如图3-3所示。

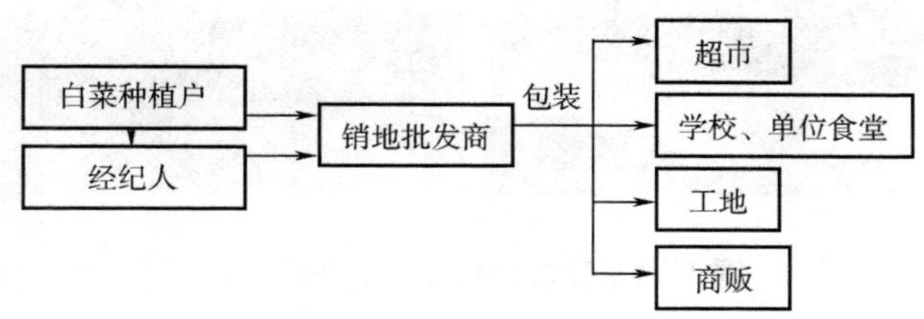

图3-3 新发地批发市场白菜流通方式

⑦存在的问题。经过调研我们发现存在以下问题。

第一，信息交流不畅。生产环节，大量白菜烂在地里，即使农民免费出手也无人收购。销售环节，供求信息不对称，供大于求导致白菜销售后期，以免费赠送的方式出手白菜也无人问津，最后大量白菜腐烂在批发市场。

第二，效率低下。白菜从产地运到批发市场之后，采取的销售方式是坐地销售，货车停在批发市场，白菜卖完了才开始下一轮的进货。这种缓慢的收购方式无疑又是导致农民白菜烂在地里的另一个原因。并且，在白菜坐地销售期间，货车的沉没成本也是一笔可观的数目。

第三，市场集中度不高。通过对销地批发商的采访了解到，销地批发商在进货的时候，没有集中的、大型的白菜生产场地，都是随机地去不同的地方采购白菜。这无疑增加了收购以及销售风险。

（3）以冬瓜为例的蔬菜调研情况。

①流通情况。蔬菜有叶菜（水菜）和茎菜之分，不同的蔬菜，存储的方式及时间都是不同的。一般来说，叶菜水分大，保存时间较短，而且运输条件要求相对较高，部分叶菜甚至需要冷藏车运输；茎菜相对叶菜含水量较少，易存储，保存时间也较长。本次调研的茎菜是冬瓜。冬瓜储存时间夏天在 15 天左右，在冬天气温较低的情况下甚至可以储存几个月。不同于大白菜，冬瓜是可以落地存放的，而白菜是不可以的。新发地市场的冬瓜摊位如图 3－4 所示。

图 3－4　新发地批发市场冬瓜摊位

本次受访商户一般是从河北购进冬瓜，他们在当地会找一些了解情况的经纪人，帮助联系卖家，主要的销售出路是超市、小贩、食堂等。大概一天的销售 2 车冬瓜，一车的重量在 12～13 吨，销量还是很大的。主要的销售时间在凌晨 4 点至上午 10 点之间，这个时间段销量是最大的，而且产品质量也是较好的，交易价格相对于下午也较高。值得注意的是，现在批发市场的商贩专业性很强，做冬瓜交易的，一年四季仅销售冬瓜，进货渠道从南向北或

从北向南，一年中有两三个月没有采购来源时，就休息。图 3－5 为冬瓜的流通方式。

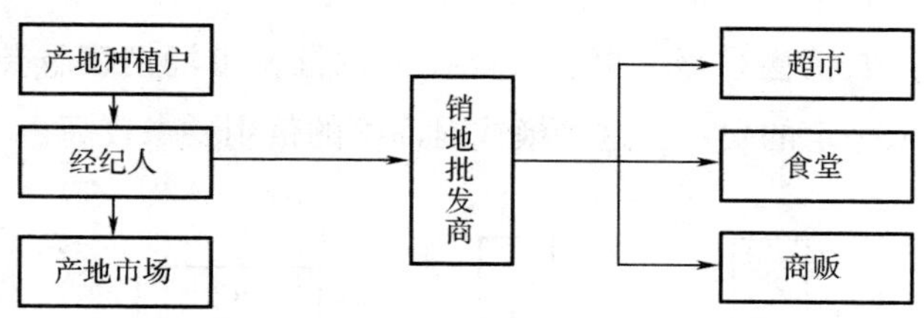

图 3－5 新发地批发市场冬瓜的流通方式

从上图可以清楚地看出，冬瓜的流通方式是从产地经由经纪人到达销地批发市场，再到销地的消费地点，并不复杂。

②费用及成本情况。新发地的商铺分两种，即有固定摊位的和无固定摊位的，并且根据摊位位置的优劣收取不同的费用。冬瓜是可以落地的，也就是商户要有固定的摊位，摊位费为每月 3 300 元，还有招标费一年大概 8 万左右。表 3－1 为总结的一些成本和费用。

表 3－1 新发地批发市场冬瓜的流通成本

类目	摊位费	招标费	购进价格	进门费	油费	运费、装卸
费用	3 300 元/月	80 000 元/年	1.4 元/公斤	180 元	0.1 元/公斤	0.04 元/公斤

③运输情况。本次调研的冬瓜是批发商自己运输，车辆是卡车，一车的量大概为 12～13 吨。

④销售情况。本次调研的冬瓜批发商从河北进货，主要的销售地为超市、小贩和食堂，一天的交易量为 2 车左右，也即是 24～26 吨，销量还是比较大的。

（4）以香蕉为例的水果调研情况。

①流通情况。本次调研的水果主要是香蕉。香蕉的产地在南方，所以香蕉要经过长途运输才能到达北方的市场。本次调研对象公司一天的交易量为 400～500 箱，一箱为 13.5 公斤，大概一天的交易量为 5 400～6 750 公斤。本次调研公司的香蕉有两种交易模式。

其一，在南方有专门的采购部门，采购当地的香蕉，雇佣运输商运输香蕉到销地批发市场，支付运输商一定的运输费（5 元/箱），主要的销售对象是小贩和超市，其中小贩客户占到 80%。

其二，代蕉农销售香蕉，蕉农会委托销地批发市场销售香蕉，销地批发市场会从中收取一定的费用。这种模式对商家的信用要求较高。

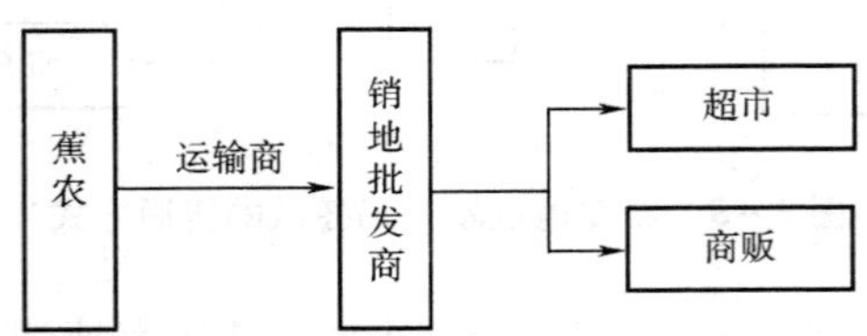

图 3－6　新发地批发市场香蕉的流通方式

②运输及交易情况。香蕉属于生鲜产品，对于运输的要求相对冬瓜比较高，一些进口香蕉需要冷链物流，普通国产香蕉一般采用常温运输车。香蕉的运输包装方式是箱装（见图 3－7 和图 3－8），从产地到新发地的批发市场，在路上的运输时间为 4 天，所以香蕉在产地采摘的时候是不熟的青香蕉，这样香蕉的储存时间较长，能经受住长时间的运输。一周大概能卖 2 车，一车为 2 500 箱左右，一箱为 13. 5 公斤，所以一周交易量大约为 67 500 公斤左右，交易量还是较大的。

图 3－7　香蕉包装

图 3－8　香蕉库房堆放

③储存情况。因为香蕉是生鲜产品，应采用低温储存，温度为 12℃ ~ 15℃。在购进的时候香蕉是青的，所以在储存过程中会使用催熟剂进行催熟，

以便香蕉的出售，催熟时间为一个礼拜左右。

④存在的问题。在调研过程中我们发现存在以下问题：

第一，很多摊位要求产品不能落地，商户又没有库房，一般是在车上直接销售，这样车的利用率就比较低，使车辆的成本增加。

第二，车辆的适应性差，装卸搬运不方便。

第三，大部分蔬菜水果都是散装运输、搬运，没有实现标准化。

第四，市场摊位费用、招标费用等各项费用高，导致商户成本过高。

3.2.1.2 锦绣大地批发市场

（1）市场概况。

锦绣大地批发市场（见图3－9）位于海淀区阜石路，距西五环0.8公里，距西四环3.5公里，交通便利，总建筑面积50余万平方米。目前市场已建成5个特色交易区（建筑面积共40 000平方米）、3座大型冷库及20 000平方米的仓储区、10 000平方米道路和10 000平方米的绿化区。此外，还建有现代化农产品安全质量检测中心等，基础设施比较完善，具有良好的经营条件。

图3－9 锦绣大地批发市场

（2）以大白菜和冬瓜为例的蔬菜调研情况。

①产品来源。白菜主要从新发地批发市场等地进货，一般是一天一次进货，进货量较小，晚上10点钟去新发地进货，凌晨3点多销售。冬瓜一部分是从新发地批发市场进货，一部分是从产地主要是河北保定等地进货。

②产品去向。白菜属于易腐烂的商品，所以需要天天进货。冬瓜的保质期相对较长。在锦绣大地批发市场，因为交易量较小，很多商户都是很多菜一起经营。白菜一般用包装袋包装好，放在地面上销售。冬瓜没有包装袋，

堆在地面上销售。白菜和冬瓜的销售去向主要是小商贩、食堂、超市等。

③设备。大一些的运输设备为带顶箱式货车，长度为 5 ~6 米左右，每车载重量为 12 吨左右，锦绣大地商户会在批发市场集中采购自己需要销售的货物。如图 3 – 11、3 – 12 所示。

图 3 – 10　锦绣大地批发市场运输货车

图 3 – 11　锦绣大地批发市场白菜摊位

④中间环节费用。锦绣大地商贩在采购完货物之后出新发地市场大门时要缴纳 10 元的出门费。摊位费每月在 2 000 ~3 000 元。除此之外，还会产生一定的损耗费。一般是在运输过程中水分蒸发导致重量减轻，白菜滞销导致腐烂等。

⑤交易价格及交易量。白菜在批发市场价格为 1. 2 元/公斤，在产地进货的话一般是 0. 6 元/公斤。锦绣大地市场的白菜交易量较小，一天一个商户的交易量大概为十几包，每包 27. 5 公斤左右。

⑥流通方式。一般由销地市场商户自己从批发市场或者产地进货，超市、学校、小商贩等也会自己从批发市场进货。批发市场采取的运输工具一般为带顶厢式货车，而来批发市场的小商贩等有些采用面包车进货，在摊点前即实现白菜所有权的转移。流通方式如图 3 – 12 所示。

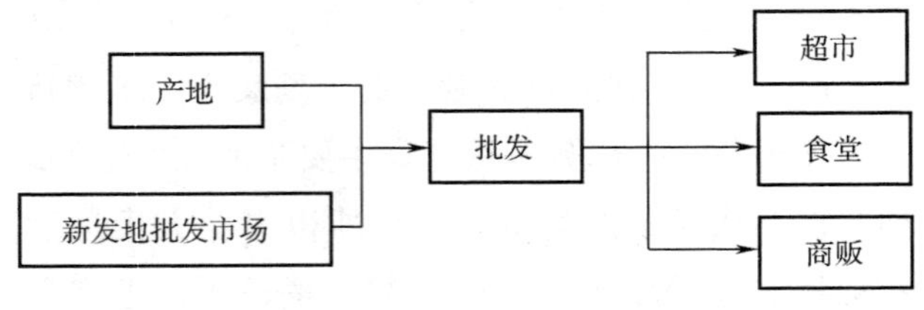

图 3 – 12　锦绣大地批发市场白菜的流通方式

⑦存在的问题。调研发现该市场存在以下问题。

第一，批发市场环境较差，人、车拥挤，蔬菜一般暴露在室外，简单的遮挡阳光，夏季高温天气，蔬菜腐烂较快。

第二，锦绣大地市场的白菜是直接堆在地上进行售卖，而白菜又是较易腐烂的，放在地面上会增加白菜的损坏率。

第三，在走访中，随处可见摊位上、通道内堆积着垃圾，特别是在下雨天蔬菜易腐烂产生异味。虽然市场内配置了垃圾桶，但很多摊贩仍直接把菜叶、塑料袋丢在路上，不仅影响环境，还威胁到蔬菜的安全卫生。

3.2.1.3 大洋路批发市场

（1）大洋路批发市场概况。

大洋路批发市场（见图 3－13）位于京城东南郊三环路东侧的十八里店乡大洋路商业街中段，毗邻京沈和京塘高速公路，方便东北、华北及华南各省区产地到达市场，物流主要辐射 CBD 商业区和使馆区以及经济技术开发区京泰物流港。现占地面积已达 32. 6 万平方米 ，建筑面积 7 万平方米，保鲜冷库容量为 12 500 吨。市场投资总额 11 430 万元，固定资产总额 8 419 万元，流动资产总额 2 033 万元。市场能容纳 20 多个省区大批量的蔬菜、水果及农副产品。

图 3－13　大洋路批发市场

（2）以大白菜和冬瓜为例的蔬菜调研情况。

①产品来源。白菜和冬瓜基本是商户从河北等产地进货，一般是两辆车交替进行，进货量比锦绣大地大一些。

②产品去向。在大洋路批发市场，白菜和冬瓜是在车上进行销售的，销

售去向主要是小商贩、食堂、超市等。

③设备。白菜进货量根据销量每次半车，冬瓜则是整车进货。一般会对白菜进行包装（见图 3－14）。称重设备为电子秤，称重精准度较高（见图 3－15）。

图 3－14　大洋路批发市场白菜包装

图 3－15　大洋路批发市场白菜称重设备

④中间环节费用。在大洋路批发市场，商户一般是自己从产地进货，来回油费每年大概七八万元左右，摊位费每月 800 元左右。除此之外，还会产生一定的损耗费。一般是在运输过程中水分蒸发导致重量减轻，白菜滞销导致腐烂等。

⑤交易价格及交易量。白菜在批发市场价格为 1.2 元/公斤，在产地进货的话一般是 0.6 元/公斤。大洋路批发市场的批发量较大，一天大概为1 500～2 000 公斤。

⑥流通方式。一般由销地市场商户自己从批发市场或者产地进货，超市、学校、商贩等自己从批发市场进货。批发市场采取的运输工具一般为带顶厢式货车，而来批发市场的小商贩等有些采用面包车进货，在摊点面前即实现白菜所有权的转移。大洋路批发市场与锦绣大地批发市场的大白菜流通方式类似，如图 3－16 所示。

⑦存在的问题。在调研中我们发现存在以下问题。

第一，批发市场环境较差，人、车拥挤，蔬菜一般暴露在室外，简单的遮挡阳光，夏季高温天气，蔬菜腐烂较快。

第二，在走访中，随处可见在摊位上、通道内堆积的垃圾，特别是在下

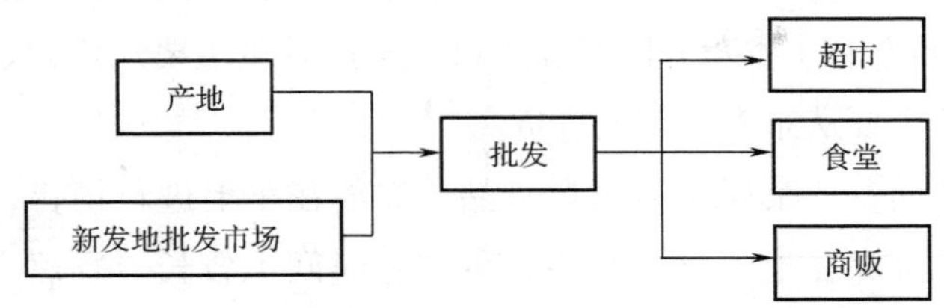

图 3-16 大洋路批发市场白菜的流通方式

雨天等潮湿天气，垃圾会散发异味。虽然市场内配置了垃圾桶，但很多摊贩仍直接把菜叶、塑料袋丢在路上，不仅影响环境，还威胁到蔬菜的安全卫生。

3.2.1.4 杭州农副产品物流中心

（1）市场概况。

杭州农副产品物流中心（见图 3-17）位于杭州的“北大门”，东至京杭运河，北邻绕城公路，南至宣杭铁路复线，规划总用地面积 402.9 公顷，规划建设用地 271 公顷，项目总投资约 60 亿元，年进出量可达 480 万吨，年交易额已突破 200 亿元。中心设施齐备、功能俱全。进行粮、油、鱼、肉、果、蔬、副分区交易管理，形成批发中转、分拨配送、集中采购、跨区域贸易四大块主导业务。全面带动区域农副产品产业结构调整和产业升级工作，打造具有国际一流水平的区域农副产品交易中心，形成辐射杭州各区及周边城市的农副产品供应网络体系。

图 3-17 杭州蔬菜物流有限公司

（2）以大白菜、冬瓜、香蕉为例的农产品调研。

①产品来源。大白菜现阶段也是主要从江苏等地进货，3 天左右进货一

次，一次大概 1 万公斤左右。冬瓜现阶段主要来自江苏，一周左右进货一次，一次大概 25 吨左右。香蕉分国产和进口，国产香蕉主要从广西、海南等地进货，进口香蕉主要从东南亚等地进货。

②产品去向。白菜属于易腐烂食品，需放在车上进行销售，不能放在地上。冬瓜可以堆垛在地上进行销售，可放置时间也较长。香蕉一般在货架或者在箱子里面直接进行销售。本次批发市场的农产品去向主要是小商贩和超市。

③设备。运输设备一般是大型货车，白菜一车大 1 万公斤左右（见图 3 - 18），冬瓜一车大概 25 吨左右（见图 3 - 19）。

图 3 - 18　杭州蔬菜物流有限公司大白菜摊位及运输车辆

图 3 - 19　杭州蔬菜物流有限公司冬瓜摊位运输车辆

④交易价格及交易量。大白菜批发市场价格是 0.7 元/公斤，进价为 0.5 元/公斤 ，一天的交易量是 3 000 公斤左右。冬瓜在批发市场的价格为 1.7 元

/公斤左右，进价为 1.4 元/公斤左右，一天的交易量为 5～15 吨，国产香蕉售价 28 元/箱，进价是 22 元/箱；进口香蕉售价为 70 元/箱，进价为 50 元/箱。香蕉一天的交易量是 700～800 箱。

⑤中间环节费用。批发市场会有一定的摊位费，一年大概六七万左右。大白菜每次的运费在 1 000 元左右，包装费 100 元/车，小工费 200 元/（人·车），车是自己的，成本约为 15 万，车保险 1.5 万/年，油费 200 元/次，小包装打包费 1.5 元/包。冬瓜油费 120 元左右/吨，运费 0.2 元/公斤。香蕉运费 1.5 元/箱，摊位费按成交价格的 5% 收取，电费约为 10 万元/年，市场小工的费用约为 0.3 元/箱。

⑥流通方式。一般是批发商从产地进货，小商贩、超市等自己从批发市场进货。批发市场采取的运输工具一般为带顶厢式货车，在摊点面前即实现白菜所有权的转移。如图 3－20 所示。

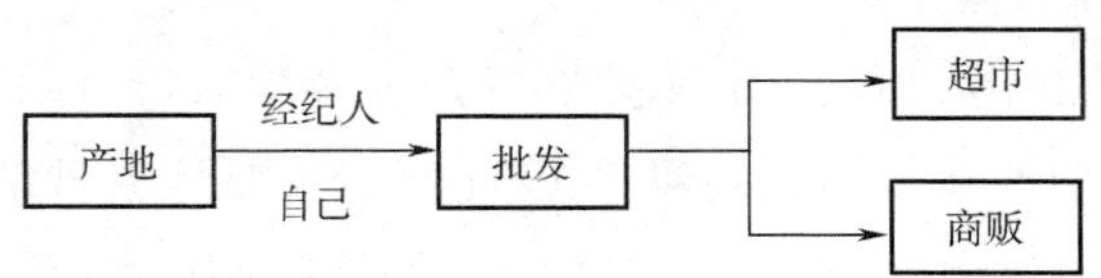

图 3－20 杭州蔬菜物流有限公司大白菜流通方式

⑦存在的问题。在调研中我们发现存在以下问题。

第一，批发市场环境较差，尤其是下过雨后，地面环境更是差，人、车拥挤。

第二，在走访中，随处可见在摊位上、通道内堆积的垃圾，特别是下雨天等潮湿天气会，散发异味。虽然市场内配置了垃圾桶，但很多摊贩仍直接把菜叶、塑料袋丢在路上。不仅影响环境，还威胁到蔬菜的安全卫生。

3.2.1.5 总结及建议

经过本次对销地批发市场的调研，我们对新发地、锦绣大地、大洋路批发市场蔬菜和水果的流通模式、流通特点及其运输、存储和费用方面有了较详细的了解，找出了一些流通过程中的问题，也为我们后面的调研和工作的开展奠定了基础。我们提出以下建议。

第一，增加资金投入，规模化、统一化批发及农贸市场，加强管理。

第二，不要将较易腐烂的蔬果直接堆在地面上，应置办货架等放置蔬果，减少损坏率。

第三，加强环境管理，保障食品安全。

3.2.2 北京市超市配送中心

为研究农产品在北京超市的流通方式，研究农产品在北京超市的来源、去向、价格和供求等市场特性，掌握超市农产品流通的模式及设备、设施状况，针对存在的问题给出初步建议，探究北京农产品的流通模式及其特点，探讨未来农产品电子商务的主要挑战以及为构建电子商务平台框架做基础，我们调研了北京京客隆商业集团股份有限公司生鲜食品配送中心、北京超市发生鲜果蔬物流有限公司。

3.2.2.1 北京京客隆生鲜配送中心

（1）生鲜配送中心概况。北京京客隆商业集团股份有限公司是一家投资主体多元化的大型商业集团，创建于 1994 年，主要从事日常消费品的零售、批发业务。企业经过 10 余年的不懈努力，将传统的副食店、菜店和百货店进行超市化改造，变单店经营为连锁经营，形成大卖场、综合超市、便利店等多业态零售门店模式，低成本迅速扩张。企业从建设初期的 7 家店铺发展到现在的 149 家，总经营面积 13.6 万平方米；商品批发业务从传统型向现代物流型转变，销售范围覆盖北京市及华北地区的主要零售商、分销商及贸易公司等。

（2）调研对象。京客隆生鲜物流加工配送中心蔬果仓库、小食品库，参观肉类加工过程，考察食品检验情况。

（3）仓库面积与运营成本。京客隆生鲜物流加工配送中心的库房是 2003 年开始建造的，2005 年投入使用，面积大约 2 万平方米。一个蔬果厅的运营成本每年就达到 700～800 万元，其中包含折旧、人员、维修、更换设备等。运输筐每年的费用达到 100 多万元。由于蔬果仓库采用氨基制冷，所以耗电量不是太大。仓库（见图 3－22）每天货物的购进量在 50～300 吨，蔬果购进量白天加晚上一般可以达到 100 多吨，每年达到 6 000 吨。

图 3－21 北京京客隆生鲜配送中心

图 3－22 北京京客隆生鲜配送中心库房

（4）蔬果来源与检验。京客隆的蔬果主要来源于基地，与京客隆合作的有三个蔬菜基地，分别在香河、固安、寿光。香河主要供应叶菜类，固安主要供应黄瓜、西红柿、茄子等，寿光基地主要供应土豆、葱头等。基地的蔬菜供应可以超过京客隆的规定数量，但不能低于规定数量。

京客隆有专门的质量检验部门，检验室人员共 6 人，检验设备价值 200 余万元。所有京客隆生鲜配送中心到货的生鲜蔬果和肉类，均需要进行检验（见图 3－23），蔬果主要检测农药残留等指标，肉类主要检测微生物、瘦肉精、金属等。一批次一检，半小时就能够出结果，达到国家标准后才能够进入后续加工流程。

（5）蔬菜种类及包装。蔬果仓库中蔬菜有 30 多个品种，以大棚蔬菜为主。大多通过供应商供应，直接采购很少，且直接采购不去批发市场，而是直接去产地。

蔬果类的包装方式在加工中心一般有两种，一种是最原始的散装方式，另一种是先称重，然后用保鲜膜和塑料盒封装好再打签的包装方式如图 3－24 所示。

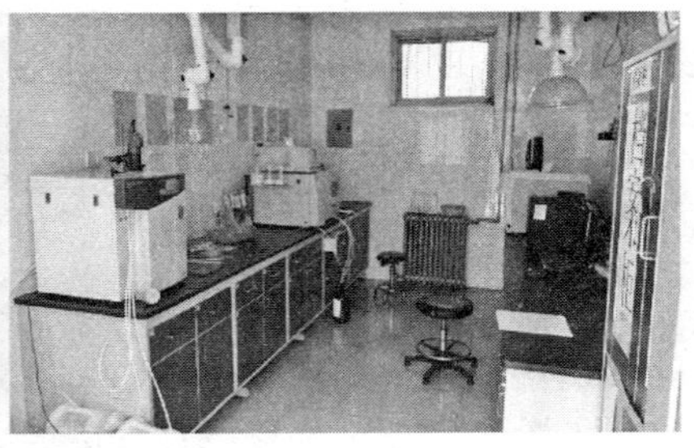

图 3-23　北京京客隆生鲜配送中心蔬果与检验设备

图 3-24　北京京客隆生鲜配送中心包装蔬菜水果

（6）拣货与配送。一般 9：00～18：00 基地到货，18：00～23：00 加工、分拣、装车，23：00～7：00 点运输到各个门店。京客隆目前有 81 家大的超市，100 多家便利店。一般情况下运输车 7：00 之前都能到门店。门店也是每天都要订货的，水果等需求量较大的商品白天也会配送一批。另外，加工配送中心只承担 40% 的物流作业，另有约 60% 的农产品由基地发往门店，与门店直接对接，节省了大量的人力物力。

图 3-25　北京京客隆生鲜配送中心拣货与配送

（7）人员与运输成本。仓库一共200人左右，蔬果部门50～60名员工，质监部门6名员工。工作人员都是正式工，蔬果厅一个月人员工资20多万元。运输上面，主要找的第三方，价钱按吨位来计算，大概500万元/年。运输车上每车两个人，肉类全部冷链运输，叶菜类基地个别不是冷链运输，叶菜类第三方运输也正在改进为冷链运输。目前京客隆这种基地到门店的模式已经算是比较先进的农超对接模式了。

（8）蔬果损耗。叶菜水分大易蒸发，要相应扣除含水量。例如，香葱要扣除5%含水量，芹菜要扣除2%～3%含水量，瓜类一般要扣除1%～2%含水量。瓜类存放一两天，重量减少不到1%，如西瓜，小笼400公斤，大笼600公斤，水分蒸发1～2公斤/天。香蕉、桃子要当天处理。山竹存放两三天后处理。因为仓库只是临时存贮，所以有些易变质的水果就要尽快送出去。苹果和梨可以存放一两个星期。

（9）总结。通过调研我们发现，京客隆也在小范围应用APP软件。仓库的蔬果在加工时大多由门店打印标签，但APP类则由配送中心打签，由门店给订单，由配送中心加工送到门店。一般大超市与便利店的价格有所不同，但网上的价格是统一的，由于网上销售商品的质量比较好，包装也好，所以价格要比实体店贵些。

京客隆仓库的布局也很合理，如小食品类，一般夜间配送，12℃左右保存，一个便利店基本上配备一个笼车。为了防止温度波动，装卸货都有两层门，开始里面的门关着，在外面那侧门卸货，卸到缓冲区后，外面的门关闭，里面的打开，把卸下来的货码放到存货区。这样可以更好地储存食物，防止变质。

猪肉在收货后也要进行检验，此外还要进行排酸处理，在0～4℃的环境下存放24～28小时进行排酸。排酸处理会使猪肉每公斤增加2元的成本。排酸后还要进行加工，猪肉加工场地温度保持在8～12℃，工作人员都是穿着棉衣在里面作业的。加工场地配有专门的去皮机、称重机等，地面也是要每天清洗的（见图3-26）。

3.2.2.2 北京超市发生鲜配送中心

（1）生鲜配送中心概况。北京超市发连锁股份有限公司（以下简称“超

图 3-26　北京京客隆生鲜配送中心肉类加工区

市发”）前身为北京市海淀区副食公司，1999 年 10 月公司完成股份制改造，成为北京首家股份制商业流通企业。公司以“超市发”为品牌，主营生鲜日配品、食品、百货、家居用品，代理品牌商品的零售、批发业务。现有连锁店百余家，商品配送基地 3 万余平方米，其中，用于生鲜商品的恒温库 3700 平方米、低温库 1 500 平方米、加工间 700 平方米，实现了物流机械化和管理信息化。几年来，公司经营规模不断扩大，销售额稳步增长，名列北京市商业流通连锁业前茅，并跃居中国 500 强企业、连锁百强企业，如图 3-27 所示。

图 3-27　北京超市发生鲜配送中心

（2）仓储情况。办公楼总占地面积约 1.47 公顷；8 个冷库，每个面积 400 平方米；4 个低温库，每个面积 500 平方米，均以储存为主。8 个冷库分为四层，每层两个，一层卸货用。仓储区内景如图 3-28 所示。

（3）产品来源与品种。通过代办（经纪人）直接产地采购约占 85%。其他 15% 为批发市场采购，主要是细小品种。季节不同，则采购地点不同。也

图 3－28 北京超市发生鲜配送中心仓储区

有直接跟农户收购的，如大兴农户。蔬菜有 100 多个品种，水果 50 多个品种。超市发的部分商品如图 3－29 所示。

图 3－29 北京超市发的部分商品

（4）配送情况。自有 14 辆运输车辆（见图 3－30），100 公里以内自己取货。冷冻产品一般白天送，蔬菜水果夜里送。每辆都持有通行证，通行时间为早上 9 点到下午 4 点，晚上 8 点到次日早上 7 点。超市发有 40 多家门店，大的店铺需送 1～2 车货物，小的店铺 4 个店送一车货物，有些店需要运送两次。14 辆车，有一半是冷链车，还带有装卸用地牛，效率很高。

（5）部门分布情况。超市发有 6 个部门，包括果蔬、速冻、干果副食、车队、冷库、后勤，工作人员共 170 多人，60 多人负责果蔬，只有 10 几个人负责干果副食。

（6）损耗。库房电费一年 130 万元左右，折旧一年约 100 万元，70% 的

图 3-30　北京超市发生鲜配送车辆

费用是员工费用。车辆油费一年 50 万元左右。叶类菜损耗平均为 4%，大都属于自然损耗。

（7）存在的问题。在调研过程中发现几个问题：配送中心位于学院南路，在三环以内，对于配送中心进行配送来讲不是很方便；配送中心的库房设施等有些陈旧。总之，超市发的地理位置、经营面积和设施情况已经不适于企业的发展。据了解，超市发正在规划新的生鲜加工物流配送中心。

3.2.3　北京市超市及社区菜市场

为研究农产品在北京市销地市场（农贸市场）的流通方式以及来源、去向、价格和供求等市场特性，掌握销地市场（农贸市场）农产品流通的模式及设备、设施状况，针对存在的问题给出初步建议，探究北京农产品的流通模式及其特点，探讨未来农产品电子商务的主要挑战以及为构建电子商务平台框架做基础，我们调研了北京首航国力商贸有限公司超市、北京丰台樊家村菜市场和利民菜市场。

3.2.3.1　北京首航国立商贸有限公司超市

（1）基本情况。北京国立商贸有限公司（以下简称“首航超市”）以生鲜食品超市和社区超市为主要经营方向，坚持以生鲜食品超市和社区超市为经营核心，形成了生鲜经营、商品齐全、物美价廉的经营特色，深受周边社区消费者喜爱，如图 3-31 所示。

（2）产品来源。生鲜部分一些来自新发地等批发市场，一部分如香蕉是

图 3－31　首航超市外景及蔬果区

自己从海南、东南亚等地进货。

图 3－32　首航超市蔬菜及水果展示

（3）设备。大一些的运输设备为带顶箱式货车，长度为五六米，载重量为每车 12 吨左右，称重设备为电子秤，称重精准度较高。

（4）中间环节费用。超市雇请员工，每月人工费用大概为 3 500 元。除此之外，还会产生一定的损耗费。销地市场白菜的损耗费主要发生在销售过程中，顾客一般会掰掉白菜外表皮。另外，在运输过程中水分蒸发会导致重量减轻，白菜滞销会发生腐烂等。

（5）流通方式。一般由超市采购部门负责将白菜运到市场，采取的运输工具一般为带顶厢式货车。运到超市以后，则在果蔬区销售，部分白菜会在冷鲜柜销售。

（6）存在的问题。在调研中我们发现，超市果蔬区看管人员很少，顾客很多都是挑挑拣拣，翻来覆去，像白菜这类食物多次翻动之后损耗严重。

3.2.3.2 2015 年调研时的北京丰台樊家村菜市场和利民菜市场

（1）基本情况。樊家村菜市场是露天环境下的早市市场，经营业务都在上午进行，虽然经营时间短，但是经营种类齐全，蔬菜、水果、海鲜一应俱全，质量高中低档都有，价格也很“亲民”，所以也很受周围社区居民的青睐，如图 3－33 所示。

利民社区菜市场位于室内，是全天经营。社区内的经营种类没有樊家村菜市场那么齐全，规模相对较小，但是全天候经营，产品质量相对樊家村菜市场较好一点，价格稍贵，如图 3－34 所示。

图 3－33 丰台樊家村菜市场

图 3－34 利民菜市场

（2）产品来源。主要从新发地批发市场等地进货，一般是一天进货一次，早上四五点去新发地批发市场进货，支撑一天的销售。

白菜属于易腐烂的商品，所以需天天进货。菜市场的白菜一般会放在包装袋里进行销售，也有的不包装直接销售。顾客一般都是社区周围的居民，还有一些周围的餐馆等来采购。

（3）设备。大一些的运输设备为带顶箱式货车，长度为 3 米左右，载重量为每车 3 吨左右，商户会在批发市场集中采购自己需要销售的货物。一些规模小一点的商户使用面包车运输。称重设备为电子秤，称重精准度较高。

（4）中间环节费用。商贩在新发地采购完货物之后出门时要缴纳 10 元的出门费，来回一趟的油费大概为 20～30 元左右。摊位费每月在 2 000～3 000 元。菜市场一般是商户自己拉货自己卖。

除此之外，还会产生一定的损耗费。销地市场白菜的损耗费主要发生在

销售过程中，顾客一般会掰掉白菜外表皮。另外，在运输过程中水分蒸发会导致重量减轻，白菜滞销会发生腐烂等。

（5）交易价格及交易量。白菜在批发市场价格为 1.2 元/公斤，卖出价格为 2.4～3 元/公斤。平均一个摊位每天交易量为一袋，大概为 27.5 公斤。

（6）流通方式。一般由销地市场商户或者超市采购部门负责将白菜运到市场，采取的运输工具一般为带顶厢式货车。运到市场以后，销地市场商户在市场的摊位上销售白菜。在摊点面前即实现白菜所有权的转移。社区菜市场流通模式如图 3－35 所示。

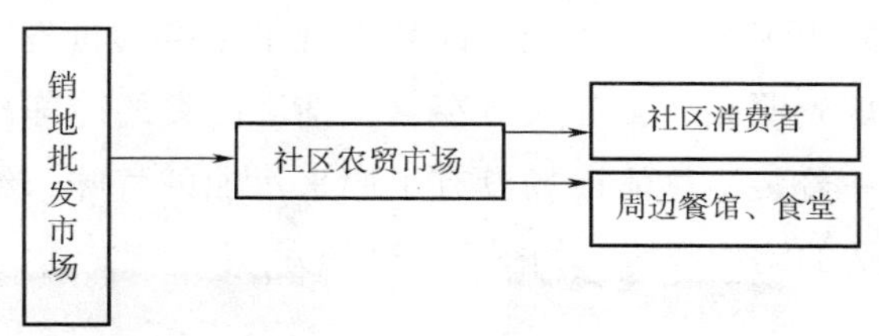

图 3－35　社区菜市场流通模式

（7）存在的问题。在调研中我们发现存在以下问题：

第一，农贸市场环境较差，人流拥挤，摊位不整齐，设施简陋，蔬菜一般放置在室外，简单地遮挡下阳光，夏季高温天气蔬菜腐烂较快。

第二，在走访中，随处可见在摊位上、通道内堆积的垃圾。虽然市场内配置了垃圾桶，但很多摊贩仍直接把菜叶、塑料袋丢在路上，不仅影响环境，还威胁到蔬菜的安全卫生。

3.2.3.3　2017 年 7 月调研时的北京丰台利民悠惠生活馆

（1）基本情况。自 2016 年起，丰台区开始对农副产品市场进行改造，一大批传统的菜市场得到了升级。前面调研的樊家村菜市场已被取消。利民菜市场也更名为“利民悠惠生活馆”，从农副产品市场转型升级为农副产品超市，本着提升市场环境、提升居民生活品质、规范市场秩序、强化发展创新的宗旨，在改变环境脏乱差的同时，推动一站式社区商业便民服务综合体建设，逐步建立集配送、零售和便民服务等多功能于一体的末端配送网点，如图 3－36 所示。

图 3－36　丰台区农副产品市场转型升级

（2）交易环境大大改善。利民悠惠生活馆的经营环境大大改善，内部进行了统一布局，采用了统一的货柜，商品设置了标准的价签，柜台和地面环境整洁，市场内灯光明亮，服务人员穿着整洁。肉类的冷冻冷藏设施配置齐全，服务人员统一着装，整体市场没有了原来污浊的气味，给社区消费者提供了一个较为舒适的购物环境，如图 3－37 所示。

图 3－37　利民悠惠生活馆的蔬菜和水果摊位

（3）经营方式。原来的菜市场转型升级后，每家商户都统一办理了营业执照，仍然保持了单个商户的经营模式。在经营品种方面进行了合理配置，如蔬菜的摊位大致保持在 8～10 家左右。不仅合理配置了一定数量的蔬菜和水果摊位，经营米面油盐、肉类和各种食品调味料等，还开辟了便民饭桌等区域，提供社区需要的一些服务。

丰台区还将继续大力发展社区 O2O，鼓励连锁品牌进社区，清理无证无照的生活性服务业设施，加速推动一站式社区商业便民服务综合体建设，促进规范化、品牌化，提升社区商业品质。

3.3 我国台湾地区与大陆果蔬批发市场交易模式分析

3.3.1 两地农产品批发市场概况

3.3.1.1 我国台湾地区农产品批发市场概况

我国台湾地区的农产品批发市场共有57处，其中，综合农产品批发市场2处，果蔬市场51处，花卉市场4处。我国台湾地区农产品批发市场以其年交易量多少区分为六个等级。我国台湾地区现经营农产品批发市场采用拍卖交易者有果蔬市场4处，采用议价交易者有果蔬市场40处，同时采用拍卖与议价者有13处，包括果蔬市场9处、花卉市场4处。

台中果蔬批发市场属于一级市场，年交易量在6万~22.5万吨，主要经营水果、蔬菜类产品，是台中最大的果蔬批发市场。台中果蔬批发市场的运营主体是台中果蔬运销股份有限公司，台中果蔬市场的土地和建筑物的产权归属于台中市政府，投资比例为台中市政府49%、农会51%。

3.3.1.2 我国大陆农产品批发市场概况

经过多年发展，我国大陆农产品批发市场已经初步形成多层次和多类型的市场体系。目前农产品批发市场发展处于稳定时期，2016年农产品批发市场总数已达4 000余家。2015年市场交易额超过600亿元人民币，交易量逾1 800万吨。按交易方式划分为专业批发市场和综合批发市场。农产品批发市场通行批零兼营，在4 000多个批发市场中，纯粹意义上的“批发”市场为数并不多，典型农产品批发市场几乎是传统集贸市场的放大版本，摊位细小零散、交易起点较低、产品包装简陋，缺乏现代批发市场应有的规范与效率。

北京新发地批发市场是北京市交易规模最大的农产品专业批发市场，在全国同类市场中具有很大的影响力。

3.3.2 台中果蔬批发市场交易模式分析

3.3.2.1 台中果蔬批发市场的运销模式

台中果蔬批发市场的农产品主要有两个来源，一个是台湾产地生产，另一个是进口。台湾产地生产者生产的果蔬主要有5条流通路径。台中果蔬批发市场的运销渠道如图3－38所示。

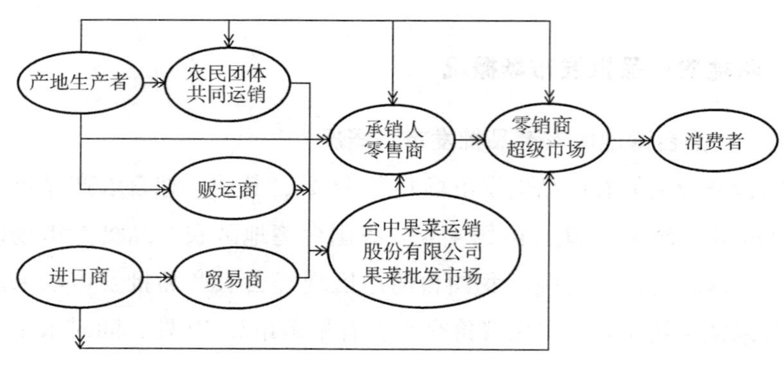

图3－38　台中果蔬运销渠道

3.3.2.2　拍卖流程

拍卖是我国台湾地区农产品流通与大陆在交易中的最大区别。凌晨3点钟之前，台中果蔬批发市场进货作业拍卖员将资料输入掌上型电脑，并根据行情确定拍卖价格，一般情况下拍卖价格是由高至低的，拍卖员也会根据行情对于没有及时成交的产品进行留标，最后再进行拍卖或者是以议价的方式出售。台中果蔬批发市场对于承销人的管理较为严格，只有符合信用余额要求的承销人才可进行拍卖活动。拍卖的形式是移动式拍卖，拍卖员推着拍卖车从货区内经过，承销人跟随。在拍卖车的显示屏上会显示出正在拍卖的是哪组货物以及货物的数量、等级等，承销人根据拍卖员的出价在其认为合适的价位拍中，这时拍卖机会打印出成交的单子。在拍卖过程中若货组的数量大于承销人需要的数量则会继续进行拍卖或者是留标。承销人雇用的搬运工此时可以根据承销人拍卖的单据对货物进行搬运装车。在整个拍卖的过程中不会出现现金交易。拍卖流程如图3－39所示。

3.3.3　北京新发地批发市场交易模式分析

北京新发地批发市场经营模式以现货、现金对手交易为主，批零兼营相对比较普遍。现有的批发市场大多是实物交易，产品全部堆放在市场，买主

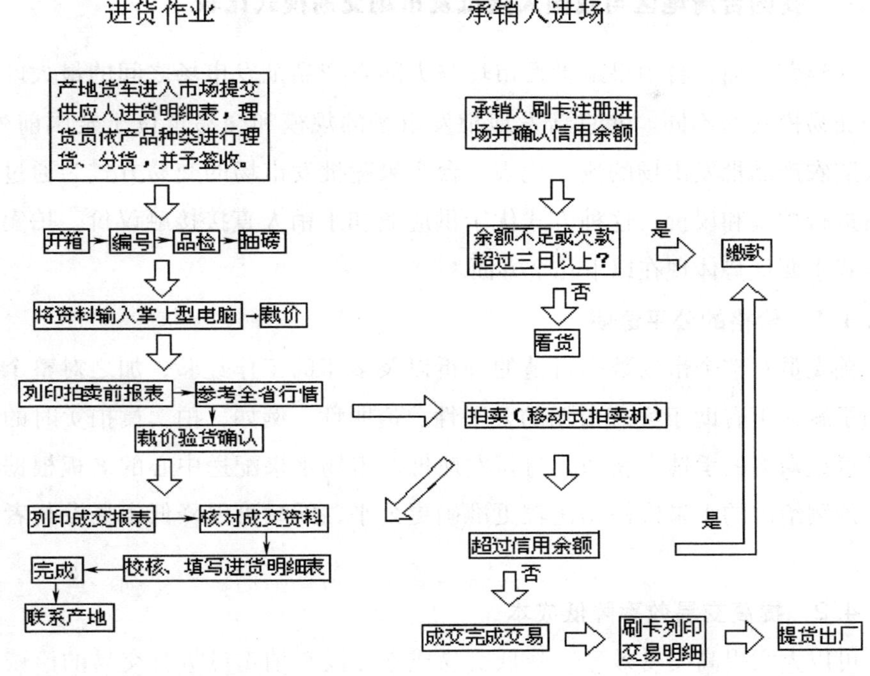

图 3－39　台中果蔬市场拍卖流程

在验货基础上讨价还价，现金收付完成结算。以现货为主进行交易得到的交易信息对调节商品流量、平衡区域供需矛盾有较大作用，但因交易对象已经是成品，因此交易信息对商品生产指导意义并不大。经过调研得知新发地批发市场果蔬的供销模式如图 3－40 所示。

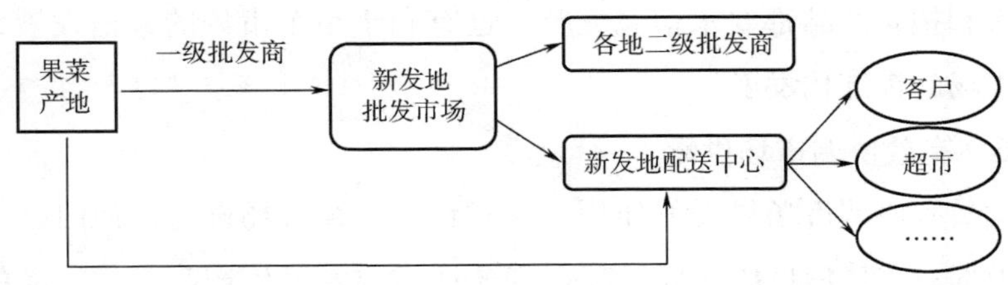

图 3－40　新发地批发市场果蔬运销通路

3.3.4 我国台湾地区与我国大陆批发市场交易模式比较

在经营方面，台中果蔬批发市场与大陆农产品批发市场之间的最大区别在于交易模式的不同。北京新发地批发市场的规模和交易量位于全国前列，是大陆农产品批发市场的典型代表。台中果蔬批发市场的交易方式为通过拍卖员进行拍卖和议价，这种方式优于供应商和承销人直接接触议价。拍卖交易方式主要优势体现在以下几个方面。

3.3.4.1 价格的公平透明

拍卖员对整个市场数据行情的分析以及多年的工作经验，加之对整个市场的了解，更有助于实现市场的公平性、透明性。例如，拍卖员拍卖时的价格直接让众多的承销人获知，与新发地批发市场水果配送中心的老板根据自己的预测给出的水果价格相比较更准确更公平，同时可以降低市场参与者的风险。

3.3.4.2 提高交易效率降低成本

可以大大提高交易效率，降低交易成本，没有拍卖员进行交易的洽谈次数要远大于有拍卖员的次数。

3.3.4.3 快速履行订单

由台中果蔬市场的拍卖流程可知，当拍卖交易完成时，即完成了信息流、资金流的流动，可以使订单快速履行。

3.3.4.4 促进市场的规范

拍卖方式的产生可以促进市场的规范性和稳定发展，台中果蔬批发市场对承销人和拍卖产品都要求信息完整。这有利于整个市场的诚信发展，也更有利于市场的标准化发展。

3.3.4.5 有效协调市场供需

拍卖员有协调市场供需的作用。在对台中果蔬市场进行调研时，了解到拍卖员根据对市场信息的掌握情况会到产地指导农民生产和对农产品的分级等，减少供需失衡，提升农产品价值，为农民带来利益。

3.3.5 我国台湾地区对我国大陆批发市场发展的启示

3.3.5.1 交易模式的启示

从拍卖方式的流程图以及交易模式的比较都可以看出，规范化的交易模式不仅能够提高交易效率，降低交易成本，更能够实实在在地为农民带来收益。大陆有些农产品市场已经开始 C2B 或者 C2B 交易方式的开拓。例如，北京新发地批发市场推出电子商城，但由于其果蔬生命周期短、周转率高、运输储存条件要求高等，目前的电子商务发展尚处于起步阶段。大陆的农产品市场的交易方式有待突破。

3.3.5.2 规范化的启示

台中果蔬批发市场的规范化程度较高，是大陆农产品批发市场值得学习的地方，从对承销人的管理到对整个批发市场操作的流程，都基本上实现了信息化和规范化，这与大陆批发市场的“多、乱、杂”形成了鲜明的对比。台中果蔬批发市场对产品通过编码形成产品追溯，对人员的管理进行登记形成长期合作关系，实现了自动化管理。

3.3.5.3 食品安全的启示

台中果蔬批发市场对于果蔬的来源严把质量关，对进入台中果蔬市场的每一批次产品都会进行快速检验检疫，对于不合格的产品可以根据其信息直接追溯到生产农户，防止不同批次的同种有害产品进入市场，同时提早发现问题也可以帮助农民尽早解决问题。大陆的农产品安全一直是大家关注的问题，主要在生产源头上就存在问题，农户未经科学的指导用药而盲目生产，加之批发市场为自身利益的考虑使得有些有害的农产品最终流向消费者。

3.3.5.4 公益性的启示

台中果蔬批发市场的公益性主要体现在台中果蔬运销股份有限公司是公益性的组织，其宗旨是农户和承销人双赢。台中果蔬批发市场会根据市场的需求指导农户进行生产，包括指导生产的品种、数量，并在种植过程中给予技术指导，对于产品进行包装、分级以实现农产品效益的最大化。同时，台中果蔬批发市场中的拍卖员与承销人保持较好的关系，当农户遇上大的灾难导致果蔬品质下降时，拍卖员会拜托承销人帮助农民尽快把货物出售，以免出现更大的损失。大陆的农户缺少获取市场信息的途径，有时会导致供求失衡，农民生产的大量果蔬最终烂在地里的现象时有发生，往往给农民带来沉重打击。

3.4 国外农产品流通现状分析

在国外，农产品是人们日常生活中的必需品，各国对农产品以及农产品流通方面都给予高度重视，保证农产品的质量以及流通效率和安全，保障流通主体的利益。

3.4.1 农产品流通参与主体

3.4.1.1 美国

（1）各种中间商，包括批发商、零售商、代理商、经纪人和农产品加工商是主体，约占销售总额的60%；

（2）农场主参加各种专业销售合作社，其中牛奶销售合作社约占86%，水果蔬菜销售合作社约占20%；

（3）政府农产品信贷公司，根据政府法令和合同收购和贮备一定数量的农产品，以稳定市场价格，保证粮食安全。

3.4.1.2 欧盟

法国流通合作社的主要业务是利用收购来的农产品进行食品加工和再销售，其营业额占到全国的一半以上。丹麦四分之三的出口量都是由合作社完成的。各类合作社组成不同的专业会，如农民协会、小麦协会等。农产品出口的三个主要渠道是：合作销售协会，占50%；合作公司，占25%；私人出口，占25%。

3.4.1.3 日本

农协是政府授意安排的经济组织，也可以看作准国家机构。约有97%的农户加入了农协，90%的农产品由农协销售。农协有两种类型，即生产加工型和流通消费型。农产品运销常态通常是以基础农协为单位把单个农户生产出来的农产品集中起来，经过统一的品质检验和分类之后，由农协统一组织

上市。流程是，生产者→农协→批发市场→中间商（大宗交易者）→零售商（饮食业）→消费者。

3.4.2 政策及补贴

美国长期对农业营销提供稳定可靠的保护和扶持，因此农民不需要太多担心自家种的农产品卖不出去。类似地，其他发达国家也都制定了较完善的农产品营销补贴政策，鲜活农产品也享有这些政策的支持与保护。

3.4.2.1 营销贷款差额补贴

这项补贴可以说是美国农业补贴政策的基石，具体的实施办法是：政府预定某种农作物的销售价格（实际上是最低保护价），农民在播种季节前，可用未来的农作物产量作为抵押品，并根据按最低保护价计算出的金额向政府申领贷款。农作物收获后，当市场价格高于最低保护价时，农民可按市场价格销售农产品，偿还所借贷款，多出部分就是利润，归农民自己所有；当市场价格低于最低保护价时，农民按市价出售农产品后，在偿还政府贷款时，就可以从中扣除实际出售收入与保护价之间的差额，不需要全额偿还所借贷款，市场价格与最低保护价之间的差额就是政府向农民提供的直接补贴。

3.4.2.2 反周期补贴

这项补贴是美国在2002年修改农业法时新增加的一种补贴制度，是“基于收益的反周期支付”。反周期支付由目标价格和有效价格之差决定，每种农产品都设有目标价格，目标价格在农业法中明确规定6年不变；有效价格是用市场价格和贷款率二者之间的较高者加上有效直接补贴率得到的。当有效价格低于目标价格时，按二者之差进行反周期支付；当有效价格等于或大于目标价格时，不进行反周期支付。这项补贴能更准确地反映实际的生产和市场情况，从而保证农户收入的稳定性。

3.4.2.3 农产品保险制度

日本在20世纪30年代就开始推行农业保险制度，至今日本农作物保险承保面积达90%。日本的农业保险采取的是民间非营利团体经营、政府补贴和政府再保险相扶持的模式。日本政府对参加农业保险的农户提供政府补贴，此外共济联合会还给予再保险。对于关系国计民生和对农民收入影响较大的作物和饲养动物，如粮食、牛、马、猪等实行强制保险，对于蔬菜和水果等实行自愿保险。加拿大十分重视蔬菜保险，30 年前开始实施“作物保险”制度，现已覆盖 40 余种蔬菜作物。他们实行联合共保、风险分担制，政府为农民承担一部分农业参保费用。美国各州政府大都以法律形式规定保险公司必须从人寿保险财产保险的高利润中划出一块用于开展农业保险，使风险较大的农业保险得以普遍实行。一旦农民因灾害绝收或者价格跌过成本价，可以通过农业保险金获得一定赔偿。

3. 4. 2. 4 进出口贸易保护政策

美国实行典型的出口型政策，为了实施“扩大农业出口计划”，联邦政府采取一系列措施。例如，向不同农产品出口商提供不同额度的出口补贴，向进口国提供多种形式的贷款和贷款担保，以易货贸易形式开拓海外市场。在蔬菜进口上，采取其他措施保护国内市场。例如，美国 1996 年 4 月颁布的联邦农业与改革法明确规定了种植蔬菜的种类和数量，以此阻吓商家进口，其超级市场的蔬菜供应一律以净菜为主，还必须采用能自调气体的塑料袋包装，令他国蔬菜商望而生畏。日本作为一个资源稀缺国，主要对农产品实施进口，于是日本实施高关税、低补贴甚至对出口不补贴的政策措施，日本农产品关税水平平均高达 58%，进口关税超过 100% 的农产品多达 142 种，远远高于美国和欧盟。此外，市场开放后，如果由于本国农产品生产成本高于国外同类农产品而导致实际价格下降，则对这种价格下降带来的损失给予补贴。加拿大每年从美国进口的番茄大约 14 万吨，约占加拿大市场的一半份额。为保护本国蔬菜，2003 年加拿大海关宣布对美国向其出口的番茄征收高达 70% 的临时反倾销税。欧盟建立了农产品自由流动体制，以及限制外来农产品进入（征收进口差价税）的机制，设定 405 亿欧元的补贴额上限。

3. 4. 2. 5 协会保护机制

鲜活农产品市场风险，主要体现在千家万户农民把握不了千变万化的市场，个人力量无法对抗大市场。为缓解这一风险，发达国家采用协会方式将农民重新组合成新的团体。在日本，农业协会很受农民信赖，农业协会发展了一种“经济链”的实体组织，经济链由政府在支农资金支持下先搞基础性项目和设施，然后吸收农民参股形成。经济链主要做两方面的工作：一是为

农民提供种苗，帮助农民选种并避免使用假劣种苗；二是以合理价格收购农民的产品，将产品送入经济链的工厂统一整理、包装、冷藏、运送并推销到超市、批发点和国际市场，形成团队力量，缓解销售定位风险。法国在每个行业均成立一个全国性协会，凡在法国注册的贸易公司，无论公司大小，都有权参与农产品出口，而且协会对大宗农产品出口都给予资金担保，帮助其化解市场风险。

3.4.2.6 市场信息服务获取

美国政府免费为农民提供农产品供求状况、价格行情及预测等信息，也可以通过服务点获取更多的信息。1980 年以后，美国农业信息服务发展为一种新型的农业产业，现在美国国内有几百家提供农业信息服务的网点。欧盟通过合作社组织为农民提供市场信息、销售及技术服务等，大部分也是免费的。韩国通过 3 个民间组织，即农业协同组合中央会、水产品协同组合和农水产品流通公社，分工负责对 90 个类别、164 个品种的农水畜产品在全国主要城市的批发、零售，并对竞卖价格定期进行调查，将调查结果汇总到农林部信息中心进行分析处理，然后向全国免费发布。

3.4.3 农产品流通模式

3.4.3.1 美国协约订单模式

当前美国农产品营销现状的特点是主产地集中在少数地区，产区农产品的生产高度专业化、规模化。美国果蔬主要由农场主与生产合作社、产地中间商和大型超市或批发企业签约进行销售（占销售量的 98%）。大型超市、连锁经销的零售商左右鲜活农产品交易，大部分农产品由产地经物流配送中心直接出售给零售商。

美国鲜活农产品流通模式为直销主导模式。这种流通模式的选择与其大农场经营和连锁超市的迅猛发展密不可分。美国农场经营规模大，90% 的农场主平均拥有土地在 667 公顷以上，而且农业生产的地域分布明显。这使得单个农场或协会不需要经过中间环节就可以直接为零售企业提供大批量多品种的农产品。生产者或生产者团体在产地将产品进行分级、包装处理后，直接送往大型超市、零售连锁店或配送中心。许多大型连锁超市自建配送中心，直接到产地组织采购。美国的行业协会也协助组织农产品物流业务。例如，蔬果协会是介于政府和企业之间的一种行业组织，成员包括蔬果生产者、加工商、批发商、零售商和进出口商，主要任务是组织蔬果流通、交流信息、衔接产需等，有关流通方面的政策和建议也由协会与政府沟通。此外，美国的交通运输设施十分完备，一些农产品收购站、仓库和加工厂都建有专门的铁路线。美国78.5%的农产品从产地通过配送中心直接运送给零售商，农产品物流环节少、速度快、成本低、营销效率高。美国通过使用条形码技术建立追踪系统，对产品供应链的物流流出状况和上游流入农产品的质量安全进行回溯，流通效率相当高。美国通过使用条形码技术建立追踪系统，对产品供应链的物流流出状况和上游流入农产品的质量安全进行回溯，流通效率相当高。在以合约、订单为主的协约交易方式下，产销双方直接见面，流通渠道短、环节少、流通效率高。交易双方在遵守合约、恪守信用的基础上自主交易，合约和订单保证了农产品的量、质、价的稳定。

3.4.3.2 日本批发市场竞拍交易

日本土地规模小，农业生产经营分散。以批发市场为主的流通模式能有效地解决小规模农业生产和大市场、大流通之间的矛盾，从而形成农产品经由批发市场流通的比率高的特征。日本于1921年颁布了《中央批发市场法》，将中央批发市场的开设、管理、交易等纳入法治化的轨道。1971年将《中央批发市场法》改为《批发市场法》，将地方批发市场也纳入法治化的轨道，以后每隔5年修订一次。日本鲜活农产品主要通过产地中介组织农协向批发市场出货，农协以合理的价格收购农民的产品或以委托的形式帮助农民代售。作为组织农产品进入流通的关键性组织，农协把分散的农户组织起来，极大地增强了农民的市场谈判能力，保护了农民的利益。农协不仅为其成员解决产品销售、运输等问题，还将批发市场内的购销信息及时传递给农户，引导生产。日本对鲜活农产品已普遍采用预冷、整理、储藏、冷冻、运输等规范配套的流通方式，产后的商品化处理几乎达到100%。日本只存在销地批发市场，并且只准经营批发，不进行零售，同时对参与市场的批发业者有严格的条件限制，不允许非交易者直接进行交易。而且，批发市场主体数量不多但规模都很大，且有明确的业务范围和领域。这样既保证了批发市场内的交易

秩序，又保证了交易规范化和公平竞争。日本批发市场的信息流通设施完备，实现了全国乃至世界主要批发市场的联网。发达国家的家庭习惯于在超市小批量、集中性采购，现代化的超市保证了鲜活农产品的鲜活度和安全性。日本超市的生鲜周转期仅 1.5 天。

3.4.3.3 荷兰全国联合拍卖制

荷兰通过计算机和特定的通信线路对全国各大批发市场进行了统一联网。每个批发市场内都设有多个“荷兰钟”拍卖系统，同时显示不同拍卖市场的货物价格，这样买主就可以在一个市场内竞价购买全国市场上的农产品。这种全国拍卖市场网络的形成极大地节约了交易费用与交易时间，有利于全国农产品的供求平衡。每个批发市场能够实行全国统一拍卖的前提是对进入批发市场的农产品实行全国统一的质量和规格标准，不允许出现不同批发市场采用不同标准的做法。此外，荷兰农产品批发市场的另一大特色是市场由农民或种植公司联合运营。他们主要采用种植者入股的方式，大部分种植者本身就是农产品拍卖市场的股东，拍卖市场也真正变成了种植者共同拥有的公共交易平台，而市场管理委员会则由股东们选举产生的董事会任命。如荷兰最大的阿斯米尔花卉拍卖市场就是由 5 000 多个花农或花卉公司组成的股份联合体，成员既是拍卖市场的“集体老板”，每年又要从各自的营业额中拿出一定比例的款额上缴给拍卖市场作为佣金。

3.4.3.4 韩国公共批发市场与交割系统

1998 年，韩国建立了农产品分发系统改革委员会，以使韩国农产品销售实现现代化。1999 年，韩国建立了大量公共批发市场和电子拍卖系统。虽然近年来流通方式日趋多元化，但批发市场一直在农产品流通中处于主导地位，到 2005 年，韩国专业批发公司达到 658 个。为了减少中间流通环节，从 2000 年开始直接交割系统替代了拍卖系统，鲜活农产品不需经过其他环节，可直接进入销售网络买卖，同时建立了即时信息网络以提高农产品价格透明度和市场信息流速。为了保证农产品价格的可比性，韩国政府 2000 年建立了全国电子商务销售大厅，使用销售订单系统，同时加强了“农产品质量标准系统”建设，要求农产品质量必须达到这个质量标准后才能销售，没有经过质量检验的农产品不允许农民私自销售，从而保证上市的农产品质量统一，价格可比。有了质量保证，农产品的品牌销售也得到很大的发展。同时，韩国政府也建立了农产品电子商务系统，使农民可以将质量检验达标后的农产品直接销售给消费者。

3.4.3.5 德国鲜活农产品实行农民直销

德国大约1/3的水果实行农民直销，将近50%的蔬菜采取农户市场直销方式。农户直销形式多样，如在农场设立直销店，到专业市场承租柜台进行直销，根据订单直销送货上门，在一些发达地区还实行网上订购和邮购。直销方式能在销售过程中尽量减少中间环节，实行产销无缝对接，防控了资本插手炒作，避免了生鲜农产品价格的大起大落。

在鲜活农产品的零售服务上，世界各发达国家的农产品物流信息化程度普遍较高。日本大规模零售店都安装了EOS系统（自动订货系统），与交易对象联机，并有VAN（附加值通信网）将食品工业和批发业联结起来，从而大大提高了流通效率。欧盟已经建立较完善的电子虚拟的农产品物流供应链，如荷兰安装有世界最先进的拍卖系统、新式电子交换式信息和订货系统。

3.4.4 农产品物流技术

3.4.4.1 日本完善先进的农产品物流基础设施、设备和技术

日本的批发市场信息化程度很高，可以与全国乃至与世界主要批发市场联网，农产品交易时双方实行只看样品的信息交易，而实物则由产地直接向超级市场等集配中心运送。日本在大中城市、港口、主要公路枢纽都对物流设施用地进行了合理规划，高速公路网、新干线铁路运输网、沿海港湾设施、航空枢纽港、流通聚集地等基础设施完善。日本还建立了一批加工厂、预冷库、冷藏库、运输中心等，大量投资和使用现代化的物流技术和装备。目前日本农产品加工比例在60%以上。

3.4.4.2 美国发达的物流基础设施设备支撑了农产品物流的高效运作

美国的交通运输设施十分完备，公路、铁路、水运四通八达。公路呈网状结构，能够直接通往乡村的每家每户；铁路运输十分方便，一些农产品收购站和仓库、加工厂建有专门的铁路线，如东部的饲料企业把从中西部运来的玉米经铁路直接下卸到企业车间生产线。美国的物流设备机械化程度和自

动化程度高，比如粮食的装卸输送设备就有螺旋式输送机、可移式胶带输送机及低运载量斗式提升机等。

此外，美国具有各种先进的物流技术，如信息技术、储运技术、包装技术等。农产品在整个物流过程中运用冷链技术设备，大大降低了农产品的损耗率。例如，蔬果物流的环节为：田间采后预冷→冷库→冷藏车运输→批发站冷库→冷藏车运输→超市冷柜→消费者冰箱。

3.4.4.3 荷兰建立了高效先进的农产品物流系统

荷兰建立了很多专业的农产品物流中心，荷兰有许多分工不同的专业农产品物流中心，如专门从事进出口可可豆的阿姆斯特丹港，经营水果批发的弗拉辛港，经营鱼、肉等冷冻食品的埃姆斯哈芬港和经营水产品的埃姆伊敦港等。

荷兰拥有成熟的冷冻行业。荷兰的冷冻储运业非常发达，目前世界上没有任何一个国家的人均制冷和冷冻容积量能够超过荷兰，农产品行业中大多数公司都具有现代化的制冷技术设备，能够保证高质量的农产品物流。

荷兰建立了先进的电子虚拟农产品物流供应链。荷兰通过网络连接农业的生产资料供应商、生产商、种植主、批发商、零售商，形成农业供应链，并建立了花卉和园艺中心的电子信息订货系统。电子化农业产品交易市场可以向全球的广大客户和消费者提供服务。

总结各国农产品流通可发现，无论哪一种模式，政府都在发挥着重要作用，农产品物流都没有完全市场化。首先，政府主动对农产品物流投资建设各种基础设施设备。例如，美国建设全国农业信息系统，日本建设冷链基础设施，荷兰政府对于建设面向全欧洲的配送中心的企业给予财政补贴和贷款贴息。其次，政府对农产品物流参与者实行相对其他行业更为严格的管制和立法规范。例如，日本实施《批发市场法》，美国实施《联邦食品、药品和化妆品法》，加拿大实施《食品药品法》，等等。

此外，无论建设哪一种农产品流通模式，先进的冷链与信息系统、包装加工等专业设施设备技术，是保证农产品物流有效运作的必备条件。

3.4.5 美国农产品市场调研

3.4.5.1 美国农产品企业

2011 年 11 月，我们随农业部代表团考察了美国农产品流通市场的情况。从农庄、蛋鸡场、批发市场到生鲜超市，对美国农产品的流通和供应链进行了基本的了解，对研究北京市农产品的流通模式及其特点，探讨未来农产品电子商务应用，以及构建电子商务平台框架提供了帮助。

（1）威斯康辛州的苹果庄园（见图 3－41）。威斯康辛州的这家农场以苹果的种植和苹果采摘旅游为主导，是一家家族企业，已经逐步转移到第三代经营。尽管调研时已经进入初冬，客人不多，但其果园、生产加工设施设备的规模，以及苹果产品和装饰品超市的精心布置，还有一些儿童游乐设施，标志着该农庄人气旺盛时的繁荣，其倡导的绿色理念和为城市儿童提供农产品养殖等方面的知识以及采摘的乐趣，为其创造了社会效益和经济效益。

图 3－41　冬季的果园与温馨的产品

（2）爱荷华州的有机香料植物农场（见图 3－42）。爱荷华州的这家农场在环保和有机方面极具特色。农庄的主人几次提到他本人的故事，他们家族没有人从事农业，在大学时学习的土壤课程导致他致力于农业环保领域，一干就是 20 余年。农场将所收集的树叶和腐败的菜果做成有机肥料，将收集的树干通过小型锅炉燃烧作为大棚取暖的热源，大棚中种植花草作为香料的原料。对田园生活的乐此不疲和对绿色环保的追求，透视出农庄主人对大自然和生活的热爱。

图 3-42　休憩的土地与有机绿色的植物

（3）印第安纳州的蛋鸡场。位于印第安纳州的自动鸡蛋生产商“中西部家禽服务公司”属于家族企业，覆盖从蛋鸡孵化到生产的全部业务，存栏约700万只蛋鸡，在全美国排第11位。该公司全部实行自动化养殖，自动传输、清洗、消毒，鸡蛋利用车辆运输，从产蛋到加工处理不经过人工（见图3-43）。鸡蛋从产出到进入超市的时间为5~10天。客户主要有两家大型超市，即沃尔玛和美国第三大零售商克罗格，全程冷链运送到配送中心，7.2℃冷藏运输。价格根据市场行情制定，每30天结算货款，销售给小公司可能要60天，价格是浮动的，但相对稳定。

图 3-43　蛋鸡车间及鸡蛋加工流水线

3.4.5.2　批发市场

“芝加哥国际农产品市场（中心）”是一个专业从事农产品，主要是蔬菜和水果批发的先进的终端产品市场，作为商品交易场所进行大量农产品的分销和销售（见图3-44）。市场是一个整体建筑，建筑面积超过10万平方米，一侧为生鲜农产品的入口，另外一侧为生鲜农产品的销售和配送出口。内部由 22 个不同的批发企业组成，以租赁或购买的形式拥有市场的使用权，每一家占有的区域都是入口和出口贯通的。入口一侧的三分之二以上是冷库，全部采用封闭的冷链装卸和存储。销售出口的一侧为销售区域，包括商品展示和销售功能区。与销售出口相衔接的是出口月台，用于连接存储区、销售区和配送车辆，便于销售及配送。

图 3－44　“芝加哥国际农产品市场（中心）”及交易一角

3.4.5.3　生鲜食品超市

我们调研了美国“全食生鲜超市”（见图 3－45）。超市内有琳琅满目的生鲜食品和五彩斑斓的色彩，柔和的灯光，货物摆得赏心悦目，舒适的环境让人流连忘返。1980 年该超市起家于德州的奥斯汀，当时只是一个 19 名员工的小商店，如今已成为美国天然和有机食品的最大零售商，在全美大约有 300 家分店，计划在全美快速扩张，预计分店数量将达到 1 000 家。

图 3－45　美国“全食生鲜超市”

“全食生鲜超市”的蔬果区（见图3－46）采用蔬菜冷藏货柜存放蔬果。在蔬菜区，各式各样的蔬菜被码放得整整齐齐，色彩搭配有序，货柜上方每隔30秒左右就会有水雾向下喷射，保持蔬菜新鲜度。在水果区，除了整体的果实外，更多的是水果已被切割加工好放置在各色果盘和果盒里，让人垂涎欲滴。超市内的餐饮区有各种加工好的熟食和几十种色拉，俨然一个大食府。有日式、中式加工熟食区，顾客可以在超市中解决午餐和晚餐的需求（见图3－47）。

图3－46 美国“全食生鲜超市”的蔬果区

图3－47 美国“全食生鲜超市”的餐饮区

3.4.5.4 美国农产品生产与冷链的启示

（1）计划生产与销售。在“芝加哥国际农产品市场（中心）”，一位华人批发商首先对主要农产品产地和产品来源进行了介绍，特别是推荐了韩国和美国的经验。建议中国大陆在生产环节和出口环节应避免恶性竞争，要注重产品冷链保鲜以防止产品腐坏，并从理念和观念上进一步创新等。他呼吁应该由政府和农产品协会等组织将农产品生产商及流通商组织起来，在保护农产品生产商利益的基础上，进行计划生产和保护性销售。

（2）稳定的供货和客户关系。鸡蛋生产企业“中西部家禽服务公司”的负责人在介绍其客户时，仅仅提到了美国两家大型的零售企业沃尔玛和克罗格，他们有稳定的供求关系和销售区域限制，只允许在美国东部销售，不可以销售到西部，价格根据市场行情制定，每30天结算货款，生产商不必再为拓展客户和客户的不稳定付出代价和成本。生产商就能够有充分的精力去解决生产中的问题，提高生产效率和提高产品的质量。从其全程的自动化养鸡、送水、送饲料，自动收蛋系统、自动粪便回收处理系统，以及自动化鸡蛋清洗加工、除菌、分拣、包装等都可以看出，稳定的市场环境带来了技术上的提升。

（3）全程冷链保质保鲜。从苹果农庄到批发市场和生鲜超市，都离不开冷链系统的支撑。苹果农庄的苹果全部是在冷藏库中保存，苹果汁、苹果酱等完全是在无任何添加的冷链环境中生产出来的，如图3－48所示。农产品批发市场的入口进行作业的全部是带有制冷设备的大型冷藏挂车，其直接与库体衔接后进行装卸，为了节省时间提高车辆的效率，很多冷藏挂车是没有车头的。在销售配送一侧的车辆也都是封闭的中小型货车，大都带有制冷设备，如图3－48所示。

图3－48　美国全程冷链储存与运输

在鸡蛋生产场的冷库外能够看到带有克罗格超市标识的带有制冷设备的大型冷藏挂车。在“全食生鲜超市”外也能够看到带有全食超市标识的带有制冷设备的大型冷藏挂车。在高速公路上有很多冷藏车在运输途中。很多停车场都停泊有大型冷藏挂车。可以看到，冷链在美国农产品流通中为保质保鲜做出了巨大贡献，如图 3－49 所示。

图 3－49　美国生产地等待装运的冷藏车及超市冷藏库卖场

（4）环保及绿色有机。在注重环保和有机的农场，农场主的“故事”给了我们很大的启示。从个人对环保的重视，到批发商对产品的绿色承诺，“全食生鲜超市”在经营过程中将环保理念贯彻到底，屡次被评为全美最有社会责任感的企业之一。它对自己的产品要求非常严格，尽量不添加人工色素、香料和防腐剂，还保证不销售无性繁殖的家禽和肉食、牛奶等。此外，对纸质购物袋的使用也显示了它将环保进行到底的决心。

（5）注重标准和内在的质量。在注重质量和管理等软环境方面，我们需要向发达国家学习。美国的冷链标准化做得非常好，统一标准的冷藏挂车和车头能够提高车头的利用率。鸡蛋加工下线后，采用几种规格的包装箱和周转箱，全部使用叉车作业，批发冷库中全部使用托盘装卸货和叉车作业。超市的大型冷库既提高了超市的空间利用率，又使产品始终处于冷链中。

3.5　国内国际农产品流通的比较

流通决定生产，尤其是鲜活农产品的生产。没有好的农产品流通模式与快速的物流，将使农产品流通不畅，从而直接影响农业产业化进程、农民利益增长和新农村建设。国外发达国家农产品流通体系较为完善，给我国农产品发展提供了一系列的参考。本部分主要从农产品流通渠道、农产品流通链条模式、冷链物流几个方面对国内外农产品流通进行对比分析，并提出国外农产品发展对我国的启示。

3.5.1 农产品流通渠道

流通渠道的完善与否，直接影响到农产品流通的成本与效率，进而影响到农产品的市场竞争力。下面主要对以美日为代表的发达国家农产品流通渠道的基本特征和我国农产品流通渠道现状进行对比分析。

3.5.1.1 以美日为代表的发达国家农产品流通渠道的基本特征

在国际农产品市场上，农产品在流通中形成了两种比较典型的流通渠道模式，一种是以美国为代表的农产品流通渠道模式，另一种是以日本为代表的农产品流通渠道模式。尽管这两种模式存在一定差异，但都表现出如下共同特征。

（1）组织化、规模化的农产品流通主体。在发达国家，农产品流通的主体主要是企业化经营的农场、农产品批发与零售企业以及农户联合起来的协同组织（如农协、合作社），而非个人。同时，农工商一体化经营的程度较高。例如，美国的农场规模大，但农户仍按协同联合方式进入市场。在美国，主要是农场主与生产合作社、产地中间商和大型超市或批发企业签约进行果蔬销售（占销售量的98%）。全国有很多农场主参加了“全国农场主联盟”和“美国农业联合会”，还有众多农户参加了不同类型的农业生产与销售合作社。在日本，约有97%的农户加入了“农协”，90%的农产品由农协销售，80%的农业生产资料由农协采购。在发达国家，单独的农户在农产品营销组织体系中不占有重要地位。具有一定组织化程度的营销实体不仅在营销中具有较强的谈判实力，而且还具有其他组织所没有的销售优势，特别是在开拓国外市场时优势更加明显。

（2）农产品流通渠道日益缩短、批发市场的作用依然突出。农产品流通渠道日益缩短，这是美国农产品流通的一个显著特征。其原因在于信息技术的发展和互联网的普及为异地交易提供了基础，便利的交通运输加快了农产品的流通速度。美国78.5%的农产品流通渠道结构为“生产地—配送中心—超市与连锁店—消费者”。经由批发市场的农产品相对数量在不断下降。美国销往批发市场的农产品交易量只占交易总量的20%。尽管如此，批发市场仍发挥着主导作用，这不仅是因为它为供求双方提供交易场所、交易信息、交易方式和过程管理，从而实现交易和集散功能，更为重要的是其具有价格形成、发现和结算功能。

（3）远期交易、远程交易、拍卖交易成为农产品批发交易的主体内容。期货交易最早是从农产品开始的。1840年美国芝加哥谷物交易所的成立，被看作现代期货市场诞生的标志。在当今世界农产品贸易中，期货交易应用广泛，85%的世界农产品价格是由期货价格决定的。在现货交易市场中，发达国家的农产品，凡需经过批发环节的大都以拍卖方式实现，如荷兰花卉拍卖市场效率之高令人赞叹。在日本，农产品拍卖交易也较为普及。

（4）连锁超市经营成为农产品零售终端的主要形式。发达国家很少有我国居民所熟悉的“农贸市场”这种零售形式，而主要是经营生鲜食品的小型专业店。自1960年以后，这种商店逐渐被连锁店和超市所取代。连锁经营的超市在农产品流通中的主渠道作用日益突出。

（5）物流配送系统和服务体系日渐完善。建立低成本、高效率的农产品流通服务体系和物流配送系统，对于具有易腐性、单位体积大、经济价值低等特点的农产品来说是至关重要的。发达国家便捷的交通网、完善的服务体系和配送系统、有效的保鲜设备、快速的信息处理网络，为农产品的顺畅流通创造了良好的条件。美国农产品80%左右从产地通过配送中心直接到零售商，农产品流通环节少、速度快、成本低、营销效率高。日本农产品流通的公共设施以及保鲜、冷藏、运输、仓储、加工等服务体系十分完备。日本的批发市场实现了与全国乃至世界主要农产品批发市场的联网，批发市场能够发挥信息中心的功能，不必进行现场看货、实物交易，而实行只看样品的信息交易，实物则由产地直接向超市筹配中心运送，做到“商物分离”。

3.5.1.2 我国农产品流通渠道现状分析

与发达国家农产品流通渠道相比，我国农产品流通渠道有很大差距，这主要表现在如下几个方面。

（1）超小规模的农户与个体户依然是我国农产品流通最重要的主体。与发达国家不一样，目前我国农产品流通的主体是农户和进行农产品批发与零售的个体户，而农业企业非常少。我国农产品生产主要是以农户为单位进行的，经营规模较小。以家庭为单位进行农产品的生产经营，并不是我国独有，而是全世界的普遍现象，如日本农户的经营规模也非常小。所不同的是发达国家的农户大都加入了各种各样的合作经济组织或协会，组织化程度高。而在我国，合作经济组织发展缓慢，并没有成为农产品营销中的重要主体，没有发挥出应有的作用。农业企业发育也不成熟，企业数量少、规模小，农业企业在农产品流通中的主导地位尚未形成。据调查，集体组织运销的蔬菜只占蔬菜总量的7.8%，加上农户联合运销的也只有12.9%，农民自己运销的占70.1%。

（2）我国农产品的销售终端以“农贸市场”为主，连锁店和超市的销售量占较低份额。我国农产品的零售目前主要是通过传统的“农贸市场”进行的。连锁店和超市的农产品销售业务近几年来呈现出较快的发展势头，但目前其销售量仍然非常有限。从农产品种类来看，蔬菜、果品、肉类、禽蛋、水产品等农产品更多地通过农贸市场销售，而粮油、花卉和其他加工程度较高的农产品，通过连锁店、专卖店、超市销售的份额越来越大。

（3）现代营销手段虽逐渐被人们认识，但传统交易方式仍占主导地位。我国农产品销售方式主要表现为现货交易、人货同行，商品堆放在市场上展卖，买主在验货基础上讨价还价，结算则通过现金收付。而通过批发市场达成的远期契约交易以及采用拍卖交易、信用交易、委托交易、电话交易和网上交易等现代交易方式的甚少。

3.5.2 农产品流通模式的比较

3.5.2.1 美国

美国以“大农场—批发商—零售商—消费者”的流通模式为主导。美国倡导自由经济，市场起着主导作用，在供需关系的作用下，物流业发展迅速。美国交通运输设施完备，与物流相关的技术发展迅猛，农产品流通速度快、损耗低。美国模式最显著的特征就是农产品的销售渠道短，以大规模直销和配送为主。从农场到批发商、零售商的模式及订单农业的发展，减少了农产品的流通环节，提高了流通效率，降低了流通成本。农产品流通的信息化程

度高，且管理技术先进。

3.5.2.2 荷兰

荷兰以“生产者—合作社—拍卖行—批发商—消费者”的流通模式为主导。荷兰地处欧洲交通中心地区，空运、海运、陆运都比较发达，并在欧洲各地都建立了农产品和食品的集散中心。得益于冷冻和保鲜技术的快速发展和信息技术的广泛应用，荷兰高效整合了其物流运输体系，并以拍卖行作为重要平台，联结生产者和批发商、零售商，确保形成一种有效的农产品价格形成机制，其高效率保证大量的买方和卖方可在瞬间达成交易。

3.5.2.3 德国

德国以“生产基地—食品企业—零售商—消费者”的流通模式为主导。德国农业的一个基本特点就是产销一体化、农工综合体，其农业生产已经实现了农场化、规模化和企业化。生产基地将农产品直接运输至企业，众多企业把单一的农产品加工成为品种繁杂的食品、饮料等，再通过品牌化的策略营销销往超市、卖场实现产品增值。平价超市、百货超市和大卖场等遍布社区，埃德卡、阿尔迪等大型食品销售集团控制了全国85%以上的食品销售，并严格管控着食品安全。生产基地、食品企业和零售商三大主体，共同构筑了德国农产品生产基地—消费者流通链条模式的核心环节。

3.5.2.4 日本

日本以“生产者—中央批发商—地方批发商—中间批发商—零售商—消费者”的流通模式为主导。日本模式的主要特点是农产品主要依赖进口，渠道环节多，并以拍卖为主要手段。批发市场是日本农产品流通的主渠道，包括中央批发市场、地方批发市场、中间商批发市场。多级批发市场的交易架构，虽使流通成本提高，但以拍卖为主的交易方法，保证了价格的公开、公正。同时，日本出台相关规定，农产品以全量出售为原则，杜绝中间商的介入和场内批发商展开场外批发业务，使农产品批发市场流通效率较高。

3.5.2.5 韩国

韩国以政府成立的“协会—批发商—零售商—消费者”的流通模式为主导。韩国注重工业化的发展，对农业的关注相对较少，使农业逐渐成为其弱势产业。因此，为了加快农业的发展，保护农业和农民，政府参与其产业的发展，使生产者与市场对接顺畅。通过成立韩国谷物协会和韩国农协会两个组织，稳定了农业生产和产品购销，提高了农民收入，将产品的种植、运输、仓储、销售联结在一起，同时也保证了食品的安全。谷物协会和农协会不仅使供求信息准确及时传达，也保障了双方的利益，避免了纠纷。

3.5.2.6 加拿大

加拿大以“农业合作社—批发商/零售商—消费者”的流通模式为主导。加拿大农产品流通体系是一个复杂的综合链，农业生产和流通互相交叉，界限模糊。农产品生产者可能也是食品加工商或批发商，农产品批发商同时兼任进出口商等。生产、供应链的默契配合，相互协调，形成了从农场到加工、分销、零售/批发和餐饮服务的整个食品链。为了满足消费者需求，提高运作效率，减少中间环节，加拿大在农业和农业食品领域实施了纵向协调和横向协调的“供应链协调方式”。纵向协调指的是集收购、加工、包装、运输、销售为一体，每个环节都有统一标准，严格把关，以保证产品质量。横向协调指的是供应链中各个环节的企业都要互相配合，以达到促销、交换信息和形成合力的目标。

3.5.2.7 中国

我国以“农户—产地批发商—销售地批发商—零售商—消费者”的流通模式为主导。我国是农业大国，农产品生产量居世界前列，但农产品的流通却是薄弱环节。通过近些年的发展，已逐步改善，形成农户—产地批发商—销售地批发商—零售商—消费者的流通模式。在整个供应链条上，农户与消费者之间有三个中间商，虽然增加了产品流通环节，但企业的组织化程度较以前的农户—农产品批发商模式要提高很多，并减少了分散的农产品生产，效率有所提高。然而，物流设施落后，现代化制冷和冷冻技术设备投入不足，使初级农产品在流通过程中损耗大。另外，多级中间商并没有严格的食品安全标准，致使消费者较为关注的食品安全问题没有得到有效解决。

3.5.3 冷链物流

冷链物流已成为世界各国改善农产品流通条件、保障农产品质量、提高农产品附加值和提升农产品国际市场竞争力的重要技术之一。我国农产品在

物流环节损失巨大，发展冷链物流是实现产后减损、提高农产品质量、促进农民增收最有效的途径，因此我国大力发展农产品冷链物流势在必行。

3.5.3.1 国外农产品冷链物流基础设施

在农产品冷链物流的运输设备中，冷藏保鲜车是农产品运输过程中保鲜的关键环节。据统计美国冷藏保鲜车数量约为20万辆，日本保有量在12万辆左右，二者远高于中国现有水平。

中国产业信息网发布的《2016—2022年中国冷链物流深度调研与投资风险预测分析报告》指出：美国、日本和德国的农产品冷藏保鲜车占货运汽车比重分别为0.9%、2.65%和2. 5%。据不完全统计，中国目前这一比重在0.3%左右，美国、日本、德国冷藏保鲜车占货运汽车比重均在中国的数倍以上。

此外，我国冷藏运输率同样也远远低于美国、日本等发达国家，我国总运输率只有10%～20%，其中，空运不足1%，水路、公路、铁路均低于30%，而美、日等发达国家的冷藏运输率均超过80%，日本则拥有近100%的冷藏运输率。除此以外，因为我国冷藏保鲜车数量甚少、冷藏保鲜设备落后，我国蔬菜摘后损失率也远远高于发达国家，高达25%～30%，而发达国家只维持在5%以下。我国预冷保鲜率也远远低于欧美国家。总而言之，我国农产品运输在设施和运输效率等方面均和发达国家存在很大差距。

3.5.3.2 农产品冷链物流的市场化程度

国外的冷链物流市场已经十分成熟，日本和美国等发达国家将易腐农产品承包给本行业之外的一些优秀的冷链物流公司，这不仅使得市场分工细化、专业化，最重要的是保证了农产品的新鲜度和安全性，同时降低了物流成本。我国在冷链物流方面市场化程度还比较低，覆盖范围小，目前尚未形成完整的冷冻冷藏链，产品从起始点到消费点的流动储存效率和效益无法得到有效的控制和整合。

3.5.3.3 农产品冷链物流相关法规和标准化

在国外，一些发达国家在农产品冷链物流方面制定了一系列法律、法规和标准。如加拿大为确保冷链物流食品的质量和安全，形成了完整的农产品冷链物流体系。加拿大拥有有机产品认证架构46个，同时有2 500个有机农场和 150 家食品加工企业经过机构认证。

我国农产品冷链物流发展环境逐步完善。国家高度重视冷链物流发展，在近几年下发的中央一号文件中均强调要加快农产品冷链物流系统建设，促进农产品流通。一些冷链物流的国家标准、行业标准和地方标准先后颁布实施，《食品安全法》等重要法律法规逐步完善。农产品冷链物流的重要性进一步被消费者认识，全社会对“优质优价”农产品的需求不断增长。

3.5.4 国外农产品流通发展对我国的启示

3.5.4.1 加强农产品生产集中度

在北美模式中，农产品的生产区域较集中，而我国的农产品生产地多为山地，虽然集中程度不如美国等北美国家，但是可以在条件允许的情况下根据实际地理、气候因素进行农产品分类种植，变相地实现农产品生产集中的目的。这样既可以保证农产品的品质，还能够降低农产品的交易成本。

3.5.4.2 建立农产品流通组织与拍卖

北美模式流通环节联通在国外模式中是最少的，而国内的农产品流通模式要比北美模式烦琐，却较之东亚模式简单一些。美国有强大的销售终端，日本农产品交易链条受法律规范因素制约，我国可以借鉴两者的优势，建立拥有足够能力的终端，构建法律规范下的农协组织，同时引入西欧模式中“一体化”思维，建立一个农产品流通中转站。在交易上还可以参考在日本和荷兰盛行的拍卖形式，从而逐渐摒弃国内集贸市场上的农产品对手交易方式。同样，国内的农产品流通由于缺少法律来规范，可借鉴日本的经验。

3.5.4.3 基础设施建设和信息化

我国的农产品集散地主要为集贸市场，农产品的价格信息和流通效率都无法适应市场的需求。同时，北美模式和西欧模式中发达的信息网络是国内农产品流通所不具备的，有必要进行市场需求的信息分析，以此引导农民种植。借鉴美国高度发达的交通系统网建设经验，我国应加强基础设施建设，减少冷链物流和配送中心的距离，满足农产品流通运输的需要。

3.5.4.4 提高生产与销售的规模并畅通渠道

我们应该具有“大生产”思维，扩大生产和销售的路径，在政府牵头下

龙头企业或终端销售商合作，实现农民与消费者的近距离接触。在农产品区域实现流通现代化。在农产品的流通组织、设施、技术和法规制度上进行完善、优化。探讨适合本地区农产品流通的模式。建立农民合作组织。构建电子商务性质的农产品直销网络。联系有实力的连锁超市进行农产品的直接供应，减少环节浪费。

4　农产品流通主体与特征分析

4.1　农产品流通过程的分析

4.1.1　农产品流通过程

农产品流通过程包括农产品的收购、运输、包装、储存和流通加工等环节。流通客体的特殊性，以及流通主体的需要，使农产品流通的各个环节亦有其各自的特点。

4.1.1.1　农产品收购

农产品的购买者有三种类型。一种是直接的最终消费者，大多是城镇居民，他们为了满足自己的日常生活需要购买农产品。第二种是以某一种或者某几种农产品为原料的消费者，他们为了满足自己的生产需要购买农产品。第三种是由从事农产品经营的物流企业，它们从众多分散的生产者处购买农产品，经过必要的加工、存储、运输，卖给不同需要者。农产品的收购方法有合同订购、集市贸易和议购。议购是指收购部门在按照合同订购方法有计划地收购之外，与农产品生产者共同协商议定的购销活动，属于市场调节范畴。

农产品收购过程有以下流通特点。

（1）收购期比较集中。由于农产品生产具有季节性，所以农产品收获季节也是农产品收购的旺季。例如，安徽中部一般每年的 10 月份是稻谷收获季节，商贩收购稻谷数量达上千万吨之多，农产品的运输负荷巨大。

（2）品种繁多，品级检验难掌握。农产品品种繁多，仅小麦就有几百个品种。受技术条件限制，对农产品只能进行初步检验，造成品级难断，鱼龙

混杂。

（3）收购与初级加工紧密联结。从生产者手中收购的农产品一般是没有经过加工的，易腐烂变质，不易运输，因此收购的同时应进行初级加工，如烘干、装袋、密封等。

4.1.1.2　农产品的储存

农产品储存的基本任务是发挥商品储存的"蓄水池""排水渠"的作用，搞好农产品储存过程中的保存和养护，提高仓储经营管理水平，实现产品从生产领域到消费领域的转移，满足消费者的需要，促进生产发展，保证社会再生产的连续不断。农产品的储存最容易受到客观经济因素的影响和制约，这些因素主要有：农产品生产周期的长短，有效储存期的长短，销售量的大小，产销地距离的远近和交通条件的好坏，仓储设施状况和仓储水平的高低，农产品本身对国计民生的影响程度等。农产品储存方式一般可分为以下几种。

①保温储存，主要用于储存一些对温度和湿度有要求的农产品，如水产品等。

②一般储存，用于储存没有特殊要求的一般农产品，如小麦、大豆等。

③特种储存，指专门储存一些具有特殊危险性质的农产品，如植物油等。

农产品储存环节的流通特点主要表现为以下几点。

①储存数量大，品种多。

②储存技术要求高。对农产品必须妥善保管和养护，科学堆码和安排毡垫，加强仓库湿度控制，防止农产品腐烂变质，防治农产品储存中的虫害。

③具有一定的风险性。农产品在储存时一方面面临自然风险，如火灾等；另一方面面临市场风险，即农产品市场价格波动对农产品储存者带来经济损失。因此，要合理确定农产品的储存数量和结构。各类农产品储存的比重要和各类农产品销售额相适应，农产品储存者必须经常分析农产品需求构成、变化和各类农产品销售动态，在此基础上引导生产部门生产适销对路的农产品。

4.1.1.3　农产品运输

农产品运输是农产品流通环节中的重要组成部分。应根据农产品的特点，合理地组织运输，做到减少流通环节，缩短流通距离，降低运输费用，减少运输损失，以最快的速度，把农产品从产地运到销地，加快农产品流通，保证市场供应。农产品和工业品相比有自己的特点，这决定了农产品的运输也有自己的特点，具体如下。

①农产品运输多属季节性运输。农产品收获季节运输量大，但是其他季节运输量很小，农产品运输需求不均衡。

②农产品运输多属轻浮物品运输。一般体积大，单位价值低，运输成本高。

③农产品运输多属鲜活商品的运输。对运输过程中的保鲜技术有很高要求，也限制了运输的半径和范围。

④农产品运输前需要加工处理。农产品未经加工处理，不易保存，也难以运输。比如小麦，必须经过烘干、装袋才方便运输。

⑤农产品运输多属短途运输。农产品易腐特性，限制了其运输半径，多以本地消费、加工为主。

4.1.1.4 农产品包装加工

农产品包装是为了在流通过程中保护农产品数量和质量，方便储存和运输，满足消费需要而对农产品采取的保护措施。农产品加工是指以农产品为劳动对象，进行劳动再投入，保持或提高其原有的使用价值。农产品加工按加工方式可分为简单加工和复杂加工两大类，按加工程度可分为初级加工和深度加工。

农产品在包装与流通加工环节有以下流通特点。

①以初级加工和简易包装为主。由于农产品一般属于生鲜食品，因此农产品包装加工都以简单方便为主。

②包装加工环节是农产品增值环节。包装和加工改变了农产品的外观和形态，从而实现了产品本身价值的增值。

4.1.2 农产品与工业品流通对比

不论产业是否有差别，流通成本的存在是普遍的。相对于农产品的价值来讲，其流通成本的耗费更加巨大。降低农产品流通成本，将增加农产品经

营主体的利润。但是农业与工业、农产品和工业品毕竟不同。这种不同决定了农产品流通的理论研究与实践活动都应有自己的特点，而这些特点才是影响农产品现代物流发展的重要因素。农产品流通的存在几乎与人类文明同步。农产品流通水平的提高及流通方式的选择主要受到农业生产的特殊性、农产品本身的物理特性以及农产品特殊的供需特性等因素的影响。

4.1.2.1　农产品供给主体对比分析

随着技术进步和科技发展，工业品的产量和生产规模不断增大。这就使得大规模的工厂生产取代了手工作坊和小规模的生产方式，伴随而来的是市场交易的简便和成本的降低。农业生产不同于工业生产，农产品供给主体具有特殊性。

农业生产的异质性是客观的，既不随技术的进步而改变，也不随制度的更迭而改变。它直接导致以家庭为单位的生产制度普遍存在。而实践证明这种家庭生产是富有效率的。这就意味着农产品的最初供给者必然是由分散的、小规模的、在一定范围内基本无差异的生产单位组成的。然而，生产阶段的效率并不会自动延伸下去，当农产品生产出来以后，单个生产单位的生产量与市场衔接，根本无法达到规模经济，横在其间的是巨大的交易成本。由此可见，农产品流通的数量巨大，并且分散。

4.1.2.2　产品消费市场对比分析

从农产品的消费市场分析，供给和需求两个方面的特性，使得农产品流通无论是从承担的责任，还是从侧重的目标来看都不同于工业品。从供给上看，工业品的生产很大程度上受到科学技术进步的影响，而农产品的生产对自然地理条件的依赖是明显的。从需求上看，工业品不属于生存资料，其供给和需求价格弹性较大，工业品市场可以通过自身供需调节维持市场平衡。农产品是生活必需品，属于生存资料，多以家庭为单位购买（见表4－1）。同时受身体能量需求的限制，农产品需求弹性也很小。农产品的供给弹性和需求弹性都很小的特点，容易导致消费市场上价格的周期性波动，著名的蛛网模型清晰地描述了这一现象。剧烈的价格变动将导致农产品流通无序、无效或停滞，这对于生产者来说是致命的，对消费者来说也可能是无法承受的。

表4－1　农产品市场与工业品市场比较

	农产品市场	工业品市场
市场结构	地理分布分散、购买者众多、完全竞争	地理分布集中、购买者少、少数销售者垄断竞争
购买者行为	家庭行为、动机优先、任意性的采购、买卖双方忠诚度低	组织行为、任务动机优先、专业人士采购、买卖双方关系稳定
产品	非标准化产品	标准化产品
渠道	长、间接、多重关联	短、更直接、环节少

由表4－1可见，工业品生产者和消费者市场都比较集中，其产品标准化程度高，流通渠道短、环节少。因此，工业品流通的首要责任是注重过程优化、强调各环节匹配。而农产品生产市场分散，产品标准化程度低，流通渠道长、多重环节关联。因此，农产品流通首先要承担的责任是保持流通的持续有效，其目标就是达到量的均衡，从而保证农产品价值的有效实现。农产品流通的这一特性，特别强调了消费需求信息在整个流通过程中保持迅速有效的重要性。

4.1.2.3　产品本身物理特性对比分析

工业品易于保存，单位价值大，是标准化产品，易于存储、运输，对物流技术要求不高。农产品特别是生鲜农产品具有的生物特性，决定了其在流通过程中与工业品有本质上的区别。农产品的物理特性体现在三个方面，首先是蔬菜水果等采后仍有生命活动的延续，造成的易腐易损性，从而对存储条件要求较高；其次是单位产品价值低，体积大；再次是最初产品形状、规格、质量参差不齐，鱼龙混杂。

农产品的易腐易损性，规定了流通时间的上限，从而也限制了流通半径，并要求尽量减少装卸搬运次数。因此，在生鲜农产品流通领域，商物分流往往难以实现，而众多规模较小的流通主体，由于缺乏对专用资产投资的能力和动力，其直接后果就是成本高昂的原始流通方式普遍存在。单位产品价值低、体积大，使得农产品流通中的运输费用巨大，特别是生鲜农产品。其流通对运输条件、运输政策环境较之工业产品更为敏感。而初级农产品的参差不齐，决定了有助于农产品规格化、标准化的初级加工具有十分重要的意义。

此外，农产品的生物特性表明，农产品特别是生鲜农产品的流通具有很大的风险。除非物流技术与物流装备达到一定的水平，除非流通环节的合约安排与制度设计比较合理，否则，农产品的流通过程很难成为增值的过程，流通的成本也不易降下来。

4.2 农产品流通参与主体分析

4.2.1 生产与加工主体

4.2.1.1 农户

农产品指从事农业种植、养殖等农产品生产领域活动的家庭。

(1) 目前我国农产品生产的基础。

我国在党的十一届三中全会后开始走改革开放之路。经济体制改革浪潮首先从农村掀起，其主要内容是实行家庭联产承包制。联产承包责任制是中国农村集体经济组织实行的由生产任务承担者对其生产成果负责并按产量或产值计算劳动报酬的一种生产责任制。其始于20世纪50年代的高级农业生产合作社时期，“文化大革命”中遭批判禁止，十一届三中全会后得到恢复并获得发展。

联产承包责任制在承包形式上有以下两种。

①包产到户。以土地等主要生产资料公有制为前提，以户为单位承包，包工、包产、包费用。按合同规定在限定的生产费用范围内完成一定的生产任务，实现承包合同指标受奖，达不到承包指标受罚。

②包干到户。又称“大包干”。承包合同中不规定生产费用限额和产量指标，由承包者自行安排生产活动，产品除向国家交纳农业税、向集体交纳公共提留以外，完全归承包者所有，即“交够国家的，留够集体的，剩下都是自己的”。

(2) 农产品生产的发展趋势。

农户在我国农产品生产活动中起到了重要的作用。近年来，随着我国农村居民家庭经营耕地面积逐年提升，即土地集约化程度逐年加深，粮食单位面积产量逐年上升，为农业集中化服务创造了契机。通过为种植大户、农业合作社等提供农机耕种收割、粮食收储、金融贷款服务、农业信息服务等综合性农业服务，提高种植效率，提升种植收益，从而达到双赢的效果。随着我国农业的发展，农业的规模经营、集约化生产势在必行，农业种植规模化、机械化、科学化、信息化将成为趋势。

（3）涉及的“三农”问题。

“三农”指农村、农业和农民，而“三农”问题则特指中国内地的农村问题、农业问题和农民问题以及产生的相关社会问题。

①农民问题。农民问题是“三农”问题中的核心问题，表现为农民收入低，增收难，城乡居民贫富差距大，实质表现为农民权利得不到保障。

②农村问题。农村问题集中表现为农村面貌落后，经济不发达，形象比喻为“中国的城市像欧洲，农村像非洲”。

③农业问题。农业问题集中表现为农民种田不赚钱，产业化程度低。

解决“三农”问题的实质是要解决农民增收、农业增长、农村稳定的问题。这是一个关系拥有13亿人口大国的国计民生的大问题。国务院前总理朱镕基曾在政府工作中提出，坚持把加强农业、发展农村经济、增加农民收入，作为经济工作的重中之重。

4.2.1.2 农民合作社

农民合作社是指在农村家庭承包经营基础上，同类农产品的生产经营者或者同类农业生产经营服务的提供者、利用者，自愿联合、民主管理的互助性经济组织。

农民合作社是在农户自愿、平等、民主等原则下成立的，包括专业合作社、专业行业协会、社区农业经济合作组织以及经济联合体等。

农民合作社在农产品流通过程中的利益以农户利益为中心。家庭承包责任制限制了农户的生产规模，导致生产者出现孤立的现象，农业劳动生产资料无法共享，现代化工具得不到应用，更不可能在有限的土地上实行技术创新。为了提高农户收益，对接农户与最终消费者，农民合作社解决了卖难买难和远距离购销难等问题，带动了农产品市场发展，提高了农户的市场交涉能力和竞争能力。农民合作社的建立不是为了谋取经济效益，而是为了给组内成员提供生产、加工、销售、物流、配送等帮助，帮助农户提高农产品收

益。农民合作社的利益不是体现在合作社经营盈利上，而是体现在为其成员服务和组织的不断强化上。农民合作社是为“小农户，大市场”服务的，为组成成员服务的，通过提高组成成员的利益来壮大组织规模，以合作为原则，来提高组成成员长远的经济收益。由此可知，农民合作社的利益最终体现在促进农户利益增加上。

4.2.1.3　农业企业

农业企业是指从事农、林、牧、副、渔业等生产经营活动，具有较高的商品率，实行自主经营、独立经济核算，具有法人资格的营利性经济组织。

农业企业是农业生产力水平和商品经济有了较大发展，资本主义生产关系进入农村以后的产物。早在14世纪，英、法等国已出现了最早的资本主义性质的农业企业——租地农场。产业革命以后，各种形式的资本主义农业企业，如家庭农场、合作农场、公司农场、联合农业企业等大量发展，成为农业生产的基本经济单位。中国的农业企业在1949年以前为数很少，中华人民共和国成立以后才迅速发展起来。1979年以后，随着改革、开放和农村商品经济的发展，农业企业出现了多种形式，呈现如下几方面的特点。

①土地是农业生产的重要生产资料，是农业生产的基础。

②农业生产具有明显的季节性和地域性，劳动时间与生产时间不一致，生产周期长。

③农业生产中部分劳动资料和劳动对象可以相互转化，部分产品可作为生产资料重新投入生产。

④种植业和养殖业之间存在相互依赖、相互促进的关系，从而要求经营管理上必须与之相适应，一般都实行“一业为主、种经营、全面发展”的经营方针。

⑤农业生产不仅在经营上实行一业为主，多种经营，而且在管理上实行联产承包、统分结合、双层经营的体制。

4.2.1.4　种植基地

种植基地是指利用科学管理方法，结合当地的气候、市场并形成一定规模的农产品生产部门。

种植基地在国民经济中有着重要的地位，其作用主要体现在以下几个方面。

①提供农产品；

②通过农产品出口取得外汇；

③促进农业投入品工业和加工业的发展，增加劳动就业机会；

④增加农民收入；

⑤促进广大牧区的经济和文化发展，加强各民族间的团结。

4.2.1.5 加工企业

加工企业是指接受经营企业委托，负责对进口料、件进行加工或者装配，且具有法人资格的生产企业，或由经营企业设立的虽不具有法人资格，但实行相对独立核算并已经办理工商营业证的工厂。

农产品加工业对于促进农业生产发展和提高农业生产效益具有重要意义。目前，我国农产品加工业存在着技术落后、农产品加工机械性能不高、科技投入及成果转化不足、加工产业化体系尚未形成及地区发展不平衡等主要问题。今后，我国农产品加工的发展应当拓宽农产品开发利用的途径，加强果蔬储藏与保鲜加工技术研究以及功能食品的研究与开发，提高农产品加工装备和现代高新技术应用水平，加强农产品加工业的行业管理。农产品加工类型很多，包括深加工、简单加工。给农产品进行简单的包装，叫“简单加工”；把农产品加工成果汁，叫“深加工”。

国际上通常将农产品加工业划分为5类，即：食品、饮料和烟草加工；纺织、服装和皮革工业；木材和木材产品（包括家具制造）；纸张和纸产品加工、印刷和出版；橡胶产品加工。

我国在统计上与农产品加工业有关的是12个行业，即食品加工业、食品制造业、饮料制造业、烟草加工业、纺织业、服装及其他纤维制品制造业、皮革毛皮羽绒及其制品业、木材加工及竹藤棕草制品业、家具制造业、造纸及纸制品业、印刷业和橡胶制品业。

4.2.2 流通主体

4.2.2.1 农产品经纪人/批发商

农产品经纪人/批发商是指从事农产品收购、储运、销售以及销售代理、

信息传递、服务等中介活动而获取佣金或利润的经纪组织和个人。

（1）农产品经纪人分类。结合当前农产品经纪人的从业构成，可以将农产品经纪人分为销售型经纪人、科技型经纪人、信息型经纪人、复合型经纪人等种类。

（2）农产品经纪人职业资格。目前根据我国实行的行业准入制度要求，为规范全国各地大量存在的农产品流通领域的各种中介行为，国家劳动和社会保障部制定了农产品经纪人职业资格制度，所有在农村从事农产品经营中介活动的人员都需要经过培训取得农产品经纪人职业资格证书，持证上岗。

国家劳动和社会保障部已将农产品经纪人职业资格的管理行为授权给中华全国供销合作总社，由中华全国供销合作总社根据授权实施行业培训，制定行业标准以及资格证书的管理工作。

随着城乡经济的进一步繁荣和发展，农产品经纪人在促进地方经济发展、推动农业产业化进程、加快脱贫致富、带动一方富裕等多方面发挥着积极的作用。

4.2.2.2 产地批发市场

产地批发市场是指农产品生产地用来进行农产品交易的集市或具有一定规模的区域市场，是具备一些简单的加工或冷藏设施的交易场所。

（1）产地批发市场的价值。我国的农产品产地批发市场是改革开放的产物，是在农业市场化改革不断深入从而带动农业结构调整，农产品的专业化、区域化、规模化生产不断发展的基础上兴起和成长起来的。由于农产品产地批发市场天然地贴近“三农”，直接服务于“三农”，因此与“三农”的利益息息相关。特别是在当前农产品市场流通总体不畅、效率不高、农民增收难等问题十分突出的情况下，加强农产品产地批发市场研究，制定和组织实施农产品产地批发市场工程建设规划，加大农产品产地批发市场建设的力度，是进一步建立健全农产品市场体系的重要内容，也是贯彻落实科学发展观、切实解决“三农”问题、全面建设农村小康社会的一项基础性工作。

（2）产地批发市场的作用。在目前对农产品市场流通的研究与建设中，产地市场远远落后于销地市场，农产品产地批发市场不仅是我国农产品市场体系的首要环节，还可以建设发展成为具有中国特色、带动农村社会经济发展的组织形式。结合我国社会和农业经济发展的特点，从理论上研究认识农产品产地批发市场组织的性质、特点、存在的社会条件和经济基础，以及在我国社会经济发展中的特殊地位与作用，揭示我国农产品产地批发市场组织的演变发展过程，阐明其在促进农业产业结构优化发展，统筹城乡经济，带动农村社会经济发展，解决“三农”问题，实现全面建设小康社会目标，构建和谐社会过程中的性质、地位、功能和作用，研究说明我国农产品产地批发市场组织建设发展的基本内容和思想，不仅可以系统地认识我国农产品市场流通体系的演变发展过程，促进农产品产地批发市场的建设与发展，促进农业经济理论的发展，而且对于各级政府制定农村社会经济发展政策与科学决策具有重要的战略意义和方法论指导意义。

4.2.2.3 销地批发市场

销地批发市场是指位于城市地域的批发市场，是保证城市居民日常生活消费需求的批发市场。销地批发市场的功能如下几个方面。

（1）销地批发市场一般位于大中城市郊区，具有直接为城市居民提供农产品、保障食物供给的重要功能，在城市建设规划中占有重要地位。销地批发市场设施比较完善，综合功能较强，经营产品多样化，能够满足市民对农产品的多样化需求。

（2）销地市场主体结构较为复杂。卖主有来自产地和中转地的经销商、近郊产地直销农户，还有果蔬进口销售商等；买主有零售业的超市供货商、城区菜市场零售商贩、郊区市场批发经销商等，还有团体消费的单位食堂采购人、餐饮店采购人等。

（3）销地批发市场交易方式主要是买主与卖主之间的对手协商交易，货物一般存放在车上，车下放置磅秤，边卖边卸货。通常购买数量多可以在价格上得到一定的优惠。经销商一般不零售，也有的批发市场在场内设置零售区，供农户直销或零售商摆摊销售。

目前我国农产品大多遵循“生产者→购销商→产地批发市场→销地批发市场→农贸市场或超市→消费者”的销售通路模式。销地批发市场作为农产品流通渠道的核心，有很强聚集和辐射功能，是农产品流通主渠道中的一个关键环节。

在我国农产品销地批发市场与批发商的关系中，由于批发商规模较小，所以批发市场往往占据主动权，而批发商之间保持一种默契，相互合作以增加和批发市场博弈的话语权，以此保护自身的利益。其运营状况是以批发市场与批发商之间的博弈为主。在农产品供应链中，产品初始价格由生产者确定，经产地批发市场和销地批发市场后，价格信息最终传递到终端消费市场。

4.2.2.4 超市

超市是近几年发展起来的生鲜农产品销售业态，它给农贸市场传统的农产品经营带来了一定的影响和冲击。目前，连锁超市正在成为我国农产品产销对接的重要流通平台。在许多大中城市，超市已经成为消费者购买农产品不可或缺的交易场所。相对传统流通模式而言，超市主导的农产品流通模式——超市农业，优势已经越来越明显。超市农业的特征包括以下几个方面。

（1）超市农业以供应链为视角，强调连锁超市在农产品流通链上的主导作用。超市农业以市场需求为导向，通过制定农产品生产、加工、运输、储存等流通标准以及质量规范和可追溯制度，对整个流通链上各个环节进行统一管理和优化，形成超市主导的“垂直统合经营体系”，压缩了部分流通环节，替代并集成了批发市场和农贸市场的功能，提高了流通效率。

（2）超市农业重视农产品质量，注重农业的可持续发展。超市农业借助先进技术、检测设备和操作规范，形成了整套质量安全保障体系；超市农业基于差异化竞争和保持良好声誉的激励，倾向生产或引进利润空间较大的绿色、有机食品以及无公害农产品，促进了农产品生产和加工过程中的污染防治和环境保护，进而保证了农业可持续发展。

（3）超市农业符合现代管理理念。交易成本理论认为，频率很高的交易适合于由组织内部交易。超市农业以利益联结为纽带，强调相互回报和利益兼容，将分散的农户、家庭农场、农民专业合作组织等供应商紧密联系在“共生链”上，把传统流通模式中频繁的临时外部交易转化为组织内部的长期交易，既降低了交易成本，也减少了流通中的道德风险，杜绝了农贸市场中经常出现的“柠檬困境”。

（4）超市农业追求产业链效益。农业产业链包括农业产前环节、产中环节、产后加工环节、流通环节和消费环节，即包括种苗培育、大田管理、农畜产品加工、保鲜直至流通、市场销售等所有环节和整个流程。超市农业的流通加工、市场开拓、品牌经营、基地示范等市场行为以及管理和技术的外溢效应相互作用，彼此影响，其结果促进了农产品价值的提升，使农产品价值提升所创造的利益通过流通渠道扩散到流通链的各个环节。

4.2.2.5 菜市场

菜市场是指在一定区域或社区内用于销售蔬菜、瓜果、水产品、禽蛋、肉类及其制品、粮食及其制品、豆制品、熟食、调味品、土特产等各类农产品和食品的以零售经营为主的固定场所。

（1）产生背景。如今的菜市场，即农贸市场是改革开放的产物。改革开放初期，中国在农村和城市恢复了曾被视为“资本主义尾巴”的农贸自由市场。饱受短缺经济困扰和国营菜店冷落的老百姓，以一种欣喜的心情接受农贸自由市场的到来。在农贸自由市场上，可以买到新鲜的农副产品，允许挑选自己偏好的农副产品，可以议价；在摊贩之间形成了竞争关系，价格可以随行就市。农贸自由市场在全国的发展，很快就把国营蔬菜店和副食店挤垮了。

（2）特点。菜市场具有明显的经济属性，作为城乡居民“菜篮子”商品供应的主要场所，它也具有社会性和很强的公益性。就其社会地位而言，菜市场与其他商业业态的功能相比，社会价值的取向更能体现政府形象，政府通常将其作为“民生工程”“再就业工程”“三农问题”等工作的平台，以此促进城市发展，展示城市形象，构建和谐社会。

4.2.2.6 餐馆

餐馆是指让顾客购买及享用烹饪好的食物及饮料的地方。在经济学上，餐馆属于饮食业供应链的最末端，竞争激烈。

餐馆在13世纪的中国杭州发展起来。当时的杭州是宋朝的文化经济中心，人口逾100万，为旅客而设的茶餐馆室及酒馆林立，后来更发展出餐馆，为旅客及本地人服务。当时已有各式各样的餐馆，提供不同菜色。

随着我国经济及旅游业不断发展，人民生活水平不断提高，人口不断增长，城市人口不断增多，刺激餐饮业不断发展壮大。在未来一段时间内，餐饮业市场潜力依然巨大，但同时也面临着“适者生存”的激烈竞争。

4.2.3 现代流通主体

4.2.3.1 农产品交易平台

近年来随着农业产业化的发展，优质农产品需要寻求更广阔的市场。传统的农产品销售方式难以在消费者心中建立起安全信誉，也难以确证生态农业基地生产的优质农产品的价值，很多特色农产品局限在产地，无法进入大市场、大流通，致使生产与销售脱节，消费引导生产的功能不能实现，农业结构调整、农民增收困难重重。基于此现状，农产品交易平台应运而生，不仅引领了我国传统农业向“信息化”“标准化”“品牌化”的现代农业转变，并且还将促进特色农产品走向“高端”发展路线。其特点如下。

①提供统一的信息、质检、交易、结算、运输等全程电子商务服务。

②采用网上挂牌、网上洽谈、竞价等交易模式，涵盖交易系统、交收系统、仓储物流系统和物资银行系统等；

③集物流配送服务、物流交易服务、信息服务、融资担保类金融服务等于一体。

④在配送和销售过程中，通过制定和实施符合现代物流要求的技术标准，对农产品在流通过程中的包装、搬运、库存等进行质量控制，形成“从田头到餐桌”的完整产业链，由市场有效需求带动农业产业化，提高农业生产区域化、专业化、规模化水平。

4.2.3.2 展示店

展示店是指对产品规格、款式、颜色等所有产品信息进行详细展示的实体店或网店。展示店能让顾客更直观地去了解网站上所展示的产品，能让顾客在看到产品的同时对产品的每一个信息都有一定的了解。产品展示也指在展厅或展位中进行详细展示，直观地把产品摆在顾客面前。

产品展示的最直接和最直观的方式就是将产品实体展现在顾客面前。但是随着时代的发展，信息量的爆发，这种方式就不能满足顾客对于信息收集的要求了。将平面图片和文字介绍做成类似目录形式来展示产品，是主流展示方式。但是这种对于产品的展示基本上停留在二维的静止的形式上，无法充分表现产品的外观和特点。

采用三维产品展示的方法，一来可以让顾客对产品的外观和特点有一个直观全面的了解，二来可以让顾客自己决定如何观察产品，这个互动过程的优势是二维方式难以企及的。

4.2.4 配送公司

配送公司是农产品流通过程中的主体，不仅是农产品流通的开拓者和组织者，还是农产品流通服务中的信息中心、服务中心和运营中心。

配送公司在农产品流通过程中的利益所得最主要的是经济利益，其次是发展利益。利益包括农产品购销过程中的差价和农产品加工、运输、仓储、包装等服务费用。配送公司不仅要攫取经济利益，还要为企业长远发展考虑配送公司对未来企业良好预期，这种预期是一种隐形的利益。通过与农户、农业组织合作社以及有限公司的长期合作，配送公司对农产品市场环境及运营机制有了一定的了解，也不断用实际行动来获取外部经济利益，通过服务企业来获取内外部人员的认可，这种企业预期也是配送公司在农产品流通过程中的利益所得。

4.2.5 消费主体

消费主体即消费者，是指为满足生活需要而购买、使用商品或接受服务的，由国家专门法律确认其主体地位和保护其消费权益的个人。

消费者与生产者及销售者不同，他或她必须是产品和服务的最终使用者而不是生产者、经营者。也就是说，他或她购买商品的目的主要是用于个人或家庭需要而不是经营或销售，这是消费者最本质的一个特点。作为消费者，其消费活动的内容不仅包括为个人和家庭生活需要而购买和使用产品，而且包括为个人和家庭生活需要而接受他人提供的服务。但无论是购买和使用商品还是接受服务，其目的只是满足个人和家庭需要，而不是生产和经营的需要。

消费者行为研究，是市场调研中最普通、最经常实施的一项研究，是指对消费者为获取、使用、处理消费物品所采用的各种行动以及事先决定这些行动的决策过程的定量研究和定性研究。该项研究除了可以了解消费者是如

何获取产品与服务的，还可以了解消费者是如何消费产品，以及产品在用完或消费之后是如何被处置的。因此，消费者行为研究是营销决策的基础，与企业市场的营销活动密不可分，对消费者行为研究，对于提高营销决策水平，增强营销策略的有效性方面有着很重要意义。

4.3 农产品属性与特征

4.3.1 农产品属性分析

所谓农产品的基本属性，就是指反映农产品自身基本性质和事物的相互关系的属性，如技术、质量、价格、品牌和包装等。

4.3.1.1 农产品技术属性

无论农产品的生产、加工环节，还是农产品的最后销售环节，无不包含着科学技术因素，尤其在当今经济高度发展时代，离开技术谈农产品的生产、加工及销售是令人难以想象的。

狭义地讲，农产品技术主要包括农产品的生产、加工、管理技术等。当下，对于提高农产品技术的问题，主要从提高农产品生产技术、加工技术、管理技术三方面入手。

（1）提高农产品生产技术，首先应做好优良品种的选择。优良品种是生产优质产品及在竞争中取胜的前提，是农产品技术的主要内容。其次，采用先进的农产品时效性技术和及时更新换代技术。其主要目的是及时提供高产、优质、无污染的农产品货源，保证农产品的质量和数量，有时还能起到降低农产品成本的作用。

（2）提高农产品加工技术。一是采用先进技术和设备，改进生产工艺，提高产品质量和开发新产品。二是采用新技术，提高农产品的综合利用程度，不断扩大产品品种，由单一品种向多品种，粗加工向精加工转变，形成系列农产品，满足不同消费类型和不同层次消费竞争能力。三是加工技术和加工设备配套，这一环节应作为发展加工技术十分重要的环节，即应大力发展农产品的深加工，以获取高质量最终产品。

（3）农产品管理技术是农业生产力的一个重要组成部分。具体而言，要采用各种现代管理技术，对农产品的发展规划、商品基地的建设、货源、价格、信息等进行科学的管理，协调贸工农技各部门的关系，使农产品生产系统形成完善的运行机制，发挥最佳的经济活力，产生最大的创汇经济效益。

4.3.1.2 农产品质量属性

农产品质量属性问题实际上可以转化为农产品功能、性能以及农产品使用寿命等问题。对于农产品功能和性能的改进应采取以下对策：一是对市场需求的准确把握，对功能和性能而言不是越全越高就越好，要根据价值工程的原理，考虑功能价格比，这里关键是对需求的把握；二是实现市场要求的功能和性能，这取决于技术水平高低，但也不要一味追求高新技术，高新技术的开发应用成本高，风险大。提高农产品使用寿命可采取以下措施。

（1）选用优质的农产品品种，培养出营养成分比例高的农产品，这是延长农产品消费时间的基础。

（2）采用优质农产品原料和先进的加工工艺制造农产品的加工品，这是延长农产品加工使用寿命的基础。

（3）优化农产品的整体结构设计，提高组成部件的质量，延长农产品的使用寿命。

4.3.1.3 农产品价格

农产品价格的影响因素主要有以下几个方面。第一，农产品价格的最主要影响因素是农产品的生产成本。第二，在全球化大环境下，国际农产品价格波动也会通过贸易传到国内市场，对国内农产品价格产生一定影响。第三，城镇人口的上升和可耕地面积的减少，反而会对农产品价格上升起反作用，这跟我们过去粗放式农业生产方式和小农经济规模有很大关系，不利的客观条件反而激发了农业更大的产出效率，使得农产品价格呈反方向变化。

对于提高农产品价格竞争力策略，应从以下两方面考虑。

（1）降低农产品的价格成本。这主要通过降低农产品生产、流通环节的各种费用实现，同时，对于出口农产品来说，还可以调整农产品的税收额度，并有条件地适度调整人民币汇率。

（2）通过采用不同的农产品价格策略，提高农产品市场占有率，从而间

接提高出口农产品的价格竞争力。举个例子，对于出口农产品来说，若销往国家的消费者收入水平高，追求奢侈型消费，这时就应采用高价格策略，因为价格高才能满足消费者显示地位的需求。我国一些衬衫厂生产的衬衫原在中东地区很有市场，尽管价格比较高，但很受当地消费者欢迎，市场占有率一向很高。但后来，这些厂为了各自的利益，内部展开了激烈的价格竞争，大家纷纷降低价格来扩大销售量，结果市场占有率不但没有提高反而下降了。若将农产品出口到那些收入水平低，且这种农产品销售市场竞争激烈的国家，采用等于或低于国内市场价格的定价策略也不失为明智之举。当然，这时应避免反倾销问题而引起的麻烦。

4.3.1.4 农产品品牌

农产品的品牌，不仅是某一产品的名称、符号，而更多地表现为某一产品的名气和品质。因此，想要提高农产品品牌竞争力，就要在其产品品质上下功夫，具体要求如下。

①农产品本身必须具备符合大众消费需求的功能和性能。

②农产品本身必须有个性和特点，这是创品牌的基础。

③品牌要简洁、形象、易记。

4.3.1.5 农产品包装

对于商品包装的重视是随着人类社会物质文明发展而开始的，它是商品经济高度发展的产物。农产品包装设计水平、包装材料的开发等从一个侧面反映了一个国家的工业、农业、科学技术和文化审美等综合能力方面的成就。正是在这个意义上，它对农产品的作用就像农产品的成本和质量一样重要，不容忽视。提高农产品包装竞争力，除了在图形、色彩文字和商标等方面开展研究外，重点应加强农产品包装材料的研究开发力度。包装材料的选择应考虑以下因素。

①应具有保护农产品的基本功能；

②要有利于促销；

③要结合自我资源特点，积极利用资源优势；

④要考虑环境因素，加强“绿色包装”材料的研究和应用。

4.3.2　农产品流通特征分析

农产品流通可以满足农产品需求，提高经济效益，保障农产品安全。通过对我国农产品的流通主体、基础设施、流通渠道和交易方式 4 个方面的特征进行分析发现，我国农产品流通主体数量众多，但专业化水平低，农产品批发市场基础设施缺乏，销售渠道仍以农贸市场为主，并且农产品批发市场大部分仍处于早期阶段，需要进一步完善。以下是我国农产品流通特征与特点的具体分析。

4.3.2.1　农产品流通主体的特征

我国农产品流通主体以农民个体为主。经过农产品流通体制改革后，出现种植大户、经济组织和个体运输户等各种形式，个体农民成为农产品销售的重要力量。目前农产品生产的主要模式还是个体经营，每一户是一个生产和流通的基本单位。中国的城镇化和工业化进程加速，更多的农村劳动力进入城镇，随着经济的发展和产业结构升级，将会有越来越多的农村人口转化为城镇人口，但农民个体仍是农产品流通主体的主要组成部分。

4.3.2.2　农产品流通基础设施的特征

中国农产品基础设施功能尚不完善。中国农产品流通的基本流程是从田间的道路转向乡村公路，经过县级公路过渡到高速公路运到销售地。由此可见，农产品流通所需要的运输线路包括田间道路、乡村公路、县级公路和高速公路。到目前为止，中国的公路建设已基本形成乡村公路、县级公路、省级公路和全国公路四者相互关联的情况。道路基础设施的发展，为现代农产品流通提供了基本条件。当前，中国的运输路线已初步建立起主要依靠公路运输，铁路、水路和航空辅助发展的格局，形成综合立体的交通网络，这对提高运输效率、降低流通中的过度损耗具有重要作用。

大多数农产品批发市场经营设施简陋，没有形成一套完整的经营服务设施，保鲜和保管设施缺乏，甚至一些批发市场还停留在简单的物业管理水平上。分拣包装、保鲜冷库、物流配送等设施不完善，更缺乏信息服务、质量检验、垃圾处理等配套服务。

目前，中国不少配送中心由于各种原因只能充当仓库和交通枢纽的角色，

甚至有些配送中心的功能只是送货上门，其他功能没有发挥出来。配送中心是现代农产品流通的关键点，这主要是指连锁物流机构承接商品后需要承担采购、库存、运输、加工、销售、运输、交付的任务，主要是为商业服务但同时满足社会需求。中国仍然缺乏专业化流通农产品配送中心。这些连锁零售配送中心只是兼营农产品流通配送，绝大部分农产品配送直接在农产品批发市场完成。

4.3.2.3 农产品流通渠道的特征

我国农产品流通渠道少、渠道效率低。农产品批发市场是农产品流通的重要组成部分，我国的农产品流通经过30多年的发展，在数量和规模上已进入稳步发展的阶段。目前，中国批发市场成交量、每年新建的批发市场数量也快速增长。

4.3.2.4 农产品流通交易方式的特征

我国农产品交易方式以现货为主，交易方式较为单一。我国农产品流通在批发市场和零售市场以及其他销售方式中，基本都是现货交易。我国信息网络建设即便近几年发展迅速，但还是面临买卖信息化设施不完善的问题，所以很难突破时间和空间的限制实现信息化交易，不能做到商物分离。

4.4 农产品流通模式中的利益分配机制研究

4.4.1 农产品流通的利益分配概述

市场经济环境下，农产品流通是一个过程，而利益才是本质。在农产品交换和流通的背后，交织着人与人、人与组织以及组织与组织之间的经济利益关系。农产品流通既是农产品由生产领域进入消费领域的运动过程，又是不同经济主体实现其经济利益的经济过程。农产品流通的过程贯穿了整个农业产业链条，它通过信息流、资金流、物流和商流等将农户、经纪人、企业、合作社、市场、消费者等多个参与主体联结在一起，不仅涉及农产品的价值实现，同时也体现了各流通主体及其相关者之间的利益分配。

利益分配关系着社会的效率与公平的问题，可以反映社会经济发展的状态。当社会中利益分配存在问题时，其经济就会产生资源配置效率低下，社会缺乏公正，矛盾激化等问题。当利益分配合理时，其经济结构会比较稳定，行业发展会均衡，资源配置会最优，同时各参与方的利益也会最大化。

4.4.2　农产品流通不同模式下的利益分配机制

在农产品的流通过程中，各个参与主体不是独立经营的，而是基于各自的利益需求以及市场的需求联结在一起，自然会形成不同的流通模式。但是自古以来小农户与大市场之间是存在矛盾的，农产品流通中各主体的利益分配处于核心地位，没有合理的利益分配机制，利益联结不会长久，最终不利于农产品的流通。

因此，建立均衡合理的利益分配机制是促进农业产业化发展、农产品流通的关键。在农产品流通中“小农户与大市场”的联结模式不同，其利益分配机制自然存在一定差异。我们选取了当前农产品流通体系中四个具有代表性的流通模式，分析这四类联结模式中各参与主体间的利益分配机制。

4.4.2.1　农户—市场模式中的利益分配机制

农户与市场模式是一种比较传统的流通模式，在现在的农产品流通中依然占据着重要的地位。这里的市场可以是农贸市场、批发市场等，市场不仅与生产者联系，也联系着批发商、消费者等主体。农户—市场模式如图 4－1 所示。

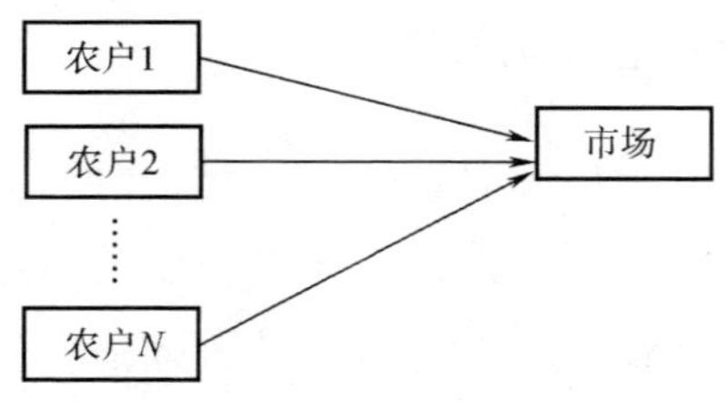

图 4－1　农户—市场模式

在这种模式下，农户一般都是散户，没有组织，分散经营，生产完产品之后在田头或者把产品带到市场与批发商、个体达成交易，获得的是生产利益和一定的流通利益。

市场不参与生产，对农户的产品进行收购来进行销售，获得的仅仅是流通利益。市场中的主体（批发商或者消费者）与农户形成一种基本的信用与交易关系，双方进行自由买卖，交易是一次性的，价格根据市场而定，不需要签订合同等，形成的是一种“买断制”的模式。这种模式下的交易关系不稳定，农户被动地接受市场的价格，处于劣势地位。

4.4.2.2 农户—经纪人—市场模式下的利益分配机制

农产品经纪人，通俗讲，就是生意中间人，他们是调整农产品结构的信息员。他们掌握信息、了解市场，一般会根据市场的需求信息向农民提供正确的生产信息和有效的技术咨询。农产品经纪人在促进农业产业化、优化农业资源配置，推动农民专业合作，发展多种形式的产业化经营，加快农业和农村结构调整，提高农产品质量，促进农副产品交易的有序开展，保障农民及其他各类交易主体的合法权益等方面，发挥着越来越重要的作用。该模式如图 4 - 2 所示。

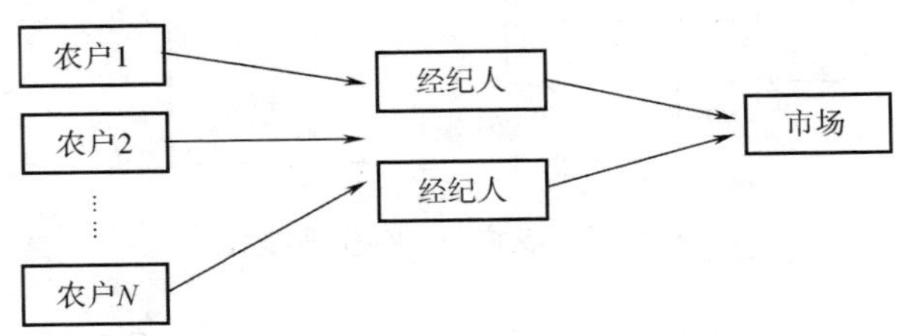

图 4 - 2　农户—农产品经纪人—市场模式

在这种模式下，经纪人充当的是农户和市场之间的介绍人角色，农户选择和经纪人合作，可以为自己带来较多的市场信息，使农产品的销售有了一定的保障，农户获得的依然是生产利益和一定的流通利益。经纪人会代表农户与市场上的批发商签订合同，农户会以约定的价格将产品卖给批发商。在这个过程中，经纪人会根据批发商与农户的交易收取一定的费用作为佣金，这是经纪人的利益所得，批发商获得的是农产品的流通利益。这种模式下，会有一定的合同关系，相比农户—市场的关系稳定，农户所获得的市场信息也会增加。

但是在这种模式下也存在一定的问题，如三者之间容易存在一定的信任问题，契约关系不稳定，容易松散，各主体之间不能形成风险共担、利益共享的联结机制。

4.4.2.3 农户—龙头企业模式下的利益分配机制

农产品龙头企业是指以农产品加工或流通为主，通过各种利益联结机制与农户相联系，带动农户进入市场，使农产品生产、加工、销售有机结合、相互促进，在规模和经营指标上达到规定标准并经政府有关部门认定的企业。该模式如图4－3所示。

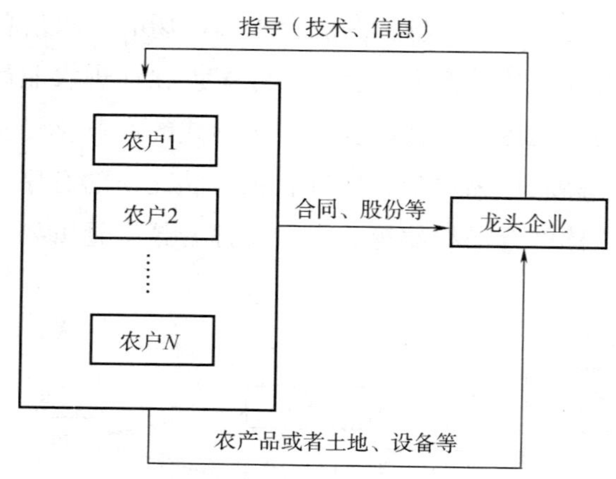

图4－3 农户—龙头企业模式

在这种模式下，农户与龙头企业之间一般有以下几种利益分配的机制。

（1）合同制。在该机制下，农户与龙头企业之间签订合同，按照合同规定的价格和数量买卖农户的农产品，以契约为纽带，形成一种较为稳定的“合同制”的利益分配机制。这种利益联结机制能够解决农户的农产品销售难的问题，农户与龙头企业在农产品的生产和收购环节上相互负责，能够一定程度上保障农户的利益，降低企业的组织成本。

（2）股份制。在该机制下，农户以土地、设备、资金等入股龙头企业，这种模式下农户不仅可以获得售卖农产品的收入，还可以一定程度上参与企业决策，分享企业的利润，这样农户与龙头企业就成为利益共享、风险共担的共同体，可以在很大程度上调动农户的生产积极性，增强组织的稳定性，形成规模经济。

续表

模式	利益分配机制	合作关系	利益风险	流通过程	流通成本及农产品质量
农超对接	农户：生产利益 市场：流通利益 消费者：农产品价格下降、质量提高	签订合同，有合作	农产品直供超市等，流通成本低，产品买卖有保障，双方利益风险较低	供应链短，环节少，时间短	流通成本低，农产品质量较高

不同的流通模式，利益分配机制也会不同，我们选取了四种典型的农产品流通模式，探讨了不同模式下的利益分配机制并进行了对比分析。但是由于市场机制、信息不对称、信誉问题、法律法规等，无论哪种利益分配机制，都会存在一定的不公平的问题。

我们建议：在农产品流通特别是农村的信息化建设过程中，尽量避免因流通过程中的信息不对称而产生的利益损失；制定合理的利益分配机制以及保证利益分配的公平性，为进一步合作建立良好的基础；规范流通体系建设，降低流通成本；加强政府对农产品流通特别是对生产者的投入，积极维护市场稳定；各主体应该具有利益共享、风险共担的意识。只有这样，才能形成良性循环，实现各方主体的共赢。

4.5 我国农产品冷链物流发展问题及对策研究

消费者对生鲜农产品的种类、品质要求近年来逐渐提高。在传统零售之外，生鲜农产品电子商务的涌现，也满足了消费者的多样性需求。不过，生鲜农产品由于具有保质期短、易腐烂、成本高等特点，在生产、流通、销售等环节存在着许多问题，发展冷链物流势在必行。

4.5.1 生鲜农产品冷链物流的特征

“冷链物流”泛指冷藏冷冻类食品从生产、贮藏运输、销售开始最终到达消费者手中，各个环节始终处于规定的低温环境下，以保证食品质量，减少食品损耗的一项系统工程。根据冷链物流的定义，生鲜农产品冷链物流结合了生鲜农产品易腐、保质期短特点，保证生鲜农产品从生产到消费整个过程中的质量安全以及低损耗、低污染。生鲜农产品冷链物流的组成如图 4－5 所示。

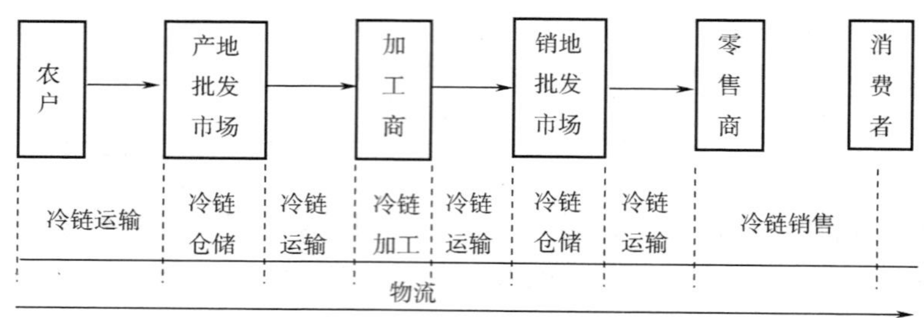

图 4－5　生鲜农产品冷链物流流程图

生鲜农产品冷链物流除了具有一般物流的特征外，还具有以下特性：一是低温性。因生鲜农产品具有易腐的特点，保持低温状态是冷链物流的重要特性。二是时效性。生鲜农产品除易腐外，还有保质期短的特点，并且在整体冷链物流中，低温运输成本与时间成正比，所以冷链物流应尽可能缩短采购、运输、销售过程的时间。三是技术性。生鲜农产品从生产到消费的整个过程都要保持低温状态，需要专业的冷链物流设备。

4.5.2　我国农产品冷链物流发展存在的问题

作为农业大国，我国生鲜农产品的产量逐年上升。根据国家统计局发布的《中国统计年鉴 2015》相关数据，2010—2014 年我国的水产品、水果产品、肉类产品产量如表 4－3 所示。

表 4－3　2010—2014 年我国水产品、水果、肉类的产量情况　　单位：万吨

年份	水产品	水　果	肉　类
2010	5 373.0	21 401.4	7 925.8
2011	5 603.2	22 768.2	7 965.1
2012	5 907.7	24 056.8	8 387.2

续表

年份	水产品	水 果	肉 类
2013	6 172.0	25 093.0	8 535.0
2014	6 461.5	26 142.2	8 706.7

数据来源：国家统计局《中国统计年鉴 2015》。

我国的水产品、水果、肉类等农产品产量逐年增长，对生鲜农产品冷链物流需求也随之增加，但在农产品的原产地生产、物流过程、销地销售三个阶段，冷链物流依然存在一些问题。

4.5.2.1 原产地冷链物流的问题

中国大部分农产品生产以散户形式存在，生产分散性以及预冷技术的落后导致农产品不能及时预冷，在经过简易挑拣后直接进入流通过程。在农产品最初的生产环节，冷链物流技术应用不普及导致生鲜农产品保质期大打折扣。此外，在生鲜农产品获取过程中，应当对生产标准、产品质量、检疫方法等进行标准化。但是，我国现行的冷链物流标准存在诸多问题，如覆盖面小，标准不统一等。

4.5.2.2 流通过程冷链物流的问题

由于我国冷链物流的设备技术落后，市场化程度低，大多数生鲜农产品企业还是采用自己提供冷链物流的模式，使第三方冷链物流行业发展受到阻碍。冷链物流基础设备设施的落后，直接导致生鲜农产品在流通过程中的损耗率居高不下，大大增加了物流成本。

中国产业信息网发布的《2014—2019 年中国冷链物流行业全景调研及投资前景评估报告》显示，我国现阶段冷库总容量为 3 320 吨，目前的可用冷库容量仅仅占总需求的 20% ~30%。冷库的可用容量满足不了生鲜农产品物流中的储藏功能，也是导致生鲜农产品流通过程中损耗高的原因之一。另外，我国生鲜农产品运输很多不是采用专业冷藏车，而是采用“普通的运输卡车 + 棉被保温”的传统方式。这导致生鲜农产品不能保持在一个恒定的低温状态，运送到销地后已经出现部分腐坏的状况。

4.5.2.3 销地冷链物流的问题

生鲜农产品到了销地，大部分进入到批发市场。现在我国大型批发市场在生鲜农产品冷藏保鲜方面的技术还很落后，导致农产品在批发市场里新鲜度又大打折扣，产生损耗。

从生鲜农产品的整个流通过程来看，由于在生产、物流、销售整个链条中没有建立起完整的冷链物流管理，使生鲜农产品产生不可避免的损耗。我国冷链物流虽然需求大，但整体技术水平不高，并且面临冷链物流人才短缺、信息化程度低等问题。

4.5.3 国内外差距对比与发展建议

目前中国冷链物流发展仍处于初级阶段，根据表4－4可看出，我国与美国在冷链物流发展的不同指标对比中存在着很大差距。

表4－4 中美冷链物流发展在不同指标下对比

对比指标	中国	美国
冷链利用率	19%	85%
冷藏保温车占货运车比例	0.3%	1%
人均冷库容量	7%	69%
管理体系	法律体系不完善	标准化完善
运输设备	比较落后	非常先进

数据来源：张传会，张晓东，王爱国．美国农产品冷链物流的现状与分析［J］．中国果菜．2015（4）．

美国的生鲜农产品冷链运输率高达85%，冷链物流发展相对成熟。我国的生鲜农产品冷链运输率还不足20%。在运输设备方面，我国也比较落后，专业的冷链物流运输车数量很少。在管理体系方面，美国无论是在生产环境，还是消费环节，都有着统一标准，例如生产环境的监管有EPA认证，消费环节的监管有FDA认证。我们虽然也有相关的冷链标准，但大多是推荐性标准，不具有强制性。

因此，我国应注重关键技术环节的提升，主要包括加强冷链库存管理，建立冷链物流信息系统，加快标准化的建设和农产品追溯系统的完善等。

与发达国家进行对比，我国应该根据自身国情发展冷链物流，主要包括

以下几个方面。

（1）注重培养专业冷链物流人才。我国冷链物流人才需求存在很大缺口，冷链物流的稳定发展需要专业的技术人员与管理人员，这要求加大冷链物流人才的培养力度，以推进冷链技术创新。此外，冷链运输一线工作人员也应该加强基本的专业培训。

（2）加强冷链设施建设与技术发展。生鲜农产品在物流中的品质保障主要取决于冷链设备应用和相关技术的发展。改善落后的冷链物流设备与基础设施是保证冷链物流发展的重要因素。相关企业和机构应分别在农产品生产、加工、储藏、运输和销售环节进行设备与技术改造升级，推广冷库技术、预冷技术、运输车温度自动控制技术等的应用。

（3）大力发展第三方冷链物流。作为专业的冷链物流服务提供商，第三方冷链物流企业是农产品冷链物流市场的重要力量。冷链物流在设施建设、技术要求等方面都有较高的特殊性，生鲜农产品相关企业更希望与具备完整冷链服务的第三方物流企业合作，将冷链物流业务外包。因此，相关部门应积极出台扶持政策，促进第三方冷链物流发展。

5　农产品的流通模式分析

5.1　农产品实体流通模式

5.1.1　我国农产品实体流通模式

当前，我国农产品流通的批发市场、农贸市场依旧是农产品流通的主要市场类型，农民经纪人、运销商贩、中介组织、农产品加工企业是农产品经营的主体，农产品集散及现货交易是农产品的基本流通方式，农产品的流通仍然是以原产品和初加工产品为主要流通对象。

由于我国单个农户无法与市场之间建立直线衔接，农产品需要经过众多中间环节的层层向上供应方可从分散的农户田间到达消费者手中，具体来说，我国农产品的物流通道长期以来一直是“农户—收购商—批发商—农贸市场—零售商—消费者”这种多环节流通渠道，过长的流通链条长度致使中间环节的费用全部被转嫁到农产品的最终价格上，也就是消费者身上。整体呈现流通环节的上游和下游在整个价值链中获利偏少，中间环节获利多的“倒微笑曲线”形状。

目前，我国农产品流通市场形成了以农户、农民合作社、农产品加工企业以及经销商为主要流通主体，以农贸市场和批发市场为载体的格局。这是历经多年的市场化变革由计划调节下的统购统销模式演进而来的。当下“农超对接模式”“电子商务直销模式”等新型模式的呼声正高，改进农产品流通模式的浪潮将至，但若不对现有流通模式做剖析探究，那么创新农产品流通模式恐怕是无稽之谈。下面我们分析我国现阶段农产品流通共存的主要模式。

5.1.1.1 模式一：农户+（收购商贩）+批发商+零售终端

（1）是否有商贩参与的两种模式。

①存在收购商贩这一环节。在我国广大的农村地区，农民生产、收割农产品并做简单的处理之后便会直接卖给那些有下级渠道关系的农产品收购商贩，收购商贩小范围、小批量收购后，再将农产品转卖给渠道下一级的批发商，批发商集中了众多商贩收购的农产品后，再转卖给零售商结束农产品的流通。这种模式是迄今我国广大农村地区最普遍的农产品收购方式，其特点是：农户随机与往来商贩之间进行交易，但是由于渠道单一，农民对商贩极其依赖。

②没有收购商贩这一环节的流通模式。此种模式的前提条件是某种农产品大片集中种植在一个区域。农产品的规模种植，使该区域变成产业集群、形成产地批发市场。农户作为农产品的专业生产者通常能够以较低的成本进入市场直接与农产品批发商进行交易，完成农产品的首次流转。这种模式的特点是农户与批发商的交易是一次性的，双方只是寻求当次交易的利益最大化。其原因在于产地农户众多，生产的同类产品几乎没有差异性，可以频繁更换交易对象，彼此之间依赖程度低；交易双方进入与退出市场的壁垒小，无须建立长期交易关系。

（2）该模式的问题。

由以上两种形式的特点可以看出此种流通模式的问题所在。

①农户组织化程度低。农户作为市场交易头号主体数量多且分散、不具规模，这就增加了交易的次数和交易的复杂程度，每一次交易都需要寻找、确定交易伙伴，增加了交易成本也降低了交易成功的概率。

②渠道关系不稳定。由于缺乏相应的契约机制做保障，收购者往往对于农户的产品百般挑剔，产品的价格往往被打压到很低，增加了作为市场价格的承受者的农户的收益风险。

③流通渠道链条冗长。冗长的链条是流通渠道参与者众多的体现，每个环节都要付出相应的费用无疑提高了流通成本，结果是或者农产品最终价格高得让消费者望而却步，或者农户的利益被严重挤压，所得甚少。

5.1.1.2 模式二：农户+龙头企业+（批发商）+零售终端

这种流通模式的关键在于农户和龙头企业之间的关系。根据双方事先签署的合同，农户依照合同中相应的质量标准生产既定种类和数目的农产品，而龙头企业则兼司农产品的收购、加工和销售工作，将收购的农产品进行深加工，提高附加值，然后转售给下级批发商或者零售终端来完成农产品流通，这种流通操作被称作“订单农业”。龙头企业一般情况下由农产品加工与销售企业充当，其凭借自身雄厚的实力、发达通畅的销售网络渠道和不断更新的科学技术水平，可以迅速并充分地掌握市场需求信息的动向，也可以为农产品的生产提供相应的技术支持服务。

（1）该模式的优点。

一方面，通过合同将农户与龙头企业进行绑定，一定程度上弥补了农户规模小、组织程度低的不足，龙头企业和农户共同承担市场压力，增加了农户对市场风险的抵抗能力，使农户的利益得到了保障。另一方面，相对第一种农产品流通模式而言，本模式能更加优化农产品流通，提高整体效益。龙头企业偕同农户参与农产品市场流通，既维持了农户的独立性与自主性，又节省了寻找交易对象的昂贵成本、缩减了中间环节，对缓和“小农户”与“大市场”之间的矛盾起了一定的作用。

（2）该模式的缺点。

有统计指出，订单农业在我国的成功率只有20%。以龙头企业为主导引领的贸易加工型流通，尽管农民与企业之间建立了紧密的产销关系，实现了产销一体化经营，但企业与农户双方的契约约束比较脆弱。尤其是在受各种内因和外因影响而发生价格变动的时候，履约双方总有一方会因心存机会主义动机而出现违约的情况。

当合同价格比市场价格低的时候，农户对市场高价蠢蠢欲动，希望将农产品售卖给市场。许多企业同农户合作之时，都明显感觉农户的组织性差，农产品技术含量低，造成履约困难。

反之，当合同价格高于市场价格时，龙头企业就倾向于违反约定转而从市场上收购价格低廉的农产品。而且此类违约率极高，因为买卖双方力量不均等，又缺少相应的法律法规来约束此类行为，农户处于缺少话语权的弱势

地位。这主要体现在两方面：一方面，就农产品的交易所得来说，这笔交易收入对农户而言是绝无仅有的，而每个农户出卖的农产品对龙头企业而言却是其全部收购产品中比重很小的一部分，这使农户严重依赖龙头企业；另一方面，农产品具有无差异特性，拥有同质产品的农户对于龙头企业而言是足够多且可以频繁更换的，但对于农户来说，专事农产品收购的龙头企业却是可遇不可求的，这使得农户对龙头企业深度依赖。

5.1.1.3　模式三：农户＋农民合作社＋龙头企业＋（批发商）＋零售终端

在农户和龙头企业之间加入农民合作社这一环节，看似增加了农产品流通链条的长度，实则是对模式二的完善与矫正。模式三中农户和龙头企业的分工内容较模式二基本保持不变，只是农户与龙头企业之间不再直接进行关联，而由农户自发构成的农民合作社取代了自己与龙头企业进行契约签订，合作社充当了农户与龙头企业之间联系的纽带。农业合作社将散落的农户集合起来，根据订单要求组织生产，并将农户的农产品进行统一收购，然后组织进行销售。合作社介入农户和龙头企业之间的具体分工为：第一步，依合约规定下订单，明确农产品需求（订购数量、质量标准、技术指标），然后由其通知农户并安排生产；第二步，服务于农产品生产的全过程，包括资金、技术支持等；第三步，与龙头企业一起验收农产品、完成交易。

（1）该模式的优点。

首先，由专业合作社代替非专业的农户与龙头企业交易能够减少磋商所耗费的时间、稳固相对关系并进一步提升流通渠道的顺畅程度。其次，农民合作社作为一个组织与龙头企业谈判，较单个农户而言，无论是谈判能力还是话语权都有过之而无不及，能够为农户争取到包括较高收购价格等多方面的权益。除此之外，农民合作社大都是农民内部组成的机构，具有非营利性，农户的利益会因此得到强有力的保障。

（2）该模式的缺点。

以上农产品流通模式值得肯定，然而现实情况是农民合作社在我国农村的发展还处于初级阶段，虽然数量不少，但运作起来并不十分成熟，缺乏规范性。因此，培育优秀的农民合作社或发展新型流通合作组织是当下的重中之重。

5.1.1.4 模式四：农户（农业合作社）+零售终端（超市）

这种流通方式即“农超对接”，是我国近年来鼓励重点发展的农产品流通模式。此模式的特点为：以超市为代表的零售终端与代表农户的农民合作社之间没有其他环节，二者以“直供”或“直采”的形式对接农产品即完成农产品的流通。其间超市凭借自身资金、管理、技术等方面的优越性参与农业生产加工以及流通的整个过程，同时在信息、技术、物流等方面为农业生产提供一条龙服务，使农户和市场之间无须流通组织也能有效衔接，达到缩减流通环节、降低流通成本，农户和消费者两端收益的目的。这一模式是对以上三种流通模式的优化和创新，形式上促进农商产销智能的分离，内在机制上整合资源增强关联度的统一，通过流通直接有力地拉动生产。这有助于推进城乡市场统筹发展，有助于符合我国特色的现代化农产品流通体系的构建。

（1）这种模式的优点。

①最大限度地缩减了农产品链条的长度，降低了流通中的损耗和成本，进而提高了农产品流通的效率，而且有超市从田间到菜篮实行全过程监控，能保证农产品质量安全。

②对于农户来说，农户与超市之间订立的供购协议降低了农产品市场的不确定性带给农户的种植风险，不仅避免了生产的盲目性，还保障了农户的收益。

③对于超市来说，中间流通环节的去除使超市节省了间接流通费用，降低了农产品的收购价格，从而提升了超市在零售行业的产品竞争力。

④对于消费者来说，流通环节的减少意味着转嫁到消费者身上的中间费用和利润盘剥的减少，消费者可以买到质量有保证而且价格便宜的农产品。

（2）该模式的问题。

农超对接是农户、超市、消费者三者共赢的农产品流通模式，可以解决农民卖难和消费者买贵的问题，也可以解决我国农产品流通小生产与大市场的矛盾，但是这种模式并非没有问题，主要表现在以下几个方面。

①现阶段达到直接采购条件的超市还在少数。一般超市店面与农户距离都比较远，特别是一些偏远的农村，已经超出了超市直接采购的能力范围。即使可以直采，高昂的运输成本，也会使得超市采购面临很大的困难而打击

超市的积极性。很多超市在采购方面目前基本上都还停留在“坐商”阶段，即等着供应商送货上门，不具备自采的业务能力。

②超市采购有数量和品种的限制。我国小农生产经营分散，单个农户生产的初级农产品的数量、品种以及质量都无法满足超市统一系列、加工精美的标准。超市为保证农产品质量以及低价格优势，常常亦会对农户进行欺压。

③由于我国冷链物流系统尚欠发达。农产品尤其是生鲜产品，在经过长途跋涉进入超市后，大部分已经腐烂变质，其安全性和损耗程度均难以掌控，大大增加了超市的经营成本。我国农产品流通模式的现状如图 5－1 所示。

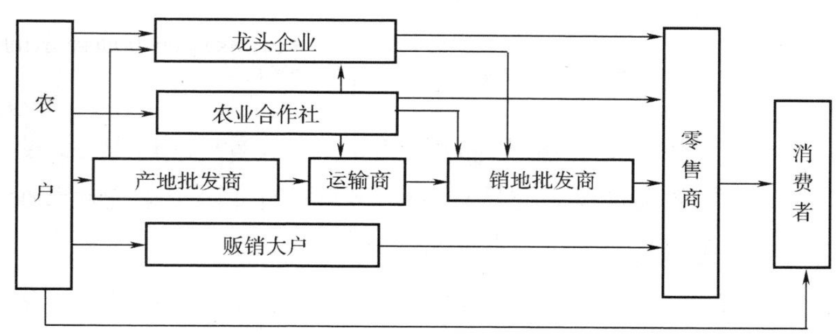

图 5－1　我国农产品流通模式的现状

5.1.2　国外农产品实体流通模式

在国际农产品市场上，农产品流通形成了两种比较典型的流通渠道模式，一种是以美国为代表的农产品流通模式，另一种是以日本为代表的农产品流通模式。从世界范围来说，美国和日本的农业生产无论生产方面还是流通方面，都具有很强的代表性。它们的农产品流通模式无疑对我国农产品流通渠道的建设具有重要的参考作用。

5.1.2.1　美国主要农产品流通模式分析

图 5－2 列出了美国农产品流通的主要形式，图中的数字表示农产品在各模式中所占比例。从图中可以看出，美国农产品流通模式的主要特点如下。

（1）流通环节少，流通效率高。农产品流通渠道日益缩短是美国农产品

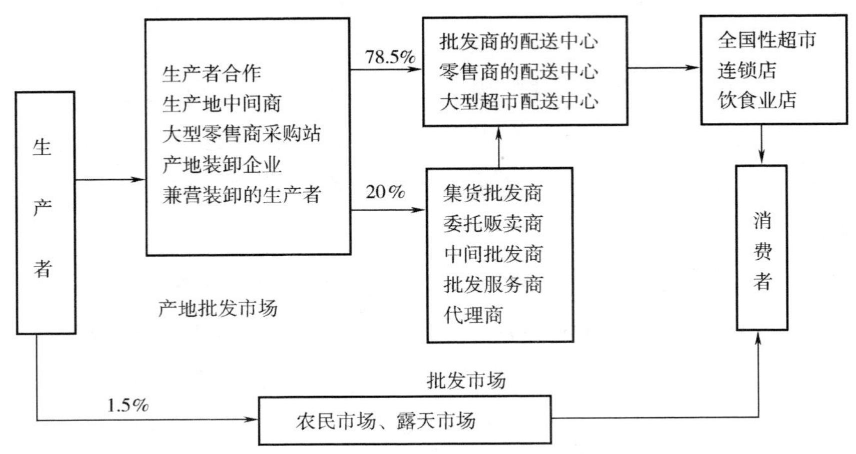

图 5－2　美国农产品流通的主要模式

流通的一个显著特征。美国 78. 5% 的农产品从产地通过配送中心，直接到零售商，而批发市场的销量仅占交易总量的 20% 左右。由于渠道环节少，农产品流通速度快，成本低，从而大大提高了渠道效率。

（2）产地市场集中，生产区域化程度高。由于美国农产品生产区域化程度高，形成了玉米、小麦、大豆、蔬菜、水果等生产区域，因而农产品产地市场比较集中，华盛顿州、密歇根州和纽约州等 3 个州产量几乎占全国产量的 70% 。在整个渠道系统中，产地批发市场与零售商的交易量占 98. 5% 。

（3）销地批发市场分布在大城市。美国销地批发市场又称“车站批发市场”，主要是因为美国交通高度发达，农产品收获后能够及时运往大城市的车站，所以形成了以城市为中心的农产品集散市场。而美国的农产品产地并非集中在大城市郊区，而是在遥远的生产区域，因而美国的销地批发市场比较发达。虽然销地批发市场占农产品总交易量的 20% ，但对农产品价格的形成具有主导作用，这不仅是因为它为供求双方提供交易场所、交易信息、交易方式和过程管理，从而实现交易和集散功能，更为重要的是其具有价格形成、发现和结算功能。

（4）服务性流通组织齐全。为了提高农产品的流通效率，产生了许多专门为农产品交易服务的流通组织，如装卸公司、运输公司、加工和分类配送

中心等等。这些流通组织有效地联结了运输、加工、销售等环节，形成了一个全国统一的市场流通体系。

（5）批发市场内部交易方式主要以拍卖、代理销售为主。美国以批发市场为基础，形成了农产品期货市场，如芝加哥期货市场等。公开拍卖、代理销售或购买和期货交易等交易方式，使农产品市场价格充分反映市场的供求变化，形成了以批发市场为主导的农产品市场价格形成和信息传播机制。

5.1.2.2 日本主要农产品流通模式

图 5－3 列出了日本农产品流通的主要模式。从该图可以看出，日本农产品流通模式具有如下特点。

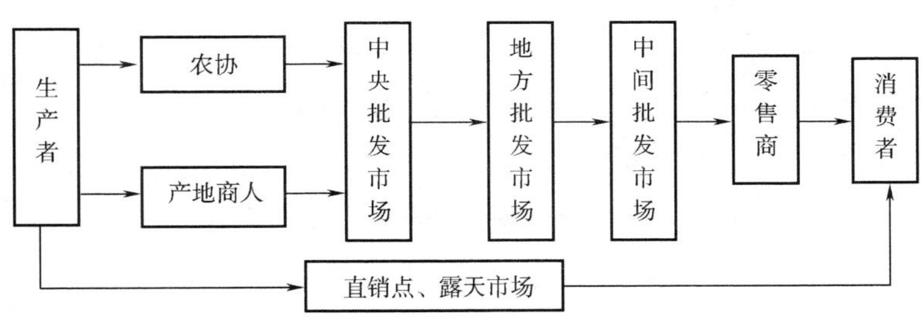

图 5－3 日本农产品流通的主要模式

（1）流通环节多，流通成本相对较高。日本农产品流通渠道复杂，主要包括中央批发市场、地方批发市场、中间商批发市场和零售组织以及供货组织等，农产品一般要通过两级或两级以上批发渠道才能到达零售商手中。而且，日本《批发市场法》禁止中间商从事批发业务，使极少数批发商从产地市场进货，因此，绝大多数农产品要经过多级批发市场的交易，大大提高了流通成本。

（2）流通主体的组织化、规模化程度较高。在日本，农产品流通的主体主要是农场、批发与零售企业以及农协。日本的农场实行企业化经营，规模较大且实力雄厚，农协是农户自愿联合的组织，也是日本农民进入流通领域的关键组织。在日本，约有 97% 的农户加入了“农协”，90% 的农产品由农协销售，80% 的农业生产资料由农协采购。可见，农协在农产品流通中发挥了不可替代的作用。

（3）农产品批发市场作用突出。在日本，绝大多数的农产品是通过批发市场批发的，例如，蔬菜 87%，水果 78%，水产品 75%，花卉 87%，牛肉 41.1%。批发市场在很大程度上缓解了小规模农业生产和大市场、大流通之间的矛盾，已成为日本保护生产者和消费者利益、促进农业生产、发展现代流通、满足生活需求、繁荣经济、稳定社会的重要基础。而且，日本的农产品批发市场以官办为主，管理严格，使得交易活动更加公开、公正，违法现象很少发生。

（4）利润分配不均。虽然日本较早制定了《零售法》，对从事零售的组织给予利益保证，但是渠道成员的利益分配依然不均。例如，批发商收取 4% 的管理费，中间批发商 10.9%，零售商 43%，农协等 13.6%，生产者仅占 28.5%，零售商为保证 43% 的利润往往把终端价格抬得较高，因此，日本农产品市场零售价格是世界农产品市场价格中最高的。

（5）流通效率较高。尽管流通环节多，但日本批发市场采用拍卖、投标、预售交易方式，甚至同一产品两家机构同时拍卖，形成的价格公开、公正。同时日本《市场法实施规则》规定批发市场的农产品必须当天上市，全量出售，禁止中间商或零售商直接采购农产品，禁止批发商私下从事批发业务等，使农产品批发市场流通效率很高。

5.1.2.3 荷兰和法国等欧洲国家的农产品流通模式

西欧模式的主要代表国家有德国、法国、荷兰等。其农产品流通模式大致为：农户—农业合作组织—公益性批发市场—批发商。下面重点以“荷兰”和“法国”为典型归纳其农产品流通特点。

（1）建有完善的现代化大型公益性农产品批发市场。与东亚模式相比，西欧模式的农产品直销比例呈现出不断上升趋势，经由批发市场流通的，比例较小。而且西欧国家中大多数农产品批发市场具有公益性质。例如，法国就有 23 所保持公益原则的农产品批发市场。

（2）拍卖是批发市场中运作农产品流通的主要手段。众所周知，花卉行业是荷兰的支柱产业，其国内生产总值中有 80% 来自花卉行业。荷兰之所以能成为全球花卉供应的中心，阿斯米尔花卉拍卖市场功不可没。它以 5 万多宗的日贸易成交量稳坐花卉交易市场头把交椅，形成的花卉市场拍卖价格牵

动着世界上其他国家花卉的销售价格。通过拍卖出售的花卉被国内批发商或者出口商转而批发零售或出口。这种交易方式有效确保了农产品的高速流转，降低了农产品腐烂变质等质量安全的风险。

(3) 经营模式推行产供销纵向一体化。以法国的果蔬和谷物行业为例，它们通过纵向一体化将农产品的生产、加工和销售市场内部化，大大降低了农产品外部间流转所产生的费用，这实际上就是对交易费用理论的合理应用。这种方式提升了农产品直供的份额。

(4) 信息技术广泛应用于农产品的标准化生产、精深性加工和渠道化分销之中。随着农产品流通数量和种类的增加，为满足消费者的偏好，农产品标准化生产和深加工至关重要。荷兰就是将自动控制技术和信息化管理运作系统应用于农产品的生产和拍卖过程中，才取得了显著的经济效益，推进了农业各个领域和环节的产业改造和升级。

(5) 农业合作组织发挥着举足轻重的作用。在西欧模式中，农业合作社不仅仅负责农产品的收购，还为提高农户的生产规范性和组织化程度，在信息技术的培训方面给予农户积极的帮助，切实保护了农民的利益。

(6) 专业的农产品配送中心和发达的冷链物流体系。荷兰通常会在市场附近建立中转站（或称“中央基地”），用来汇总各类农产品的相关信息；然后这些农产品直接送往配送中心；配送中心则会根据所收到农产品的具体情况和相关规范，对农产品进行专业的分类、调制、分割、包装和储藏，之后再把这些农产品及时送达附近的各个零售商。采用这种方式能在很大程度上保证货源丰沛充足、配送合理快速、运输安全及时，从而确保了供给的可靠、稳定和协调。同时，荷兰具备世界上最高的人均制冷和冷冻容积量，其农产品保鲜产业化率达60%以上，其水果蔬菜保鲜技术处于世界领先水平。

5.1.2.4 发达国家农产品流通模式对我国的启示

通过以上对国外三种主要的农产品流通模式进行分析，再与我国农产品流通的特点做比较，我们可以发现我国农产品流通与国外农产品流通具有以下异同。

(1) 农产品生产方面。

生产区域集中度高是美国农产品高效流通的重要原因，但是由于我国和日本的地形以山地为主，气候情况也不同于北美，集中生产程度不可能达到同美国一样的水平。但这并不代表否定生产集中在我国农产品流通中的应用。针对我国地理环境的特点，可以考虑按照不同的地理条件分区域、分品种地种植农产品，这样就相对提高了生产的集中程度。不仅可以生产优质的农产品，保证了质量，还减少了农产品交易的寻找成本。

（2）农产品流通渠道长度。

相比较国外三种主流模式的流通链条，我们发现美国的渠道长度是相对最短的，而日本的农产品流通要经过各级批发市场，我国现存的最主要的流通模式，即农户—收购商贩—批发商—零售终端的渠道长度是介于美国和日本之间的，但是我们的流通效率却比不上二者，其中的原因有以下几个方面。

①美国有强大的农产品零售终端。美国零售业的集中度和规模化程度是全球其他国家无法比拟的，这与其生产区域的高度集中相呼应，奠定了其可以坚定地走“农超对接”之路。流通环节的大量缩减必然会降低流通成本、提升流通效率。

②日本有健全规范的法规法律。日本农产品的流通经过多重批发市场，导致农产品的最终价格也是最高的，但是它的流通效率却并不比我们差，这主要是日本政府为农产品流通提供了重要的法规保障，使农产品的流通过程虽然经历多个环节，但有条不紊，节约了时间、提高了效率。

③美、日、荷均有有效的农产品交易方式。它们均将现货交易与期货交易相结合，还采用拍卖、代理销售等手段。日本的主要交易方式就是拍卖，荷兰则更甚，以上我们已经用数据说明过。而我国农产品交易的方式主要就是农产品集贸市场上的对手交易，期货交易占的比例非常小，拍卖方式几乎没有。这些手段的缺乏，致使我国农产品流通的效率低下。

（3）基础环境建设方面。

①构建功能齐全的农产品批发市场。农产品批发市场是农产品集散的平台，是价格形成的始发地，是信息发布的场所，是农产品流通的物理承载。农村经济的腾飞、农业产业化的崛起和其他行业的发展现阶段都离不开农产品批发市场的支撑和拉动。如今的美国、日韩以及欧盟各国正是因为有了各自完善的农产品批发市场，其农产品市场结构才得以调整，农产品流通才得

以顺畅，本国农产品的国际竞争力才得以提升。因此，我们应该加强我国农产品批发市场的建设力度，早日完成它的升级改造。

②大力建设农产品信息网络建设和市场信息发布平台。信息服务体系除了信息发布功能，还具有预测农产品市场未来走向的功能，以此来引导农民合理化生产，规避不确定性带来的市场风险。荷兰正是因为拥有发达的信息服务系统，才更加成功地促进了拍卖方式的发展。因此，政府应加大对农业信息体系建设的投入力度，完善信息服务体系，强化信息服务体系的服务功能并消除农产品供需双方的信息不对称，以此来提高我国农产品流通的效率。

③政府主导农产品流通基础设施建设。农村地处偏远，基础设施条件较差，建设起来耗资颇多、回报不高。加之农村金融机构尚少，融资更困难，依赖民间投资力量定然不足。所以，我们必须借鉴美、日等国以及欧盟的经验，将基础设施建设视为公益性事业，发挥政府主导作用，尤其在冷链物流和配送中心两个方面，还要加快农村公路等基础设施建设。

5.1.3　我国农产品流通中的问题及产生原因

5.1.3.1　我国农产品流通模式中的问题

当前我国的农产品流通模式大体能够解决居民“吃菜难”的问题，但是从产品的产销衔接、安全可追溯、物流冷链普及率等角度来看，农产品流通模式尚存在很多亟待解决的问题。

（1）农产品流通环节多而松散，组织化程度低。

我国的农产品从农户到达最终消费者一般要经过产地收购、产地批发、销地批发、零售四个基本的环节，有的农产品经过的环节还要更多，其中，加工处理、储存、运输、配送、销售还会在不同的流通主体之间重复。我国农产品流通的各个环节之间联系松散，缺乏大型流通主体的组织与协调。农产品市场盲目建设，缺乏完善的市场规划制度，尚未形成完善的农产品市场体系，造成了目前“三重三轻”的现象，即重批发市场数量轻相关硬件配套设施，重场地建设轻周边市场培育，重销地市场轻产地市场。

在农产品的产地生产、销售环节，小农经济、分散化经营仍然是我国农业生产的现状，生产规模小且分散，无法实现机械化运作，既无法实现生产的规模化，又降低了生产的效率。农产品销售，以农户自销为主。在生产和销售过程中，农户既是农产品的生产者也是销售者，还担任着农产品的运输、分拣、初级包装等初级加工任务。农户一般未经过专业的培训，大大降低了农产品的流通速度和质量，也就使得农户在流通市场中往往处于弱势和被动的地位，当农产品出现滞销时，农户往往束手无策，损失巨大。

在农产品的物流运销环节，缺乏专业化的第三方物流企业，在分级包装标准不完善的前提下，物流运输仍然以散装、常温包装为主。在农产品流通过程中，缺乏能够贯穿全环节的物流运输企业，从而导致农产品流通过程中断，既提高了损耗数量，也延长了流通的时间，降低了流通的效率，同时也使得整个流通过程难以实现组织化和专业化，难以在销地市场建立稳固的销售渠道。而在国外，资金雄厚、规模庞大的第三方物流公司已经建立贯穿各流通环节的现代化农产品物流渠道。

从流通模式中的主体来看，农产品批发市场承担了约70%的农产品流通与集散功能，构建起贯通全国城乡的农产品流通大动脉，形成了覆盖全国的农产品批发市场体系。但是，近年来频繁出现的农产品价格大起大落、不适销对路、“菜贱伤农”和“菜贵伤民”等现象，也说明了我国农产品批发市场在产品集散、稳定价格、传递信息、维护市场均衡等基本功能上的缺失。

在农产品零售环节，我国的零售终端呈现出多元化发展的态势，有农贸市场、超市、社区菜市场、电子商务网站等，为消费者提供了多种多样便利的销售渠道。但同时，农产品零售市场基础设施还有待改善，大部分农贸市场、集市的硬件设施，如水电系统、排污系统、场地等都比较落后。

（2）农产品流通成本高、效率低。

农产品流通过程同样涉及一般的商品的运输、包装、仓储、物流配送等环节，但是由于农产品具有特殊属性，所以对于这些环节的要求更高，物流配送难度更大。农产品易腐烂、保鲜时间短的物理特性，要求在运输、存储过程中采取冷链运输、存储的方式。因此，农产品流通过程中的流通环节以及冷链运输率，对农产品流通效率的高低有着至关重要的影响。

目前，我国的冷冻冷藏设施还比较落后，普及率远远低于发达国家的冷链运输率。冷链运输率低直接导致冷链运输过程中的损耗加剧，我国农产品

在流通环节上的损耗率高达25%～30%，而发达国家农产品的损耗率则控制在5%以下，以美国为例，其农产品在流通环节的损耗率仅有1%～2%。流通环节多也是导致农产品流通效率低的原因。我国农产品从生产者手中到达最终消费者手中，最多的要经过五个以上的环节，生产者与最终消费者很难实现直接接触。高损耗率、低流通效率加剧了供需不均衡的矛盾，进一步导致农产品的价格居高不下，损害了消费者的利益。

（3）农产品流通信息化程度低，流通主体间信息沟通不畅。

为了实现农产品的顺畅流通，从生产到储存、运输、批发、销售等各个流通环节都需要信息及时、准确地传递和处理。然而，在我国目前的农产品流通模式中，流通主体多为小规模商户，这些流通主体没有意识也没有能力实现所有交易信息及时、无误的传递，导致各流通环节间流通主体信息沟通不畅和信息失真，使得农产品的市场价格不能真实地反映市场信息。生产者仅仅根据价格调节生产规模，而价格对于需求的滞后性导致生产与消费之间发生偏离，从而出现了明显的结构性、季节性、区域性过剩。实体的流通模式中，信息不能够被有效利用，产地与销地之间的信息沟通不畅通、信息服务滞后，生产很难适应市场需求的变化，从而出现了多地农产品“卖难”、农产品价格居高不下的现象。

（4）农产品冷链物流发展滞后。

农产品的冷链物流是指农产品在加工、运输、存储和销售等各个环节，始终保持满足农产品要求的低温（0～4℃）流通环境，以最大限度地保证农产品品质安全，减少流通过程中的损耗和污染。

目前，我国农产品在流通过程中尚未广泛采用现代化的冷链物流技术，农产品在这一过程中损耗严重，产品质量和新鲜程度也得不到保障。这种情况主要体现在以下方面。

①冷链渗透率低，流通过程中损耗严重。目前，我国果蔬、肉类和水产品的冷链流通率分别是5%、15%和23%，而欧、美、日等发达国家肉禽冷链的流通率已经达到100%，蔬菜、水果的冷链流通率也已经达到了95%以上。冷链物流的低渗透率使得农产品在流通过程中损耗严重。果蔬、肉类、水产品流通损失率分别达到20%～30%、12%、15%，而冷链发达国家的果

蔬损失率则控制在5%以下。

②冷链物流基础设施建设不完善。据统计，我国人均冷库容量仅7公斤，冷藏保温车占普通货运车的比例仅为0.3%。另外，目前我国现有的冷藏冷冻设施比较老旧，区域性配送中心、冷链物流基地的建设也无法满足农产品流通的需求。加紧建设和投资开发冷链基础设施已经成为我国农产品流通的当务之急。

③缺乏一体化的冷链物流标准体系。目前我国还没有建立起一套规范的农产品冷链物流体系，各冷链企业尚处于盲目发展阶段，冷链标准不统一，也缺乏对冷链市场主体的行为规范，从而导致政府在监管和规范农产品冷链物流过程中缺乏理论和制度依据。

5.1.3.2 我国农产品流通模式问题产生的原因

（1）流通环节繁杂。

从我国农产品流通的现状可以看出，我国的农产品流通大致要经历五六个中间环节，即：农户→产地批发商→运输商→销地商→零售商→消费者。流通环节多、流通时间长成为当前我国农产品流通的一大通病。由于农产品中很重要的一类产品是生鲜农产品，包括从农户田间、果园、苗圃采摘的蔬菜、水果、鲜花等农产品以及未经加工或虽经初加工却未改变其化学性质的家禽、肉制品、水产品等。在多环节多主体的流通环节链条上，现有的流通保鲜手段都无法满足这类农产品的“鲜销”要求，直接导致生鲜农产品在流通过程中损耗严重，无形中增加了流通成本。

（2）流通渠道权力结构失衡。

我国农产品流通的各种模式表现出不同的特点。但总的来看，我国农产品渠道模式呈现出“权力不平衡性”和“结构不对称性”，渠道权力严重向龙头企业倾斜，农户谈判能力弱，利益得不到保障；渠道结构呈现出“两端小中间大”的不对称性，农户和零售终端规模小，中间流通环节纷繁复杂，造成流通不畅，效率低下；“权力不平衡性”和“结构不对称性”，又导致“关系不稳定”，表现为违约率高，使得农户和企业的利益都得不到切实的保障。

（3）流通组织功能不健全。

健全的农业合作组织在农产品流通中发挥着至关重要的作用。美国和日本的实践表明，十分普遍的农业合作组织，尽管其名称、功能、结构等不尽相同，但都在很大程度上为广大农户提供与产前、产中、产后相联系的配套服务，这样就把分散的小规模生产和多变的农产品大市场对接起来。但是，目前我国农业合作社的发展尚处于初级阶段，规模与实力都偏小偏弱，这就决定了流通过程中，渠道权力仍倾向于龙头企业，导致流通的稳定性缺失及效率不高，出现高违约率。

（4）流通基础设施落后。

我国农产品流通业的现代化水平、管理水平、组织化水平较低，导致农产品流通的效率低。例如，国外多采用铁路运输，而在我国，受农产品流通中介组织规模和实力的影响，加上农产品本身价值就低，现有农产品一般采用公路运输，导致从产地到销地的流通速度较为缓慢。同时，农产品批发市场条件简陋，信息化水平低，产品的分类分级、包装、保鲜、储存、检验检疫等基础服务差。落后的流通基础设施，不仅造成巨大的经济利益损失，还制约着农业经济结构调整，而且对百姓的食品安全构成威胁。

（5）流通信息化水平低。

目前，我国农产品的流通已经形成了“买全国，卖全国”的全国统一大市场，绝大多数农产品的价格已完全由市场决定。但是，由于农产品流通的信息化水平低，农户生产和销售都缺乏科学的信息指导，具有适应市场的超前性、技术性和权威性的信息，一般很难及时准确地传递给农户。即使是政府网站发布的农产品信息，往往也过于宏观，缺少与生产的有效对接。因此，相对滞后的信息化水平，已经严重影响了农产品的流通，阻碍了农业的现代化进程。

5.2 农产品电子商务流通模式

我国是农业大国，“三农”问题关系到国民素质、经济发展，关系到社会稳定、国家富强。而农产品买难卖难这一长期以来困扰我国农产品流通领域的难题，依然未得到有效解决，每年农产品丰收之时，常常也就是各地菜贱伤农事件爆发之日。另一方面，电子商务正在成为国民经济的一大创新推动力。电子商务已经渗透到社会生活的方方面面，极大地促进了整个社会经济的创新和发展。电子商务是驱动我国经济增长的全新引擎，农产品是关系我国社会根基的重要议题，二者的融合，必将展现出全新活力。在我国的许多地方，出现了不少通过电子商务平台促进农产品销售、实现农民增收致富的案例。从遂昌模式到清河模式；从“特色中国”到“地方馆现象”，“农产品电子商务”必将是我国未来经济网络的重要核心之一。然而在全国各省份，电子商务在农产品流通中的应用尚未成熟，当中蕴藏的巨大经济效益有待开发。

5.2.1 农产品电子商务的特征

5.2.1.1 农产品电子商务不受时空的限制

农产品的网络电子商务营销与实体营销模式相比，拥有不受地域限制的全球性和不受时间限制的延续性，可以不像实体营销理念和营销方式那样的寻找既定范围目标客户，为农产品交易提供更为广阔的，甚至是面向全球的便捷交易市场和平台，为商户带来更多机遇和实惠。

5.2.1.2 供求双方双向性

由于网络具有优越的信息选择互动性，因此在农产品网络交易过程中，供需双方均可以通过网络手段参与其中，迅速有效地进行直接沟通。消费者可自主选择所需农产品，供货方可根据市场需求情况进行现有农产品的提供、改进和新产品的开发。从这一方面来讲，网络营销模式有效规避了实体营销模式中供需信息不对等的问题。

5.2.1.3 农产品电子商务效率高

众所周知，网络信息传播具有范围广、速率高、信息量大、成本低等特点，因此，对农产品进行网络宣传推广，不仅能够大幅提高农产品的知名度，还能有效节约宣传成本，提高农产品的营销效率。同时，网络营销的供需双向性，可以有效避免实体营销模式中盲目生产和运输所造成的资源和成本的浪费，最大限度地节约成本，提高利润。除此之外，网络交易平台为消费者提供了不受时空限制的便利条件，消费者可以根据喜好和需求自由选择全球

范围内的农产品，还可以对产品和卖家进行横纵向比较，从而得到最佳选项，最大限度地节省了消费者的时间和成本，同时也极大地促进了市场的良性竞争。

农产品电子商务经营，能够有效拓展农产品的网络营销市场，并获得持续的营销时间，供需双方可以通过网络平台充分互动，大大降低盲目的、不必要的开支，提高农产品的销量和利润。农产品电子商务平台的存在，为农产品的销售提供了更为丰富多样的销售渠道和网络，同时也能够更好地提升企业的服务质量和其品牌形象。

5.2.2　农产品电子商务发展现状

我国农产品电子商务发展经历了三个阶段：第一个阶段是电子商情，这一时期的农产品电子商务平台的作用仅是发布信息，在平台上对市场相关信息进行展示。一些具有政府背景的信息网站仍然采用这种方式，如中国玉米信息网。第二个阶段是网上撮合，这一阶段的电子商务平台主要起到连接供求的桥梁作用，实现了一定的商务目的，但具体的交易过程全在线下完成，不属于真正意义上的电子商务活动。部分在转型中的政府涉农网站处于此阶段，如安徽农网等。第三个阶段是电子交易，电子交易集信息展示、行情分析、市场资讯、线上交易、在线支付、资金结算、仓储物流等功能于一体，是当前农产品电子商务发展的主流方向。

目前，除政府设立的涉农网站，其他农产品电子商务平台已基本发展到电子交易阶段，实现交易成为平台主旋律。如渤海商品交易所、全国棉花交易市场等采用中远期交易方式实现产销对接，找粮网、中国绿谷网开展网上零售促进商品流通。现阶段大宗农产品电子商务平台通过现货电子交易，能突破现货市场地域限制，破除期货交易高门槛，连接农产品现货市场与期货市场，起到寻找合理的出价，降低流通费用的作用。

近年来，农产品电子商务发展迅速，截至 2016 年 6 月，全国有涉农交易类电子商务近 4 000 家，知名生鲜农产品物流企业 23 家。2010 年至今，阿里平台农产品销售额的年均增速为 112.15%，农产品销售额 2010 年在 37 亿元左右，到 2014 年突破 800 亿元。其中，淘宝网生鲜产品的增速高达

194.58%，在所有品类中排名首位。生鲜电子商务被称为电子商务领域的新“蓝海”。纵观我国农产品电子商务发展现状，主要有以下几个特点：一是交易方式多样化、多元化。电子商务环境下，农产品流通可以突破地域限制，并实现从实体交易方式向现代交易方式的转变，大大提高农产品流通效率。二是初步形成了农产品信息平台体系。目前，全国主要农产品信息平台已经有数十家，基本上可以满足消费者、生产者、供应商的信息需求。三是物流成本居高不下。农产品物流必须经过生产、包装、分拣、运输、冷藏、配送等诸多中间环节。其中，国内的冷链物流建设投入明显不足，农产品损耗率较高，物流配送成本一直居高不下。

5.2.3 农产品电子商务政策环境

2014年农产品的网络零售额达到1 000亿元，占整个农产品经营总量的3%。鉴于农村市场的巨大潜力，2014年以来，中央一号文件多次提出要“加强农产品电子商务平台的建设”，奠定了发展农产品电子商务的政策基础。商务部、国家发展改革委等13个部门出台《关于进一步加强农产品市场体系建设的指导意见》，明确未来5~10年我国农产品市场体系建设的指导思想、基本原则、发展目标和主要任务，加快建设高效畅通、安全规范、竞争有序的农产品市场体系。发展农产品电子商务正成为推动互联网+农业的切入口。在第十四届中国互联网大会上，农业与互联网的结合受到前所未有的关注，农业互联网高峰论坛第一次进入大会议程。从国务院出台电子商务“国八条”，推动农产品电子商务行业发展，到国务院常务会通过“互联网+”指导意见，专门提出发展互联网+现代农业，互联网+农产品正在给农产品销售带来前所未有的发展机遇。

5.2.4 农产品电子商务的发展前景

5.2.4.1 农业电子商务机会的窗口已经打开

如果说2013年是农业电子商务转型年，那么2014年则是规范年，即各农业电子商务企业从单打独斗到一起合作的品牌化、精细化的一年。各种电子商务模式纷纷出现，国家各部门纷纷出台相关政策，使电子商务环境进一

步规范化。农业行业的电子商务也在随着农民认知度的提高而提高，即时通信、网上支付、视频在线以及供应链管理系统等现代高科技都将直接把农户与市场对接。而各个城市都出台相应的政策对农业及电子商务进行资金、工作环境等方面的扶持也使得农业电子商务的发展迎来一个新的发展期。

5.2.4.2 绿色 GDP 和低碳经济正在兴起

在全国组织工作会议上，习近平总书记强调“再也不能简单以国内生产总值增长率来论英雄了”。全国多地开始将采取低能耗、低污染、低排放经济模式的企业作为优先扶持对象。就现阶段而言，电子商务产业是一个不以牺牲环境为代价的绿色朝阳产业，而国家的政策扶持也使得市场也重新引发新的改革。

5.2.4.3 县域经济成为网购的新增长点

我国有 2 800 多个县级区划单位，部分县的人口超过 100 万。作为一个重要的基本单元，而今的县，不但能提供通信、物流、金融、教育等基础服务，与各个乡镇的特色能很好地结合在一起，而且最有可能成为我国经济转型的新版图中最基本的节点。相比于一二线城市，县域地区的网络零售不仅是从线下消费向线上消费的转移或替代，更是对居民消费潜力的释放和满足，是对新消费或消费增量的创造。网络零售对扩大消费、拉动内需的作用更加突出。网络零售拥有实体零售所不具有的优势，极大地释放了各类居民的消费潜力，将“县金流”更多导入市场，这将对我国经济由出口驱动转向内需驱动起到不可估量的助推作用。

5.2.4.4 健康饮食理念的普及

我国居民绿色消费需求不断增加，绿色食品渐成消费主流。保证整个社会有健康、安全、生态、环保的食品供应，是我国未来一个非常重要的发展方向。但是近年食品安全危机在各地频发，市场消费取向与食品安全问题形成巨大落差，严重影响了我国消费者的信心。频发的食品安全危机，让人们对农产品的安全问题极为关注，驱动着农产品流通模式的升级。农产品电子商务交易可以实现消费者与生产者对接，克服农产品质量信息不对称所带来的安全问题，促进农产品质量安全追溯体系的建设，实现农产品从原料供应、生产、加工、包装、流通等全过程的追溯，促进品牌农业发展，更符合消费者对农产品质量安全的要求，具有强大的竞争力。

5.2.5 农产品电子商务流通模式

从平台角度来看，农产品电子商务流通模式主要有五种：政府农产品网站、农产品期货市场网络交易平台、大宗商品电子交易平台、专业性农产品批发交易网站、农产品零售网站等。从驱动的角度看，农产品电子商务流通模式主要有供应链驱动型、营销驱动型、产品驱动型、渠道驱动型、服务驱动型五大类型。从线上线下供应链模式来看，主要有O2O、B2B、B2C、C2C四种基本模式（见表5－1）。

表5－1 农产品电子商务流通模式

模式	特 点	典型代表
O2O模式	线上交易线下消费体验。线上线下相结合，运营灵活，适合生产者和消费者零散的特点。但对集货和物流配送的反应速度有较高要求	爱鲜蜂
B2B模式	企业之间的农产品交易活动，适合于农产品的大型交易和大型配送；运作专业规范，效率高，便于从系统角度统筹规划企业整体的各项物流配送活动，实现目标最优化。但成本偏高，灵活性不足	中农网、农产品信息网
B2C模式	农产品企业自建线上商店，进行在线销售；产品质量有保障，有利于品牌塑造、规范作业。但进入壁垒较高，推广难度大	菜管家
C2C模式	个人对个人的流通模式，比较适合农户素质及基础设施配置较高的情形，适合供应商与消费者距离较近的城乡结合部，如家庭特殊无公害农产品的小规模电子商务运营。但产品质量和售后服务难以保障	淘宝网、拍拍网

5.2.6 农产品电子商务流通模式存在的问题

网上现货交易模式是对实体交易模式的创新，突破时间和空间的限制，能将农户种植的农产品利用网络平台更好地出售；中远期交易模式能降低农产品交易商面临的现货价格波动风险，缓解现货商的资金压力并对现货市场

的生产具有指导作用；农产品期货市场作为现货市场的晴雨表，能够稳定物价，合理配置资源，指导现货生产。三种交易模式对促进农产品流通具有一定的作用，但在实践中也存在一些问题，具体如下。

5.2.6.1 农户组织化程度低

在我国，广大分散种植的农户是农产品生产的主力军，农户由于规模小、资金不足，处于产业链底端。分散的农户文化素质不高，加上长期的封闭经营，导致存在严重的信息不对称，农户不能准确把握市场需求信息，在农产品流通中存在“小生产”与“大市场”的矛盾，农产承担较高的市场风险，因而，农户的利益是急需提高的。而我国农民合作社“重组建，轻运行”，很多合作社只是在工商部门进行注册，没有实际开展经营活动。一些在运行的合作社也存在实力弱、覆盖面小、带动力不强等问题。虽然这两年农民合作社发展迅速，有四分之一的农户加入农民合作社，但合作社入社社员数、注册资金额存在较大水分，“假社”“空社”较多，且存在不规范等问题。例如，江西省南昌县700多家合作社中，比较规范的不到20%。

5.2.6.2 缺乏完善的农户接入机制

农产品电子商务平台流通模式能够缩短流通环节，提高流通效率，而且信息透明有利于形成公平市场价格，能有效解决农产品流通中信息不对称的难题。但农户大多文化素质较低，且受设备及技术条件限制难以通过互联网获取信息，依然采用实体流通模式出售生产的农产品，不能享受新技术带来的便利。农产品电子商务平台流通模式现有的三种交易方式没有完善农户接入机制，多是侧重对交易方式的创新，没能解决农户面临的难题，优化农产品电子商务平台流通模式必须要完善农户接入机制，通过规范农民合作社的发展，让合作社代替农户进入市场参与电子交易，真正解决农户面临的“小生产”与“大市场”难题。

5.2.6.3 电子商务平台运行不规范

少数交易平台运行不规范、存在违法违规行为，面临业务整改。自2011年11月国务院颁发《关于清理整顿各类交易场所切实防范金融风险的决定》以后，商品交易市场面临一次大整顿。例如，辽宁亚东商品交易中心被查封，山西东方鼎盛农产品交易市场、山西农产品有限公司等9家交易市场被暂停交易进行业务整改。平台运行不规范的主要原因是缺少相关法律法规约束，市场监管主体不明。目前，各平台基本按 2003 年颁发的《商品电子交易规范》设立，该规范作为行业参考标准有重要意义，但缺乏可操作性条款及法律权威性，缺乏对市场主体的约束力。

此外，一些电子商务平台在建设时鼓吹提供集信息、交易、结算、交收、融资、仓储物流为一体的供应链服务，但在实际运作中并没有实现，存在信息发布滞后，业务体系不完善，网站设计缺乏新意，交易软件适用范围有限等问题，制约平台规模的扩大。例如，北京农副产品交易所、北京粮油交易所、广州商品交易所、广东桂江农产品电子交易市场等交易平台没有对市场行情进行分析，供求信息严重滞后，物流与融资服务没有开展，平台用户数量较少；江淮农副产品交易中心，业务体系不完善、供求信息滞后，交易软件仅适用于 Windows XP、Win7 系统，制约交易中心推广使用。

在电子商务快速发展及政府对农产品流通高度重视的大背景下，众多企业将目光放在农产品电子商务上，希望在农产品电子商务发展中占据一席之地。此外，我国缺乏对农产品电子交易进行约束的法律法规，各地一时兴起多家涉农电子商务平台，截至 2016 年年底，我国涉农电子交易市场达 229 家，市场相对混乱，存在严重的重复建设现象。各省市都在积极建设农产品电子商务平台，有的省市甚至存在多家交易市场，交易产品重合，存在较大的资源浪费。农产品电子商务平台具有连接农产品供需双方的作用，但不是平台越多越好，关键是要发挥作用，聚集各流通主体，整合一切资源为农产品流通服务。

5.2.6.4 基础设施建设不健全

农产品电子商务平台流通模式的发展需要信息化、技术化及高效物流做支撑。而我国在农业信息化、技术化及物流建设上都存在不足，尤其是农村商品流通基础设施建设更为薄弱。农村基础设施建设滞后主要表现在对商品流通三要素——商流、物流、信息流三方面的支撑不足。

民政部《2016 年社会服务发展统计公报》显示：截至 2016 年年底，我国乡级行政区划单位有 40 381 个，全国农村商品交易市场共有 43 612 个，每个乡镇平均只有 1.08 个交易市场，而且在农村的多为小型网点。“十一五”期间，“万村千乡”市场工程在农村建设2 667个物流配送中心，改变了我国农村缺乏物流中心、物流成本高的部分状况，但每个县平均仅有0.9个配送中心，没有从根本上改变农村物流匮乏的现状。此外，农村物流基础设施建设存在严重不足，农村道路路况差、交通运输线路少、物流专用线不足等问题较为突出。

农村信息网络建设不健全，涉农网站普遍存在重复建设、信息发布不及时、查找不便捷以及质量低等问题，没有建立起新型农村信息队伍，难以对农产品信息进行加工整理。据统计，2012年我国乡村户数为26 802.32万户，电话使用户数为7 315.8万户，宽带接入用户4 075.9万户，不足户数的六分之一。农村网民数量有限，且信息网络建设不足，制约着农产品电子商务快速发展。

5.2.7 农产品电子商务发展的制约因素及完善建议

5.2.7.1 制定农产品质量标准体系和可追溯体系

农产品电子商务发展的首要制约因素，是如何建立信任的问题。农产品与工业品不同，大部分都没有品牌，也很难有具体的标准来控制，给销售带来了巨大的困难。通过建立农产品质量安全追溯信息平台，从“农田到餐桌”实行全程控制，逐步建立和完善农产品质量信息可查询、质量安全可追溯、问题产品可召回的相关制度，从而提高农产品在质量安全方面的竞争力。政府部门应该推出统一的农产品电子商务交易规范，并进行监督，使农产品电子商务在统一的规范下运行操作。政府部门应该充分发挥领导牵头作用，联合各类企业机构，制定行业标准，推动农产品电子商务的标准化进程。

5.2.7.2 加强农村基础设施建设

农村基础设施落后，物流配送成本高，是长期困扰农产品电子商务发展的又一制约因素。我国幅员辽阔，区域地理环境差异较大，农产品具有明显的区域性特征。虽然“宽带中国”从部门行动上升为国家战略，但多数农村的基础设施建设仍不够完善，存在着农村“最后一公里”难题。充分发挥政府的主导作用，整合现有信息基础设施资源，构建覆盖乡村的多级农业信息网络。加强当地的网络软硬件建设，组织农民学习电子商务知识和技能，让大家充分认识到农业电子商务的重要性。鼓励把网络连接到种养殖大户、农民经纪人、农业企业和农民的家中，有针对性地建设农村网络基础设施。

5.2.7.3 加强农产品电子商务人才培训

随着电子商务的快速发展，我国电子商务人才短缺现象日益严重。相比之下，农产品电子商务人才更加短缺。不同于通用电子商务对人才的要求，农产品电子商务要求人才必须了解农业、农产品，同时又具备电子商务技能，而国内目前的教育体系，缺少这种专业化人才的培养机制。农产品电子商务的迅猛发展和农产品电子商务人才的短缺，形成鲜明对比。政府应加大对农民电子商务知识的培训，提高农民的信息观念素质，提高其对电子商务的认识。鼓励大学生村干部掌握电子商务的技能，带领农民开展电子商务进而脱贫致富，同时制定优惠政策，引进外来电子商务人才。建立农村电子商务协会，引导农民打造自有品牌，强化电子商务协会的职能，树立威信，促进整个农村的电子商务共同成长。

5.3 线下线上（O2O）农产品流通模式的比较

电子商务环境下，农产品网络消费成为常态，面对农产品电子商务催生的统一的大市场，原有的农产品实体经营企业也纷纷开始流通模式转型，在原有实体流通渠道的基础上，开拓了新的农产品网络流通市场，形成了农产品供应链双渠道流通模式。在线下农产品实体渠道与线上网络渠道并存的市场环境下，新的网络渠道的介入对原有的农产品实体经营产生一定的冲击，农产品双渠道之间的渠道冲突成为急需解决的焦点问题。同时，我国农产品电子商务处于起步阶段，存在着物流配送服务不足等诸多问题。因此，农产品供应链要实现将线下实体渠道体验与服务的优势和线上电子商务交易的低价、高效相结合，就需要在了解农产品双渠道主要冲突类型及产生原因的基础上，提出合理的协调管理策略，以实现供应链整体绩效的提高。

5.3.1 农产品线下流通模式及问题

农产品线下流通模式属于商品流通模式中的一种，是指从农产品的生产、

运输、流通加工、分销配送到最终消费的整个过程中，使供应商、农产品生产者、产地批发市场、销地批发市场、农产品零售商以及最终消费者通过物流、商流以及信息流整合构成一个功能网络系统。一般来说，一条完整的农产品线下流通模式主要包括农产品生产者、产地批发市场、农贸中心、农产品加工商、物流商、销地批发市场、实体零售商以及最终消费者等多个流通主体；农产品从产地到餐桌也一般需要经过产地经理人收购、中间物流运输、销地农贸市场批发、实体零售商销售等多个环节，有些产地销地距离较远的农产品线下流通渠道往往意味着更长的流通环节。

就目前我国农产品线下流通模式的总体发展而言，其特点主要表现为农产品生产品类繁多，供应链上游生产单位普遍较小，生产地较为分散，但农产品下游的消费市场却非常庞大，供应链上下游之间常表现出小生产与大市场之间的矛盾。农产品流通环节多，效率低下，流通基础设施薄弱，流通成本高，价格波动大，产销不畅已经是目前农产品供应链急需解决的问题。发展新型农产品流通模式，均衡农产品的价格波动，提高农产品供应链流通效率，已经成为关乎民生幸福的重大工程。

5.3.2 农产品线上流通模式及问题

我国各级政府也一直在关注并发展农产品流通体系的创新，改造优化农产品流通模式。国家发展改革委在2010年中央一号文件中强调："支持重点农产品批发市场的建设和升级改造，发展农产品大市场流通；完善农产品冷链物流体系，以及支持大型企业投资建设农产品物流设施；发展新型农产品产销模式，减少流通中间环节，降低流通成本。"基于农产品的发展现状与政策背景，伴随着互联网高速发展的社会浪潮，农产品线上流通模式应运而生。

5.3.2.1 农产品线上流通模式

所谓农产品线上流通模式，就是针对农产品的电子化经营、流通、交易等一系列商务活动的总称。樊西峰在研究中指出，农产品线上流通模式的快速发展，能有效解决目前我国农产品供应链存在的供需不对称问题，为节约农产品流通成本，提高农产品流通效率提供了新的发展思路。国家工商总局在2013年发布的《关于加快促进流通产业发展的若干意见》中指出，要求推进网络商品平台向农村方向延伸，积极发展扶持区域性农业龙头企业，积极支持为农产品批发市场搭建农产品网上交易平台，实施农产品网络集中交易活动，以实现农产品供应链实体市场逐步向网络化、平台化市场升级转型。2014 年发布的中央一号文件中，也提到要加强农产品市场转型升级，推动农村流通设施和农产品批发市场的信息化建设工作，加强农产品电子商务平台的建设。伴随着网络大环境的催化和政府相关政策的积极推动，通过网络交易手段和信息化建设提高农产品的流通效率已经成为一个不可阻挡的发展趋势。

实际上，以农产品为主要销售商品的电子商务平台已经出现在我们的生活中，如现有的厨易时代、易果、菜管家、优菜网、沱沱工社、顺丰优选等。同时，淘宝、京东等大型电子商务网站也宣布要大力推进农产品电子商务的发展。基于农产品线上流通模式，农产品可以实现从原产地直接到达最终消费者手中，减少了许多流通环节，提高了供应链流通效率。

目前农产品线上流通模式主要表现为三种模式。一是农户、农民合作社、生产基地 + 农产品交易平台 + 消费者；二是农户、农民合作社、生产基地 + 核心企业（零售商、加工商、经纪人） + 农产品交易平台 + 消费者；三是农户、生产基地 + 实体批发市场（产地、销地） + 农产品交易平台 + 消费者。

农产品线上流通模式还包括物流企业等服务支持型部门，这些部门帮助农产品的网络销售实现线下采购、加工、包装、运输、配送等。

5.3.2.2 农产品线上流通模式发展现状及其主要问题

近年来，我国农产品线上流通模式可谓发展迅速，2013 年仅在支付宝交易平台，水果类的支付宝交易额就达到 7.88 亿元，相比上一年增长了 162%，且一直保持着稳步的增长态势，农产品网络消费已成常态。但随着农产品线上流通模式的逐步发展壮大，一些问题也开始出现。目前，我国农产品网络销售流通的主要问题可以概括为以下三点。

（1）物流配送服务能力有限。

物流配送能力不足已经成为制约农产品线上流通模式消费的最主要的问题之一。农产品的特殊性，使其需要快速被消费，因此往往需要特定的物流服务体系来完成流通过程。而目前我国农产品电子商务还处于发展阶段，暂

不具备完善的物流配送体系。网络渠道销售的农产品配送过程多由第三方物流企业完成，而能贯穿整个流通过程，提供供应链全程服务的物流企业较少。配送体系不完善，网络渠道物流配送服务有限已经成为农产品线上流通模式急需解决的问题。

（2）产品质量不统一，缺乏标准化管理。

产品质量不统一是农产品线上流通模式的另一个重要问题，这是因为农产品流通具有较强的物流过程依赖性，农产品的质量与其新鲜度有着很大的关系，现有物流配送服务能力的不足，农产品网络渠道对配送时间不能做到严格的控制，导致消费者通过网络渠道购买的农产品的质量不统一，从而造成消费纠纷问题。

（3）物流成本高。

农产品线上流通模式发展迅猛，市场需求量大，消费及时性强，且商品储运难度大等因素都使得农产品的物流成本相比其他产品更高。

对我国现阶段农产品线上流通模式的发展现状及问题进行总结可知，农产品线上流通模式目前处于飞速发展期，有着强劲的市场需求，在增强农产品流通效率上有着显著的优势。但同时农产品线上流通模式也有着不可忽视的问题，主要表现为农产品网络销售物流配送服务能力有限，无法满足现阶段农产品电子商务高速发展的要求，物流配送服务的滞后也对网络渠道的农产品质量产生了影响。

5.3.3　线下到线上与线上到线下流通模式比较

5.3.3.1　线下到线上与线上到线下的矛盾

电子商务环境下的线下线上流通模式是指实体线下流通模式在实体零售的基础上，增加电子商务网络线上直销渠道，供应链中同时包含线上网络与线下实体两种类型的销售渠道。农产品线上线下流通模式是实体线下流通模式在新网络消费环境下的一种革命性变革，企业增加线上网络销售渠道后，供应链上原先的企业合作竞争方式也发生了转变，农产品线上线下流通模式在增大企业市场销量和盈利方式的同时，也加大了销售渠道间的竞争。如果线上线下之间缺乏统一的协调管理，就很容易产生线上线下的冲突，对供应链绩效造成影响。

伴随着我国农产品电子商务的逐渐完备，很多原有的农产品制造与流通单位，也开始增设线上网络渠道，直接向消费者销售农产品。农产品核心企业增加农产品线上网络直销渠道后，精简了许多中间环节，降低了农产品流通的成本，使得线上网络销售的农产品相比线下实体渠道在价格上有一定的优势。但线上农产品网络渠道的物流配送服务制约因素依然存在，且一般情况下，农产品线上网络渠道的物流配送服务由企业自身或第三方单独完成，与线下实体渠道的流通过程相分离，因此，农产品线上网络渠道的物流配送服务能力相比发展相对较为成熟的线下实体渠道往往存在着一定的差距。这种农产品线上线下流通模式之间的价格与物流服务的差异，也造成了线上线下流通模式之间市场销量与各自利润的差异，如果农产品供应链不对其加以正确的规划引导，就很容易引发农产品线上线下流通模式冲突，对原先稳定的供应链流通环境造成破坏，损害供应链利益。

5.3.3.2　农产品线上销售亏损严重

我国是农产品生产大国，也是消费大国。但由于农产品流通为线下实体多级批发模式，层层加价，仅从一级批发市场到终端市场，平均加价幅度就高达200%~300%，导致“菜贱伤农”“菜贵伤民”的现象频发。正是看到了这样的问题，农产品线上流通模式应运而生。有报告称，其未来5年必将达到千亿级别的市场规模。但目前农产品线上流通模式的经营状况似乎不容乐观。

农产品线上流通模式比较省时，但也存在诸多不足。虽然有些年轻人已经习惯在网上购物，包括购买农产品，但我们也不得不承认，网上买菜虽然节省时间、省得跑路，但价格要比超市贵好多，时间也得不到保障，东西到货品质也不是非常好，而且存在不便退货的弊端。一般年纪比较大的人都不会从网上买鲜菜，而是会去超市买，也抽空去农贸市场采购一些耐储藏蔬菜。这样不仅可以货比三家，买到新鲜蔬菜，而且价格也便宜。现在农产品线上流通模式的产品价格普遍比市场上高出许多。比如白萝卜，线上网店的报价是2.8元/斤，本身就比超市高出一倍，配送费是10元，而且是接单24小时内发货。

即使如此，2014 年，全国共有 4 000 多家农产品电子商务企业，其中盈利的仅为 1%，其余的 99% 中大部分亏损，小部分勉强维持盈亏平衡。农产品电子商务行业不仅没有出现类似阿里、京东那样大的线上电子商务平台，也没有出现类似国美、苏宁那样大的线下渠道商。目前，我国农产品电子商务企业多集中于北上广深这几个经济发达的一线城市，所销售的产品也以高价进口食品和干果类为主。消费频率低、单价高是其主要特征。

为什么会出现这样的现象呢？现在的农产品电子商务成为名副其实的“奢侈品”，日常消费的平价瓜果蔬菜很难在网上买到，主要还是因为它们物流成本高、仓储难度大、损耗高。企业利润得不到保证，自然也就不会销售这些瓜果蔬菜。

5.3.3.3 线上配送问题突出

运输生鲜产品的第三方物流配送体系的非专业性，直接导致千公里级的配送体系并不适合生鲜产品及时送达的要求。且第三方物流配送体系多为按件计价，单次每件商品物流成本约为 5～10 元，而绝大多数生鲜产品单价不高，以购买 1 公斤单价为 5 元的果蔬为例，电子商务配送成本约为 5 元，物流成本为商品价格的 100%，导致农产品线上流通模式在与线下实体农产品流通模式的竞争中处于绝对劣势。除非是针对团体客户的大宗采购，通过单次配送商品数量的增加来降低物流成本，但这最多是一个细分市场，难以成为大众消费的主流。

第三方物流容易加大农产品的损耗，难以适应消费者对农产品线上流通模式的品质要求，导致退货率增加，这又将导致线上卖家亏损频发，难以盈利。

农产品线上流通模式的“最后一公里”问题未能有效解决。农产品为非标准产品，品质参差不齐，甚至难以描述，不具备网上交易商品的基本要素，使得消费者和商家之间产生断层。

5.3.3.4 农产品 O2O 融合的优势

要想破解难题，只能让农产品电子商务平台尝试新流通模式。农产品 O2O 大型交易平台，与实体农产品流通模式不同，该模式解决了农产品线上流通模式的短板问题，将农产品线上与线下流通模式相结合，打造“产地建市场＋销地建门店＋农产品电子商务＋专业生产线物流”这一全新流通模式。

在产地建立市场，可以汇聚全省、全国乃至全球的优势产区农产品，从源头上保证食品的新鲜与安全。在销地建立门店，可以使农产品社区化，既保证了送货时间，又方便了周边群众快速提货。在社区店配备小型冷链物流电动车，以专业化、集约化的方式，实现产地农产品当天直供餐桌，有效解决从“最初一公里”到“最后一公里”的配送问题。产地直供销地，田间直供餐桌，没有中间环节，专业物流降低腐损率，大型产地农产品批发市场走进社区，价格仅为当前零售价的6～8折。机关、学校、餐饮饭店等团体采购客户采用网上下单，线下物流直配到店的方式，也将使采购流程更高效、更便捷。

5.3.3.5 互联网＋农产品的趋势

互联网＋农产品为产业发展带来了崭新的机遇。近年来，餐饮业人员成本、采购成本居高不下，再加上农产品价格周期性波动，行业利润一降再降，企业陷入经营困境。农产品O2O大型交易平台，依托大型产地市场，吸引全国乃至全球的农产品在此集聚、交易，产品种类大大丰富；完善的市场价格机制，使农产品价格波动的频率大大降低。通过线上商城下单，线下专业的冷链物流直配到店，减少中间流通环节，降低食品采购成本。同时，也使采购环节更加透明，采购方式更加便利。在市场中，优化理货、分级、加工等程序，提高效率，减少用人成本。建立完善的溯源系统，所有进出市场的农产品均在监督、监管之下，保障食品安全，将给线上的餐饮企业带来更强的市场竞争力。

6　农产品O2O流通模式与评价研究

6.1　农产品批发市场的O2O模式

6.1.1　实体批发市场发展现状

农产品批发市场自20世纪80年代初在我国出现后，得到了迅猛发展，迄今已走过30多年的历程。其发展不仅加快了我国农产品流通的现代化进程，而且对农产品流通体制改革也起了重要作用。

6.1.1.1　农产品批发市场的基本情况

2016年全国农产品批发市场交易额同比增长8.8%，交易量同比增长5.1%。电子结算交易额同比增长8.4%。中经未来产业研究院数据库的资料显示，2016年全国农产品批发市场经销商数明显提升，销售额超亿元的经销商数同比增长15.3%，销售额在0.5亿~1亿元的经销商数同比增长22.9%，销售额在0.1亿~0.5亿元的经销商数同比增长24.2%。2016年全国农产品批发市场交易额达4.7万亿元，交易量达8.5亿吨。被调查市场中，18.5%的市场交易额下降，平均下降幅度为13.2%；20.4%的市场交易量下降，平均下降幅度为11.8%。

（1）农产品批发市场分类情况。农产品批发市场根据经营品种的多少分为综合市场和专业市场。综合农产品批发市场是指主营品种在三类以上（含三类）的批发市场；专业农产品批发市场是指主要经营某一类农产品的批发市场，主要包括蔬菜、果品、水产品、肉禽蛋、粮油、花卉、干菜副食调味品、食用菌等批发市场。

（2）农产品批发市场地区分布情况。我国东部地区农产品批发市场较之中西部地区具有数量多、规模大的特点。东部地区人口密度高，农业和交通运输业基础好，商品经济比较发达，农产品批发市场数量占全国总数量的43.6%，最大经营面积为121万。全国城市农贸中心联合会2015年公布的百强市场中，名列前五的分别为广东（13家）、北京（12家）、江苏（9家）、山东（8家）、辽宁（7家），均分布在东部及沿海地区。中部地区农产品批发市场数量占全国总数的30.3%，河南以拥有6家百强市场的实力位居第六。西部地区占比26.1%，作为西部综合交通枢纽与经济发展高地的四川有4家市场进入百强。

6.1.1.2 农产品批发市场发展的政策环境

从历史沿革看，20世纪70年代末至今，农产品批发市场的经营管理一直采用“谁投资、谁建设、谁管理、谁受益”的行业政策，依次经历了管理摸索阶段（1978—1990年）、多部门分块管理阶段（1991—2003年）、多部门分职能管理阶段（2004年至今），管理方式也经历了市场管办合一、多部门分头管理各自系统内的批发市场以及管办分离（按照一个监管环节由一个部门监管的原则，分段监管为主，品种监管为辅）等多种方式。

自2011年以来，国家进一步加大了对农产品批发市场的关注力度，各项政策密集出台。《国务院办公厅关于促进物流业健康发展政策措施的意见》（国办发〔2011〕38号）、《国务院办公厅关于加强鲜活农产品流通体系建设的意见》（国办发〔2011〕59号）、《国务院关于深化流通体制改革加快流通产业发展的意见》（国发〔2012〕39号）等文件，提出了包括财税、金融、土地、制度建设、规范收费、运输便利等各方面的政策措施，旨在降低农产品市场和流通企业的经营成本、提高农产品流通效率。2012年12月，商务部在《关于加快推进鲜活农产品流通创新的指导意见》（商建发〔2012〕432号）中指出，支持农产品批发市场引入拍卖等现代交易方式，支持加强信息中心、物流中心和加工配送中心等的建设，支持发展全程冷链物流。2013年1月，《国务院办公厅关于印发降低流通费用提高流通效率综合工作方案的通知》（国办发〔2013〕5号），针对农产品生产流通领域，从降低经营成本、清理整顿收费、减轻税收负担、规范执法行为、加大用地支持力度等方面多管齐下，为农产品流通“降费减负”。

2014 年 3 月，商务部会同农业部等 13 个部门，印发了《关于进一步加强农产品市场体系建设的指导意见》，指出要“积极稳妥推进公益性农产品市场建设”，农产品批发市场行业“谁投资、谁建设、谁管理、谁受益”的模式逐渐被打破。目前，农产品批发市场行业政策正处于转型期，但如何转型，各方认识很不一致。

6.1.2　农产品批发市场的基本类型

6.1.2.1　按交易方式分

专业批发市场和综合批发市场。专业批发市场是指产品的种类比较固定的市场，如粮油市场、干鲜果品市场、水产品市场、蔬菜市场、肉禽蛋市场、土畜产品市场等。综合批发市场则是交易多种农产品的场所。统计年鉴上大多采用这种分类方式。

6.1.2.2　按市场所处位置和承担职能以及辐射半径分

（1）产地批发市场。产地批发市场是指在农产品生产地建立的市场，其典型特征是“买本地，卖全国”。产地批发市场是在农产品生产比较集中的地区形成的，通常交通比较便利并能辐射周边地区，有集货、分货交易功能。产地批发市场一般季节性强，交易设施比较简陋，在山东、河北等蔬菜生产较为集中的地区就存在大量此类市场。我国产地批发市场数量占批发市场总数的 1/3 左右，在农产品集中收获旺季，这类市场活跃着大量熟悉本地情况的农村经纪人，批发商往往通过他们实现产品采购。目前我国大型连锁零售商在产地采购产品的 8% ~9% 是通过产地批发市场和产地经纪人实现的。山东寿光蔬菜批发市场是产地批发市场的典型。

（2）销地批发市场。销地批发市场的典型特征就是“买全国，卖本地”。销地批发市场是满足城市农产品消费需要的公益性农产品交易设施，具有集散、交易、价格、信息、结算、商流和物流及配送等功能。北京、上海、南京、广州等地就存在多个此类市场。其主要特点是：市场内农产品来自周边及全国各地，多品种，大量交易，在尽量短的时间内，以最新鲜的状态实现产品销售。在农产品基本实现大流通的今天，几乎所有的地方都存在从外地调入农产品的现象，主要用于调剂品种，确保周年供应。销地批发市场的交易根据城市大小、季节及所在地的不同而不同。比如南方中小城市市场上销售的农产品多体现出“以本地产品为主，北菜为补”的特点，为满足市场品种丰富度的需要调入某些品种。北方大城市受气候条件限制，本地产品在数量上无法满足本地消费，大多依靠南菜北运。例如，山东寿光的蔬菜占北京市场的1/3左右。

（3）区域中转（集散型）批发市场。区域中转（集散型）批发市场一般由产地批发市场发展而来，除交易本产地的特色产品，还因为拥有区位优势、交通条件、品牌优势、信息集散优势、集聚效应等，成为远距离运输的集货和中转市场。如山东寿光农产品批发市场，是地方政府为促进本地农产品销售于1984年设立的，逐渐发展壮大，成为全国重要的蔬菜批发和集散市场。寿光农产品批发市场聚集了大量的客户和信息，甚至远在海南的特种农产品也先运到寿光，通过当地的批发市场实现产品的有效分销。

6.1.3 农产品批发市场的电子商务模型分析

6.1.3.1 设计思路

（1）当农产品批发市场采用统一的电子商务平台进行交易时，必须使得参与各方能够在平等的基础上进行竞价交易，而不是像现在的弱者恒弱、强者恒强。所以，我国农产品批发市场的电子商务交易必须引入会员制，确保全部参与者都是会员，会员根据在交易中的地位拥有不同的权限。

（2）在引入会员制的基础上，对于交易的农产品必须设立完善的检验检测标准，确保农产品在进入交易时已经确定了相应的等级和质量，从而可以使交易者不必看到现货就能进行交易。

（3）交易模式包含现货交易和远期交易。远期交易便于农民根据需求和价格进行生产调整，同时也可以使批发商和需求者能够及时调整操作策略，以实现交易畅通。

（4）交易规则为买卖双方竞价交易。竞价交易能形成公开、公平、公正的价格，提高经营效率，节约交易成本和体现社会供求关系。

（5）完善农产品批发交易中的电子商务交易监管和配套物流服务等。这样可以为农产品批发交易的顺利进行提供保障。

6.1.3.2 系统框架与主要功能

整个系统分为三个功能部分，即会员管理、交易管理和交易辅助服务。三者之间的关系是信息传递的关系。参与电子商务交易的会员根据其在交易中所担当的角色而具有不同的权限，但是对于全部会员来说，它们具有平等的市场主体资格。会员可根据其参与交易的次数、时长等划分为长期会员和临时会员。

会员管理的功能主要包括会员注册登记、会员档案管理、会员交易资格审核与监管等。对在市场交易中的销售方，需要审核产品的质量、等级、数量、产地、提供时间等；对购买方，需要审查信用或资金能力、购买需求。只有通过交易资格审核后，交易各方才能进入电子商务交易平台进行交易。这种方式保证了交易产品的质量等级和购买方的支付能力，规范了交易流程，可以使交易顺利进行。

交易管理主要涉及交易发布和交易。在交易中，各方可以选择现货交易或期货交易，竞价方式可以采用拍卖竞价，出价高者获得产品。这样可以保证市场交易中农民一方获得较高的收益。交易辅助服务包括履约与支付、物流配送服务、交易监管等，其作用在于保证交易顺利进行。

6.1.4 批发市场的 O2O 分析

6.1.4.1 批发市场 O2O 参与主体分析

农产品批发市场在促进产销衔接，保障农产品有效供给及引导生产资源市场化配置等方面的作用日益突出。设计农产品批发市场的电子商务平台，整体思路是以某个城市为中心，将农产品批发市场、集贸市场中涉及的人、财、物等信息以自愿为原则整合到交易平台中，最终以网络平台作为连接农产品供需的纽带。

农产品批发市场必须是网络平台搭建的发起者。农产品批发市场中有很多优秀的供货渠道，因为市场主体具有多样性，所以需要同时构建针对网络消费者的零售网络和针对职业零售商贩、社区店和超市的批发网络。一方面，通过收集信息，将能提供农产品的实体的供应信息按产品分类后发布到网络平台；另一方面，设立农产品集散地，终端消费者通过网络平台下订单，配送中心将产品送至超市、农贸市场或社区取菜点，由消费者自行提取。最终形成分散种植、集中销售的农产品销售机制。

交易平台的搭建将从整个农产品流通的角度，包括生产、加工、运输、销售、消费，来研究农户与农产品流通中介组织、农产品流通中介组织与市场、市场与消费需求之间的关系。

6.1.4.2 参与主体需求分析

不同市场主体对交易平台的使用需求主要体现在以下几个方面。

（1）批发市场。将批发市场中的商户信息以及商户提供的产品信息整合到交易平台。

（2）集贸市场。集贸市场中的商户从交易平台进行采购、下订单，批发市场升级改造，成为物流配送中心，根据订单向各个批发市场配送商品。

（3）超市和社区取货点。终端消费者利用平台订购产品，由物流配送中心将产品配送到超市和社区取货点，消费者到超市或社区取货点自行取货。

（4）消费者。线下消费者到集贸市场采购产品。网络消费者在交易平台中下订单，等待配送，或者在某个时间段到超市或社区取货点自行取货。

6.1.5 农产品O2O流通模式的问题

6.1.5.1 农产品物流成本

农产品一般指来源于农业的初级产品，即在农业活动中获得的植物、动物、微生物及其产品。农产品的产地主要在农村，但销地却在城镇，城镇人口众多，消费水平较高，对农产品有较大的需求。农产品从产地到消费者手中需要多级流通，最终导致农产品的价格过高。

6.1.5.2 对保鲜的要求

肉类、粮食、水果、蔬菜等农产品均具有较高的含水量和很短的保质期，农产品的保鲜程度会随着运输、储存时间的延长而逐渐降低，从而导致发生食品安全和产品质量问题。这成为物流的一大难题。

6.1.5.3 农产品标准不同

农产品产地不同，土质、气候等不同，使得一样的种子种植出来的产品品质差异大，即便是同一个产地种植出来的，也会有大小不均的问题。这一

问题导致在消费者对电子商务平台销售的农产品满意度不稳定，可能第一次很满意，继续购买就不满意了。其原因就是农产品的品质不稳定。

6.1.5.4 附加值低、缺少品牌、包装质量差

我国农产品流通领域的生鲜农产品大多是不分级、没有包装的，这使得品牌形象大打折扣。农产品大多以散装、零装的形式出现，这就使农产品的食品质量没有保障。包装质量差和品牌的缺失除了对农产品质量造成影响外，还会对销售产生不利。

6.1.5.5 物流配送的及时、准时问题

使用电子商务平台消费或采购的多为家庭、零售商贩、食堂、餐馆等，具有配送目标分散的特点，大大增加了农产品配送的复杂性。如何在农产品配送过程中合理、科学地规划配送路线成为首要问题。

6.2 超市、社区市场的 O2O 模式

6.2.1 实体超市 O2O 现状

6.2.1.1 实体超市生存现状

超市行业 2015 年的营收和利润下降趋势难以遏制，但便利店业态异军突起，成为各大品牌竞相布局的又一领域。得益于移动 O2O 的发展，2015 年超市行业建设有了新思路。从整体行业来看，逆势并购、资源融合成为发展趋势，再加上互联网助力对实体商业的价值进行评估，超市行业或出现赢者通吃的格局。

对于超市行业来说，寒冬已经持续了很久，并且可能继续持续下去。永辉超市、联华超市、步步高连锁、红旗连锁等多家超市上市公司陆续公布了 2015 年前三季度运营情况，营收和利润仍在下滑。

家乐福 2016 年前三季度的财务报告显示，其总销售额下降 5%，中国市场销售额更是下降 7.8%。人人乐连锁商业集团股份有限公司公布 2016 年年度报告，报告期内，公司实现营业收入 101.57 亿元，较上年同期下降 9.46%。

6.2.1.2 实体超市O2O的实践

从2012年开始，超市建设电子商务经历了三个阶段：首先是自主开发电子商务渠道，其次是入驻电子商务平台，二者均存在流量费用高和用户留存难的问题，现在进入移动电子商务阶段，即借助O2O以低成本的方式重新开拓线上市场。

物美和多点（Dmall）达成战略合作，在北京多点将物美超市的商品在1个小时内送达附近3公里范围内的消费者手中，这种超市代购的O2O企业2015年年初开始爆发性增长，京东到家、小e到家、生活圈等多个创业企业让超市找到了另外一种“触网”方式。截至目前，在北京市场上，已有物美、美廉美、华普、华冠、顺天府、乐天玛特等多家超市与上述O2O企业建立合作。来自超市发的数据显示，接入O2O平台后，单个门店销售额最高提升在20%以上。对于艰难度日的超市来说，这个增量尤其明显和珍贵。

不过，坚持自建电子商务的超市依然存在，多数为外资超市。大润发旗下飞牛网在2014年亏损1.62亿元之后，2015年继续“烧钱”，同时开放平台吸引更多商家入驻。家乐福网上商城于2015年6月在上海上线，所有货品都从大卖场门店发出，可以送货上门或者从easy家乐福便利店自提。1号店被沃尔玛全资控股后，成为“网上沃尔玛”，部分沃尔玛深圳门店为1号店顾客提供自提服务，买家可以在方便的时间，选择就近的自提点提货。同时，沃尔玛App通过1号店在深圳的物流团队提供送货上门服务。根据沃尔玛提供的数据，速购上线四五个月后下载量已达20多万，沃尔玛大卖场线上销售额增长了700%。麦德龙在入驻了多点、小e到家等多个O2O平台后，同时运营麦德龙网上商城以及App拍客，多渠道探索线上零售。摸索出可行模式后再择优迅速发展是麦德龙建设电子商务的思路。

6.2.2 农产品交易O2O与趋势

6.2.2.1 电子商务农产品交易的特点

（1）便捷性。随着网络技术的快速发展，网络在全国范围内逐渐普及，网民的数量也在逐年增加，人们利用互联网可以方便地查询到自己所需的信息。对于农产品电子商务而言，农产品供需双方直接借助网络平台，可在最

短时间便捷地完成下单、支付、产品配送等所有过程。随着消费观念的逐渐转变，如今越来越多人参与到网络购物的环节中来，在网上购买自己想要的商品。这也是农产品电子商务发展过程中遇到的机遇之一。

（2）提高交易效率。与实体的农产品交易相比，农产品电子商务直接利用现代互联网平台进行农产品贸易，极大地缩短了贸易时间，节约了贸易的时间成本。在线交易程序主要通过“点击鼠标＋物流配送”这一过程完成整个贸易过程，中间不需要具体的中介机构和特定的贸易交易地点，因此可以大大提高贸易效率。网络的信息更新速度快，也比较方便查询，这就为买卖双方提供了较为有效的农产品交易信息，减少了农产品企业的库存风险，使得农产品能够更好更及时地销售出去。此外采用网络方式也可以降低企业管理的成本。

6.2.2.2　农产品交易 O2O 模式发展趋势

（1）基于移动端的农产品 O2O 将成为主要发展平台。互联网时代，传统的电子商务已经慢慢渗透人们的日常生活，逐渐培养了消费者网上购物的习惯。随着移动端的快速发展，消费者只需要通过手机终端就可以轻松享受移动互联网带来的轻松便捷。这些条件为农产品 O2O 的发展带来了无限机遇。移动端电子商务具备两点优势。首先，个性化线下用户体验。用户通过线上移动终端，根据自身需求，查询相关产品信息，并通过线上支付，完成线下体验。其次，具有广泛性。通过用户的手机号码，即可将农产品信息和活动消息推送出去。未来农产品 O2O 的发展趋势就是基于移动终端的方向，进而推动形成更为广泛的农产品 O2O 商业生活模式。引导用户使用专业化的手机 APP 农产品软件，提高入驻商家的质量，引入个性化、便捷性体验，向用户推送当下最新的农产品资讯，进一步引导用户线上支付，进而提供线下用户体验服务。

（2）整合线下资源将成为农产品 O2O 发展的重点。农产品 O2O 的终极目标是为消费者提供性价比高、售后服务到位的农产品。线上为用户提供便捷的支付服务和一些性价比较高的农产品推送信息，前提是必须保证线下农产品的质量安全，在配送过程中保障损耗在正常范围内。所以线下的实现就显得尤为重要，直接关系到农产品 O2O 闭环的良好实现，也将成为未来农产品 O2O 发展的一个趋势。线下资源整合可以分为两部分：第一部分，从源头上保证农产品安全，农产品 O2O 企业将一些前端农业基地进行整合，实现最健康的生态农产品的产、供、销。第二部分，整合线下农产品物流资源，近年来越来越多的农产品企业通过自建冷库，发展冷链物流系统等，提高了农产品物流配送效率，减少了流通损耗。

（3）农产品 O2O 将成为一种复合生态体系。农产品 O2O 将是一种不断向多元化和深度化发展的多层次、多维度的复合生态体系。多元化指的是未来衍生出来的平台型、直营型、合作型、区域型等多种形态，以及多个不同形态融合的新模式。这种模式虽然存在彼此之间的竞争，但更重要的是实现了彼此之间的合作共赢。深度化指的是未来农产品 O2O 更加注重产品的细化和差异化，未来将会出现诸如水产品 O2O、鲜花 O2O、水果 O2O、蔬菜 O2O 等这样针对特定农产品类型的 O2O 形态。这将有助于 O2O 企业更好地利用有限资源，采用精益化的农产品流通模式，最大限度地提高流通效率。

6.2.3 超市、社区市场的 O2O 模式分析

6.2.3.1 超市、社区市场的 O2O 模式

（1）线上引导线下消费的电子商务模式。

基于 O2O 模式的超市线上引导线下消费的电子商务模式是指电子商务企业利用本地实体超市的优势，整合线下超市资源，不自建物流中心，就可开展城镇物流业务。超市将具有经营特色的商品优惠券或城镇团购券通过电子商务平台进行销售，引导线下实体消费，完成虚拟世界与现实世界的互动。

电子商务平台为超市及其他同城商家开放多种营销渠道（社会化营销渠道、传统媒体渠道、电子商务渠道、大企业营销渠道），便于其推广产品或服务，从而减少超市所受地理位置等不利因素的影响。电子商务平台根据超市注册时的地域及建立的一套完整的用户关系管理体系划分配送范围区域，用户通过 PC 或手机参加相应区域或搜索到附近的超市门店的营销活动，通过二维码、语音查询信息，使用网银、第三方支付等方式完成在线交易。在物流环节中，电子商务企业通过整合线下超市物流资源提供物流服务。对于同城用户可以选择线下超市自提或超市送货上门的方式收货，不同城市的用户可以选择超市与城市物流服务商联合配送的方式收货。在交易完成之后，用户

可以通过微信、电子商务评价系统等进行消费体验分享，使更多用户了解商品营销信息。超市对电子商务平台提供的信息数据进行分析后，可以对消费者行为和营销渠道进行定位，从而提高服务水平，根据线上交易量及线下客流量制定更为精确的采购计划，合理安排库存，使库存更加合理化，采取有效的营销策略，使用户享受到实惠、便捷的 O2O 服务体验。

（2）线下引导线上交易的电子商务模式。

在超市实体店里，用户对超市本身在售或为其他同城线上商家代售的实物商品，可以进行查看、检验、试用、试穿，之后通过查询商品二维码或商品名称可获得相关团购信息，或当发现门店商品断货或出现货损时可上网查询商品预售或在售信息，之后下单送货上门或自提，超市也可根据线下商品实际库存及需求量将采购环节线上化，在电子商务平台上选择供应商。线上渠道简化，需求方多，因而可形成规模效应，供应商成本降低的同时也降低了超市的采购成本，提供了新的采购渠道。采用基于 O2O 模式的超市线下引导线上交易的电子商务模式，可实现电子商务企业对线下城市数据流量的获取，使得超市获得新的进货渠道，降低采购成本，通过线上线下对接实现城市间的双向流通。

6.2.3.2 超市、社区 O2O 的物流分析

现阶段，我国 O2O 模式下零售业物流配送模式包括三种，分别为企业自营物流配送模式、第三方物流配送模式和联盟共同配送模式。以下将针对三种不同的配送模式加以阐述。

（1）我国 O2O 模式下零售业三种物流配送模式。

①企业自营物流配送模式的概念。企业自营物流配送模式指的是企业为满足自身生产、运输以及销售需求，独资建立的物流配送体系，该物流配送体系一般只为企业自身服务。相对其他物流配送模式而言，企业自营物流配送模式系统化程度高，与企业的生产、运输以及销售息息相关。该物流配送模式是当前国内综合性企业普遍采用的模式。

②第三方物流配送模式的概念。第三方物流配送模式指的是企业以合同等形式将物流外包给物流服务企业，通过信息系统与物流企业保持联系，从而实现企业物流的监控和管理。企业为了保持自己的产品的核心竞争力，把

物流外包给专业物流服务企业，利用分工和专业化原理达到效率和效应最大化。这种模式有强大的竞争力。

③联盟共同配送模式的概念。联盟共同配送模式指的是针对特定区域，多家物流企业联盟共同加以配送，旨在提高物流配送的效率。联盟共同配送模式是物流配送在发展过程中逐步探索出来的物流配送模式，该模式对社会影响较大，能极好地优化社会资源配置。

（2）影响零售业配送模式选择的因素分析。

对三种物流配送模式加以比较分析后发现，三种物流配送模式均存在各自的优势以及劣势，难以通过单一的指标衡量出两种物流配送模式的优劣，尤其是对于O2O模式下的零售业而言。对此，企业应当根据自身产品特点、发展状况等因素做出合理的判断和选择。在对众多因素加以分析后，我们总结出影响物流配送模式选择的关键因素如下。

①企业自身实力和规模。企业应该根据自身的规模和实力，结合自己的战略目标，计算本企业构建物流配送系统的成本。一般来说，实力较强的大型或中小型企业，可以投入人力、物力以及财力建立物流部门满足自身物流需求，并在此基础上将富余的配送能力外包，提高企业收入。例如，京东凭借着自己强大的电子商务平台、日益巨大的交易量，强劲的融资能力，自建京东物流。京东物流成为京东最具竞争力的企业资源。小型企业受资金、管理等方面限制，不能在短时期内建立物流部门，可以将物流业务外包，从而更好地将精力集中在核心业务之上。

②物流配送成本。企业存在的最根本的原因是能获得利润，因此，降低成本、提升利润是企业之本。企业在选择物流配送模式时，就得结合企业自身条件，考虑不同配送模式的成本高低，选择成本和效率均衡的模式。影响物流配送成本的要素较多，在选择物流配送模式时，应当充分考虑到各项因素对物流配送成本的影响并将成本控制在最低限度内。

③物流配送质量。选择物流配送模式时，成本是非常重要的，但物流质量也不能忽视。物流配送质量一般包括物流配送的快速性、及时性、安全性等。自营物流由于自身可以实时掌控物流信息，能够较好地保证物流配送质量。但第三方物流配送以及联盟物流配送不受企业掌控，往往配送质量要弱一些。这

就要求企业在成本和质量，也就是利润和效率中取得平衡，做出选择。

④配送对企业的影响程度。配送对企业的影响程度也可以理解为企业对物流配送的依赖程度，具体分为三种情况。第一，企业对物流配送的依赖度高，但企业对物流配送的管控能力差，第三方物流配送模式最适合；第二，企业对物流配送的依赖度低且企业对物流配送的管控能力差，第三方物流配送模式最适合；第三，企业发展对物流配送的依赖度高且企业对物流配送的管控能力强，自营物流配送模式最适合。

⑤产品自身物流的特点。对全球分销的产品而言，最佳物流配送模式为地区性专业物流公司配送模式；对配套企业而言，最佳物流配送模式为自营配送模式；对技术性较强的物流公司而言，最佳物流配送模式为委托代理配送模式；对制造商而言，最佳物流配送模式为专业物流公司配送模式；对产品体积大、品种杂、型号多的企业而言，最佳物流配送模式为自营配送模式。

6.2.3.3 O2O 模式与 B2C、C2C 模式的比较

在众多电子商务模式中，B2C 电子商务模式是通过线上发布信息，进行双向信息交流和线上支付，便捷的线下物流配送模式，是低成本高效的运营模式。C2C 模式的网站以专业的方式来展示独特的商品信息和服务，为潜在客户提供最有价值的信息，提供最具商业价值的网站结构布局。在电子商务 O2O 模式下，用户在线支付，线下消费，即购买线下的商品和服务，最终线下享受线上发布的服务。

将传统的 B2C 模式 C2C 模式与 O2O 模式进行对比，可以发现，O2O 模式是一种省去快递物流这一中间环节的新兴模式，主要适用于本地生活。O2O 模式与传统的 B2C 模式和 C2C 模式最大的区别就是注重线下体验这一环节，这也是 O2O 模式最大的亮点，发挥着强大的生命力。如表 6-1 所示。

表 6-1 O2O 与 B2C、C2C 对比

	O2O	B2C	C2C
线上下单	是	是	是
是否快递	否	是	是
线下体验	是	否	否

6.3　中小餐饮企业“集采”与配送的 O2O 模式

外卖 O2O 模式的火爆，我们都能看到了。而餐饮食材 O2O 模式，这桩潜伏在餐馆背后的生意往往被大多数人忽视，中小餐饮企业对于农产品的日常采购需求也是日益增长的。对于中小餐饮企业的食材采购面临的问题，餐饮食材的 O2O 模式也迅速发展起来了。

6.3.1　中小餐饮企业采购管理现状及问题

6.3.1.1　中小餐饮企业采购管理现状

餐饮企业所采购的原料多为农产品，其产品供应商也大多为农户或者规模较小的农产品批发商。中小餐饮企业与原料供应商之间更是缺乏基于供应链建设的合作意识。在采购过程中，出于自身利益需求，中小餐饮企业和以农户为主的供应商之间往往需要经过较长时间的价格博弈战，导致两者的利益长期对立。

另外，中小餐饮企业大多为自主经营，其中，某些餐饮企业在采购过程中，为减少采购成本，有可能选择与中间商合作的模式，即与农产品批发商建立长期采购合作关系，此种情况虽然提高了采购效率，但是中间商制造的价格差使得餐饮企业与中间商之间很难建立信任互惠的关系，往往彼此封锁原料供应信息，分工合作效率较低。

6.3.1.2　中小餐饮企业采购面临的问题

在中小餐饮企业的采购管理中，受企业经营规模限制或者企业经营现实不允许，很多中小企业虽然制定了采购机制，但是在实际的采购流程中并不能对机制进行完整的贯彻执行，因此造成采购监控无法实现的情况。

餐饮企业与供应商之间无法实现及时的采购信息沟通也是采购监控过程无法落实的现实因素。由于缺乏必要的信息交流平台，采购过程中的原料质量控制、物流控制等都无法有效实现，采购监控自然受到影响。

另外，在遇到采购问题之后，中小企业有可能过分强调管理者的作用，忽略采购人员在采购过程中的监督作用，致使采购工作效率无法得到切实

提高。

6.3.2 中小餐饮企业 O2O 采购平台

当前食材流通的中间环节多、损耗大是中小餐饮企业购买成本高的主要因素。再者，多数中小餐饮企业没有固定的采购员，食材采购多是老板亲自操办，而食材需求种类多、数量少，采购时间与选择空间都很有限。面对这样的问题，餐饮食材 O2O 模式，逐渐出现在中小餐饮企业的日常中。

菜易得公司是以电子商务平台为核心构建的农产品流通平台，集电子商务、科技农业、生鲜加工、食品安全、饮食营养等多领域专家技术团队，让单位、市民可以通过电话、网络随时购买到新鲜的蔬果菜品，实现“宅生活”。该公司是一家基于 B2B 平台，专注中小餐饮采购服务与供应链管理的创新型企业，也是天津第一个通过搭建中小餐饮移动互联网从而实现采购的电子商务平台。该公司致力于为餐饮企业提供最低价、最便捷、最稳定和最高效的采购服务，为餐饮企业减轻采购负担、降本增效，以最先进的技术改变最古老的农贸行业，通过颠覆传统的供应链，建立针对中小餐饮企业的创新服务模式，链接农业市场，助力餐饮企业的经营升级。

菜易得公司于 2015 年成立于天津东疆自由贸易区。在短短半年多的时间内，已经成长为天津最大的餐饮采购服务平台，注册商家用户突破 1 万家。公司目前仅在天津地区就拥有 100 家以上稳定的供应商，并且与天津王顶堤集团、金锣肉联、可口可乐、百事、百威、康师傅、北大荒、十八街、锦聚成等集团公司形成深度合作关系。菜易得公司的业务已扩展至天津滨海新区、太原、北京、上海等地，配送服务涵盖蔬菜、水果、肉类、冻品、水产、米面粮油、调料其他、酒水饮料等 21 大品类。

6.3.3 食材采购平台分类及案例分析

6.3.3.1 全国性平台

（1）美菜。美菜于 2014 年 6 月上线，经过短短 1 年多的发展，已完成近 2 亿美元的融资，市场已拓展深入到 20 多个一、二线城市，日订单过万笔，每天流水近 1 000 万元，全国仓库面积十几万平方米，是业内公认的

“No. 1”。美菜已基本打通产地，对接上游供应链，去除中间经纪人和一批、二批等各种流通环节，运用软硬件技术规模化、集约化作业，在产品标准、品控上有了一定建树，同时业务流程效率也大为提升，给农户、中小餐厅老板带来了不少实惠，不过也给这个行业部分从业人员带来一定的冲击。

（2）链农。链农由大众点评领投，红杉资本跟投，其中，红杉资本是链农 A 轮投资方，险峰华兴以及姚劲波是链农天使 B 轮投资人。链农在餐饮综合服务，如招聘、金融等方面迈出了不小的步伐，有可能成为一个为全国上千万中小餐饮提供人才招聘、金融服务的平台。

6.3.3.2 区域性平台

（1）小农女。早在 2013 年，小农女便在深圳做起了卖菜的生意，由于 2C 的半成品生鲜电子商务客单价低而配送成本高，导致项目夭折。2014 年 9 月，小农女重新启动，这一次采取的是餐馆配送（2B） + 线下生鲜站自提（2C）的模式。2015 年 5 月，小农女开始从自营向平台转变，仍然专注于为餐饮后端供应链服务，但是会接入第三方，包括企业与个体商户。合作的方式既可以是第三方自己提供产品供应给客户，也可以以小农女作为供应商，但小农女只负责分拣配送至附近客户。该公司 2015 年 6 月份拿到 8 000 万元 A 轮融资，目前只在广州、深圳开通服务。

（2）菜点点。2015 年 5 月，来自苏州市农贸市场的几个业内资深人士抱团成立了菜点点，专注餐饮食材采购供应。凭借着深厚的实体线下资源、供应链优势，加上快速果断采用第三方系统平台，菜点点的业务迅速发展起来，短短一个多月就小具规模。

（3）优配良品。成立于 2015 年 3 月份的优配良品，将区域性理解得更为透彻。创始人将北京划分成 10 个圆，选择东五环这个圆为切入区域，在东五环边建了一个面积达 6 000 平方米的仓库，设有冷冻仓、恒温仓和常温仓，用于储藏不同的生鲜，覆盖东五环朝阳和通州区三五万家餐厅的市场，在此区域内精耕细作到极致。这个模式运作成功之后，他们很快要把这个区域的经验复制到全北京，也就是上面说的北京的 10 个圆中。目前，优配良品已获得 1 000 万元人民币的 PRE – A 轮融资。

（4）集食达。集食达是河北石家庄一家具有互联网背景的企业。越来越

多的互联网创业者，看中了二线城市这片尚未开发的处女地，比起一线城市，二线城市业务开展起来要简单得多。二线城市几乎没有竞争对手，交通也相对通畅，配送成本、分拣成本都相对较低。美团、饿了么等餐饮前端互联网平台的迅猛发展，已深深改变了实体餐饮老板的认知，让他们接受集食达的理念相对容易。集食达上线一周客户数已突破 300 家，每天还有新的增长。相信石家庄市场很快会成为集食达的大本营、堡垒。

（5）送菜哥。专为中小餐厅配送食材的送菜哥，短短四个月就取得深圳市场份额第一的成绩，同时获得 3 000 万天使融资，这在业内引起强烈关注。送菜哥以深圳市场为出发点，以华南市场为重心，在配送环节更能以客户为主，以客户为中心建立菜站，辐射周围的客户，保证送菜的时效性，降低了物流成本，从而获得客户的忠诚度。资本方看重的是送菜哥解决配送业务问题的能力，送菜哥着重后端配送的优化。送菜哥与“送菜佬”合作建立二配中心，商品由二配中心送到客户手中，利用较低的成本解决了“最后一公里”的配送难题。

（6）菜嘟美。作为海底捞集团蜀海旗下子公司，菜嘟美本身就有知名连锁餐饮企业服务的经验，业务功底相当深厚，依托其物流、研发和生产等各个方面的优势，致力于为中小餐厅提供高性价比的原材料。

6.3.3.3 垂直细分品类

（1）餐馆无忧。调料在餐饮后端供应链中所占比重很大，而且绝大多数都是标品，生产供应又高度集中，主流品牌就那么几个，“得用户者得天下”是必然，一旦形成较大规模，量变导致质变，足以“撬动”后端生产厂家。基于这一点，餐馆无忧选择从调料领域切入，做针对餐馆采购的 B2B 电子商务企业（模式类似于京东），直接将餐馆与调料的生产厂家或一级代理商进行对接，省去了中间多级渠道商的加价环节，为餐馆节省 10% 甚至 20% 以上的成本，通过这样差价让利给餐馆快速占领市场，当形成一定用户规模后再向上游议价，然后继续让利给客户，或者拿到合理利润。同时，食品安全中经常出现的假货和过期产品问题，主要出现在中间的批发经销渠道上，而做电子商务企业则可以与从正品源头对接，去除中间环节，提高信息透明度。餐馆无忧可对其对接的厂商进行把控，甚至进行抽检，以保障商品品质。餐馆无忧目前算是餐饮调料供应的第一品牌。

（2）餐饮管家。餐饮管家位于内蒙古包头市，团队成员有十几年的调料副食供应经验，供应链的资源非常丰富，能够享受极其优惠的批发价格，甚至其自身就是各厂家区域性的总代理。在价格上，餐饮管家的价格能比餐厅自己采购便宜15% ~20%左右；这样将压缩掉中间环节的利润部分让利给餐厅，同时也让企业自身获利。

6.3.3.4 平台模式——天平派

继 Uber、饿了么等针对 C（消费）端的 O2O 平台颠覆了传统消费方式之后，借助移动互联网的东风，O2O 平台的发展逐步渗透至 B（企业）端。现在，“用移动互联网改造传统供应链”成为 O2O 平台新的突破口。天平派就是针对餐饮食材采购供应链的 O2O 平台。

6.3.3.5 餐饮食材 O2O 解决方案的 SAAS 服务商——蔬东坡

蔬东坡和美菜、链农一样，也是2014 年 8 月份上线的，短短一个月就获得了著名投资机构经纬创投的天使投资，是第一波餐饮食材 O2O 的创业者。该公司专注于技术创新，已经停止实体配送业务，转而成为生鲜 O2O 云解决方案提供者。蔬东坡发挥团队“互联网 +”优势，帮助食材配送从业者进行业务自我革新，带动更多力量参与到这场产业变革中来，扶持一批区域性的餐饮食材 O2O 巨头。前面提到的菜点点、餐饮管家等，就是采用蔬东坡生鲜 O2O 解决方案发展起来的。

6.4 北京市农产品 O2O 流通模式研究

6.4.1 北京市农产品流通现状分析

6.4.1.1 北京市农产品流通现状

北京是生鲜农产品的主销区，北京本地对北京市的供应量在 20% 以内，外地的供应量占 80% 以上。从批发市场农产品销售流向看，销售向北京市的量约 80%，转销到外地的量约 20%。北京市是一个特大型农产品消费城市，常住人口 2 000 多万人，农产品市场需求巨大，并且需求量与日俱增。改革开

放以来，北京市农产品物流系统得到快速发展。首先，结合首都发展规划，北京市农产品物流业基础设施建设逐步加强。其次，农产品信息化应用水平在全国位居前列，已初步建立农产品物流检测、监控、跟踪和追溯体系。

目前，北京市的流通以批发市场流通为主，即以批发市场为核心，以农贸市场、社区蔬菜销售点和超市为基础。北京市农产品批发市场体系呈多层次、多方位格局。从层次上看，已形成以大型农产品批发市场为主要集散中心、区域性批发市场为重要节点的格局。从方位上看，北京东、南、西、北方向均有分布，初步形成京西南、京东、京北三个大型农产品批发市场聚集区。9 个大型农产品批发市场，北京丰台区新发地农产品批发市场、北京华垦岳各庄批发市场、北京通州八里桥农产品中心批发市场、北京朝阳区大洋路农副产品批发市场、北京市锦绣大地玉泉路粮油批发市场、北京顺义区顺鑫石门农产品批发市场、北京城北回龙观大钟寺农副产品批发市场、北京昌平水屯农副产品批发市场、农产品中央批发市场，主要分布在离市中心较近的地，其中 5 个在五环路内、4 个在五环外。同时，各类农产品批发市场互为补充，位置分布较合理，总体格局稳定。北京市农产品物流业已经初具规模并有效运转，在满足全体市民农产品需求，维持首都社会稳定中发挥了不容忽视的重要作用。

随着农业结构的调整和农业科技的进步，北京市生鲜农产品品种日益丰富起来，近几年生鲜农产品的种类保持了较高的增长速度，品种从普通产品、绿色产品、无公害产品到有机产品，应有尽有。传统农业向现代农业演进，人们的生活水平普遍得到提高，消费者对生鲜农产品的需求已经由过去的追求温饱，向追求食品安全、合理搭配营养的方向迈进，这促使农业生产由增加人均数量向提高质量方向转变，开始走向优质高效农业的发展道路。

近十几年来，北京市在生鲜农产品加工方面取得了长足进展，逐步形成了一个比较完整的生鲜农产品加工体系，郊区乡镇生鲜农产品加工向集群化、产业化和规模化发展，加工体系覆盖了所有郊区自产生鲜农产品的生产领域，为生鲜农产品就地加工增值提供了保障。从生鲜农产品加工工艺和技术来说，北京在全国具有领先地位，为生鲜农产品增值提供了必要的技术支持。

6.4.1.2 北京市农产品流通分析

北京市农产品物流的特点表现为以下两点：一是北京市农产品自给率偏低，绝大多数依靠外地市场供给，对外依存度较高，这是由产量与需求的巨大差距决定的，北京市的农产品供给主要有外地生产、本地生产和国外进口等，这也就必然导致参与北京市农产品物流体系的主体数量众多，运营模式复杂。二是农产品批发市场是北京市农产品流通最重要的环节，也是农产品物流配送聚集区和主渠道。来自全国各地（包括北京郊地区）的农产品使用大型货运车辆，通过干线运输到达北京市的各大批发市场以及部分超市和集团客户，再经物流配送实现农产品从一级批发市场到二级批发市场、农贸市场、社区销售点，最终到达消费者的菜篮子、餐桌上。

但是随着居民消费水平的提高，农产品数量充足、品种多样已经不能满足消费者的需求，他们还要求农产品安全、卫生、新鲜、营养，并且配送迅速及时。因此，传统的“批发市场+农贸市场”的物流模式已经不能完全满足居民的需求。近年来，为适应消费者需求的变化和现代农产品流通的发展，批发市场向前端生产环节和末端零售环节双向延伸扩展，加强物流配送功能，逐步向农产品物流配送中心模式升级转型，并发展“农超对接”“农餐对接”“社区直送”“周末菜市场”等以物流配送为特征的新型流通模式，形成“传统模式+配送中心模式+新型模式”多种模式、多种渠道相互补充、共同发展的农产品物流运营体系。

6.4.2 北京市农产品物流模式

6.4.2.1 农产品物流传统模式

长期以来，北京农产品流通以“批发市场+农贸市场”的传统物流模式为主。分散的农户可以将农产品送到产地批发市场上集中销售，再由经营农产品运输的商贩贩运到销地批发市场；销地批发市场是规模较大的农产品批发市场，它同时接受农业生产合作组织和生产基地的农产品，并将农产品批发销售到农产品加工企业或城市农产品零售终端，如农贸市场、社区菜市场和连锁超市等；最后由零售终端将农产品销售给消费者。

6.4.2.2 农产品物流配送中心模式

为了提高农产品流通效率，缩减流通环节，降低流通成本，农产品流通由传统批发向现代物流配送发展，这依赖于专业的农产品经销商、物流配送公司的发展。农产品物流配送中心模式，即生产基地—农产品物流配送中心—超市（菜市场、酒店、食堂）—消费者的模式，将在分散的农户生产点或者生产基地现场采购的农产品，或是产地批发市场、销地批发市场和农产品加工企业中流通的农产品，运输到配送中心，经过分级、筛选、分割、分拣、包装、仓储、深加工、配货等环节，向多个需求点如超市、便利店等零售网点配送。它有三种主要类型。

（1）批发市场建立的物流配送中心。批发市场建立的物流配送中心主要为批发市场内的交易主体提供储运、配送服务。例如，新发地批发市场经过20多年的发展已经成为北京最重要的农产品物流基地和城市物流配送区域，大约集中了北京市70%以上农副产品的交易和配送。目前，市场集聚了400多家专业物流配送企业，从事农产品物流配送的车辆达2 000多辆，占全市的一半以上。同时市场拥有5万平方米的冷库以及10多个专业化农产品交易大厅。因此，未来在四环内，应该引导岳各庄、大洋路农产品批发市场与大型生产、加工、流通企业进行对接，向农产品物流配送中心方向转型发展。四环外，对原有市场进行改造提升，稳定供应，提高效率，新建市场启用后择机迁出。引导锦绣大地农产品批发市场在充分发挥粮油等农产品集散功能的同时，强化物流配送功能。

（2）连锁集团和农产品经销公司建立的物流配送中心。连锁集团和农产品经销公司建立的物流配送中心是连锁集团或农产品经销公司的下属部门，是为超市或客户配送农产品的。在北京大中型超市中，沃尔玛、麦德龙、物美大卖场、物美便利店、美廉美、京客隆、小白羊、华润等超市均建有自己的生鲜农产品配送中心，由超市统一采购后送往配送中心，然后再配送至各连锁店。目前超市经营的普通生鲜农产品已基本实现全部由自己的配送中心组织配送。其配送流程是“农户或农产品生产基地—超市配送中心—超市各门店”。

（3）第三方物流配送中心。第三方物流配送中心主要为没有能力建立物流配送中心的中小型超市提供农产品加工、配送、包装服务，它和超市没有所属关系，可以同时为若干家超市提供服务。目前，随着全社会物流配送观念的转变以及流通行业的规范化，北京从事第三方物流配送的企业发展迅速，数量众多，以大卖场、超市、小零售店等末端通路为主要服务对象，为客户提供全方位的配送服务。目前，该种方式所占比例虽小，但增长速度却相当迅猛。第三方物流配送中心在规模化与专业化程度方面还有很大的发展空间，目前它们只能提供一些基础性的服务，如运输、仓储、配送等。

6.4.2.3 农产品物流新型流通模式

“农超对接”模式，指的是农户和商家签订意向性协议书，由农户向超市、菜市场和便民店直供农产品的新型流通方式，主要是为优质农产品进入超市搭建平台。“农超对接”的本质是将现代流通方式引向广阔农村，将千家万户的小生产与千变万化的大市场对接起来，构建市场经济条件下的产销一体化链条，实现商家、农民、消费者共赢。

“农餐对接”模式，是农业龙头企业或产地农民合作社将农产品直接向餐饮企业各门店配送，主要是针对城市的学校、机关单位的食堂和大型连锁餐厅等。该模式的特点是货源可靠，可以实现农产品从田间到餐桌的全过程质量控制。

“产消联盟”模式，是生产者和消费者结成的一种组织形式，一般采用会员制方式，入会者需要缴纳一定的费用，并享受一定的待遇。生产者通过和消费者沟通交流，提供和生产受消费者欢迎的农产品。同时消费者可以到田间地头参观了解生产过程和体验农事活动，购买放心安全的农产品。这种模式在北京、上海等大城市郊区已经出现。

6.4.3 北京市农产品 O2O 模式分析

6.4.3.1 北京市农产品批发市场情况

随着疏解“非首都功能”相关政策的出台，新发地、大洋路、锦绣大地等农产品批发市场均在积极探索转型升级之路。一方面，积极响应国家政策方针，通过疏解北京非首都功能，推进京津冀协调发展，调整经济结构和空间结构，走出一条内涵集约发展的新路子，促进区域协调发展，形成新增长

级；另一方面，中国农产品批发市场在农产品流通环节中处于重中之重的地位，经由农产品批发市场交易的农产品比重高达 70%，这一比例仍在继续攀高，以北京、上海、广州、深圳、成都、郑州等大中城市为例，经由批发市场提供的农产品占 80%。

6.4.3.2 北京市农产品 O2O 模式分析

（1）以加工企业为核心的农产品 O2O 模式。这一模式中的加工企业往往拥有规模化的生鲜加工配送基地，强大的物流能力与销售网络，企业会建立独立的网上交易平台，以图片、视频等形式向消费者展示农产品的外观、包装、生产环节、价格、促销等信息，引导消费者做出决策并完成在线支付。同时，加工企业会拥有中央厨房以及线下连锁实体店面，这些实体店往往分布于中央厨房可辐射的周边社区与加工企业具有长期战略伙伴关系的生产基地。农民合作社会将农产品直接供应到加工企业的中央厨房，经过中央厨房统一分拣、加工，形成半成品或成品后，由加工企业自身的物流系统或第三方物流企业配送至各实体门店。消费者在线上支付以后，可以在距离最近的实体门店提取所购农产品。

（2）以批发市场为核心的农产品 O2O 模式。该模式下，农产品批发市场一方面维持原来实体批发市场的运作模式，另一方面以独立或联盟的形式开办网上交易市场。网上交易市场不仅仅为批发市场内的批发商提供了网上交易展示的平台，而且在更大范围内搭建了一个农户和客户之间的交易平台。无论是批发市场内的批发商还是批发市场以外的任何农户、农民合作社，均可在网站上租赁摊位，租金是一定比例的交易佣金。对于进入市场的农产品，批发市场的交易网站都会对它们的数量、价格等信息进行实时公布，提供远程交易平台，支持买卖双方用网上银行、支付宝等多种支付方式完成交易。

（3）以零售企业为核心的农产品 O2O 模式。本模式中的零售企业包括连锁超市、农贸市场、社区直销店以及农副产品专卖店，同其他模式类似，只是其核心流通主体换成了零售企业。这些零售企业不仅拥有成熟的实体卖场，同时还开展电子商务。

6.5 我国生鲜物流发展与信息化需求分析

生鲜食品加工和流通关系到我们每一位百姓和消费者的生活和健康，是关系到“农业”“农村”“农民”等“三农”的大事，特别是近年来发生的食品安全问题，得到了各级政府和机构的高度重视。经过10余年的探索和发展，我国的生鲜食品加工和冷链物流取得了一定的进展，但与国际上的差距还很大。我们对生鲜物流的认识程度和水平，以及对其信息化需求的理解和掌握程度都存在一些偏差，对这些问题的分析和指导，有利于我国生鲜物流的顺利发展并提高生鲜物流的效率。

6.5.1 我国生鲜物流发展的趋势与现状

自我国超级市场经营生鲜食品以来，生鲜加工以及销售方式从农贸市场逐步向具有更加安全、可靠的超级市场转变，果蔬、肉类、禽蛋和水产品等农副产品的品质、安全性、新鲜度等越来越受消费者关注，生鲜物流也越来越受大家重视。

近几年，有实力的连锁超市和连锁餐饮企业都建立了自己的生鲜加工和物流中心。成立于2003年9月的北京顺鑫首联绿色物流有限责任公司，注册资本8 000万元。公司以“配送健康新生活”为经营理念，依托顺鑫农业绿色农产品生产加工基地和首联集团商业零售网络的优势，以完善投资方商业物流配送体系和农产品加工配送体系为目标。公司生鲜加工配送中心规划建筑面积1万平方米，按照HACCP体系进行设计，集蔬菜、肉类、水果、水产品等农副产品加工配送为一体，建成后可加工80多个品种，年加工能力达2万多吨。

2006年新年伊始，北京京客隆超市连锁集团有限公司投资上亿元打造的低温供应链配送系统及生鲜食品配送中心王式投入使用，生鲜食品配送中心占地2公顷，一期工程为建设2 432平方米的蔬果恒温加工配送中心、日分切加工处理250头猪的肉类分切加工中心和储存能力为600吨的冷库。二期工程为建设冷冻食品集中配送车间。三期工程为建设主食厨房加工基地。

山东家家悦超市有限公司投资3 000多万元建成了2万平方米的生鲜配送中心，对生鲜进行“统一采购、统一加工、统一配送”。为了突出经营特色，强化生鲜管理，保证超市生鲜食品的安全，企业从生鲜食品的采购、加工到销售，全部实行自主经营，并建立了无公害蔬菜生产基地，与农户签订种植协议，积极发展订单农业，利用物流优势，打开了农副产品的销售渠道。该公司目前约有门店620家，生鲜销售占比超40%，生鲜直采占比80%以上，杂货直采比例为90%，自有品牌销售额占比近9%。

2009年7月2日上午，利群集团胶州物流三期工程正式奠基，将着力打造专业生鲜物流配送中心，解决市民“菜篮子”的“保鲜”问题和食品安全问题。胶州物流生鲜物流配送中心总面积3.4万平方米，年配送额将达到12.4亿元，年配送数量为13.59万吨。

另外，有实力的连锁餐饮企业，如全聚德、草原兴发、小肥羊等，都建立了自己的加工配送中心，确保生鲜产品无农作物残留，肉品都需在生鲜加工配送中心进行二次检验、加工，确保食品是新鲜安全的。

但目前生鲜物流配送的信息化问题，却困扰了众多企业。特别是生鲜加工过程的专业化及专业化设备，以及与连锁总部、分销和客户等系统的衔接等问题，需要深入研究和探讨。

6.5.2 生鲜物流的经营模式

按照国家物流术语标准，农产品冷链物流系统指的是以农产品全程恒温为中心，从农产品的采收开始，经过分级、包装、收购、分配到运输、销售，每一个环节都是在较适宜的低温条件下运行的一种物流供应链。

从整体农产品冷链看，它是一个所伴随着销售过程的加工和物流过程；从生鲜产品的经营模式看，可以是自产自销、批发分销和零售；从生鲜加工和物流的过程看，需要专业化的手段，又涉及农产品的属性和加工特点；从生鲜物流的模式看，可以是企业内物流、分销物流和第三方物流。

企业内生鲜物流是指由企业有关部门负责对生鲜产品进行多品种、少批量的采购，经过生鲜物流配送中心进行生鲜加工后，配送到各销售网点的物流模式，如连锁超市的生鲜物流；这种模式的特点是物流配送中心只为自己的企业服务，即只有一个货主，而配送的客户则为自己企业的多个网点或加盟本企业的多个网点，物流配送中心一般不涉及销售价格的管理。生鲜分销物流是指将企业自产或采购的农产品，在生鲜物流配送中心进行生鲜加工后，配送给销售的客户；该模式的特点是，企业与配送的服务对象之间的关系是销售关系，需要在处理过程中，考虑客户的销售价格、信誉度等因素，在产品不足时进行相关的产品分配，同时需要考虑客户的结算等问题。第三方生鲜物流是指仅仅为委托的客户提供生鲜加工和相应的配送业务，即按照客户的指令进行收货、保管、加工、配送等；这种模式的特点是要考虑该企业要为多个委托客户提供服务，不用考虑产品的价格和被配送客户的结算等问题，只对委托企业收取仓储费、加工费和配送费，需要具有收费计费的功能。

6.5.3 生鲜物流的主要加工流程

生鲜加工配送中心根据各个下游客户的生鲜订货内容，统一向产地、供应商或自采的渠道采购订货，经由配送中心统一验收、加工、称重、包装、贴标，并且快速准确地将商品配送到各个客户，在配送中心中属于 PC 型专门处理生鲜食品的专业型加工配送中心。

其特点表现在：有独特的运作方式和多品种少批量的物流配送要求，以及众多的配送客户，有很强的订单接收和处理能力，由于生鲜产品的保质期很短，有些商品要求一天配送三四次，对系统效率的要求很高；配送服务的半径较小，由于生鲜商品有新鲜度要求，所以需要在短时间内将商品配送到目的地，针对这种情况需要进行共同配送等资源的整合；由于生鲜商品要进行分类加工等活动，所以需要具备很强的加工能力，尤其是对产品的加工和包装有非常严格的要求，还要考虑温度的控制和食品的检验等环节；由于生鲜产品的加工和配送都要在低温下进行，所以生鲜产品的物流属于低温物流，对加工时间和配送时间的要求高，要求加工配送能有强大的快速处理能力；由于生鲜配送中心需要进行相应的加工处理等，所以对卫生条件的要求比较高，对环境废弃物等需要做特殊的处理，涉及一些专业性强的设施和设备。

生鲜物流的加工流程主要可以分为入库验货、冷藏或冷冻储存、开捆或解冻、清洗、脱水、切割加工（切片、切丝、切丁）、杀菌清洗、脱水、包

装、金属检测、计量贴标、分拣和出货等环节。

生鲜物流所涉及的主要加工设备有分割设备、自动包装设备、金属探测仪、包装机、不锈钢设备、畜产加工设备、水产加工设备、农产加工设备、净菜和配菜设备、熟食设备、清洗消毒设备、计量和贴标设备、冷藏运输设备等。

6.5.4　对生鲜物流信息化需求的分析

由于生鲜物流的经营模式多样，加工和物流过程复杂，在信息化需求方面所要考虑的问题也比较多。

6.5.4.1　要考虑好运营模式问题

上面所提到的三种生鲜物流的经营模式，一定要根据企业的情况进行具体的分析，因为每一种经营模式在系统的架构方面都不同，一旦确定后在处理的过程中出现问题，则很难重新架构。还要考虑到是单独的配送中心系统，还是区域总部（营销），抑或是全国的总部与单物流配送中心或多物流配送中心的组织形式，更复杂的情况还要考虑不同配送中心的配送区域划分和中心的替代以及产品的客户覆盖等问题。

6.5.4.2　要遵循生鲜物流的运营规律和特点

生鲜物流具有独特的运营规律和特点，不仅要考虑订单的汇总，进行库存匹配、采购，下达加工任务单等，还要考虑提前进行商品的加工，提前下达加工的品种和加工的数量，以及非固定数量包装、集货时的例外情况和分拣、发货等环节的处理。会存在库存（DC）型、加工（PC）型和通过（TC）型配送中心等复合集货形态。因为具有加工管理功能，还要考虑产品的配方表（BOM）、损耗等。还有配送线路的灵活确定和配送时间的严格要求，特别是周转箱的回收处理等，都需要信息系统的支持。

6.5.4.3　要组织好系统的架构和功能

生鲜物流配送系统是企业信息化管理的一部分，连接着总部的采购、销售、财务、人力资源以及客户等系统。在不同的地点和区域，要考虑系统是采用分布式还是集中式，是采用 C/S 还是 B/S 等架构。从功能方面看，成本核算方式是采用加权平均还是先进先出的方式。按照批次管理和产品的保质期管理也非常重要。此外，还要考虑商品的季节性和称重商品的管理等。

6.5.4.4　与其他系统和加工设备的数据接口

生鲜物流配送系统除需要与总部、客户，以及财务、人力资源等系统进行数据交换外，在系统内部，还要与条码手持终端、加工设备、称重和贴标设备进行数据连接，有些设备需要分批处理，有些设备可以实时处理。还有配送系统管理中与车辆 GPS、温度检测仪等设备的接口，也需做相应的数据处理。

6.5.4.5　配送过程的控制和数据反馈

配送过程是一个烦琐的过程。要能对自有和外包车辆进行记录和管理，能根据每日配送的数量和地点来选择需要车辆的种类、数量以及配送的线路。要能监控配送车辆位置和配送时间的准确性，以及监控车厢的温度。对外包车辆，要能做不同计费方式的统计，如按照吨·公里计费或按照配送的商品重量、货值等计费。系统能灵活处理配送回单和退回商品等不同情况。

6.5.5　生鲜物流的展望及对信息系统的更高要求

随着生活水平的不断提高，人们对食品的安全和新鲜度、营养的要求会越来越高，同时对生鲜物流的发展会提出更高的要求。人们对食物消费趋向多样化、优质化、营养化、方便化，新鲜蔬菜、水果的消费量会日益增加，水产品的消费量会不断增多，速冻食品的消费量也会迅速增长，配餐食品业将得到快速发展。

随之而来的，社会对生鲜物流配送的信息化依赖性将越来越强，也会提出更多的需求，如消费者越来越关注营养饮食，要求对有关食品做出营养标识和营养搭配；还会发展生鲜食品和配餐的家庭配送，需要系统能够对各个客户家庭的饮食结构和喜好、消费数量、营养以及各种疾病的禁忌等进行科学、合理的组织和管理等。

6.6　北京市农产品流通模式评价研究

农产品流通模式评价研究是业内专家非常重视的研究课题，由于农产品

种类繁多，其属性各不相同，研究思路和研究方法也不尽相同。由于大白菜在市场和消费中具有普遍性和代表性，所以我们以大白菜为研究对象，以北京市为边界，以大白菜的流通渠道为研究内容，深入剖析大白菜的流通模式，借助效率评价模型，从不同的大白菜流通指标视角进行数据包络分析（Data Envelopment Analysis，DEA），探究现阶段北京市农产品流通渠道的效率及模式优化。

6.6.1　农产品流通模式评价研究综述

随着信息技术、电子商务平台及 O2O 的迅速发展，农产品的流通渠道和模式也在不断变化。鉴于农产品蔬菜流通市场的多样性，国内学者研究了部分农产品的流通渠道及流通模式，并通过构建模型进行定量分析，确定流通渠道效率的价值和实际意义。国际上主要从定性的方面阐述农产品的流通模式。

6.6.1.1　国内农产品流通模式评价研究综述

吴自爱在《欠发达地区农产品流通效率评价》一文中，运用 DEA 方法评价农产品流通效率，分为宏观层面的农产品流通效率评价和微观层面的农产品流通效率评价，宏观层面的农产品流通效率评价将年平均从业人数、交易成本、物流成本确定为投入指标，将销售额、库存额、主营业务利润确定为产出指标；微观层面的农产品流通效率评价将年员工人数、单位流通时间、交易成本、物流成本确定为投入指标，将客户满意度、销售额、净利润、1/商品柔性（选择产量柔性作为农产品的柔性指标，定义为无计划情况下农产品需求量增加 20% 所需增加的天数）确定为产出指标。

陈金波在研究湖北农产品流通效率时，运用了因子分析的方法，考虑了资产周转率、流动资产周转率、固定资产周转率、存货周转率、库存率、利润率、购销率、集中度这八个因素。

郭艳运用 2000—2011 年省际面板数据，对中国农产品流通效率评价及影响因素进行了研究，考虑数据的可得性，选择各地区农产品流通数量作为产出指标（由各地区农村居民平均出售的粮、油、水果和蔬菜量乘以当地实际人口数表示），选择农村农产品流通相关资本数量（由农村家庭固定资本原值中的批发、餐饮、邮政和交通运输业数值加总得到，为了得到总值，将部分原值与当地乡村户数相乘）和农产品流通相关劳动力投入量（由与农产品流通相关的批发、信息传输、交通行业人员加总得到）作为投入指标，对于受价格波动影响较大的变量，使用各省相应年份的价格指数进行平减，将名义值折算成实际值。

王仁祥在《中国农产品流通效率评价模型构建及其应用》一文中，将农产品流通相关从业人员数量和农产品流通相关资本存量作为投入指标，选取农村农产品流通量和农产品流通业近似总产值作为产出指标；王家旭将农村劳动力数量、农民资本存量作为投入指标，选取农产品增加值作为产出指标，二者均与郭艳想法大致相同。

陈耀庭在《不同流通模式下农产品流通效率比较研究》一文中，运用案例分析方法，考虑到流通成本、流通费用率、利润率、生产者得分比率这四个因素，对天宝香蕉的四种流通模式的流通效率进行测试。

汪旭辉、张其林研究了基于线上线下融合的农产品 O2O 流通模式，提出了 O2O 可以提高农产品流通效率，对于平抑农产品价格、确保农产品质量安全有着重要的意义。赵晓飞、田野阐述了要提高中国农产品流通渠道运行的绩效，解决“小农户”与“大市场”之间的矛盾，关键是要对农产品流通渠道模式进行创新。

6.6.1.2　国际农产品流通模式分析

日本、韩国均以批发市场为主渠道，以拍卖为手段。日本农产品流通渠道主要依赖于中央和地方财政投资的中央批发市场。该模式的农产品流通呈现出的优点是流通规范化、法制化、效率高；缺点是流通渠道环节多，表现为“生产者—上市团体—批发商—中间批发商—零售店—消费者”，流通成本较高。

法国、德国、荷兰等国的批发市场与东亚模式相比，批发市场流通比例较小，而且大多数大型批发市场仍然坚持公益性原则，如法国就指定了全法的 23 所批发市场为国家公益性批发市场。与此同时，这些国家的农产品批发市场形式也有所不同，农产品直销比例呈现出不断上升的趋势，该模式的农产品流通主要呈现出以下特点：一是鼓励发展生产、加工、销售一体化，并将产前、产后相关企业建在产地；二是建有完善的现代化大型公益性农产品

批发市场；三是农产品实行标准化生产。

美国、加拿大和澳大利亚农产品的直销体系很发达，农产品销售均以直销为主。该模式的农产品流通主要呈现出以下特点：一是产地专业化，直接面对大城市的零售连锁网络和超市，流通渠道短、环节少、效率高；二是服务机构齐全；三是现货市场与期货市场并举，市场交易以对手交易为主。

6.6.2　研究方法分析

我们分别总结了不同的观点和方法对农产品流通效率进行的评价，其中包含微观和宏观的视角，有些运用 DEA 方法，有些使用因子分析方法，还有些使用案例分析方法。因子分析方法是研究从变量群中提取共性因子的统计技术，可在许多变量中找出隐藏的具有代表性的因子。将相同本质的变量归入一个因子，可减少变量的数目，还可检验变量间关系的假设。在这里我们拟通过定量分析找出最优的大白菜流通路径，因子分析方法可以在进行下一步细化研究时使用。数据包络分析常在当被衡量的同类型组织有多项投入和多项产出，且不能折算成统一单位时使用，这里的大白菜流通模式效率评价就属于这种情况。常用的基于数据包络分析方法的模型有 1978 年由查尔斯、库伯和罗德斯三人提出的基于规模收益不变的 CCR 模型、1984 年由班克尔、查尔斯和库伯三人提出的基于规模收益可变的 BCC（Banker、Charnes and Cooper）模型和 1993 年由 Tulkens 提出的混合整数线性规划模型——FDH（Free Disposal Hull）模型。

我们选取北京市新发地批发市场、北京京客隆超市、北京超市发超市、北京樊家村菜市场和纪家庙菜市场为样本，通过问卷调查，得到可靠的大白菜流通相关数据。运用数据包络分析方法对北京市大白菜流通模式的效率问题进行实证研究，评价大白菜各种流通模式的效率性，找出可完善的模式及可推广的相关流通渠道。

研究北京市大白菜流通模式的效率问题，由于其各个流通模式的规模不同，需要使投影点的生产规模与被评价决策单元（Decision Making Unit，DMU）的生产规模处于同一水平。所以我们选取基于规模收益可变的 BCC 模型来评价北京市大白菜流通模式的效率。

6.6.3 农产品流通模式与 DEA 投入产出指标体系的选取

6.6.3.1 北京市现有大白菜流通模式

根据我们实地调研及文献资料的研究结果，得知北京市大白菜流通渠道的模式共有 20 种，如图 6－1 所示。

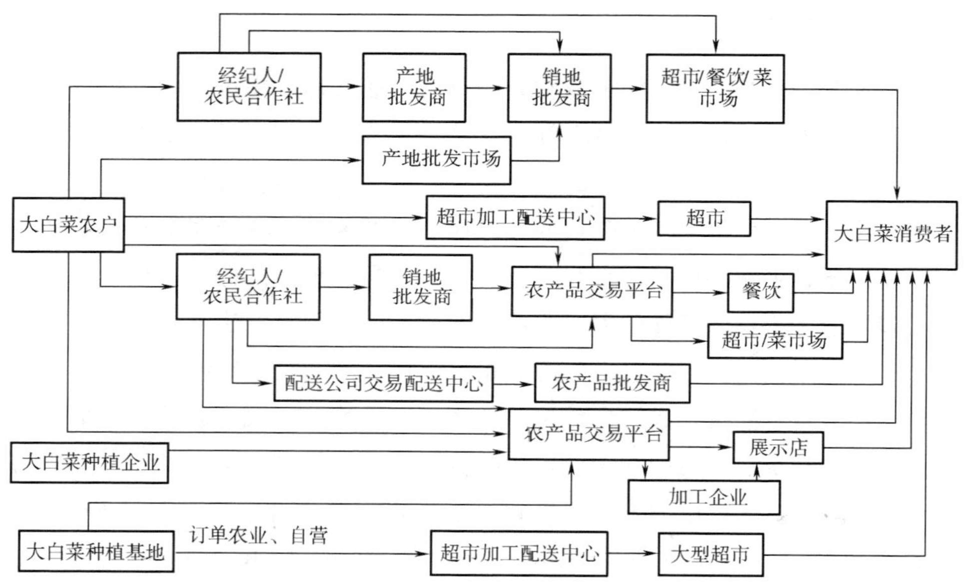

图 6－1 北京市大白菜流通渠道

20 种模式分别为以下形式。

①农户—经纪人/农民合作社—产地批发商—销地批发商—超市/餐馆/菜市场—消费者；

②农户—经纪人/农民合作社—超市、餐馆、菜市场—消费者；

③农户—产地批发市场—销地批发商—超市/餐馆/菜市场—消费者；

④农户—经纪人/农民合作社—销地批发商—超市/餐馆/菜市场—消费者；

⑤农户（订单农业）—超市—消费者；

⑥种植基地（订单农业、自营）—大型超市—消费者；

⑦农户—经纪人/农民合作社—销地批发商—农产品交易平台—餐饮—消费者；

⑧农户—经纪人/农民合作社—销地批发商—农产品交易平台—消费者；

⑨农户—经纪人/农民合作社—农产品交易平台—餐饮—消费者；

⑩农户—经纪人/农民合作社—农产品交易平台—消费者；

⑪农户—经纪人/农民合作社—配送公司（交易配送中心）—农产品批发商—消费者；

⑫农户—农产品交易平台—消费者；

⑬农业企业—农产品交易平台—消费者；

⑭农户—农产品交易平台—展示店—消费者；

⑮农户—经纪人/农民合作社—农产品交易平台—展示店—消费者；

⑯种植基地（订单农业、自营）—农产品交易平台—展示店—消费者；

⑰农户—农产品交易平台—加工企业—展示店—消费者；

⑱农户—经纪人/农民合作社—农产品交易平台—加工企业—展示店—消费者；

⑲种植基地（订单农业、自营）—农产品交易平台—加工企业—展示店—消费者；

⑳农户—经纪人/农民合作社—销地批发商—农产品交易平台—超市/菜市场—消费者。

其中，①~⑪流通渠道来自对新发地批发市场、京客隆超市、超市发超市及樊家村菜市场、纪家庙菜市场等的市场调研，⑫和⑬流通渠道来自王珂《电子商务参与下的农产品供应链渠道分析——以“菜管家”为例》（2014），⑭~⑳流通渠道来自汪旭晖的《基于线上线下融合的农产品流通模式研究——农产品 O2O 框架及趋势》（2014）。

6.6.3.2　DEA 投入产出指标体系的选取

大白菜从产地流通到北京市消费者手中要经过多个环节，通过前面的调查和分析，可以得到这些环节及相应环节所发生的费用，如图 6－2 所示。

本项目投入指标的选取参考了各种文献，参考上图所示的调研结果，通过分析大白菜的流通环节以及流通成本，以数据的可获性以及分析的科

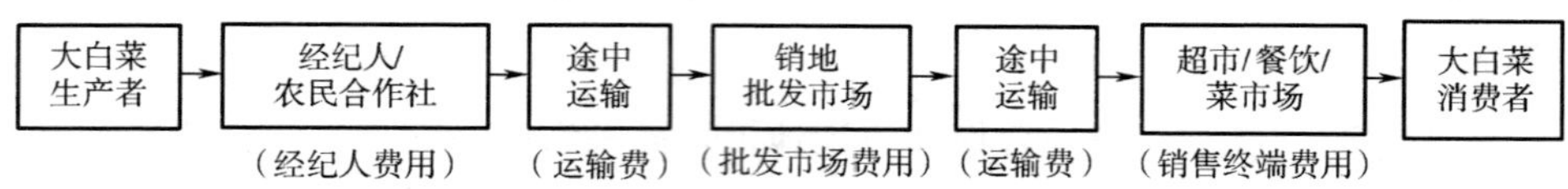

图 6－2　大白菜流通环节及成本

注：大白菜流通成本＝物流成本（运输装卸等）＋交易成本（人员和摊位等）

学性、全面性为基础，以“质量好和价格低”为原则，将选取的指标确定为流通时间（大白菜从农户摘下一直到消费者手中的时间）与流通成本。其中，流通成本包括大白菜的物流成本（运输装卸等成本）与交易成本（摊位费等成本）。有些文献也将农村农产品流通相关资本数量、农产品流通相关劳动力投入作为投入量，但此类指标过于宏观，而本项目意在利用微观数据，从微观角度出发，发现蔬菜流通的一般规律，故此类指标与本项目的目的不符。

产出指标通过调查问卷所得。问卷中列出了各种主要的农产品产出指标，被调查者需要从 10 种产出指标中选取最重要的两个。10 个产出指标分别为农村农产品流通量、农产品流通业近似总产值、利润率、生产者得分比率、客户满意度、销售额、库存额、净利润、1/商品柔性和价格。由于蔬菜是关乎消费者的大事，本项目根据调查结果，选取前两位作为本项目的产出指标，将产出指标确立为大白菜的客户满意度（客户满意度可以在一定程度上反映大白菜质量）和价格。

6.6.4　北京市农产品流通模式效率实证分析

6.6.4.1　北京市大白菜流通模式效率实证数据

根据调研获得的大白菜流通数据，对北京市大白菜流通模式进行实证分析，将每一种流通模式看作一个 DMU。在数据包络分析法中，只有当决策单元的数量大于 3 × 投入变量数量 × 产出变量数量时，比较结果才更加精确，本项目没有对 20 种大白菜流通模式进行二次合并，而是直接将其带入 BCC 模型中，其投入与产出结果如表 6－2 所示。

表 6-2　大白菜流通实证数据

流通模式 (DMU) Distribution Mode (DMU)	流通时间（天）Distribution Cycle (Day) X_1	物流成本（元）logistics Cost X_2	交易成本（元）Transaction Cost X_3	客户满意度 (%) Customer Satisfaction Y_1	1/大白菜价格（元）×100 1/Vegetable prices (yuan) ×100 Y_2
DMU1	3.00	125 000.00	39 600.00	59.88	83.33
DMU2	1.50	18 333.33	15 333.33	20.62	72.46
DMU3	2.50	110 000.00	45 600.00	82.30	83.33
DMU4	2.50	115 000.00	45 600.00	75.44	83.33
DMU5	1.00	18 333.33	21 333.33	85.78	72.46
DMU6	1.00	18 333.33	15 333.33	82.33	72.46
DMU7	2.50	187 000.00	15 600.00	63.54	72.46
DMU8	2.50	151 000.00	15 600.00	79.66	40.00
DMU9	2.00	87 000.00	16 000.00	52.66	40.00
DMU10	1.50	51 000.00	6 000.00	94.33	40.00
DMU11	2.50	108 333.33	49 600.00	72.68	40.00
DMU12	1.00	72 000.00	12 000.00	59.68	40.00
DMU13	1.00	36 000.00	12 000.00	58.25	40.00
DMU14	1.00	51 000.00	22 000.00	67.67	40.00
DMU15	1.50	66 000.00	16 000.00	84.79	40.00
DMU16	1.00	41 000.00	10 000.00	54.80	40.00
DMU17	1.50	66 000.00	26 000.00	81.75	20.69
DMU18	2.00	81 000.00	26 000.00	83.64	20.69
DMU19	1.50	71 000.00	20 000.00	86.25	20.69
DMU20	2.50	223 000.00	45 600.00	70.33	40.00

注：X_1、X_2、X_3为通过调查走访白菜的各流通环节主体，如农户、批发商、第三方物流、收购商、各类零售商等，由调研数据中获取。其中，X_1是各个流通渠道从产地运到消费者手中的周期，X_2是各个流通渠道的运费、装卸费等的汇总，X_3是各个流通渠道摊位费、进场费、招标费、损耗、库房费等的汇总。由于存在规模效应，运输半车大白菜和整车大白菜的投入相差不多，故不便将投入换算为单位成本，这也是本项选取数据包络分析方法的原因，这种方法可以通过相互比较去除此影响。Y_1通过调查问卷所得，问卷中给出了各个流通渠道的信息，被调查者需要对各个流通渠道的满意度进行打分，分值在 0～100，分值越高表示顾客对该流通模式的结果越满意。笔者在首都经济贸易大学附近调查了京客隆超市、樊家村菜市场和万年花城小区，共派发出 300 份问卷，回收 295 份问卷，其中有效问卷数量为 281 份，笔者对这 281 份问卷中的顾客满意度评分进行了汇总平均，结果如表 6-2 所示。Y2 通过实地调研超市、菜市场和网络数据综合获得，因产出需越大越好，与大白菜价格越低越好的实际情况不符，故取其倒数。为计算方便，将倒数扩大 100 倍进行 DEA 分析。

6.6.4.2 北京市大白菜流通模式效率实证结果

将上表输入 Excel 代入 BBC 模型，运用 MaxDEAPro6.4 软件，导入 Excel 表格，通过计算并整理后得出的结果如表 6－3 所示。

表 6－3 大白菜流通 DEA 分析结果

No	DMU	Score
1	DMU 1	0.44
2	DMU 2	1.00
3	DMU 3	0.46
4	DMU 4	0.46
5	DMU 5	1.00
6	DMU 6	1.00
7	DMU 7	0.81
8	DMU 8	0.48
9	DMU 9	0.47
10	DMU 10	1.00
11	DMU 13	0.34
12	DMU 11	0.78
13	DMU 12	0.76
14	DMU 14	0.79
15	DMU 15	0.76
16	DMU 16	0.79
17	DMU 17	0.65
18	DMU 18	0.53
19	DMU 19	0.73
20	DMU 20	0.33

以上我们不难看出，DMU2、DMU5、DMU6、DMU10 处于相对高效的状态，分别是大白菜农户通过经纪人或农民合作社到达零售商最后到消费者，农户或种植基地直接到超市最后到消费者，还有农户将大白菜交给经纪人或

农民合作社，通过农产品交易平台直接到达消费者。DMU2、DMU5、DMU6这三种大白菜流通模式都可以归类于“农超对接”类流通模式，而DMU10则属于现在比较流行的电子商务平台流通模式。值得注意的是，农户将大白菜交给经纪人或农民合作社，通过农产品交易平台直接到达消费者反而比大白菜经由农户或农业企业直接到消费者更加有效率。

6.6.5 结论与建议

6.6.5.1 北京市大白菜流通模式研究结论

通过以上分析可以得出如下结论：传统的以批发商为主导的大白菜流通模式由于流通过程中主体过多，会增加大白菜的流通时间和交易成本，而且流通渠道过长也会增加物流成本增加的风险。不使用冷链等技术会因流通时间长而降低大白菜质量、影响顾客满意度，但增加冷链又会增加物流成本，从而使得大白菜价格上升，影响顾客的满意度，导致运行低效。

由实证结果我们可以看出“农超对接”这一流通模式是持续、稳定、高效的大白菜流通模式。通过参考对照我们发现，高效的流通模式是DMU2、DMU5、DMU6和DMU10，DMU2、DMU5和DMU6都是“农超对接”流通模式。从相关文献中我们也发现，“农超对接”这一模式在安全性方面也是最好的。北京京客隆超市就在采用这种流通模式，取得了很好的效果。

而新兴的电子商务平台流通模式运行效率也相对较高，可以看到DMU10就是电子商务平台流通模式。由于电子商务平台模式伴随着互联网热潮刚刚兴起，从结果来看不是越直接越高效，运作方式和配套设施还需完善，特别是冷链和配送环节，还需拭目以待。

6.6.5.2 北京市大白菜流通模式建议

通过以上调研和定量分析与研究，我们对北京市大白菜流通给出如下建议。

（1）大力推广“农超对接”大白菜流通模式。“农超对接”大白菜流通模式是相对高效的，它缩短了大白菜流通周期，降低了中间环节费用，增加了食品安全保障，所以建议大力推广“农超对接”大白菜流通模式。

（2）完善物流系统、鼓励互联网+农业的发展模式。电子商务平台大白菜流通模式虽然高效，但目前尚未形成规模效应。我国正处于电子商务发展迅速，物流系统特别是冷链物流落后，导致电子商务平台大白菜流通模式处在小众消费的尴尬局面。建议完善国内冷链物流体系，推动电子商务平台大白菜流通模式的规模化和规范化。

大白菜在蔬菜中具有一定的代表性属性，大白菜的流通效率也能够代表一些农产品流通的效率。针对大白菜进行的流通效率研究，对大部分农产品流通的效率具有一定的参考和借鉴意义。

7 农产品 O2O 流通模式的电子商务平台框架研究

7.1 我国农产品电子商务平台发展研究

我国对农产品电子商务模式的研究始于 21 世纪初期，起步较晚。吴玉刚对农产品电子商务进行了传统的基本分类，即 B2B、B2C、B2G 模式。万彼宁结合中农网对 B2B 模式进行了剖析。随着互联网技术的发展，我国农产品电子商务在理论和实践上都迎来了突破性的发展。我国的许多学者对农产品电子商务也进行了不同程度的研究，领域涵盖金融、电子商务技术、贸易、物流等各方面。

2017 年 5 月，阿里巴巴发布《从“客厅革命”到“厨房革命”——阿里农产品电子商务白皮书（2016）》（以下简称“白皮书”），数据显示：阿里农产品交易额首超千亿元，同比增速超过 40%，增长速度超过平台总体增速，反映出农产品电子商务良好的增长势头。2016 年天猫生鲜商品数量已超 12.5 万种，涵盖了全球 147 多个国家和地区，商品大类包括优质水果、水产等。消费者网购进口农产品金额快速增长，反映出农产品消费升级的重要方向。阿里巴巴集团研究中心测算：电子商务对农产品的渗透率每增长 1%，就将增加 200 多亿元的销售额。

7.1.1 国内农产品电子商务平台的发展

7.1.1.1 国内农产品电子商务现状

2015 年以来，我国农村电子商务得到飞跃发展。从农产品电子商务的建设方来看，目前中国农产品电子商务主要有两类：一是政府主办的以中国农业信息网为代表的信息服务网站和各级地方政府建立的涉农网站；另一个是各经济实体建立的商务化服务网站（或称“交易类电子商务”），主要从事农产品产供销等环节的商务电子化服务，该类电子商务发展迅速，通常采用B2B、B2C等形式，采用信息整合、产品交易、在线拍卖等模式。以下着重分析第二种交易类电子商务发展。

我国交易类农产品电子商务目前形成了“两超多强小众”的格局。“两超”主要指：阿里系列的淘宝天猫网店平台、高端频道“喵鲜生”、大众化果蔬天猫超市，京东系列京东商城、京东商城生鲜频道。“多强”主要指亚马逊、中粮我买网、顺丰优选、沱沱工社、菜管家等。“小众”主要指菜篮网、多利农庄、易果生鲜、许鲜网、青年菜君、优果网等。从农产品电子商务模式和动力驱动来看，我国农产品电子商务的发展如表7－1所示。

表7－1　2017年度中国农产品网上交易平台一览表

网站/形式	业务模式	网站特色	驱动力
阿里系	B2B和C2C综合电子商务	全球特色馆，千村万县计划，村级淘宝菜鸟网络	平台驱动
京东系	B2C到O2O的延伸	自营与平台相结合模式、致力于物流的电子商务，京东帮服务店＋县级服务中心	平台驱动
1号店	B2C综合电子商务	生鲜农产品频道，国外直采及自营优势	平台驱动
易果生鲜	全品类、多渠道、发展联营	生鲜电子商务企业的先行者，在保障品质的基础上，从品类、渠道、模式多方面延伸优势	需求驱动
中粮我买网	B2C平台电子商务	首家生鲜冷冻商品网络经营模式，海外直采缩短了供应链长度	供应链驱动
顺丰优选	物流电子商务	全球美食优选，精品果蔬农产品	物流驱动
沱沱工社	农场直销	透明供应链网上直供	产品驱动
菜管家	B2C团购模式	最大的有机食品网上超市，依托广泛的农业基地联盟进行食品来源和品质控制	产品驱动
多利农庄	全产业链模式	上海规模最大专业从事有机蔬菜种植和销售的有机农庄，拥有技术优势和品牌优势	供应链驱动
本来生活	垂直电子商务	以媒体的思维做电子商务，需求导向	产品驱动

续表

网站/形式	业务模式	网站特色	驱动力
小毛驴市民农园	CAS（社区支持农业）	“订单农业”模式，关注有机绿色生态蔬菜，体验种植收获	产品驱动
一米鲜	以销定采	轻库存模式，保证产品新鲜	需求驱动
永辉超市半边天	O2O 模式	线上与线下融合的传统超市	O2O 驱动

7.1.1.2　国内农产品电子商务平台分类

（1）巨星互联网平台驱动型。据阿里研究院统计，2016 年我国农产品网络零售交易总额将达 2 200 亿元，比 2015 年增长 46%，2016 年阿里平台农产品销售额可达 938.9 亿元，在卖家数量上，阿里平台农产品卖家数量可达 103.5 万。天猫力筹的高端生鲜品牌“喵鲜生”，所售商品目前涵盖了全球 70 多个国家的中高端的进口商品，商品数量超过 10 万个。京东大力开启农村电子商务，乡村推广员人数达 15 万，服务 15 万个行政村；县级服务中心超过 1 100家。京东的农村电子商务策略为农产品进城提供平台，依托其强大的平台优势和先进的物流体系为农产品流通提供支持。1 号店的“活色生鲜”频道大力进军国外采购，依靠直采及自营优势，向消费者提供各国优质的品牌和产品。

（2）供应链驱动型。背靠中粮集团的“我买网”，以缩短供应链长度、加强供应链深度为目标，在国内着力打造“指尖上的菜市场”，开创了首家生鲜冷冻商品网络经营模式。多利农庄是上海规模最大的专业从事有机蔬菜种植和销售的有机农庄，其借助有机种植的技术优势和品牌优势，将搭建全球供应链。

（3）物流驱动型。快递企业顺丰速运旗下电子商务网站“顺丰优选”以全球美食优选网购商城为目标，采用企业自身“农产品销售电子商务平台 + 自身物流配送”的模式进行产销对接。

（4）社区支持农业（Community Support Agriculture，CSA）。社区支持农业的概念于 20 世纪 70 年代起源于瑞士，并在日本得到最初的发展。根据我国农产品发展情况可称之为“订单农业”。典型代表是北京小毛驴市民农园，其专注有机食品，保证天然无污染。

（5）产品驱动型。典型代表是沱沱工社、菜管家。沱沱工社依靠自建的有机农场坚守高品质产品，并依托“透明供应链”将产品质量透明管理体系应用于食品行业供应链，实现“按需采摘、农场直送、价格适中”的网上直供模式。菜管家依托广泛的农业基地联盟、强大的信息技术和物流配送实力，专注食品来源和品质控制，成为中国优质农产品和食材订购平台。另外，传统超市的O2O进程逐渐拉开了帷幕，大润发的“飞牛网”和永辉超市的“永辉微店”都在不断地探索。

7.1.2 国外农产品电子商务发展的启示

世界各国对农产品电子商务的研究与发展都给予了极大的关注、支持和投入。美国对农产品电子商务的研究最早起源于20世纪70年代，随着理论研究的深入，应用也达到了一定规模。在英国、德国等国家，农产品电子商务的研究与发展也得到各方面的重视，并得到广泛应用。

7.1.2.1 农产品电子商务规模发展

美国作为信息化程度较高最高的国家，是农产品电子商务的先驱。美国统计局（http：//www. census. gov/）近10年提供的数据显示（见图7－1），初级农产品批发电子商务交易量总体呈上升趋势，从2005年的52.57亿美元增长为2014年的132.97亿美元，增长了152.9%。美国的大型农产品网站超过了400个，比较成功的农产品电子商务网站有Local harvest、Whole Foods Market（WFM）、Farmigo、FreshDirect、Amazon Fresh等。

英国统计部门的数据显示，截至2012年年末，英国网民已经有8 200万人，是2006年的3.7倍。网络信号基本覆盖到乡村，2014年英国各类农场的电脑联网率达到了100%。在具体的农产品交易中，有95%的农业企业会在互联网上参与电子商务业务；其余的5%没有参加，主要是农场的规模小、产品单一所造成的。

据日本电子商务推进协议会调查，2014年日本电子商务交易额上升到201.03万亿日元，其中农产品占20.04%。2015年日本B2B的市场规模达到225.4万亿日元，整体电子商务化占比21%。

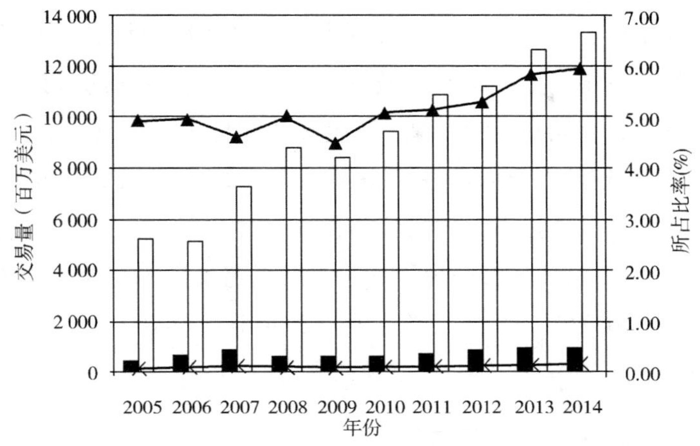

图 7－1　美国农产品电子商务规模变化趋势

7.1.2.2　农产品电子商务发展模式

（1）农产品电子商务的 O2O 模式。这种模式是将中小型农场、社区支持农业农场和消费者资源进行整合，为买卖双方提供电子交易平台。以 Local harvest 为例，其基本模式是建立连接本地中小型农场的网购平台，消费者进入网站之后搜索农产品，同时网站利用 Google Maps 定位消费者的地点，消费者找到其周边可提供相应农产品的农场进行在线购买。Whole food market 的运营模式是在移动用户的 APP 上，消费者可以选择食谱生成购物清单，然后查找附近的 Whole food market 进行购物。德国生鲜电子商务 Hello Fresh，为客户提供定制食谱以及食材配送服务，并把快餐连锁企业与消费者连接在一起，为顾客打造一种健康的生活方式和全新的生活体验。

（2）社区服务 CAS 模式。这种方式以为买卖双方提供交易平台为主。它关注农产品的供应链和销售两大方面，力图为供应商和消费者提供及时有效的供求信息，使双方在公平的环境中进行交易，实现共赢。美国交易平台 Farmigo 创造性地打造了“食物社区”的理念，它将地理位置相近的消费者整合到同一个“食物社区”当中，并与当地的农场相匹配，其创新点在于 O2O + B2C 社区化导流，真正开启团购模式。

（3）高密度仓库实现物流服务。Amazon Fresh 是这一模式的成功案例。

Amazon Fresh 是2007 年在美国西雅图成立的主要从事生鲜配送服务的农产品电子商务交易平台。针对生鲜食物保质期短、易变质的特点，亚马逊构建了完善的冷链物流系统，依托自身高效率的配送中心、发达的云计算技术保证食物及时的采摘、存储和运输，保证了生鲜“同日送达”或“次日送达”。

（4）混合模式发展。Ocado 是英国最大的 B2C 零售商，也是世界上最大的网上食品零售商，依托强大的物流与供应链体系，采用“线上平台 + 移动端购物 + O2O”模式，“虚拟橱窗”购物与线下超市合作的成功得到资本市场的认可。Argos，作为英国最成功的电子商务企业，覆盖 2/3 的英国家庭，实现“线下目录销售 + B2C + O2O”三模式整合。

7.1.3 国内外农产品电子商务平台比较研究

7.1.3.1 农产品电子商务平台对比指标体系

对农产品电子商务平台的评价会成为促进和改进农产品电子商务建设的一种新途径。通过对国内外农产品电子商务网站的评价，可以发现农产品电子商务本身的优势和特色，以及存在的各种突出问题，促进我国农产品电子商务的发展。农产品电子商务对比指标体系如表 7－2 所示。

表 7－2 农产品电子商务对比指标体系

一级指标	二级指标
产品定位	产品定位
产品质量	产品损耗率、产品安全、产品标准化程度
物流发展水平	物流配套体系、物流成本
组织化程度	农民合作组织、行业协会组织
电子商务平台发展能力	信息化水平、供应链管理水平电子商务人才水平
盈利模式	盈利模式
品牌建设	品牌化程度
服务范围	服务范围大小
与传统流通渠道的关系	与传统流通渠道关系

7.1.3.2　农产品电子商务平台比较研究

随着互联网技术的应用，国内外农产品电子商务发展都比较迅速，但国内农产品电子商务的水平与发达国家还存在很大的差距（见表 7－3）。据统计，截至 2014 年年底，从流通主体看，我国加入农业专业合作组织的农户约在 10%，而美国这一比例在 90%，日本更是达到 99%。农产品流通服务设施与体系落后或缺乏。我国批发市场中大部分市场没有信息服务，仅有 17% 配有磁卡通信设备，21% 建有电子屏幕，34% 建有网络信息中心，市场公开竞价机制落后。连锁经营、订单农业等较为新型的流通方式发展滞后。在我国农产品流通中，超市销售占比不足 10%，而美国这一比例达到了 95%，德国为 82%，日本为 75%。由于上述指标的国内外相关数据难以收集和整理，我们采用定性的方式，对国内外农产品电子商务平台发展进行简要比较。

表 7－3　国内外农产品电子商务平台发展比较

	国　内	国　外
产品定位	品类多而杂的不完全电子商务	品类定义清晰的完全电子商务
产品质量	产品损耗率高、缺乏有力监督，安全性保障低、产品标准化程度低	产品损耗率低、透明化质量管理，安全程度高、产品标准化程度高
物流发展水平	冷链基础薄弱，配送成本高 农产品全产业链水平低	健全的冷链仓储物流、遍布的配送中心、全产业链水平高
农民组织化程度	个体农户或大型种植基地	家庭农场或中小型农业基地
行业组织	行业协会组织弱小	行业协会有较高的权威性
物流体系与配套设施	物流基础薄弱，配送成本高 农产品全产业链水平低落后	健全的仓储物流、遍布的配送中心、全产业链水平高
盈利模式	会员、广告宣传、交易佣金、减少供应链环节和库存、提高市场占有份额	会员和广告宣传、交易佣金、完善的服务赚取附加值、直采模式
品牌建设	依托国外优质产品	依托大型超市或公司品牌
服务范围	服务的区域性	服务的区域性和全局性结合
与传统流通渠道的关系	竞争	合作

我国农产品电子商务虽然取得了一定的发展，但自身仍存在着诸多问题和制约因素。我国农产品电子商务模式与国外基本相同，但供应链与物流水平与国外存在明显差距。我国虽有众多农产品电子商务平台，但仍摆脱不了农贸市场还是我国主要农副产品集散地的事实。因此，应根据中国的国情，发挥农贸市场和供应商的积极作用，以协同的关系共同推动我国农产品电子商务的健康快速发展。

7.1.4 我国农产品电子商务存在的主要问题

从实践角度看，物流配送成本高、效率低，缺乏盈利点，标准化程度低，平台服务落后等问题一直没有解决。造成这些问题的根本原因有两个：一是农产品电子商务的生产端和客户端存在大量的、分散的生产者和消费者，如何通过有效的电子商务平台和物流体系将两者联系起来，实现农产品在两端之间的快速流通是一个复杂的问题；二是农产品自身特点决定的，农产品的概念非常广，产品种类繁多，产销链很长，从产业链看农产品，采摘、分拣、加工、存储、运输、配送等方面存在诸多问题。

在供应链前端，农户的组织化程度低，主要停留在个体农户，产品源头不具备规模化，商品的标准化程度低，多数产品仅处于原材料倾销的阶段。对于用户来说，买的不仅仅是商品，是健康生活，是用户体验。农产品品牌建设严重滞后于工业产品品牌和服务产品品牌，这也是国内农产品电子商务企业的食品大多依赖于国外进口的原因。

在供应链中端，产品的组织化程度低，缺少既懂农业又懂电子商务的专业人才和服务机构，导致服务意识和服务水平不匹配市场需求，运营效率低。

在供应链末端，冷链的基础配套很薄弱，配送网点还不够丰富，同时还没有足够的能力降低配送成本。

7.1.5 推进我国农产品电子商务发展的策略

7.1.5.1 促进农业产业化经营

农业产业化经营是农业生产现代化的重要内容。农产品的产业化经营可以从价值链上增加农产品的价值。农村地区农产品加工企业的发展，尤其是

龙头企业的发展，不但可以创造出更多的农产品品牌，在一定程度上加快当地农业的标准化生产，提高产品的品质，还可以发挥供应链管理的协同作用，提高产品的市场竞争力。

7.1.5.2 健全农产品电子商务平台相关服务配套体系

科技进步能够为农产品发展提供技术支持。中国在农产品科技研究上落后于国际先进水平，特别是在配套设施研发上，还存在较大差距。农产品物流配送体系对农产品电子商务发展的制约表现得尤为明显。因此，在政府对农村地区交通设施进行大力建设、改善的情况下，要加快电子商务的发展就必须尽快建立起从乡村到城市的集仓储、冷藏、加工、配送以及长短途运输功能为一体的农产品配送体系。

7.1.5.3 加快信息设施建设，降低信息成本

我国的农村信息基础设施建设存在不平衡现象，而且各地的农民信息素质也是不一样的。因此，在农村信息网络建设上，应当具有针对性。积极发展网络信息传输，或者依托目前较为普及的电话网、电视网、广播网，大力发展广播电视和通信工程，在此基础上，开发并传授以上述网络为依托的适合农民的信息获取技术，搭建多种形式的信息服务平台，直接面对农民提供信息咨询服务，提高农民的信息应用能力。

7.1.5.4 制定行业标准，提高产品品质

完善的行业管理标准是实现农产品经营主体标准化生产、规范化经营的重要手段。农产品的标准化控制可以从生产过程标准化和农产品加工、流通环节标准化两个方面着手控制。在此基础上，更好地迎接供给侧变革，加强农产品的“精耕细作”。就目前我国农产品品牌战略的实际需要而言，在一定的品牌数量基础之上，要注重品牌统一化、产品个性化和渠道多元化。

7.1.5.5 建设电子商务人才培养模式

信息基础设施的建设水平在一定程度上反映了一个地区的信息化水平。但是有发达的信息基础设施并不能表明电子商务就能发展。农产品电子商务能不能在农村地区发展起来在很大程度上取决于农民对于电子商务的了解、农民的信息利用能力以及网络应用能力。因此，要提高农民对农产品质量、品牌的意识，同时加强对电子商务和农业专门化人才的综合培养，提高复合

型人才的质量。

7.2 我国O2O电子商务平台的SWOT分析

当前电子商务整体交易规模不断扩大，网络消费总量屡创新高，电子商务呈现出多层次、多元化的发展趋势，为适应经济发展，出现了一种新型商业模式——O2O。O2O模式无疑是继B2B、B2C、C2C后另外一大运营模式。移动互联网技术、4G通信的普及，以及大数据、云计算等技术的发展都是促进O2O应用于市场的重要前提和根本保证。

O2O运营模式的一大特点就是“本地化”。所谓的本地化，是指在O2O运营模式中，涉及的线上线下相结合的业务，其中绝大部分都是基于地理位置的“本地服务”。在O2O模式中一个重要的元素就是LBS，即基于地理位置的业务，因此其要求商家必须具有实体店。人们不大可能也不大愿意拿着手机到相距甚远的地方进行消费，在O2O消费体验中，消费者首先进行线上购买，随后进行线下的实体店消费，实体店往往距离消费者较近。因此，O2O运营模式的一大特点就是线上线下结合的本地业务。诸如美团、大众点评、百度糯米等手机APP，都包含“离我最近”等按距离排序的项目。这是有利于消费者筛选信息、选择服务的，也是有利于商家宣传、及时有效发布服务信息的，是O2O运营模式的特点之一。

7.2.1 O2O是农产品电子商务发展的必然选择

7.2.1.1 解决农产品收购价格低、销售价格高的问题

流通环节过长后果是：在种地的农民这里，农产品其实卖不了高价，但到了消费者手里的时候，又基本不可能便宜。这是目前农产品行业的最大痛点。其中的差价，主要是产生于各个环节的加价和流通环节中各种正常损耗，比如水分蒸发带来的减重，搬运时产生的损耗，以及变质的风险。

7.2.1.2 解决农产品质量安全问题

随着人们生活水平的提高，对农产品质量的要求也越来越重视。由于农产品生产经营分散，不同农户生产的农产品即使是种类相同，也会由于投入

的生产资料，管理过程不同，导致生产出来的产品质量相差很大。O2O 促进了农产品质量的安全。一方面，O2O 模式可以追溯农产品的来源，对于供应商的选择会更加透明化，保证产品的可信度和安全性。另一方面，基于农产品的特殊属性，农产品 O2O 对于物流配送的时效性、安全性、服务优质性有较高的要求，在这些因素的推动下，O2O 的发展能够推动农产品质量的提升。

7.2.1.3　降低流通成本和损耗

O2O 促进了商流与物流的分离。O2O 平台能够发挥企业各自的优势：电子商务企业线上完成农产品交易、结算以及信息收集等。为物流企业引导客流，提高了交易速度，降低了交易费用；物流企业线下为电子商务企业提供物流服务。将纯正的物流过程外包于专业物流公司，提高了物流效率，降低了物流成本，实现了商流和物流线上线下客流信息的无缝衔接，促进了实体活动过程的分离。

7.2.2　基于 O2O 背景下农产品流通的 SWOT 分析

7.2.2.1　优势（strength）

一是在自然地理条件影响下，不同季节可以产出不同的农产品。北方土壤肥沃适合春夏季农作物的生长，南方则成为主要农作物产出地。根据季节和气候不同给我国农作物种植带来的比较优势，有针对性地选择适合农作物生长的地区，有利于优化资源配置，提高农产品产量，满足市场需求，避免重复种植损害农民利益。二是新型城镇化的发展带动了农产品物流的发展，加快了农产品的流通，城镇居民对农产品的需求也相应增加，拉动了农产品电子商务的发展。

7.2.2.2　劣势（weakness）

一是物流配送体系不完善。农产品 O2O 面临的重大挑战之一是如何将产品保质保量并准时送到消费者手中。二是农业信息化程度低是农产品物流的巨大障碍。当前农产品物流发展缺乏完善的物流信息网络，而且已有信息网络不健全，网络覆盖范围不够大，缺乏先进信息设备和畅通的农业信息网络的地区还有很多。另外，已有的各网络之间缺少平台，导致沟通不畅，信息不对称，难以形成整体合力。

7.2.2.3 机遇（opportunity）

一是政策扶持力度越来越大。近年来，中央到地方政府都出台了相关政策、法规来扶持农产品电子商务的应用与发展。农业部、国家邮政局等部门拟定和发布协同推进农村物流健康发展的意见，政府出台的这些政策法规和发展规划，为农产品电子商务的发展创造了有利的政策环境，并在资金、人力方面给予大力扶持，为农产品O2O的发展带来了新机遇。二是物流支付环节的风险大大降低。微信支付、支付宝支付、银行卡支付等多种支付方式的出现，大大降低了物流支付环节的风险。

7.2.2.4 威胁（threat）

一是受消费者传统观念影响市场不太稳定。农产品是刚性需求的产品类型，存在巨大市场需求。O2O模式不符合传统消费习惯，被消费者接受还需要一定时间，很多消费者对于这种模式还处于观望态度。二是农产品销售多样化、渠道化，但还没有建立高效的现代物流运营方式，造成物流成本居高不下。在配送环节中的要求也很高，一般的冷链货车根本无法满足要求，这些因素无形之中增加了农产品的物流成本。

7.2.3 农产品O2O电子商务平台的SWOT分析

7.2.3.1 优势分析

对于商家而言，选址成本降低。商家对于地址、地段的依赖性降低，有利于节约成本进行其他商业活动。

企业的信息收集、数据整合更加便利，实现精准营销。O2O模式中，每笔交易可跟踪，订单可查询，所有数据均录入计算机数据管理系统，方便电子商务企业对数据进行整合、分析。在大数据时代，数据的量将是关键，消费者的支付信息对于商家来说非常重要，方便其了解消费者购买信息的渠道，针对消费者购买特性，为其量身定制营销方案，达到精准营销的目的。

为消费者提供及时、全面、优惠的产品信息。在信息时代，商家为消费者提供全面、及时的优惠信息，消费者可以以此来筛选出符合自己需求和心理预期的产品，进而进行在线下单、支付、购买，完成O2O的闭环。消费者可以快捷方便购入低价产品，可以提升对于商家的“黏性”，成为长期客户。

7.2.3.2　劣势分析

O2O 模式中，消费者的评价是 O2O 的特色以及优势之一，评价对于其他用户非常重要，是他们参考以及选择是否消费的重要影响因素。由于 O2O 模式没有统一有效的信用认证和评价标准，各种各样的评价难以给消费者提供最有效的信用信息，用户对此有抵触心理。

运营管理不规范。由于 O2O 模式是个新事物，在行业标准、运作管理等方面还缺乏一定经验，难以进行有效的人事、公司运作管理。另外，O2O 模式下，网上展示的产品难免与实物存在差距，当差距大到客户难以接受时，则会使客户失去对公司的信任，进而失去消费的信心。

用户黏度不强。提出 O2O 模式，意在解决传统行业的电子商务化问题，但是简单整合互联网是远远不够的。O2O 需要有高黏度的用户，这就要求拥有强大的线下资源。客户体验到了线下资源的优质，才会对网站产生一定黏度。

7.2.3.3　机会分析

企业外部机会之一是风险投资热度较高。我国市场经济繁荣，尤其进入 2014 年的经济新常态以来，社会经济稳定发展。在生活服务、实体零售互联网化的巨大商机面前，风险投资（venture capital，VC）对于我国 O2O 行业的投资热度不减。

外部机会之二是国家政策优势。党的十八大召开以来，愈加强调企业的转型升级，李克强总理强调，要以改革开放和结构调整推经济提质增效升级。这就为企业向电子商务方向发展、布局 O2O 提供了指导性意见。O2O 无疑是企业进行产业结构调整，优化升级的必由之路。农产品 O2O 要提升商家利益，同时为买家创造交易环境、谋取福利，是一种经济发展方式的转变。传统企业向 O2O 进军，无疑是对党和国家的政策所要求的促进经济结构调整、企业转型的最大解读。

7.2.3.4　威胁

第一个威胁是新进入者的威胁。如今互联网整合线下实体商务的模式愈加普及，众多门户网站都准备涉足 O2O。

第二个威胁是缺乏相关法律法规。我国电子商务是近年发展起来的，

O2O 更是新理念、新模式，相关的法律法规很难跟上 O2O 的发展速度。现实中，消费者是线上支付线下体验，一旦遇到产品质量低、服务水平差、体验效果偏离心理预期等情况，消费者的维权成为难题。如何维权、向谁投诉都是亟待解决的问题，消费者可以依托的法律法规、网站的规章制度较少。门户网站制定的规章制度在现实中的应用不足，在面对消费者维权时不具有强制性和执法资格，难以有效解决消费者维权难的问题。消费者利益受到损害，难以通过法律途径解决，这也是我国当前电子商务发展存在的主要问题。

第三个威胁因素是缺乏强有力的监管队伍。不法组织或个人通过设立网站平台，发布虚假信息骗取消费者钱款的恶劣欺诈行为屡见不鲜。这些现象的发生大大降低了 O2O 网站在消费者心目中的地位，有损采用 O2O 模式的企业的形象。目前我国相关部门在电子商务、消费者维权方面的监管工作刚刚起步，缺乏经验，需要一支专业化、有技术、懂理论的综合人才队伍进行监管工作。

7.3 农产品电子商务平台的发展战略与模式

随着信息技术的迅速发展以及互联网在全球的应用和普及，电子商务得到迅速推广和发展。电子商务的产生和发展源于适宜的社会和技术基础的形成，即计算机的广泛应用、网络的普及和成熟、安全支付技术的保障，以及新的消费观念的形成等因素。我国发展电子商务应立足于国情，以“商务为本”；同时，政府要给予强力支持，制定国家、地方的发展规划、战略和对策，增加对网络基础设施尤其具有前瞻性基础设施建设的投入。

经过长期培育而形成的企业核心能力成为企业所独具的最大竞争优势，因此筛选并培育企业的核心能力成为新的经济增长点。要特别指出的是，“流通速度”这一古老概念，如今又成为信息时代企业核心能力的新要素。而实现“流通速度”的新突破，正是电子商务的价值所在。

我国地域辽阔，人口众多，经济总量正在步入世界前列，因此电子商务的发展空间非常大，前景广阔，影响深远。我们必须认真思考如何发展电子商务的问题，正确应对，未雨绸缪地进行全方位的科学谋划。

7.3.1 农产品电子商务发展背景

我国电子商务的发展始于20世纪90年代初期，起步较晚。以国家公共通信基础网络为基础，以国家“金关”“金桥”“金税”“金卡”四个信息化工程为代表，1998年开始进入互联网电子商务发展阶段。2015年，政府部门出台多项政策促进农产品信息化快速发展。中国互联网络信息中心（CNNIC）2016年12月发布的《中国互联网络发展状况统计报告》显示，截至2016年12月，我国网民规模达7.31亿，互联网普及率达到53.2%，超过全球平均水平3.1个百分点，超过亚洲平均水平7.6个百分点，反映了我国互联网技术在农村发展水平的提高。图7－2为我国电子商务发展的历程。

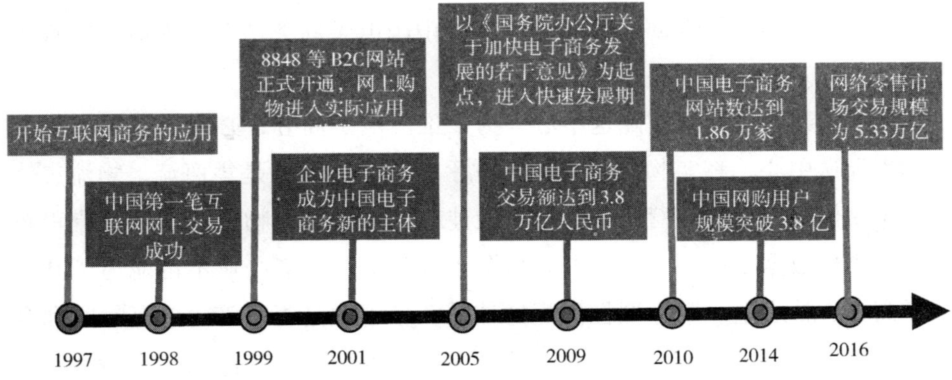

图7－2 我国电子商务发展历程

近年来中国的电子商务市场交易总额正以迅猛态势持续上升，力创新高。据商务部报告，2015年中国电子商务市场交易总额达16.2万亿，同比增长21.2%。

7.3.2 政府层面的电子商务平台发展政策

电子商务的发展需要政府和企业积极参与和推动。尤其在电子商务发展的初期，更需要政府制定国家、省域的发展规划、发展战略和对策，给予强力指导。在发达国家，发展电子商务主要依靠私营企业的参与和投资，但仍需政府积极引导。在中国这样的发展中国家，需要政府直接参与和帮助，以便更好地发挥制度优势。与发达国家相比，发展中国家的企业规模偏小，信息技术落后，债务偿还能力弱，政府的参与有助于引进技术、扩大企业规模和提高企业偿还债务的能力。

国家电子商务发展政策与战略是企业电子商务发展战略的政策指导框架，是决定企业电子商务发展战略的重要外部环境。我国政府层次的电子商务发展政策与战略的要点应包括以下几个方面。

第一，把支持企业发展电子商务作为一项重点工作。支持企业进行电子商务基本技术开发，强化我国电子商务技术领域的竞争优势，是我国电子商务发展政策与战略的关键。这是因为，电子商务产业的发展给相关技术带来了巨大市场，抓住这一市场对我国经济的发展意义重大；我国不可能完全依靠国外的电子商务技术创造出世界领先的中国电子商务产业，创造中国式的电子商务奇迹。

第二，统一谋划物流配送中心。为了推广电子商务，必须建立高效快捷的物流配送中心，将实物产品送到买方手中。配送中心是集商流、物流、信息流于一体的现代化经营设施。其一般建有两大系统：物流系统作业流程布置，计算机数据处理和用户需求分析及系统集成。一家企业不可能为了开展电子商务，就成立一个全国性的配送体系，且不说是否经济，单是时间和金钱的投入，就不值得。因此，这方面还需要政府统一规划，集中投入资金，首先在信息技术和网络建设较发达的城市建立物流配送中心，然后逐步向外辐射，形成遍布全国的配送中心网。

第三，加强电子商务安全技术的研究和标准的制定。电子商务的发展需要解决安全性和可靠性问题。政府可以组织一支安全技术研究队伍，集中力量解决电子商务的安全技术问题，包括密码技术、防火墙技术、认证技术、留痕技术等，并能够随着计算机和电子商务技术的发展而不断改进这些技术。为保证网络交易的安全，政府应着手建立相应国家级的安全控制中心系统，这一系统应包括信息海关监控、电子交易证书授权、密钥管理、安全产品评测认证、病毒检测和防治、系统攻击与反攻击等分中心，通过各种安全控制分中心的协调作用，将电子商务交易风险降到最低。

第四，构造适合电子商务发展的法制环境。电子商务的发展需要建立必要的法律法规，在企业和企业之间、政府和企业之间、企业和消费者之间、政府和政府之间开展电子商务，必须明确和遵守法律义务和责任，以增强用户对新技术的信心和信赖感。

7.3.3　与国外农产品电子商务平台的差异分析

发达国家农产品电子商务平台的建设有着深厚的技术和文化背景，深入分析我们与国外在发展电子商务中的差异，对我们统一认识、明确方向、确定思路、选择战略与模式有参考与借鉴意义。

第一，中外发展电子商务的基础与背景不同。电子商务是美国后工业经济即知识经济社会发展阶段的必然产物。随着当代科学技术的不断进步以及经济全球化的发展，西方发达国家的产业结构在全球范围内进行了调整。制造业技术的发展，使产品的零部件和生产的各个阶段具有越来越明显的可分性，生产的专业化分工从一个国家内部拓展到全球；随着生产的过程的分散，相应的运输、通信、金融等行业的服务也进一步社会化和专业化，同时效率也更高，成本更低。我们常常思考这样的问题：为什么电子商务在发达国家首先发展起来；为什么美国的网上购物没有遇到信息化基础、信用体系、配送环节等瓶颈；为什么美国 B2B 类型的电子商务后来居上，目前已占据绝对主导地位；为什么短短几年发达国家的电子商务从流通产业迅速扩展到经济社会各个领域；为什么欧美在探讨电子商务如何发展时主要集中关注安全、征税等技术和管理的问题，而我国在电子商务的发展历程中却主要集中关注基础设施的完善和信用、支付、物流等基础问题。这里的关键问题是，西方发达国家的市场已经成熟，基础设施、信用体制、金融服务、运输服务已经比较完善，在某种程度上，电子商务的发展可以说是对“过剩资源”的进一步利用、开发和组合。从这个意义上讲，发达国家的电子商务是“应运而生的新生儿”，是理所当然的新尝试与突破。

第二，中外发展电子商务的历程不同。在美国，电子商务实践早于电子商务的概念，是企业的商务需求促进了网络和电子商务技术的进步，并最终促成“电子商务”概念的形成。当网络时代到来的时候，美国已经有了一个比较先进、比较发达的企业电子商务基础。而在中国，电子商务的概念先于电子商务的应用与发展，由于电子技术需要不断寻找商务需求，因而是先进的网络和电子技术在推动中国企业电子商务的应用与发展。这是中国电子商务发展的一个重要特点。我们应着重指出，认识这一点对于发展我国的电子商务具有重要的意义。如果不考虑国情与某种事物产生发展的客观基础，只是在意识到电子商务带来的诸多好处后，就大力发展电子商务，这样发展起来的电子商务只会成为“无源之水、无本之木”。

第三，中外推动发展电子商务的主体不同。发达国家推动电子商务发展的主体是企业，是企业本身“我要干”；而中国发展电子商务目前的态势却是“要企业干”，即企业被动地干。电子商务作为一种“舶来品”，发展之初即带有技术过渡倾向，多是从技术角度去理解并诠释电子商务，而不是从企业本身出发求发展。因此，从一开始我国电子商务发展就有一定程度上的理解错位和主体错位，这就导致我国电子商务应用中的“消化不良”。

第四，中外发展电子商务在文化上存在较大差异。互联网是在西方文化基础上发展起来的。对于拥有五千年中华文化传统的中国来说，信息技术和电子商务发展极不平衡，存在着明显的地域差异。这就是我国的国情，也是中国发展电子商务要面临的真正实际。中国电子商务的发展需要借鉴和适应，这一点在发展初期尤其必要。但是，不能一味模仿和照搬，必须结合企业商务需求和技术手段两个方面，做好企业电子商务总体规划，确定切实可行的商务模式，设计和开发实用、有效的技术解决方案，在现有条件下最大限度地推动企业管理水平和经营效益的显著提高。与此同时，着眼于未来发展的需求，进一步提高企业的市场竞争力，充分发挥电子商务的特点和优势，推出创新的企业电子商务模式与体系。

中国电子商务界要确立商务为本的思想，即以商务为主，以技术为辅，将电子商务技术作为实现业务目标的手段。网络服务商和提供电子商务技术支持的 IT 厂商在努力推广电子商务技术的同时，要尊重企业的商务选择和利益判断，避免过度技术化的倾向，避免追求表面的商务电子化而忽略了商务活动本身的需求；要认真研究企业的商务需求，以此来确立技术方案和服务方式。电子商务与电子技术密切有关，但在本质上，电子技术是“毛”，电子

商务是“皮”，皮之不存毛将焉附？故坚持“商务为本”才是对电子商务的准确把握。

7.3.4 我国农产品电子商务平台发展的战略

为了促进我国农产品电子商务的发展，应坚持“政府推动、改善环境、企业主体、发挥优势、区域协作”的战略方针。对于农产品电子商务的发展，政府应该制定远景规划，在宏观上给予支持和推动。一方面，政府不宜过多地直接干预企业的电子商务，而应让企业根据市场的需求，自主创新、自负盈亏地发展与我国国情相适应的多种多样的电子商务模式。只要不违反国家的有关法令，企业愿意投资发展的都应予以支持。另一方面，又要加强对农产品电子商务政策的研究，积极参与有关农产品电子商务的国际对话和有关规则的制定，借鉴其他国家、国际组织成功的经验，尽快建立一套既符合我国的具体情况又与国际接轨的法规、制度和方法，使我国农产品电子商务的运作有章可循，有法可依。

发展农产品电子商务应采取以点带面、全面推进的策略。目前我国农产品电子商务发展刚刚起步，发展不平衡，推动农产品电子商务在主观和客观上的困难都很多，我们在具体实施上应该分步骤进行。首先，在一些管理和经营的特点比较适合农产品电子商务发挥长处的区域中推行电子商务，让有积极性的企业先行动起来，在取得经验的基础上再去带动其他企业。

7.3.5 农产品电子商务平台发展模式分析

在堪称中国电子商务元年的 1999 年，马云在杭州创立阿里巴巴电子商务 B2B 网站，中国第一家在线销售软件图书的 B2C 网站 8848、第一家 C2C 电子商务网站易趣网、第一家 B2C 网上书店当当网也都于同期成立，B2B、B2C 和 C2C 三大电子商务形式在我国正式开启。2015 年中国电子商务市场细分行业结构稳定，企业间电子商务占比有所下降，整体减少至 71.7%。网络购物和本地生活服务 O2O 在电子商务中的占比较上年提升。经过十几年的竞合，我国电子商务市场已经形成了相对稳定的市场格局。

中国的电子商务市场与西方国家截然不同。西方传统品牌从第一天起就在电子商务领域扮演支配性角色，而中国电子商务的发展初期则是以 C2C 模式为主导，消费者更加关注价格，产品也大多数是小商品和无品牌产品。但在过去的几年中，我国电子商务呈现“互联网品牌化”的转变趋势，即消费者追求优质品牌和产品的意识逐步增强。2014 年，阿里巴巴平台上的线上品牌产品的份额达到 65%，在过去 3 年提升了 7 个百分点，对应了 1 万亿人民币的新增品牌销售额，相当于中国零售市场总额的 4%。预计这一比例将会持续上升。

我国电子商务最初从模仿起步。在此后十余年的发展过程中，我国电子商务企业结合国情，不断融合创新，业已形成相对稳定的市场格局，并发展出独具中国特色的服务业态与盈利模式。我国当前的电子商务模式如图 7－3 所示。

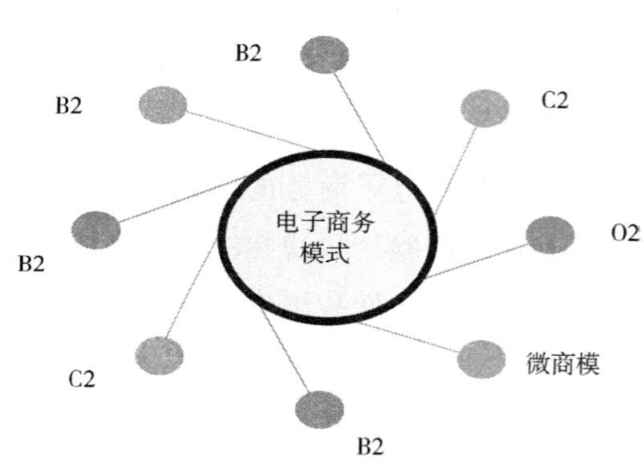

图 7－3　我国当前的电子商务模式

7.3.5.1　B2C

B2C 即 business to customer，指商家（泛指企业）对消费者的电子商务，即企业通过互联网向消费者提供产品、服务及信息。B2C 模式是中国最早产生的电子商务模式，如今的 B2C 电子商务网站非常多，比较大型的有天猫商城、京东商城、一号店、亚马逊、苏宁易购、国美在线等。B2C 电子商务的竞争最为激烈。2008 年，阿里巴巴推出淘宝商城，进入 B2C 市场。越来越多的传统企业，如方正、联想、海尔等制造企业，苏宁和国美两大家电零售巨头，中粮等食品类企业，李宁、七匹狼等服装类企业等开始开展不同形态的电子商务。经过激烈的价格比拼和融合淘汰，B2C 市场集中度呈现加强趋势。艾瑞咨询最新数据显示，2015 年中国网络购物市场交易规模为 3.8 万亿元，较上年同期增长 36.2%；从网络购物市场结构来看，B2C 占比达到 51.9%，年度占比首次超过 C2C。

7.3.5.2 B2B

B2B 即 business to business，指商家对商家的电子商务，即企业与企业之间通过互联网进行产品、服务及信息的交换。通俗的说法是指进行电子商务交易的供需双方都是商家（或企业、公司），它们使用 Internet 的技术或各种商务网络平台（如拓商网），完成商务交易的过程。比较大型的有阿里巴巴、聪慧网、敦煌网、中国制造网等。

B2B 比较适合我国目前的消费水平、网络基础设施和社会配套环境，可从四个方面入手：第一，企业成为发展和应用电子商务的主体。要以大企业为龙头，通过供应链管理的电子化，采用“一对多”的模式，将上游供应商与下游供应商通过 Internet 联为一体，建立上下游客户的网上采购系统，加快市场反应速度，降低成本，提高效益。第二，以专业网为切入点，选择电子、医药、建材等重点行业，以建立专业性较强的信息服务和交易网率先起步。第三，利用电子商务手段，积极鼓励生产和外贸企业上网，建立网站，开展国际贸易网上交易，把电子商务作为企业开拓国际市场的一种重要手段和途径，逐步实现全球采购、全球分销。第四，引导建立面向中小企业的中介商务网，通过电子商务的应用使企业真正感受到降低经营成本、提高流通效益、增强企业竞争力的好处。

7.3.5.3 C2C

C2C 即 consumer to consumer，指消费者到消费者，是用户对用户的模式，该模式为买卖双方提供一个在线的个人交易平台，使个人卖家可以主动提供商品上网销售，而买方可以自行选择商品进行购买。最著名的 C2C 商务平台就是淘宝网。

7.3.5.4 O2O

O2O 即 online to offline，指线上对线下，是新兴的一种电子商务模式，即将线下商务的机会与互联网结合在一起，让互联网成为线下交易的前台。从线上到线下，让更广泛的实体店分享线上“汹涌”的客流，同时又让在线顾客以更实惠的价格享有线下商品和服务。O2O 是继 B2B、B2C 等成功的电子商务模式之后，第一个全面将线上虚拟经济与线下实体店面经营相融合的商业模式，也是移动互联网技术发展扩散到人们日常生活中的必然结果。O2O

生活结构及产业结构如图7－4所示。

7.3.5.5 微商模式

微信生意圈是一种熟人圈营销，凭借的是“熟人经济”和“口碑营销”两张牌。微信生意圈的信任一旦建立起来，就可以几何倍数扩大，以极快的速度传播。该模式利用微信这一平台销售。销售员即微商，从朋友那里一级一级拿货，靠不断发展代理来销货。销售主要靠朋友帮忙，再由朋友介绍给其他朋友来维持。

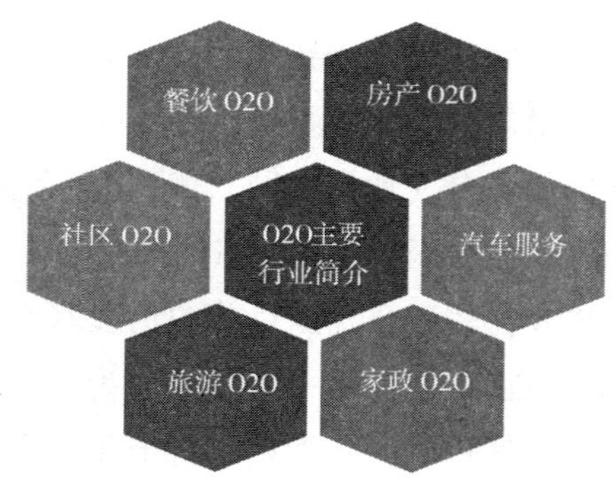

图7－4 O2O生活结构及产业结构图

7.3.5.6 G2B

G2B即government to business，是企业与政府管理部门之间的电子商务，如政府采购，海关报税的平台，国税局和地税局报税的平台等。

7.3.5.7 C2B

C2B即consumer to business，指消费者到企业。C2B模式应该先有消费者需求产生而后有企业生产，即先有消费者提出需求，后有生产企业按需求组织生产。通常情况为消费者根据自身需求定制产品和价格，或主动参与产品设计、生产和定价，提出彰显消费者个性化的需求，生产企业进行定制化生产。

7.3.5.8 B2M

B2M即business to manager，是一种全新的电子商务模式。相对于B2B、B2C、C2C而言，B2M有着本质的不同，其根本区别在于目标客户群的性质不同，前三者的目标客户群都是消费者，而B2M所针对的客户群是该企业或者该产品的销售者或者为其工作者，而不是最终消费者。

当前电子商务市场的四大趋势，将在未来数年中持续并深化：市场日趋规范化，B2C进一步扩大市场占有率，将从目前的约50%的市场份额，以年均30%左右的增速增长，预计2020年达到线上交易的70%；网购与日常生

活更紧密结合，移动电子商务在 2015 年首次超过 PC 电子商务，约占 55% 的线上零售份额，预计到 2020 年将达到 70%；综合型平台纷纷建立更紧密的战略联盟，以应对垂直和品牌独立网站发起的挑战，例如，阿里巴巴战略投资苏宁，京东入股永辉超市，京东和腾讯的"社交 + 电子商务"的京腾计划，利用线下店或社交平台掌控消费者信息，打造更多触点；跨境电子商务飞速增长，使得"买遍全球"成为现实。

7.4　农产品电子商务平台的体系架构

7.4.1　电子商务平台的体系研究综述

国外学者对农产品电子商务的研究较早，我国关于农产品电子商务的研究与探索始于 2000 年有关农业电子商务的研究，起初只是一个模糊的概念。随着农业电子商务概念的逐渐清晰并得到普遍关注，农产品电子商务作为农业电子商务的一个组成部分，也逐渐得到普遍关注，并成为农产品流通研究领域的热点之一。目前，对农产品电子商务的研究主要集中在农产品电子商务的基础性研究、发展对策研究、运作模式及其比较、农产品供应链、农产品物流等方面。考虑到实践中电子商务研究的整体框架和具体操作，我们把相关文献分为三类进行评述。

7.4.1.1　基于电子商务平台模式的研究

卡普兰和汀（2001）从市场治理角度，把电子商务平台分成三方交换（3PX，third - party exchanges）、赞助市场行业（ISM，industry - sponsored market places）和封闭型平台。3PX 是一个中性的、多对多的中介平台，市场运营者不参与买卖双方的交易。ISM 是由某一特定行业巨头联合融资建立的智慧营销。3PX 和 ISM 都是面向所有具有合格身份的参与者的开放型平台，而封闭型市场则通常是一个独立的买家或供应商与其商业合作伙伴联结的平台。丁国颖（2010）针对我国农产品电子商务平台目前存在的问题提出利用现代网络技术对传统的流通体系进行改造和创新，发展农产品电子商务这一新型业态和现代流通方式，对于农产品流通信息网络及农产品流通体系的完善，促进农业安全、稳定、高效及现代化发展具有重要战略意义，并提出了改革措施。胡俊波（2011）在分析了农产品电子商务的弊端后，针对电子商务发展模式提出了培养农产品电子商务经济人、搭建农村电子商务平台、加快农产品标准化体系建设、加快交易信用体系建设降低“道德风险”四大建议的设想。张永强等（2015）在分析了“沱沱工社”全产业链式和仁寿县“赶场小站”分级服务及农工产品双向流通电子商务模式基础上，提出规范农产品标准、加强物流建设、提高线上线下整合、加强供应链管理以及提高对现有电子商务资源依托技能五点建议来优化农产品电子商务的建设和发展。池瑜莉（2016）提出构建一个基于 F2C2B 模式的农产品电子商务平台，将其作为农民合作社和商户之间的一座桥梁，为农民合作社与商户之间形成稳定的农产品供求关系提供载体。

7.4.1.2 电子商务平台框架的研究

杜辉（2014）对上海农业科技进行研究后认为，通过期刊网站构建农产品电子商务平台具有可行性，有助于农产品电子商务产业链的形成和发展，是一条有效的盈利路径。张胜军（2011）对我国农村信息基础设施、农产品商务信息服务、农产品电子商务交易和农产品电子商务人才培养四大平台建设情况进行了总结和评价，最后提出了完善农产品电子商务平台的可行措施。赵苹，骆毅（2011）以上海“菜管家”以及纽约 Freshdirect 两家农产品电子商务企业为例，从服务定位、采购加工与配送流程、品牌建设等方面进行分析，在此基础上总结出我国开展农产品电子商务的诸多启示。王崇锦（2013）将目前我国农产品电子商务平台划分为信息中介模式、社会化营销模式、交易服务模式和价值链整合模式，不同模式将解决不同交易中面临的问题，不同农产品也会有不同的模式与其相适应。根据美国德克萨斯大学奥斯汀分校的电子商务研究中心的常务主任乔教授、经济学教授斯塔赫以及电子商务研究中心主任温斯顿教授从经济学的角度提出的电子商务领域的三维理解模型，王崇锦构建出了农产品电子商务模式分析框架的三个维度，即农业经营主体、农产品商务链、网络商务业态，针对不同维度的需求因素探讨合理的电子商务平台模式。

7.4.1.3 电子商务平台关键技术的研究

林涛（2011）对已经较成熟的农业电子商务理论基础进行研究，结合已有的电子商务网站对其进行修改，以适应农业领域的实际情况，主要围绕J2EE 框架设计和开发出一整套易扩展、易维护的适合中国国情的农业领域电子商务平台。刘琛（2013）通过和具体农产品销售部门的不断沟通和交流，确定该产品销售部门的具体需求以及业务流程，然后对需求和流程进行详细的分析和设计，最终构建出基于“. NET”的农产品网上销售系统。陈万钧（2013）提出我国正处在经济转型时期，要实现农业现代化，就必须克服农产品销售的瓶颈，信息化是克服瓶颈的关键技术，同时也是提升我国整体农业现代化的有效途径。经济实用的 B/S 结构的农产品电子商务平台，可以快速推广农产品电子商务，为促进中小农产品生产与经营企业信息化提供了新的途径。

7.4.1.4 电子商务平台集成研究

曹春益（2008）对现有的专业农产品信息平台和地域性农产品综合信息平台的整合问题进行研究。在数据库整合的基础上，采用基于 WEB 的架构模式，提出网格技术的农业应用可以实现信息资源的共享以及国内各地区涉农部门信息平台的互联网操作，将现有的农产品信息平台进行前台应用层的整合，使得整个平台能够将地域范围由原先已有信息平台的一些省份扩展到全国范围，保证了农产品网上流通的快速便捷，推进网络通信时代的农业信息化、普适化、虚拟化和协同化。郑小平（2011）探讨了面向中远期现货交易模式的大宗农产品电子商务数据规范问题，研究了大宗农产品电子商务数据规范方案，构建了基于 XML 数据交换技术的电子商务交易平台并进行了实例应用。易法敏、夏炯（2007）以深圳中农网为研究对象进行了农产品供应链集成研究，研究表明，以行业为中心的电子商务平台 ISM 能促进农产品供应链的集成和市场的智能化，提供农产品信息交换和促成农产品交易发生，还提供了与农产品供应链密切相关的增值服务。杨国才（2012）通过对国内外农业农村信息化应用的比较分析，结合国内外在农业农村信息化综合服务平台建设方面的成功经验，运用云计算、人工智能、软件工程等多种信息技术手段，探索构建农业农村信息化云服务平台的可行性与解决方案。

综上所述，农产品电子商务交易的形式和渠道远比其他产品多样化，而较窄的利润空间也增加了电子商务在农产品领域的应用难度，这使得目前电子商务在农产品领域的应用拓展速度远不如其他领域。例如，涉农网站中做宣传介绍的多，提供信息平台服务的多，而直接面向消费者提供比较完备的电子商务服务的并不多。另外，理论研究方面多只是论证了农产品电子商务的可行性，对于具体如何实现并没有进行过多的探讨。

7.4.2 农产品电子商务平台内容和模型

7.4.2.1 农产品电子商务平台内容

农产品电子商务平台的内容框架如图 7－5 所示。

（1）环境扫描。农产品电子商务平台是一个开放的系统。所谓环境扫描，即对农产品电子商务发展的外部环境进行系统性研究，分析市场环境、社会环境、政策环境、资源要素环境等因素对农产品流通的影响。与中国农产品电子商务发展现实相结合，环境扫描主要是考察公平竞争的市场秩序、社会诚信环境、政府政策支持、劳动力成本和运输成本、技术条件等因素对农产品电子商务平台的影响。

（2）结构分析。农产品电子商务的结构、供应链结构是系统实现协同功能的重要载体，也是影响系统稳定性的重要因素。在电子商务平台系统中，农产品电子商务企业处于核心地位，它们在该结构中扮演着资源整合和协调的角色；关键因素包括农产品生产者、消费者、零售商、批发商等，它们是该系统中不可或缺的重要组成部分；支持因素包括物流企业、金融机构、电信服务商以及政府机构等，它们是农产品电子商务必须依附的组织，但它们并不完全依赖于农产品电子商务平台而存在。供应链在结构上大致可分为单一供应链、多元平行供应链和交叉复合供应网。与中国农产品电子商务发展现实相结合进行结构分析的主要目的在于了解整个系统中的参与者是否丰富、是否在某些环节存在垄断，多条供应链之间是否具有交叉互补功能等。

（3）功能分析。农产品电子商务生态系统是一个协同共进的系统，能够实现单个主体无法实现的协同功能。其协同功能具体表现在信息传递、物质流动和价值增值三个方面。信息传递功能对物质流动和价值增值功能的实现

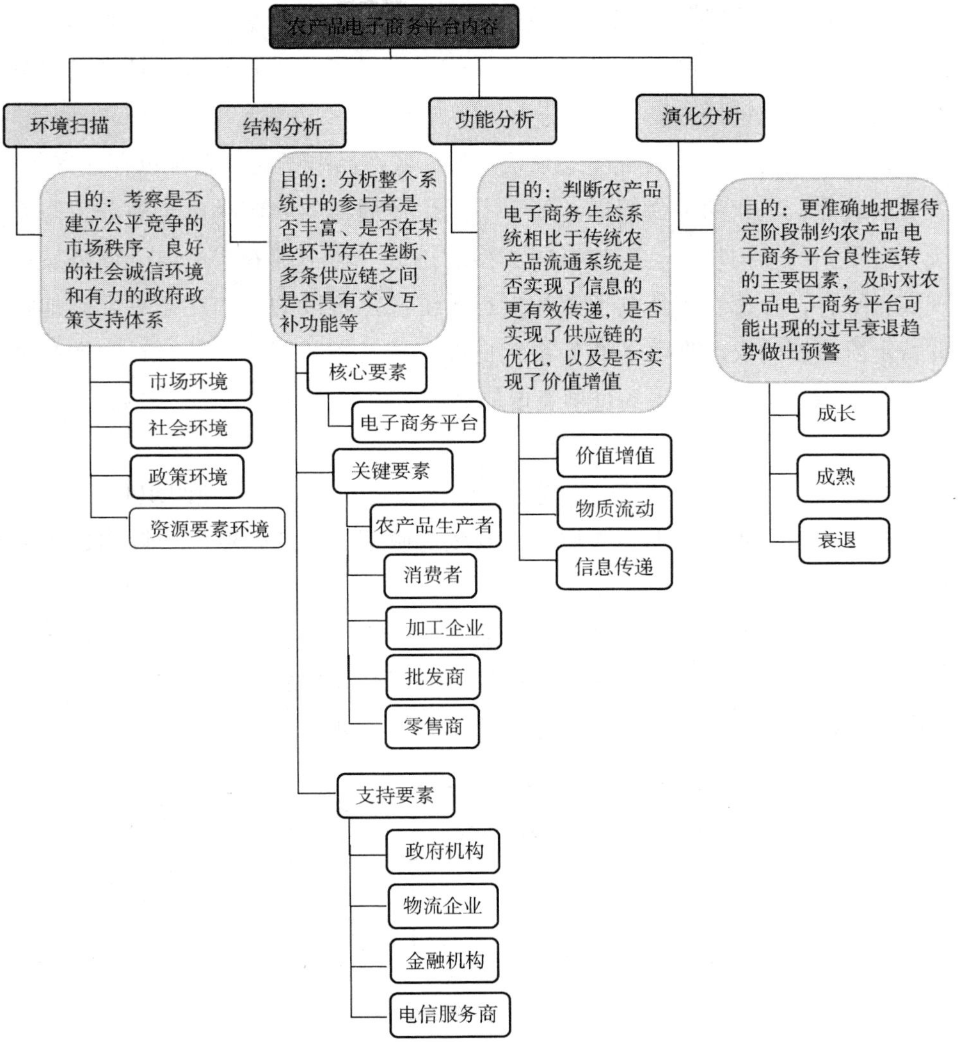

- 农产品电子商务平台内容
  - 环境扫描
    - 目的：考察是否建立公平竞争的市场秩序、良好的社会诚信环境和有力的政府政策支持体系
    - 市场环境
    - 社会环境
    - 政策环境
    - 资源要素环境
  - 结构分析
    - 目的：分析整个系统中的参与者是否丰富、是否在某些环节存在垄断、多条供应链之间是否具有交叉互补功能等
    - 核心要素
      - 电子商务平台
    - 关键要素
      - 农产品生产者
      - 消费者
      - 加工企业
      - 批发商
      - 零售商
    - 支持要素
      - 政府机构
      - 物流企业
      - 金融机构
      - 电信服务商
  - 功能分析
    - 目的：判断农产品电子商务生态系统相比于传统农产品流通系统是否实现了信息的更有效传递，是否实现了供应链的优化，以及是否实现了价值增值
    - 价值增值
    - 物质流动
    - 信息传递
  - 演化分析
    - 目的：更准确地把握待定阶段制约农产品电子商务平台良性运转的主要因素，及时对农产品电子商务平台可能出现的过早衰退趋势做出预警
    - 成长
    - 成熟
    - 衰退

图 7－5 电子商务内容框架

具有重要支撑作用，也是农产品电子商务系统相对于传统农产品流通系统优势尤其突出的一点。物质流动功能的内涵是指通过供应链优化提升农产品流通效率。价值增值功能是指通过压缩中间环节、节约交易成本为各市场主体创造更大价值。与中国农产品电子商务发展现实相结合进行功能分析的目的在于判断农产品电子商务生态系统相比于传统农产品流通系统是否实现了信

息的更有效传递，是否实现了供应链的优化，以及是否实现了价值增值，以此可以透过纷繁复杂的各类电子商务模式对该系统是否具有合理性、是否具有生命力做出准确评判。

（4）演化分析。与自然生态系统类似，农产品电子商务系统也存在兴起、发展、成熟、退化的生命周期。处于不同生命周期的农产品电子商务生态系统具有不同的结构特点，面临不同类型的挑战。与中国农产品电子商务发展现实相结合，分析农产品电子商务生态系统演化阶段的目的在于更准确地把握特定阶段制约农产品电子商务系统良性运转的主要因素，及时对农产品电子商务生态系统可能出现的过早衰退趋势做出预警。

7.4.2.2 实现的环境和技术保证

建立和实现新型农产品电子商务平台模型是涉及众多行业组织和参与方，有企业战略、人才、技术等支撑，涉及政府政策、工商企业的协调沟通等的系统工程。

从技术环节来看，浏览器和服务器结构 B/S（Browser/Server）架构适合本系统。B/S 架构可以为不同的用户提供访问和操作共同的数据库，还可以较好地保护数据平台和管理访问权限，如图 7－6 所示。

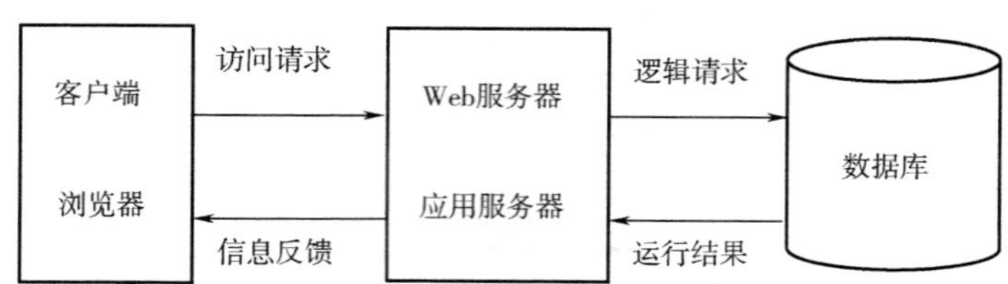

图 7－6 三层分布式体系结构

除此之外，本架构实现的环境和关键技术如图 7－7 所示。

电子商务平台管理技术 数据标准化、规范化技术：XLM语言 农业信息知识组织与标准化 农业信息分类标准 EIQ分析、蚁群算法、云计算	工商协同网络 国家政策、行业组织、工商企业

图 7－7 实现的环境和关键技术分析

7.4.3　农产品电子商务平台系统架构

7.4.3.1　系统的需求分析

通过对北京市农产品交易情况的实际市场调查及国内外一些典型农产品信息交易网和相关电子商务网站的考查、分析，在设计和开发本信息平台系统框架和技术方案时应着重考虑以下要求。

①平台统一为客户提供信息、质检、交易、结算、运输等全程电子商务服务；

②支持农户网上挂牌、交易双方网上洽谈等交易模式；

③提供促销和相关信息展示专区，供买卖双方用户发布查看热门信息；

④集物流配送服务、产品交易服务、信息服务于一体。平台系统将实现基础业务交易、平台管理和运营支持等三个层面的业务功能；

⑤实现各层级会员管理、供应商商品发布、承销商在线下单交易、订单结算、交易管理、担保授信等全程电子商务管理；

⑥在配送和销售过程中，通过制定和实施符合现代物流要求的技术标准，对农产品在流通过程中的包装、搬运、库存等进行质量控制；

⑦将远程视频监控技术集成到农产品质量安全追溯体系的建设中，能够对数据采集过程进行有效监督，保证追溯数据的准确性和真实性，提高追溯系统的信息质量；

⑧及时反馈处理有关信息，及时保存、增加、修改一些数据，实现一些整体数据的转移；

⑨对用户的业务实现自动化，有关报表的生成实现自动化；

⑩需要较安全的数据备份和安全功能。

7.4.3.2　整体设计原则

在电子商务平台的建设实施过程中，我们将以客户需求为中心，技术服务为纽带，以高质量、高标准的目标进行规划和实施，并严格遵循以下设计原则和宗旨。

（1）系统性。系统是作为一个整体存在的。因此，在系统设计中要从整个系统的角度进行考虑，注意保证系统的一致性和完整性。在使用系统建设结构、数据模型结构、数据存储结构以及系统扩展规划等内容时，均需从全局出发、从长远的角度考虑。系统代码要统一，设计规范要标准，传递语言要尽可能一致，对系统的数据采集要做到输出一处、全局共享，使用一次输入要得到多次利用。

（2）灵活性。为保持系统的长久生命力，要求系统具有很强的环境适应性。系统在实施过程中，需要测试、修改，在交付使用后，也有对系统进行完善、修改。另外，随着外部环境的变化，为适应业务未来发展的需要，系统应尽可能设计得简明，降低各功能模块耦合度，提高模块内的聚合度，并充分考虑系统的兼容性。这样，既便于模块的修改，又便于增加新的内容，提高系统适应环境变化的能力。

（3）可靠性。系统必须具有较高的可靠性才能保证系统的质量并得到用户的信任。确保系统 24 小时不间断服务。系统通过提供用户身份认证、密码校验、角色控制等多种手段，维护系统的安全性，防止非法用户对系统的入侵。

（4）经济性。经济性是指在满足系统功能及性能要求的前提下，尽量降低系统建设成本，一方面在硬件的投资上不过分追求先进，另一方面应避免不必要的复杂化，各模块应尽量简洁，从而减少处理费用。

7.4.3.3 信息系统的体系架构

根据需求分析，我国新型农产品电子商务模型架构如图 7－8 所示。

在系统架构的组成上，主要包括 5 个技术界面和 7 个关键技术支持平台，其中界面设计的基本含义如下。

①展现层，与多种用户交互，如供应商服务、客户网上服务、运输配送服务、采用 B/S 结构；

②配置界面，一般为工具系统的建立提供所需的底层数据和应用操作功能，主要包括互动管理服务器、柔性化管理软件平台、多功能接口平台等；

③工具界面，为建立协同电子商务应用系统提供一组可裁减的工具集，主要包括 Web 服务工具、工作流管理、协同支持工具集、系统安全控制、协同数据管理中心等；

④应用服务界面，包括一些面向用户的支持协同商务的集成性应用系统，

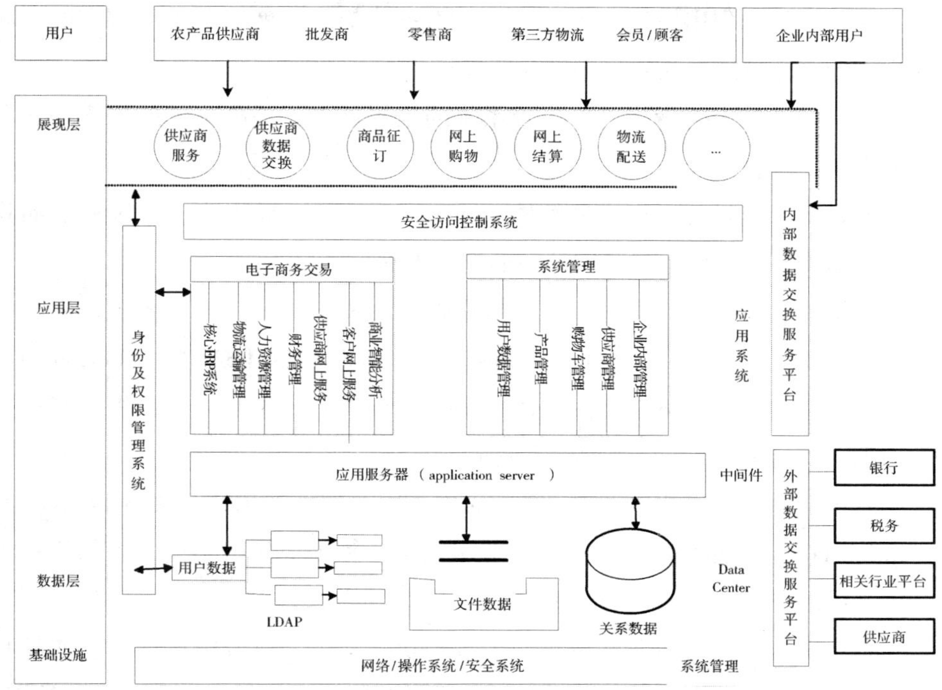

图7－8 新型农产品电子商务模型架构

如系统管理、知识管理、交易管理、协同营运管理、协同商务管理等；

⑤门户界面，即信息集成平台门户，为用户提供统一的集成化环境和服务，是支持虚拟批发市场开展协同商务的互联通道。

7.4.3.4 信息系统的特点

农产品电子商务平台系统结构设计综合考虑了系统对性能、可靠性、扩展能力、安全性、易管理性、服务质量等方面的要求，整个系统结构清晰，能够满足农产品电子商务平台的需求，具有以下特点。

①系统必须是面向对象的，可做到具有灵活的扩展性和良好的移植性；

②网站系统采用三层架构的体系结构，应充分考虑到今后纵向和横向的平滑扩张能力；

③用户业务逻辑分布在应用服务器层，与数据分离，在用户业务发生变化时，系统易于修改；

④整个系统采用模块化组件设计，为系统功能扩展留下足够的空间，同时也方便系统进行单元式的维护和升级；

⑤中间件技术的运用，能改善系统的服务性能，提高系统的安全性、可靠性和一致性；

⑥整个系统是一个集成的整体。同时，系统的不同用户对系统的访问物理上具有不同的通路，但具有统一的浏览界面；

⑦智能化检索方式。基于全文检索技术的电子资料库管理系统，支持一切数据来源，包括 Text、HTML、Postscript、WPS、S2/PS2/PS、Microsoft Office、Adobe PDF、RDBMS 结构化数据等。可对资料库中的全文数据进行全方位检索，支持 Unicode 等多种检索逻辑。

农产品电子商务平台系统区分 Internet 用户和内部用户。来自 Internet 的一般访问将集中在防火墙外的 Web 服务器上。根据应用的不同，内部用户将通过不同的通道访问不同的应用。

本系统主要包括前台和后台两个大模块，其中，前台包括特价农产品和新上架农产品的分类展示、会员和销售排行的展示、购物车管理、订单管理，后台包括商品类别管理、商品信息管理、会员管理、用户信息管理、广告管理等。系统的总体结构如图 7 –9 所示。

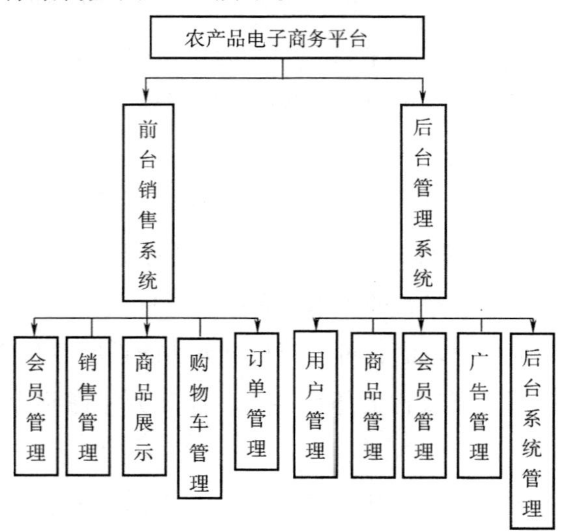

图 7 –9　农产品电子商务平台总体结构图

7.4.3.5 云计算平台

本系统架构可以基于云计算平台。云计算平台也称“云平台”。云计算有以下特点。

（1）能大大降低企业运营成本。它可以让所有资源得到充分利用，其中包括价格昂贵的服务器以及各种网络设备，工作人员的共享使成本降低。

（2）可将资本支出转移到运营成本。云计算使企业从资本转移支出（资本支出）转移到资金运营开支（OpEX），使客户能够专注于增加在其职权范围内的核心价值，如业务和流程的洞察力，而不是建立和维护 IT 基础设施。

（3）反应迅速准确。云计算可以为用户提供更快的设置服务。例如，当一个项目结束时，用户只需签订云终止合同即可，快捷、准确、安全。

（4）动态可扩展性。许多云服务能顺利和有效地处理峰值规模，更加符合成本效益原则，即采用即用即付模式。

（5）简化维护。云计算能够修补程序和升级，迅速部署共享的基础设施，因为数据是经过提前备份的。

业内具有代表性的云平台是阿里云，阿里云创立于 2009 年，是中国最大的云计算平台，服务范围覆盖全球 200 多个国家和地区。它致力于医疗、金融、政务、游戏等领域的解决方案，其中 O2O 解决方案别具一格，阿里云结合各类型 O2O 场景（如酒店、餐饮、在线旅行服务、POS 支付、WIFI 接入、生鲜快送、汽车服务、房产装修等），为 O2O 行业客户提供高质量低成本的网络、计算、存储、大数据等基础资源，帮助行业客户快速拓展 O2O 业务，提升用户使用体验，助力 O2O 客户走进互联网的“场景时代”。

7.5 农产品电子商务平台功能分析

我国农产品销售在互联网营销和家庭配送等领域的创新不断涌现，使农产品的营销模式发生了巨大变化。伴随着人们对电子商务认识水平的不断提高和大量实践，全国涌现出了许多农产品网上直销模式，建立了网上销售平台系统。而网上平台系统的建设还基本上处于发展阶段，对农产品网上直销信息平台进行分析，总结归纳出有效、实用和效率化的解决方案，对提升效率和管理的水平、及时满足消费者对生鲜农产品的需求，以及推动农产品电子商务平台的应用具有重要意义。

7.5.1 农产品电子商务运营模式分析

在进行农产品营销及物流信息系统分析的过程中，首先要明确其运营模式，它是一个销售过程所伴随的加工和物流过程。从产品的销售看，可以是自产自销、批发分销和零售。从加工的过程看，需要专业化的手段，又涉及农产品的属性和加工特点。从物流模式看，可以是企业内物流、分销物流和第三方物流。

企业内物流的特点是物流配送中心只为自己的企业服务，即只有一个货主，而配送的客户则为自己企业的多个网点或加盟本企业的多个网点，物流配送中心一般不涉及销售价格的管理。分销物流的特点是企业与配送的服务对象之间的关系是销售关系，需要在处理过程中考虑客户的销售价格、信誉度等因素，在产品不足时进行相关的产品分配，同时需要考虑客户的结算等问题。第三方物流的特点是要考虑该企业要为多个委托客户进行服务，不用考虑产品的价格和被配送客户的结算等问题（也有委托结算的情况），只对委托企业收取仓储费、加工费和配送费，需要具有收费计费的功能。

需要考虑以上不同经营模式下的农产品营销及物流信息系统的基础架构。如果架构不清晰的话，今后的处理过程会极为复杂，在处理的过程中出现问题后则很难重新架构。

7.5.2 农产品订单和加工的特点

电子商务平台上农产品的消费对象往往是高端的消费群体，对产品的保鲜度和配送的及时性要求较高。从订货开始就要考虑到消费者的便利性，会员制和网络订货、高端社区的定点销售成为目前农产品经营的主要渠道。

从每日的供货量看，由于农产品的生产环节是有周期和不确定的，需要预测每周各个品种的可供货量，以及滚动提供一周内或更长时间的可供货量。要依据可供货量为客户供货。

对需要存储的产品，在每天农产品到货后，需要运用先进先出法调出库存产品，考虑需要入库产品的数量等问题。

根据农产品的不同属性和不同特点，在包装环节要考虑以不同个数（如4，6，8）为包装单位的农产品品种，以及以重量（如 250 克、500 克、1 000 克）为包装单位的农产品品种。

采用手工操作无法精细计量和记录每个包装产品的重量，以及精准匹配客户对产品的订单需求的，需要采用可打印标签式“条码电子称”。在记录和打印每个产品包装重量的同时，还可以记录已经加工完成的产品重量，并以看板的方式显示在工作间的可视位置。

由于需要对每个客户的订单进行产品的拣货作业，采用根据客户订单显示及条码识别进行拣货作业的方法，不但可以提高拣货的效率，还可以精准记录每一个客户的配送数量。因为某些蔬菜产品重量具有不确定性，可以使每种产品的重量和客户的订单重量均满足浮动率，由此来确定每个客户的产品重量与订单的基本一致性。

7.5.3 农产品配送的核心因素

农产品配送是一个复杂的过程，除需要保持冷链外，还要考虑的因素主要有：自有和外包车辆的管理、车辆的配载和路线、客户的签收反馈，以及客户的结算和配送计费等。

对自有和外包车辆进行记录和管理，能够根据每日配送的数量和地点来选择需求的车辆种类、数量以及配送的线路。每辆车要有车辆配送单和附带的配送明细单。有条件的可以利用 GPS 系统监控配送车辆的位置和配送时间，还可利用温度检测设备监控车厢中的温度等。

对外包车辆能够做不同计费方式的统计，如按照吨/公里计费或按照配送的商品重量、货值等计费，系统能灵活处理配送回单。

对于种种原因没有送达客户的产品，需要做返库处理。返库的产品可记录后拆开包装进冷藏库，不需要保持订单和产品进行第二天配送的，要以第二天客户的订单为准。

7.5.4 农产品电子商务平台系统与作业流程

农产品营销及物流信息系统的处理要与作业的流程进行匹配。系统接受订货收货及入出库流程，如图 7－10 所示。

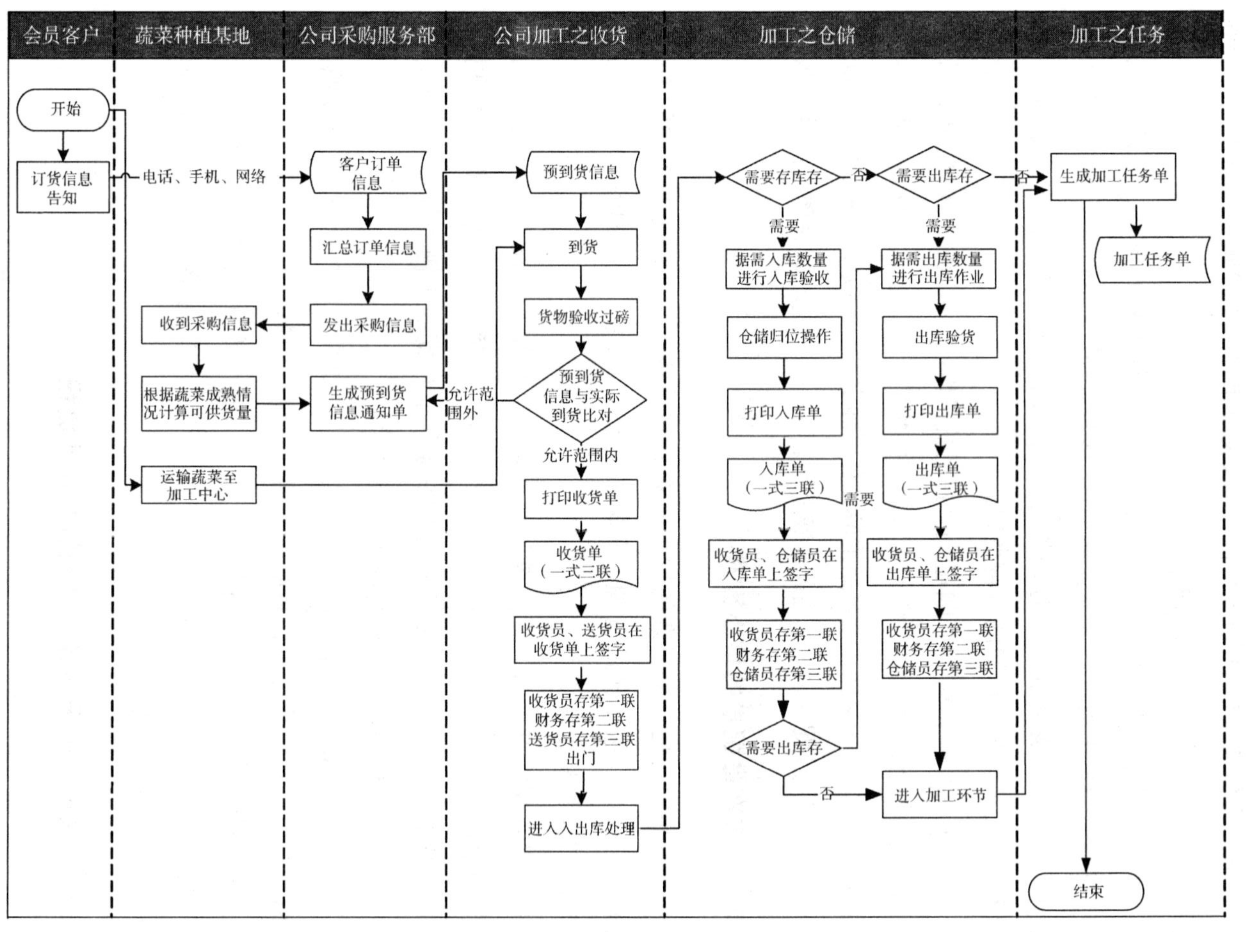

图 7-10 农产品信息系统接受订货及入出库流程

由于加工配送中心的系统架构大多采用C/S架构，而会员客户的订货和查询以及基地与加工配送中心的信息沟通在互联网上操作更为便利，系统必须要考虑C/S与B/S架构的共存与分工协作。

7.5.5 与其他系统和加工设备的数据接口

农产品营销及物流信息系统需要与企业内部的财务、人力资源等系统，以及外部的客户、生产基地、配送中转地等进行数据的交换。在系统内部，还要与条码手持终端、加工设备、称重和贴标设备有数据接口，有些设备要实时处理，有些设备可以分批处理。对配送系统管理中与车辆GPS、温度检测仪等设备的接口等，应做相应的数据处理。

人们对农产品消费将朝着多样化、个性化、营养化、方便化和安全化等方面发展，对信息系统的依赖性越来越强，也会提出更多的需求。

7.6 北京市农产品电子商务平台的功能设计

7.6.1 栏目按功能分类

本系统的功能需求设计，仅仅是根据需求方提供的文档资料分析来设计的；最终的系统功能设计，还需要项目小组和需求方进一步沟通后，做专业性和行业性的完善和整理，然后再开始实施和开发。

图7－11是北京市农产品电子商务平台的栏目分类的初步设计。

网站的栏目初步分为四类主线：信息类、业务类、服务类和功能类。信息类主要在系统中进行信息展示和交流，提供相关商家和组织的信息；业务类主要提供电子商务平台的系统交易功能；服务类提供系统的后台支持服务以及系统使用帮助等；功能类为商家、个人和其他组织提供系统管理等功能。

7.6.2 网站栏目功能说明

7.6.2.1 信息类

此栏目提供系统中主要业务分类信息，具有系统说明等专用功能。

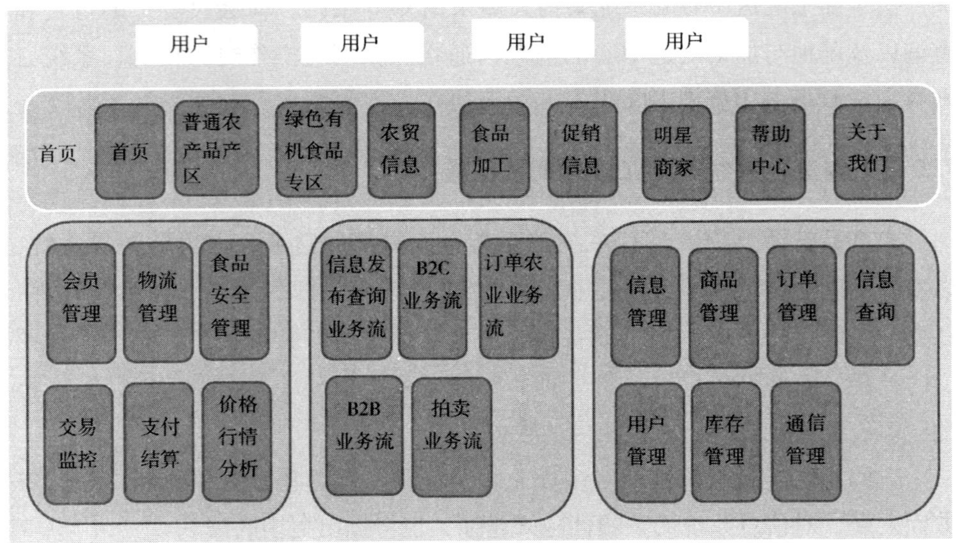

图 7－11　电子商务平台系统功能结构图

7.6.2.2　联系我们

此栏目介绍相关的联系方式，系统用户可以通过联系方式进行咨询和办理业务。

7.6.2.3　供求信息

此栏目采用文字和图像结合的方式，在页面上清楚地显示商家的业务组成以及最新的交流促销供求信息。

7.6.2.4　分类信息

此栏目分类显示主要业务分类信息和产品促销等相关信息。

7.6.2.5　业务类

在系统业务类中主要包含在电子商务平台上会使用到的主要交易流，主要包含了“信息查询发布业务流”“B2B 业务流”“B2C 业务流”“C2C 业务流”等。如图 7－12 所示。

电子商务平台的主题是业务流，为保证电子商务业务能正常稳定地运行，我们根据设计了以下主要农产品交易业务流，主要路线为：用户认证→商品确认→交易确认→付款完成。

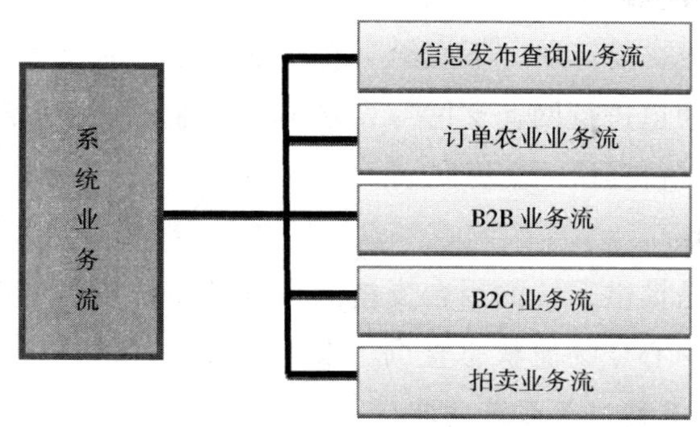

图 7-12　系统业务流主要组成结构图

（1）信息发布查询业务流。信息发布业务流包括：信息发布（手机终端或互联网会员登录）→后台审核→审核通过，前台显示→信息匹配→匹配成功，信息推送（互联网终端或手机终端）→后台记录，同步前台显示。

信息查询业务流包括：基于互联网的信息查询（会员登录）→信息订阅→按订阅内容推送信息→按临时需求查询信息（获取的信息皆是最新信息）；基于手机终端的信息查询（会员）→发布查询内容→后台按查询需求予以答复→基于互联网或手机终端给予回复推送；基于互联网的信息查询（非会员）→站内搜索、分类查找→信息显示或部分显示（引导非会员成为会员）。

（2）B2B 业务流，包括：用户注册（均为企业用户）→系统确认注册成功→产品上架→接受访问→网上买卖交流→达成买卖一致意见，提交交易订单→后台审核形成交易订单，下发给买卖双方（互联网或手机终端）→买方基于第三方支付通道进行网上支付→买方即时查询货物运送状态→验收货物，确认无误后点击支付确认→交易完成。

（3）B2C 业务流，包括：用户注册（均为企业用户）→系统确认注册成功→产品上架→接受访问→网上买卖交流→达成买卖一致意见，提交交易订单→后台审核形成交易订单，下发给买卖双方（互联网或手机终端）→买方基于第三方支付通道进行网上支付→买方即时查询货物运送状态→验收货物，确认无误后，点击支付确认→交易完成。

（4）C2C 业务流，包括：用户注册（均为个人用户）→系统确认注册成功→产品上架→接受访问→网上买卖交流→达成买卖一致意见，提交交易订单→后台审核形成交易订单，下发给买卖双方（互联网或手机终端）→买方基于第三方支付通道进行网上支付→买方即时查询货物运送状态→验收货物，确认无误后点击支付确认→交易完成。

7.6.2.6　服务类

服务类主要是提供系统的后台支持服务以及系统使用帮助等，主要提供交易监控、帮助中心、物流状态查询、农产品价格行情分析、支付结算、语音接口、短彩 WAP 接口等系统功能。

（1）交易监控：主要提供交易时间、数量、金额、形式等相关内容的记忆以及查询交易记录、删除交易记录、作废交易记录。

（2）物流状态查询：用户可以根据时间、查询、状态（上车、分拆等）等条件查询相关物流情况。

（3）农产品价格行情分析：根据市场的实时情况，提供实时农产品供求和实时价格情况。

（4）支付结算：提供支付结算的接口，付款形式为订金和保证金等。目前支付形式主要为在线支付和货到付款两种。

（5）帮助中心：提供系统主要操作的帮助文档和相关的操作指南，用户可以在帮助中心下载查看主要的法律政策、操作帮助、交易须知等内容，更好地帮助用户了解和使用电子商务平台。同时还提供人工语音帮助服务和在线帮助系统，用户也可以直接在线与帮助中心联系获得帮助。

（6）会员管理：提供比较完善的会员管理体系，规定系统会员认证、会员等级、会员权限、会员优惠、会员升级制度、会员奖惩制度等方面的管理，为认证会员提供全方位的管理方案。

（7）产品信息标准化认证管理：提供基于农产品标准化认证的食品管理制度，在系统中设置绿色有机食品专区，提供完整的有机食品管理体系，商家根据食品安全管理委员会提供的有机食品认证信息，可在系统中有机食品专区进行信息交流和农产品交易。健康食品的认证管理一直是当前农业管理的一个重点工作。

（8）营销管理：在页面提供专区显示，主要可以包括宣传信息管理和促

销信息管理，为企业、个人或其他组织提供当前的最新动态信息，注册用户可在专区查看到最新的宣传和促销信息。

（9）信息交流管理：可以让用户在系统交流专区进行问题和相关信息的交流，为供求双方提供一个可以自由交流的平台，在注册认证后，可以根据权限在不同区域进行留言或进行其他方式的信息交流，通过后台信息审核后，在前台进行显示和信息互动交流。

7.6.2.7 功能类

功能类主要为系统管理，系统管理包含运营方管理和用户方管理，其中，运营方管理包括以下内容。

①资讯管理：提供给用户信息发布、删除、查找、修改的权限，用户可以在权限内对自己的信息进行维护管理。对相关的广告、营销等模块进行管理。

②会员管理：包括会员注册管理、级别管理、属性管理、功能管理。

③用户管理：包含权限管理、功能管理、统计管理、属性管理。用户方管理主要包括查询搜索、信息管理、商品管理、通讯管理、订单管理等。

④查询搜索：包括站内搜索、分类查询、分时查询。

⑤信息管理：包括发布信息、删除信息、查找信息、修改信息、信息设置（置顶、屏蔽等）。

⑥商品管理：包括上下架管理、添加商品、删除商品、查找商品、修改商品信息等。

⑦通信管理：包含添加通讯方式、删除通信方式、修改通信方式和设置通讯方式等。

⑧订单管理：包含下单管理、订单审核、订单查找、订单作废、订单清除、订单导出。

⑨库存管理：主要为注册会员提供当前系统中库存状态（数量、空间、时间等）的管理，对库存信息进行实时监控管理。

⑩物流系统管理：可兼容提供物流管理系统，方便电子商务平台的交易、配货、运输，为用户包括物流方提供整体解决方案。

7.6.3 农产品电子商务平台后台管理

7.6.3.1 用户管理模块

用户管理模块包括：系统管理员添加操作员，系统管理员修改操作员，系统管理员删除操作员，系统管理员查询操作员，系统管理员给操作员分配权限。用户分类直接按照所属部门进行划分，不再进一步细分。

7.6.3.2 信息发布管理

系统将设置多种信息数据管理模式，以方便系统管理员对不同的信息进行不同的数据管理过程。支持多种内容格式，如HTML、图像、声频、视频、Office文件、FLASH等。

信息发布系统的主要功能是让管理员通过网页界面的形式管理数据库，审核、修改、删除前端输入信息，也可以发布新闻、行业动态等信息。所有发布信息的记录均存放于一个信息库中，允许浏览者根据不同的条件来对已发布的信息进行检索和下载。

系统提供对栏目内容的更新与维护，在后台输入、查询、修改、删除各栏目中具体信息，选择本信息是否出现在栏目的首页、网站的首页等一系列完善的信息管理功能。信息录入将设计为动态生成和静态链接两种，便于管理员根据情况灵活掌握。信息管理实现网站信息栏目的添加、修改、删除。动态信息维护包括信息录入、修改和删除。

7.6.3.3 日志管理

（1）管理功能，记录所有操作者的操作日志，能对操作日志按照栏目及其最终文件、时间、操作员进行统计。可以对网站的操作做全面的跟踪和记录，达到安全可控的目的。

查询日志：可按关键字、操作人、操作类型、IP地址、时间等条件进行查询。

日志记录：查看所有操作记录，包括类型、时间、用户名、IP地址、操作内容。

备份/转移：当日志记录一段时间后，需要对日志进行备份/转移。本系统采用的方法是将指定时间范围的日志备份到一个文件中，然后删除备份过

的日志记录数据，再由管理员对产生的备份文件进行保存。备份时的输入条件为：备份起始时间、备份截止时间。备份过程中应该提示的一些常用信息包括当前日志限制数目、当前日志数据数量、待备份/转移的日志数据数量、备份后是否删除备份过的日志记录数据、备份后的文件名称（路径）等。

（2）会员管理。北京市农产品电子商务平台系统功能很重要的一部分是围绕系统会员的操作和系统运行的，因此需要具有比较全面的会员管理功能。在设计上，系统提供了比较全面的会员晋级、管理、惩罚制度，包含会员的注册认证、会员的成长，会员的升级、会员活动等，从各个方面为会员提供优质服务的同时，也对会员进行严格的管理。进行会员管理可以充分了解市场的动态需求，管理数据可以作为大数据分析的基础，提升平台的质量和服务。

8　农产品电子商务物流效率评价体系研究

随着农产品电子商务的发展和生活水平的提高，人们对农产品食品的需求在质量上也在不断地提高，消费观念也在向多样化发展。而农产品食品本身易腐烂的特殊性使得其需要尽可能地全程冷链运输以及快速周转。国内外学者也在关注农产品物流领域，但是应该注意到我国目前农产品物流意识薄弱、冷链体制不健全、物流效率低下，农产品物流缺乏相应的客观的评价体系，不仅难以向消费者提供品质较好的农产品，也难以保障农产品电子商务企业的利益。这就需要我们在农产品流通的过程中，找出农产品电子商务物流效率评价的关键指标，形成农产品电子商务物流效率的评价体系，为农产品电子商务企业衡量并改善自己的物流效率提供有效的建议。

8.1　农产品电子商务物流评价概述

8.1.1　相关概念及特点

8.1.1.1　相关概念

（1）农产品电子商务。区别于传统的市场以及超市的零售模式，农产品电子商务主要在网上销售农产品。企业会把农产品放在自己的网站供消费者进行选择，下单之后会通过快递的形式配送到消费者的家中。这种模式很多都是从原产地或者经过简单的中转之后直接送到消费者家中的，环节较少而且会采取冷链运输，避免了传统模式的长途运输，减少了中转环节，使消费者能够收到更加新鲜的农产品。农产品电子商务企业会有很多高端产品以及进口的农产品，更是增加了消费者的选择。但是农产品本身具有易腐、不易存放的特点让农产品电子商务企业面临很多困境，其中的短板就是物流效率

低，冷链不健全。

(2) 物流及农产品物流。物流，顾名思义为物体的流通过程，即将原材料、半成品、成品等根据客户的需要从产地送到消费者手中的实体的流动过程。物流是供应链活动的一部分，具体包括用户服务、需求预测、订单处理、配送、存货控制、运输、搬运装卸、采购、包装等过程，以满足消费者的需求为目标。用来配送农产品的物流过程称为农产品物流。

8.1.1.2 农产品物流的特点

农产品易腐烂变质的特点，决定了农产品的物流运输具有不同于普通产品物流的特性，其主要体现在以下几个方面。

(1) 保证农产品的质量尤为重要。消费者主要是在网上购买农产品，主要根据网站上的图片及介绍来进行选择，因为看不到实物，所以消费者的体验就会比较重要。保证产品的质量是满足消费者体验的一个重要方面。从田间地头到消费者的餐桌，在整个环节中，要保证农产品的质量，尽量降低损耗。

(2) 对物流成本和时间敏感。物流被称为“第三利润源泉”，但是农产品的特殊性使得农产品物流需要大量的资金及设备投入，不管是自建物流还是第三方物流，要保证公司盈利就要在保证产品质量的基础上，严格控制物流成本。农产品容易腐烂的特点使得农产品物流的及时性非常重要，配送时间过久会使农产品质量降低，还影响消费者的购物体验。

(3) 物流技术和设备要求更高。农产品的特殊性使得农产品物流的设备不同于普通产品的物流设备，需要冷藏及保鲜才能保证农产品的质量以及用户体验。在物流过程中，温控也是很重要的一部分，因此，对物流设施及技术方面的要求较高。

(4) 物流配送点比较分散。普通产品都是集中配送到大型超市或者市场来供消费者选择，而网上销售的农产品是不同的家庭根据自己的需要购买的，这些家庭是比较分散的，导致配送的点是分散的，在配送路线规划以及物流成本控制方面难度很大。

虽然农产品物流存在以上问题，但是电子商务下的农产品配送比传统模式下减少了很多流通环节，也增加了效率。

8.1.1.3 农产品物流的模式

农产品物流目前主要有三种模式。

（1）自建冷链物流模式。因为目前国内的冷链物流设施不健全，而且专门从事冷链物流的第三方企业比较少，很多农产品电子商务企业会选择自建物流来进行农产品的配送以保证产品的质量。但是这种模式对企业的资本有很高的要求，并且成本消耗太大，没有雄厚的资本很难实现。

（2）第三方模式。第三方冷链物流企业和一些农产品电子商务企业合作，专门从事农产品的运输和配送等。对于一些没有冷链物流体系的农产品电子商务企业来说，第三方冷链物流的模式是一个很好的选择，可以和其他商家分摊物流成本。

（3）O2O 众包物流模式。自建冷链物流以及第三方模式最大的弱点是送货上门，众包物流的出现弥补了这种不足，通过招聘一些有空闲的非本企业的员工做兼职配送员（如外卖员、小区周边商店的店主等，他们离消费者比较近，而且空闲时间较多），能够很好地解决农产品配送“最后一公里”的难题。

8.1.2 研究背景及意义

8.1.2.1 研究背景

2012 年农产品电子商务凭借“褚橙进京”的营销一炮走红，被公认为农产品电子商务元年，在那之后出现了以有机食品为主的沱沱工社等。2013 年以来，随着顺丰优选、一号果园、京东自营和天猫农产品等的加入，农产品电子商务逐渐引发消费者的关注，也引起了投资者的青睐。农产品电子商务因频繁地融资而不断进入人们的视线。据中国电子商务研究中心网站公布的消息，2015 年农产品电子商务交易额为 560 亿元，预计 2018 年将达到 1 320 亿元，农产品的高消费黏性、客户的高依赖性、高利润吸引着各大投资者投资农产品领域。例如，易果生鲜联手阿里巴巴和苏宁生鲜不断扩展规模，天天果园得到京东 7 千万美元的投资，每日优鲜获得由腾讯领投的千万美元的资金，等等。此外，传统零售电子商务企业不断进军农产品领域：天猫生鲜以及京东生鲜部的成立，苏宁和亚马逊上线生鲜品类，顺丰利用自己强大的物流优势推出顺丰优选，等等。中国生鲜农产品电子商务市场规模及预测如图 8－1 所示。

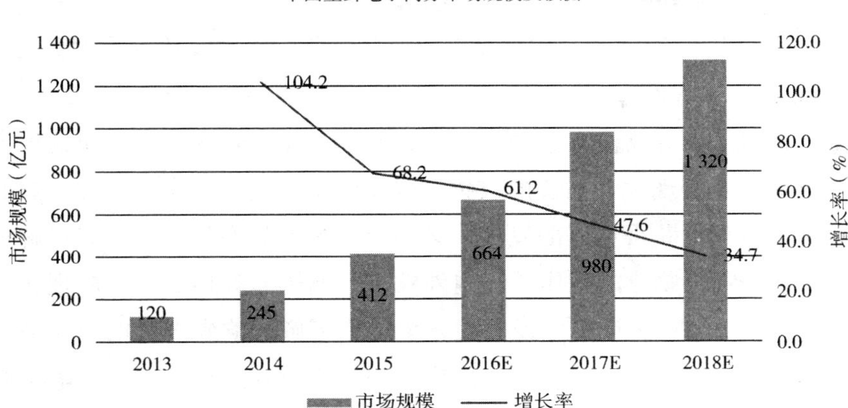

图 8-1　中国生鲜农产品电子商务市场规模及预测

农产品电子商务虽然近年来发展迅速，带动农产品物流业得到很大的发展，但是国内目前冷链物流发展比国外落后，还没有比较完善的农产品物流体系，很多农产品的质量得不到保证。国家现在比较重视农产品物流的发展，也给予很多政策上的支持。例如，2010 年颁布《农产品冷链物流发展规划》，指出不仅要普及冷链物流的概念和技术，还要不断在设施设备建设以及在物流人才培养等方面加大投入；2014 年国家在规划中明确了冷链物流对经济发展的作用；2015 年中央一号文件提出，要减免农产品物流的税费。

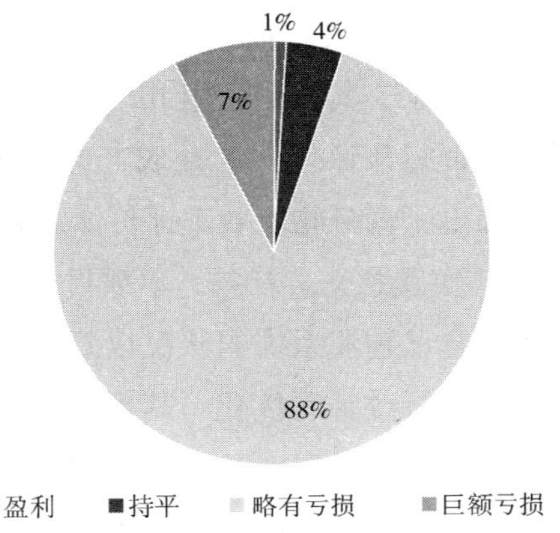

图 8-2　2015 年中国生鲜农产品电子商务市场盈利状况分析

但是农产品电子商务的发展并不是一帆风顺的，面临着很多的问题。根据中国电子商务研究中心的报道，全国只有 1% 的农产品电子商务企业实现了盈利，大部分还处于亏损状态，甚至有很多已经因经营不善而倒闭。可见农产品电子商务虽然市场潜力巨大，但是发展也存在很大的困难见图 8-2。特别是物流成本高、物流效率低、冷链不健全、客户满意度低。中国电子商务研究中心的监测数据显示，截至2015年，农产品电子商务企业的平均客单价是150元，其中履约成本在30~40元。

农产品电子商务物流方面理论与实践脱节，物流效率缺少相应的评价体系，不利于企业实现物流系统的改善。现在的市场竞争越来越激烈，农产品电子商务企业想要获得更好的发展，必须重视物流效率的提高。应了解现阶段农产品电子商务物流的运作及国内外农产品电子商务物流的发展现状及相关的效率评价方法，咨询专家及相关领域专家了解影响农产品电子商务物流效率的因素和指标，并通过调研、网络等相关途径查找相关农产品电子商务企业物流方面的数据，通过BP神经网络及MATLAB对相关企业的物流运营状况进行效率评价，让企业了解自己的物流运营效率处于同行业什么水平，对不合理的物流效率的影响因素进行改进，进而有针对性地改善物流系统。

8.1.2.2 研究意义

农产品与人们的生活息息相关，农产品电子商务的发展迎合了现代人们生活的特点，方便了人们的生活。物流业在企业的运行管理中发挥着重要的作用，但是农产品电子商务的发展存在很多问题，农产品物流效率低，效率评价体系不健全，因此，有必要对农产品电子商务的物流效率进行客观系统的评价。

（1）理论意义。首先，构建一个客观、规范电子商务的农产品物流效率评价指标体系。其次，运用BP神经网络对农产品电子商务企业的物流效率进行评价，使得该评价方法在农产品物流效率评价方面有更好的探索和发展，使农产品电子商务物流效率评价体系更加完善。

（2）实践意义。首先，本项目的研究，使得农产品电子商务企业可以客观地了解自己物流系统的状况以及在同行业中所处的位置，发现其存在的问题，以便进行改善和优化。其次，通过对农产品电子商务物流系统影响因素各指标的分析，了解农产品电子商务物流企业的具体特点，为企业管理者的决策提供依据；最后，建立农产品电子商务物流效率评价体系，可以对企业的管理绩效评价进行补充和完善，形成较全面的农产品物流效率评价体系。

8.1.3 发展现状

随着人们生活水平的提高，人们对农产品不仅仅要求安全，更注重品质。农产品作为人们的生活必需品，具有消费频率高、黏性大的特点，需求市场巨大。电子商务企业正是看中了农产品的这些特性，纷纷进入农产品领域。"互联网＋"时代，农产品领域也是各家一直想要争夺的蓝海。目前，不仅有沱沱工社、天天果园、易果生鲜等垂直电子商务企业，有很多的互联网巨头，如天猫、京东、1号店等不断地进入农产品领域或者投资该领域，还出现了在北京校园风靡一时的许鲜、爱鲜蜂等社区店的形式。

农产品电子商务在发展的过程中面临着很多困难，包括物流成本高、产品损失率高、前期投入成本高等，很多农产品电子商务企业经营不善或倒闭。2015年12月16日，水果营行CEO易德被警方带走，这个成立于2014年10月，号称要打造生鲜界"阿里巴巴"的O2O电子商务企业，正式停止运营。5 000名员工前途渺茫。2016年4月7日，上海本地生鲜明星电子商务平台美味七七宣告倒闭。美味七七在拿到亚马逊的投资之后采取自建冷链物流以及运营网点的模式，最终没有熬过瓶颈期，因资金链断裂而倒闭。这不得不让所有农产品电子商务行业的从业者捏了一把汗。

农产品电子商务已经从一片蓝海变成了一片红海。农产品电子商务在发展过程中增长速度超过100%，市场规模达到上万亿元的，发展前景非常好，但市场渗透率只有3%，在标准化、物流体系和成本控制方面有很多未解的行业痛点。本书主要从物流体系方面着手，构建一个农产品电子商务的物流效率评价的指标体系，并尝试运用BP神经网络对效率进行评价。

8.1.4 国内外研究情况

8.1.4.1 国外研究情况

国外冷链物流起步较早，很多国家冷链物流都已经比较完善，农产品的渗透率高，损耗率也比较低。

（1）效率评价方面。（burdurogh & lambert，2000）针对物流企业的效率评价提出了6个相应的指标，分别是：盈利能力、总成本、利润、客户增长、公司战略以及股东价值。墨菲和肯美伊尔（Murphy，Knemeyer，2004）主要探讨了第三方物流企业的效率评价问题，指出见底物流成本、增加客户满意度、缩短订单响应时间、增加物流系统的灵活性等对企业物流绩效的提升具有重要的意义。(Bradley，1996）从企业业务重组的角度出发，认为企业物流效率评价应当从企业的业务过程、与其他企业的竞争优劣势以及所处的环境等方面进行评价，提出结构性的效率评价体系，但是并不是适合所有物流企业。

(2）冷链物流及管理策略方面。库苏马萨里和富纪安缇（Kusumasari，Fujianti，2015）从供应链的角度出发，对影响农产品供应链效率的影响因素进行分析，并对印度尼西亚的农产品供应链商的效率进行评价，提出针对农产品特性的不同的库存管理策略。S. 扎诺尼（Simone Zanoni）和 L. 扎瓦奈拉（Lucio Zavanella，2012）认为，损耗对食品的质量和价值有很大的影响，食品在运输的过程中要始终保持低温的环境，但是全程冷链会造成很大的能源消耗，所以以此为角度建立模型，研究了冷链过程中温度对产品质量的影响，能源消耗与成本的关系。穆罕默德·塔米米（Mohammed. Tamimi）等(2010）通过研究冷链物流的发展历史，指出冷链物流对很多行业的发展有着重要的作用，从成本的角度考虑冷链物流中可能出现的问题，并提出主要的对策，为冷链物流的发展提供借鉴意义。S. 潘达（S. Panda，2008）根据生鲜农产品易腐的特点、成本消耗情况，从食品安全的角度出发，运用成本—定价模型提出农产品在易腐烂季节库存管理上的方法，并加以实证研究证明方法的有效性。吉尔莫（Gilmore，2002）认为，物流在企业的业绩中发挥着重要的作用，对企业的资产也有很大的影响，要不断提高物流的效率和服务来提升企业的业绩和价值。

8.1.4.2 国内研究现状

国内虽然农产品电子商务及冷链物流起步较晚，但是很快有了迅速发展，很多学者在研究农产品电子商务方面也提出了有效的建议。

(1）农产品电子商务发展现状。

任庆琳、王明宇（2016）对农产品电子商务模式及配送中的问题进行了研究，指出其存在的主要问题是流通损失率高、物流成本高、基础设施落后、冷链发展不健全以及第三方农产品物流企业发展落后等。张云飞、王志民

(2016) 在参照企鹅智库数据的基础上，对农产品电子商务目前存在的问题进行剖析，认为购买习惯难以改变、网民基数不够大、具备购买力的线上购物人数过少、具有购买力的人群线上购买力不足、寡头占据绝大多数市场、低价与质优的矛盾、物流成本过大等问题是农产品电子商务普遍存在的问题。徐书彬（2016）通过研究目前农产品电子商务发展的模式和现状，指出农产品电子商务的发展机遇，比如，国民生活水平提高、资本市场青睐、技术市场的迅速发展、地方政府的政策支持等。黄佳楠（2016）主要从鲜果的角度研究了农产品电子商务的发展现状，指出其存在的主要问题有品种有限面向高端、物流费用高、冷链水平低、难以标准化等。

（2）农产品电子商务物流及模式。

魏国辰（2015）通过归纳现有的农产品的物流模式，提出可采取“第三方物流 + 第三方配送/消费者自提”的模式。杨柳、翟辉、冼至劲（2015）从产品、物流、终端、消费者四个方面探讨生鲜产品 O2O 模式存在的主要问题，并对这种模式进行了优化。张夏恒（2014）综合生鲜产品、冷链、物流等因素，研究了我国农产品电子商务物流的现状、存在的问题及其机遇。罗红梅（2014）在分析研究现有农产品电子商务模式的基础上，提出了农产品电子商务共同配送模式。易海燕、张峰（2014）分析了政府在生鲜行业发展过程中的职责，探讨了农产品电子商务行业是自建冷链物流还是外包冷链物流。罗荣（2014）指出农产品物流缺乏客观的效率评价体系，其以现代物流理论等为基础，结合实际案例分析，构建了针对生鲜农产品冷链物流的效率评价体系。刘静（2013）探讨了农产品电子商务的几种模式和存在的问题，认为 O2O 模式是农产品电子商务的一个重要出路。杨柳、翟辉、冼至劲、毕玉平（2011）等认为，生鲜农产品物流模式应由以交易为主导向以服务为主导转化。杨光华（2009）等人针对现在生鲜农产品物流的模式，提出了生鲜农产品冷链物流新模式。宋林波（2009）指出，生鲜农产品的质量及安全对企业发展很重要，主要从果蔬产品的冷链物流出发，对我国建立农产品冷链物流给出建议。李平（2005）研究了我国目前的几种生鲜产品的主要经营模式，结合对消费者消费行为的调查研究，提出生鲜超市连锁经营的趋势，并对物流与供应链进行优化研究。

（3）效率评价。

吴镜（2016）从顾客的视角构建农产品电子商务物流服务的指标，对农产品电子商务的物流服务进行评估，并且对顺丰优选的案例进行分析，提出相应的建议。方凯（2013）通过分析农产品冷链物流的特点、物流效率评价的原则以及特殊性，构建了一个由财务管理、冷链流程、顾客服务、协同能力、绿色环保及发展能力六个一级指标和总资产报酬率等二十五个二级指标所构成的绩效评价体系。李国平（2011）指出现阶段我国生鲜农产品缺乏系统客观的物流效率评价体系，并结合长春市生鲜农产品物流发展情况，构建了长春市生鲜农产品物流效率评价体系。李智（2009）指出目前物流企业绩效评价不完善，从第三方物流企业的角度出发，提出要建立科学、客观的绩效评价指标体系，客观、公正地评价物流企业的经营绩效。王焰（2002）主要考虑到物流企业的合作关系，认为物流服务的好坏比较重要，而且从该角度出发对物流效率评价的标准做了研究，提出了相关的评价指标。

（4）BP 神经网络评价。

王慧萍（2010）主要从竞争力的角度出发，对第三方物流企业做了研究，指出物流企业竞争力对企业发展很重要，引入 BP 神经网络方法对企业竞争力进行评价，并证明该方法对企业竞争力评价是有效的。林晓松（2009）在基于 BP 神经网络的上市零售企业成长性评价研究中提出，应用 BP 神经网络方法构建上市零售企业成长性评价模型，进而分析其适用性，认为该方法能够对上市零售企业的成长行进行有效的评价。赵冰（2008）通过研究国内外港口竞争力的评价指标体系，针对当前评价中存在的问题，提出 BP 神经网络评价方法，对港口的竞争力进行评价，并验证其可行性。王雅璨（2006）指出，基于 BP 神经网络的评价方法自学习、自适应能力比较强，能够减少物流效率评价过程中的人为因素的影响。

8.1.5　研究内容及创新点

8.1.5.1　研究内容

（1）首先论述农产品电子商务企业物流效率评价的研究背景和意义，然后通过阅读文献及查阅网上资料了解现在国内外的农产品电子商务及物流效

率评价相关的研究现状，进而指出农产品电子商务物流存在的问题以及进行效率评价的必要性。

（2）农产品电子商务企业物流评价概述，主要介绍与物流系统和效率评价相关的一些概念、评价的过程及意义等。

（3）构建农产品电子商务企业物流评价的指标体系。了解效率评价指标构建的原则，找出影响物流效率的主要的指标，将其总结分类为四个一级指标，对选取的各个指标进行解释。

（4）基于BP神经网络对农产品电子商务企业物流系统效率进行评价。BP神经网络具有很好的自学习能力，能够避免人为因素的干扰，根据样本数据不断训练和调整参数形成自己的学习规则，当误差在可接受范围之内时完成训练，然后对选取的待评价样本进行训练。本部分首先确定BP神经网络的层数、各层神经元的数据以及各个参数，然后根据训练样本对建立的神经网络进行学习训练，训练好模型之后将选取的待训练的农产品电子商务企业的物流数据输入网络进行评价，得出相应的评价结果，然后根据企业的实际情况论证评价结果是有效的。

（5）通过农产品电子商务物流效率的评价结果，在评价结论的基础上查阅资料以及咨询专家意见提出农产品电子商务发展的建议以及未来发展方向。

8.1.5.2　创新点

随着互联网时代的到来，“互联网+”给生活的方方面面带来了翻天覆地的变化。在众多“互联网+”的应用中，农产品电子商务是近些年来增长最为迅速的市场之一。全球著名市场调研公司尼尔森预测，未来中国的农产品电子商务市场将迎来爆发性增长，有望在2018年突破1 500亿元。但是生鲜农产品对于物流配送要求极高，既要保持食品的新鲜，又要保证到达的速度，而农产品电子商务却面临物流效率低，缺乏相应的评价体系等问题。虽然农产品电子商务的关注度和热度近年来一直很高，但是关于农产品电子商务物流效率评价的文章还比较少。本书创新之处主要有以下两个方面。

（1）现有的关于农产品电子商务的文献主要集中于农产品电子商务发展、现状、模式的探讨以及冷链存在的问题及优化等，绩效评价也多是针对普通企业的物流系统，我们首先从该角度出发，构建针对农产品电子商务的物流效率评价的指标体系。该体系共有4个一级指标16个二级指标。该指标体系不仅综合了现有文献的数据，而且通过实地调研以及问卷调查得到了更符合农产品电子商务特点的指标，从而使指标体系更加客观、全面。

（2）BP神经网络以其运算速度快、问题求解效率高、自学习能力强、适应面宽等优点，已经在评价领域有了很多的应用，能够较好地模拟评价专家进行综合评价的过程，但是在物流行业应用还比较少。所以我们尝试将BP神经网络评价法应用到农产品电子商务物流领域，来对农产品电子商务物流效率进行评价。

8.2 农产品电子商务物流效率评价方法及指标体系

8.2.1 物流效率评价的概念

从管理学角度来讲，效率是指在特定时间内，组织的各种投入与产出之间的比率关系。在企业中，效率高代表企业的投入产出比较高，运营状况良好，所以要适时对企业的效率进行评价，从而了解企业对资源的利用情况以及出现的问题，使企业资源利用更合理，实现协调发展，提高经营管理水平，提升企业综合竞争力。企业效率评价就是针对企业的具体情况，根据一定的标准来选取合适的评价指标，运用科学的方法对指标进行评价，进而得出评价结果。有学者曾经指出，进行过效率评价的企业能够提高14%～22%总体生产率。

物流的效率评价就是针对企业物流运作中的相关指标，如运费、损耗率、准时交货率、顾客满意度等，运用相应的方法对其进行评价。通过评价研究物流企业的投入产出，以及在保证其盈利能力、安全性等的前提下合理配置资源及结果的能力。特别是在现在农产品电子商务发展迅速，物流成本却居高不下的情况下，对农产品电子商务企业的物流效率进行评价研究具有十分重要的经济和现实意义。

8.2.2 常用的效率评价方法

8.2.2.1 层次分析法（AHP）

在生活中，我们会遇到很多决策问题，比如去哪里旅游，选择什么酒店

等，这些决策问题会有很多的影响因素（景色、费用、交通等），这些因素也是相互影响的，只有综合考虑这些影响因素才能做出更合理的决策。

层次分析法就是广泛应用于这类复杂系统的分析与决策方法，是一种利用层次结构分析问题的方法。层次分析法能够将复杂的问题进行分解，从决策到影响因素自上而下进行分层，将总是与决策有关的元素分解成目标层、准则层、方案层，上层受到下层的影响，但是层内的因素之间一般相互独立。通过相互比较确定下层对上层（方案层对准则层、准则层对目标层）的权重，最后综合两组权重，来确定方案对目标的权重。权重大的因素对目标影响大，是要优先考虑的。层次分析法是一种定性和定量分析相结合的决策方法。

层次分析法将定性分析和定量分析结合，将评价过程数学化，简洁实用，但是定量数据较少，定性成分多，具有较强的主观性。

8.2.2.2 模糊综合评价法

很多情况下，事情是具有模糊性的，从属于一个范围到不属于一个范围之间没有明确的分界线，这就导致客观世界存在很多模糊的现象。模糊综合评价法就是针对这一现象提出的，是一种基于模糊数学的综合评价方法，能够将模糊的不容易定量的决策转化为定量的评价，还可以将结果排名，方便进行决策。模糊综合评价法主要通过确定评价对象的指标集和评价集以及各因素的权重和隶属度向量来得到一个模糊评判矩阵，最后把模糊评判矩阵与因素的权重集进行模糊运算并进行归一化，得到模糊评价的综合结果。一般采用层次分析法来确定指标的权重，通过计算得到各因素的相对重要度，最后建立权重向量。模糊综合评价法不仅能对主观指标进行评价，还能对客观指标进行评价，能够较好地解决难以定量的问题，结果也比较清晰，但是其权重大多是人为确定的，主观随意性较大，对各被评价对象的指标信息量考虑不够。

8.2.2.3 数据包络分析

在生活或者工作中我们经常会评价比较一些企业的分支机构（如银行、证券、超市等的分支机构）的运营效率高低，一般根据这些单位的投入产出比来进行评价，通常这些单位的投入和产出比较接近，可以换成相同的计量单位。但是并不是所有的投入和产出都可以折算成相同的计量单位，比如员工的数量、资本的投入、利润的增长率等，特别是当遇到多投入和多产出的情况时，直接计算投入产出比很难看出运营效率的高低。数据包络分析法就是解决这类问题的方法。1978 年著名的运筹学家 A. 查尔斯（A. Charnes）、WW. 库伯（W. W. Cooper）和 E. 罗德斯（E. Rhodes）提出了数据包络分析法，来评价单位间的相对有效性。

数据包络分析简称 DEA，是一个线性规划的模型，该评价方法会有一些决策单元，简称 DMU，通过对投入和产出的数据进行分析，借助数学模型确定生产前沿面的有效性，将确定的 DMU 投影到 DEA 的生产前沿面上，通过 DMU 偏离生产前沿面的程度来确定相对有效性。DEA 主要用于评价多输入和多输出的一些企业的效率，企业可以运用 DEA 来评价一些分支机构的效率，识别无效率的单位，从而进行改善，提高企业的效率。但是 DEA 也有一些缺点，比如在实际中总会有测量误差，而 DEA 会对一些异常的值比较敏感，数据包络分析曲线上的点都是和最好的点进行比较，而最好的点是不稳定的，这就导致所处理的结果也是不稳定的。

8.2.2.4 人工神经网络评价法

在生活中我们会遇到很多决策问题，有时候不能直接做出决策，建立数学模型可以辅助我们进行决策。数学模型中会用到很多参数，一些问题在定量化之后会产生较大的误差，为了得到比较准确的结果，就需要对模型以及参数进行不断调整，直到得出想要的结果。可想而知，如果遇到比较复杂的问题，进行这样周而复始的操作是会耗费大量精力的，而人工神经网络的出现解决了这一难题。人工神经网络能够模拟人大脑的思维过程，在得到输入向量之后，经过中间层的计算得出输出的结果，在这个过程中连接权值和阈值。人工神经网络有自学习能力，也就是能够自己学习，如果得到的结果与实际结果误差较大，就会将误差反向传播来调整权值和阈值，不断地进行训练，直到误差控制在允许的范围之内。人工神经网络评价法将定性和定量结合，是一种接近人思维方式的评价方法，能够在评价过程中自己学习和调整，避免人为干扰和主观性，在很多领域都有很好的应用。

我们尝试用 BP 人工神经网络法建立评价模型，对农产品电子商务物流效率进行评价。基于 BP 人工神经网络的综合评价方法在评价过程中不必考虑变

量之间的关系，根据具体的问题设置相应的网络结构，参照样本数据进行学习，获取网络相关的权值和参数，来对农产品电子商务物流效率进行评价。BP人工神经网络评价方法能够自己学习和调整，而且运算速度比较快，能够贴合专家的思维对农产品电子商务企业的物流效率进行评价。

8.2.3 评价指标体系构建原则

对农产品电子商务进行效率评价，首先要构建评价指标体系。评价指标的选取是否合理对评价结果有很大的影响。评价指标非常多，会使评价过程非常麻烦；指标数量较少，又不能反映要研究的问题。在评价过程中，指标往往是人为选取的，为了避免指标选取过程中的随意性与不规范，设定一些基本的原则来对指标的选取进行指导是非常有必要的。指标选取应该遵循的原则如下。

8.2.3.1 科学性

我们不能根据自己的主观想法随意选取和评价指标，选取指标时要保证客观性和全面性，评价时要采取科学的并且符合实际需求的方法，使评价的结果更具有科学性。

8.2.3.2 系统性原则

企业的物流效率受到很多因素的影响，比如员工能力、企业资本、设备、服务质量等，所以对企业的物流效率进行评价应该尽可能地涵盖影响企业物流效率的具有代表性的因素，并对其进行综合评价，避免局限于单一因素。

8.2.3.3 可行性

可行性原则主要是要求我们在选取指标的时候不能随意而为，要考虑指标的意义、数据的可获得性以及是否便于评价人员利用。

8.2.3.4 代表性

农产品物流效率的影响因素有很多，我们不可能大而全地去评价所有的指标和因素，这是不现实的，这就要求我们在构建指标体系的时候选择具有代表性的指标，能够确保评价指标具有一定的典型性，能够尽可能准确地反映出农产品电子商务这个行业的物流效率的综合特征。

8.2.3.5 可比性

可比性原则主要是指我们选取的指标要能够进行比较，不能仅仅适用于一家企业或者一个产品，如果不能进行比较的话，评价的结果也就没有意义。选取的指标要能够与同类型的企业做比较，能够和企业过去的数据做比较，要灵活设置评价的指标，使指标具有可比性。

8.2.3.6 稳定性

稳定性原则主要是指我们选择好评价的指标之后，不能随意地变动，指标的意义以及数量要保持一定的稳定性，如果指标频繁改动，则评价过程会变得反复而无意义，要在一段时间之后根据评价指标的实施效果来进行修改和完善。

8.2.4 评价指标体系分析

建立评价指标体系是评价工作的第一步，也是关键的步骤，因为指标的选取对最终的评价结果有很大的影响。为能有效地对物流企业的绩效进行评价，需要设置相应的评价指标。有了指标确定的原则作为依据，评价者可以结合农产品电子商务企业自身的物流状况和评价的目的来确定效率评价的指标体系。

8.2.4.1 确定评价的指标集

在这个阶段，我们可以了解农产品电子商务企业物流效率评价的一些指标，并从企业的整体和宏观角度总结出能够全面反映农产品电子商务企业物流效率的指标。这些指标叫作“一级指标”，一般来说比较具有代表性，比如企业的运输水平、仓储水平、客户服务等。在一级指标的基础上可以生成二级指标。

8.2.4.2 评价指标的选取

主要通过阅读生鲜、物流及农产品效率评价相关的文献，参考指标构建的原则，然后经过咨询专家、问卷调查等来确立指标。指标参考表 8－1 所示。

表 8－1 指标参考表

作者	生鲜、冷链、农产品物流效率评价相关指标	方法
孙晓梅（2015）	资产投入、物流成本、信息化、人员素质、发展能力、交货及时性和准确性、冷藏车和冷库利用率、运输损失、库存损失、产品新鲜度	层次分析法、灰色评价

续表

作者	生鲜、冷链、农产品物流效率评价相关指标	方法
李俊莹（2014）	仓储费用、配送准时率、订单处理周期、信息化、员工水平、物流标准化、物流损耗	问卷调查、统计分析
罗蓉（2014）	冷藏车数量、每吨公里费用、在途损失率、仓储费用、仓储损失、生鲜冷藏库、信息化、交货准时率、用户体验	AHP、模糊综合评价法
马秋燕（2015）	信息化、冷藏库数量、运输成本、物流从业人员、政府投资额、仓储损失	DEA
周静、孙建（2015）	冷藏车、运输损坏率、员工素质、冷藏车利用率、仓储费用利润率、物流管理、业务增长率、资本水平、资产负债率	AHP、DEA
曹影（2011）	物流运行周期、物流成本费用、食品保质程度、库存环境	AHP
史嘉兴、孙若莹（2015）	冷藏设备、仓库损耗、信息化、订单准时性、顾客满意度、人才水平、运输保鲜能力、每单成本、信息化	AHP、模糊综合评价法
李欣（2014）	资本水平、业务成本、利润率	DEA、Malmquist
吴金卓（2005）	每吨公里费用、准时交货率、物流运费、仓库利用率、仓储费用、人员水平、资产水平、用户满意度、仓储管理、资金周转率、资产利润率	DEA
薛湖（2010）	单位运输成本、运输损坏率、库存周转率、损坏率、交货准时率、交货准确率、客户满意度、信息化、员工素质、新客户开发能力、仓储费用	模糊层次分析、综合评价
黄向荣、谢如鹤（2009）	信息化、（订单）响应速度、交货柔性、冷冻储存、冷冻运输、客户服务（满意度）、食品质量、物流管理	熵权灰色关联
许渭书、樊相宇（2015）	运输车辆、固定资产	DEA
李远远、李志浩、刘礼帅（2015）	技术水平、配送及时率、客户满意度、冷藏运输损失率、保险能力、信息化、员工素质、冷藏车数量、业务增长率、流动资产比率	AHP、模糊综合评价法
赵芳妮（2015）	信息化、冷链物流设施、物流成本、运输损耗率、冷链运输率、专业人才数量、预冷保险率、物流管理	AHP、DEA、模糊综合评价法
陈红丽，栗巾瑛，芮嘉明，王璐琳（2013）	运输破损率、劣变率、配送准时率、拣选时间、运输时间、信息化、员工素质、人力成本	（只是建立指标体系，无具体评价）

续表

作者	生鲜、冷链、农产品物流效率评价相关指标	方法
张永奇、孙宏岭（2008）	信息化、客户满意率、基础设施、员工素质、损失率、物流准确率、订单完成率、单位物沉成本	模糊综合评价法
李超、闫葳、刘宝学（2012）	配送准时率、顾客满意度、信息化、设施成本、物流费用、运输损耗率、冷藏设备	AHP、模糊综合评价法
邓延伟（2014）	及时交货率、订单满足率、顾客满意率、信息化、仓储费用	系统动力学
李国平（2011）	专业人才、信息化、基础设施、冷藏车数量、冷库数量、物流成本率、运输准时率、运输损耗率、库存损失、交货准时率、客户满意度、每单物流成本	AHP、模糊综合评价法
李智（2011）	信息水平、客户满意度、准时交货率、员工素质	模糊综合评价
刘云华（2012）	资产水平、损失率、及时交货率、仓储、市场份额、客户获得率、顾客满意度	DHGF 算法

8.2.4.3 指标筛选

我们针对农产品物流的特点设计了相关的调查问卷，回收了 276 份问卷，其中有效问卷 248 份。筛选出次数较多的且具有代表性 16 个指标如表 8－2 所示。(其中涉及的每单物流成本、每单人力成本以及每单包装成本等统一用履约成本表示)。

表 8－2 指标筛选表

涉及指标	冷藏车的数量	损耗率	SKU 数量	履约成本	冷藏库数量	营业收入	投资情况	业务增长率
提及次数	193	180	165	192	166	151	135	160
涉及指标	信息化水平	物流相关员工素质	物流管理水平	品牌认知度	用户渗透率	购买意愿	用户满意度	交货准时率
提及次数	173	180	185	162	161	159	165	176

我们对上述指标进行归纳总结，形成农产品电子商务企业物流绩效评价指标体系，具体包括物流运作、资产水平、物流发展能力、物流服务质量 4

个一级指标，以及这4个一级指标向下延伸的16个二级指标，并对各指标做出相应的解释。

8.2.5　农产品电子商务物流效率评价指标

8.2.5.1　物流运作

运输是物流行业的重要组成部分，也是物流的核心环节。可以说，没有运输就没有物流，所以较好的运输水平对于企业的物流效率来说具有重要的意义。

（1）冷藏车的数量。农产品容易腐烂的特性使得它们在运输的过程中要使用冷链物流，其中，冷藏车发挥着重要的作用。冷藏车是冷链物流领域最重要的交通运输工具，是配送农产品等易腐食品的专用车辆。冷藏车装有隔热或者冷却装置，具有调节与控制温度系统，能够更好地保证生鲜产品的品质。冷藏车数量越多，冷链运输水平越高，生鲜产品的损耗就会降低，效率越高。

（2）损耗率。生鲜农产品具有易腐烂、不易存放的特点，而客户越来越注重产品的品质，所以对农产品电子商务企业来说在配送途中最大限度地保证产品的质量，降低生鲜产品的损坏率不仅能够吸引客户，而且能够降低企业的成本。损坏率越小，评价时的效率越高。

损坏率的计算公式如下：

$$损坏率=生鲜农产品损失的价值/生鲜农产品的总价值 \tag{8.1}$$

（3）冷藏库的数量。存储对农产品物流来说也是一个重要的环节。生鲜农产品在存储的过程中需要冷藏保鲜，所以在这个过程中冷藏库的数量决定着产品保鲜的效果，这个指标越大，物流的效率越高。

（4）SKU数量。SKU本来指的是最小库存单位（Stock Keeping Unit，SKU），最小库存管理单元就是“单品”。当一种商品的品牌、颜色、价格、产地等属性与其他商品存在不同时，就是一个不同的最小存货单元，每种产品均对应唯一的SKU号。但是针对电子商务而言，SKU有另外的注解：一是SKU是指一款商品，每款商品都有出现一个SKU，便于品牌识别；二是一款商品多色，意味着有多个SKU，这样可以避免出现混淆，发错货。

SKU数量多可以让顾客有更多的选择，在一定程度上避免顾客流失。但是SKU不能盲目增多，要依据企业的规模以及物流仓储水平确定数量。

（5）履约成本。物流成本主要是指货物在流通过程中产生的运输、包装、保管、配送、回收方面的成本等，既有人力成本，也有物力和财力成本。虽然农产品领域是一个蓝海，但是“中国农业生鲜电子商务发展论坛”上的数据显示，全国4000家农产品电子商务企业，只有1%实现了盈利，绝大多数还在亏损或持平，很大原因是物流成本过高。所以对农产品电子商务企业来说，如何有效地控制物流成本尤为重要。

考虑到农产品电子商务物流的特殊性以及数据的分散性，我们使用电子商务里的履约成本来代表农产品电子商务的物流成本。履约成本主要是指包括每个订单产生的人力、物流、包装、冷链建设等在内的综合成本。将一定时期内的农产品电子商务物流产生的人力、包装、运输等总成本除以该时期内产生的订单数，便是每个订单的履约成本。

8.2.5.2 资产水平

物流能否有效运作离不开资本的支持，物流所需要的各种设备、人力等都与企业的资本相关。资本水平越高，物流所获得的发展能力越大。资产水平主要涉及营业收入、投入资金、营业收入增长率三个方面。

（1）营业收入。营业收入是重要的财务指标，也是利润表上的第一个指标，营业收入在企业管理中具有重要的地位，关系到企业的生存以及发展。营业收入是保证企业能够持续经营的前提，能够弥补企业经营中消耗的成本等，还能够带动企业的资金周转，实现资源的优化配置及合理利用。

（2）投入资金。资金是企业赖以生存的重要因素，资金对企业就如同血液对人体一样是关乎企业生命的因素。投入资金对于企业进行各项活动具有重要的意义。

（3）营业收入增长率。营业收入增长率也称“主营业务增长率”，主要是指企业本年与上年相比增加或者减少的营业收入与上年的营业收入相比得到的比值，代表了企业收入的增长状况。可以通过营业收入增长率判断企业的发展状况，该指标数据越高，代表企业发展能力较好。

8.2.5.3 物流发展能力

物流发展能力是指企业在当前及未来时间内的物流发展情况，说明是否有足够的能力来适应社会的需求。在当今激烈的农产品市场竞争环境中，良好的物流发展能力能够使电子商务企业脱颖而出，更好地满足社会的变化和用户的需求。物流发展能力主要从信息化水平、员工素质、物流管理水平、品牌认知度几个方面来阐述。

（1）信息化水平。信息化水平是农产品电子商务物流企业区别于普通物流企业的一个明显的特征。在互联网飞速发展的时代，信息对于企业来说具有巨大价值，信息化水平越高，企业的物流效率越高。主要以信息化设施的投入来代表信息化水平。

（2）员工素质。现代物流的综合性很强，涉及管理、运输、经济等很多方面的知识，物流人才必须能够解决物流中经济、管理、工程甚至法律政策等方面的问题。物流人才水平不仅影响到物流资源的合理利用，还能够影响企业的运作效率。员工素质越高，企业的发展能力越好。该指标主要综合考虑物流部门的员工人数、学历情况以及工作年限等。

（3）物流管理水平。企业要想取得较好的发展，必须要有好的管理水平，对物流来讲，好的管理同样重要。物流管理水平越高，对物流活动的计划、指挥和控制等就越好，物流资源能够得到更有效的利用，物流效率也会得到相应的提高，物流发展能力也越好。该指标主要参照企业的物流管理制度，比如顾客投处理周期等。

（4）品牌认知度。很多情况下，商家提供的商品差别不是很大，消费购买的时候就会比较看重品牌。品牌代表着企业的精神文化以及价值理念，是企业宝贵的无形资产。品牌认知度高，说明企业在行业内的知名度较高，对于认品牌的顾客来说，可以节省购买时间等。因此，品牌认知度对企业的发展具有重要的意义，对农产品电子商务来讲，品牌认知度也是衡量物流运营效果的一个体现。

8.2.5.4 物流服务质量

农产品电子商务企业物流服务质量的好坏决定着用户的体验度，服务质量越好，用户体验越好，越能留住客户，潜在的客户群也会很大。这一指标主要从产品的送达效率、用户满意度、物品完好率来体现。

（1）交货准时率。交货准时率是指农产品电子商务企业在约定的时间内能够及时把产品送到客户手中的效率，它体现了企业对客户的承诺以及企业的时间观念。交货准时率比较高，可以积累口碑，对于企业的发展是有利的。交货准时率的计算公式如下：

交货准时率 = 及时送达的次数/配送的总次数　　(8.2)

（2）用户满意度。对于农产品电子商务行业激烈的市场竞争而言，拥有用户就等于拥有市场，所以用户的满意度对农产品电子商务企业的发展至关重要。用户满意度高，农产品电子商务企业在市场上的优势越大。主要以客户的好评率来表示用户满意度，该项指标越大，用户满意度越高。

（3）用户渗透率。该指标主要是指农产品电子商务企业对用户的渗透程度。该数据主要通过调研得出，指用户对企业产品的了解和使用程度。用户渗透率越高，说明物流运营的效率和成果越好。

（4）用户购买意愿。用户购买意愿是指用户对企业产品购买的倾向有多高，主要通过调研得出，代表用户对企业产品的认可，也是对物流服务的认可。

8.2.6 评价指标体系的构建

根据上述构建物流效率评价指标体系的原则，我们从农产品电子商务企业冷链物流运输水平、仓储水平、物流成本、发展能力、物流服务质量这五个一级指标出发，根据每个一级指标的特点构建了包含 16 个二级指标的农产品电子商务企业物流系统效率评价的指标体系，如表 8－3 所示。

表 8－3　评价指标体系

	一级指标	二级指标
物流效率评价（E）	物流运作	冷藏车的数量
		损耗率
		SKU 数量
		履约成本
		冷藏库数量

续表

物流效率评价（E）	资产水平	营业收入
		投入资金
		业务增长率
	物流发展能力	信息化水平
		员工素质
		物流管理水平
		品牌认知度
	物流服务质量	用户渗透率
		购买意愿
		用户满意度
		交货准时率

8.3 物流效率评价模型及案例分析

8.3.1 BP 神经网络评价模型构建

8.3.1.1 确定评价指标体系

评价指标是进行评价时的直接对象，所以建立评价指标体系是评价工作的第一步，也是关键的步骤，指标的选取对最终的评价结果有着很大的影响。为了能有效地对农产品电子商务企业的物流效率进行评价，需要结合建立指标体系的原则以及农产品电子商务物流的特点来设置相应的评价指标。

8.3.1.2 确定样本数据并整理

我们根据确定的评价指标，通过中国电子商务研究中心、艾瑞咨询以及一些农产品电子商务专题等数据统计网站来查找相应的指标数据，并对数据进行整理，比如数据归一化处理等，是评价工作进行的前提。

数据归一化处理就是将数据映射到［0，1］或［-1，1］或其他指定的区间上。数据归一化将消除各维数据间数量级上的差别，其目的在于：一是防止数据范围小的输入在网络中的作用被淹没；二是加快网络的收敛速度。

MATLAB 采用的归一化函数为：

$$y = \frac{x - x_{min}}{x_{max} - x_{min}}(y_{max} - y_{min}) + y_{min} \tag{8.3}$$

实现数据从 $[x_{min}, x_{max}] \longrightarrow [y_{min}, y_{max}]$ 的转化。

8.3.1.3 BP 神经网络的层数确定

BP 神经网络的层数会影响运算的结果，但并不是层数越多，运算结果越好，评价越好。虽然 BP 神经网络的层数越多会在一定程度上使运算的精度越高，使运算过程中的误差越小，但是层数越多，网络的运算过程也会越复杂，会使训练时间增加以及出现过度拟合的情况。理论上早已证明：具有偏差和至少一个 S（Sigmoid）形隐含层加上一个线性输出层的网能够逼近任何有理函数。而且实验证明增加隐含层的神经元的数量能够提高运算的精度，所以一般情况下，会优先考虑一个隐含层的三层 BP 神经网络结构，通过增加隐含层中的神经元数量来提高精度。因此，我们选择三层的 BP 神经网络作为农产品电子商务物流效率评价的模型。

8.3.1.4 各层神经元数目的确定

（1）BP 神经网络输入层神经元数量。输入层神经元的数量取决于我们的数据指标的个数，在第三章中我们已经设计了农产品电子商务物流效率评价的指标，所以我们确定输入层的神经元分别为：冷藏车的数量、SKU 数量、履约成本、冷藏库数量、营业收入、投入资金、业务增长率、信息化水平、员工素质、物流管理水平、品牌认知度、用户渗透率、购买意愿、用户满意度和交货准时率。

（2）隐含层的神经元数量。前面提到过一般选取有一个隐含层的三层 BP 神经网络，通过确定合适的隐含层神经元的数量来提高运算的精度，而且这样做会比一味地增加隐含层层数来提高精度要容易很多。但是隐含层神经元数量的选取并不是确定的，很多专家也对隐含层神经元的数量做过研究，并且总结出来一些经验公式。隐含层神经元的数量一般先根据经验公式给出，再通过后面的计算进行相应的调整。通常初步计算隐含层神经元数量的经验公式有以下几个：

$$l = \sqrt{m + n} + a \tag{8.4}$$

$$l = \sqrt{mn} \tag{8.5}$$

$$l = \log_2 m \tag{8.6}$$

$$l = \frac{m+n}{2} \tag{8.7}$$

式中，l 代表计算所得的隐含层的数量；m 代表输出层的节点数；n 代表输入层的节点数；a 为常数，值在［1，10］。

这些经验公式之中，$l = \sqrt{m+n} + a$ 是应用最广泛的确定隐含层节点数的公式，这只是一个初步确定隐含层神经元数量的公式，为了使神经网络的效果更好，在训练的过程中会不断进行调整。

（3）输出层的神经元数量。因为我们主要研究农产品电子商务物流效率评价，所以输出层的数量就只有一个，就是农产品电子商务的物流效率评价结果。

8.3.1.5　学习参数及训练函数的选取

（1）初始权值的选取。首先要对神经网络进行初始化，包括网络各层的连接权值，初始化权值的选取关系到网络的收敛性与否等，是很重要的一步。我们在构建神经网络模型的时候一般使用计算机选取（-1，1）之间的随机数，并且设定精度、误差函数以及训练次数。

（2）学习速率。学习速率对神经网络系统的稳定性很重要，过大或过小都会影响网络的学习过程，学习速率太大会使网络不稳定，学习速率过小网络的收敛速度则会很慢，使得训练的时间会比较长等。但是通常会先保证网络的稳定性，选取较小的合适的学习速率，一般的选取范围在0.01～0.8，然后通过实验观察误差平方和下降速率的快慢来确定是否为合适的学习速率。

（3）传递函数的选择。传递函数的选择影响网络的精度。BP神经网络有三种比较常用的传递函数：S形对数函数（logsig）、S形正切函数（tansig）、线性函数（purelin）。一般隐含层节点传递函数选择tansig或者logsig函数，输出层传递函数选择tansig或者purelin。

（4）训练函数的选择。BP神经网络在matlab中常见的训练函数主要有以下几种。

Trainglm：Levenberg-Marquardt算法，能够减少大量的计算量，也是系统默认的算法，但是这种算法对中等规模的 BP 神经网络加快学习速度比较适用，虽然计算量减小，但是对内存的要求极高，否则容易死机。

Traingd：单纯的梯度下降法，没有学习速率、附加量等，训练速度很慢；

Traingdm：也是梯度下降法，但却是带有动量的梯度下降法，能够弥补标准 BP 算法中的不足。考虑之前的训练梯度的经验，学习速率虽然会提高，但是缺点是容易产生波动，收敛速度很慢。

Traingdx：学习速率可变的动量 BP 算法，有附加动量项，精度较高，收敛也快。

Traingda：属于最速下降 BP 算法。有自适应学习率且可变，能够根据训练的误差要求调节函数，自己学习、适应，选择合适的步长，训练次数也比较少的，选取该算法。

8.3.1.6 训练方法及其参数选择

训练方法及其参数选择如表 8－4 所示。

表 8－4 训练方法及其参数选择

参数	参数解释
net. trainParam. show	显示训练结果的间隔步数
net. trainParam. epochs	最大训练步数
net. trainParam. goal	训练目标误差
net. trainParam. mu	学习系数的初始值，Marquardt 调整参数
net. trainParam. mu_ dec	学习系数的下降因子
net. trainParam. mu_ inc	学习系数的上升因子
net. trainParam. mu_ max	学习系数的最大值
net. trainParam. min_ grad	训练中最小允许梯度值

最后，根据农产品电子商务物流系统的特点以及神经网络模型的特点，建立了一个三层的 BP 神经网络，其中输入层有 16 个神经元，输出层有 1 个神经元，隐含层的神经元数量要结合经验公式以及训练过程给出。建立的 BP 神经网络神经网络结构如图 8－3 所示。

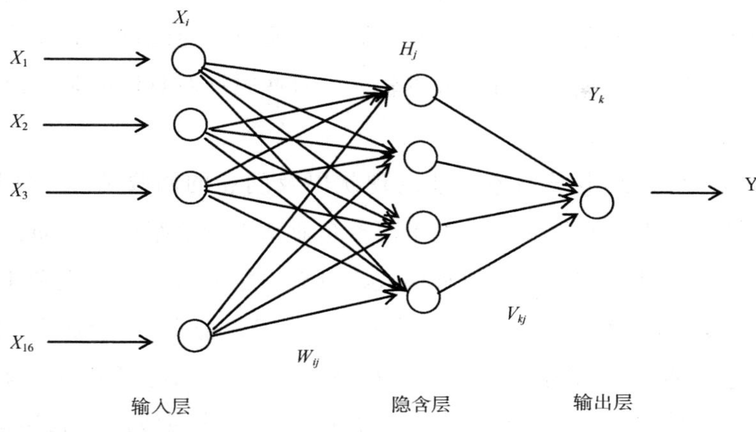

图 8－3 建立的三层 BP 神经网络结构图

8.3.2 搜集样本数据

运用 BP 神经网络进行评价前要先对神经网络进行训练，学习样本是进行有效评价的前提，所以要先得到一组训练样本。目前，农产品电子商务形成“三大阵营”的局面。

一是大电子商务平台生鲜频道，如天猫和京东。这些平台具有品牌以及流量上的优势，培养了用户的购物习惯，赢得了很多用户的信任，但是它们作为平台电子商务，虽然有一部分产品自营，但是更多的是给各个商家提供平台，这就导致产品的标准、质量等方面可能会监控不足，标准不统一，产品损耗也较严重，物流配送单价比较高。

二是垂直农产品电子商务平台，如本来生活网。2012 年，本来生活依靠褚橙的营销一炮打响。这种模式的农产品电子商务能够抓住用户的兴趣点，寻求商品的卖点来贴合消费者的生活方式，比较关注细分领域，但是也存在一些问题，例如，食品的供应商并没有前期的积累、知名度不高，前期为获取用户会消耗较大的成本。

三是传统超市、实体生鲜店的 O2O 农产品电子商务模式。这种模式在宅配方面优势较大，适合近距离配送，送货上门十分方便，并且能够保证菜品的新鲜，减少损耗率。但该模式同样存在很多问题：线下实体店要搭建农产品电子商务平台，导致有些实体店入不敷出，还需要为此付出更多的网上运营成本；而O2O社区模式的推广成本较大，有些只针对具体的某一市场具有较好的效果，发展速度有限。

根据以上农产品电子商务企业的现状以及问卷的回收情况、实际调研的情况，我们选取了9家农产品电子商务企业来进行效率评价，而且9家农产品电子商务企业涵盖了以上三种模式，具有一定的代表性。企业1、企业7、企业8属于平台农产品电子商务企业，企业2、企业3、企业4、企业5、企业9属于垂直电子商务企业，企业6为O2O农产品电子商务企业模式。我们主要通过中国电子商务研究中心、企鹅智库、艾瑞咨询、亿邦动力网、2015年农产品电子商务行业报告以及实地调研、问卷调查等统计搜集这些农产品电子商务企业2015年的指标数据作为训练样本，原始数据如表8－5所示。

表8－5　训练样本数据

一级指标	二级指标	企业1	企业2	企业3	企业4	企业5	企业6	企业7	企业8	企业9
物流运作（E_1）	冷藏车的数量（辆）	182	108	56	132	89	25	165	105	37
	损耗率（%）	10	2	5	12	5	11	9	10	7
	SKU数量	100 000	9 000	2 600	30 000	2 000	1 000	12 000	1 000	300
	冷藏库数量	11	3	2	3	4	3	10	4	3
	履约成本	32	35	31	36	37	34	32	33	31
资产水平（E_2）	营业额（亿）	22	12	1.4	11	8	7	9	5	5
	投入资本（亿美元）	2	1	0.15	2.2	0.7	0.7	3	1.8	2.1
	营业收入增长率（%）	200	150	180	100	150	130	160	110	200
物流发展能力（E_3）	信息化水平	9	7	7	8	6	6	9	7	6
	员工素质	8	7	6	7	7	6	8	7	7
	物流管理水平	8	6	7	6	6	7	9	6	7
	品牌认知度	48.9	17	8.5	44.7	19.2	4.3	50.4	29.8	1.1

续表

一级指标	二级指标	企业1	企业2	企业3	企业4	企业5	企业6	企业7	企业8	企业9
物流服务质量（E_4）	用户渗透率（%）	43.8	6.1	7.9	11.8	15.4	5.7	14.4	8.6	11.3
	购买意愿（%）	45	29	21	29	39	25	47	34	13
	用户满意度（%）	69.4	91.6	81.3	65.7	74.3	57.8	71.3	60.8	61.2
	交货准时率（%）	95.3	89.1	88.5	87.6	90.3	93.5	94.1	88.5	89.4
期望值得分		9	6	2	7	4	3	8	5	1
等级		优	良	差	良	中	中	优	良	差

数据来源：中国电子商务研究中心、中国农产品电子商务行业分析报告、企鹅智库、百分点大数据、联商网等数据统计网站，实地调研、咨询。

我们将农产品电子商务的物流运营效率分为四个等级：优、良、中、差。此四个等级分别对应于四个区间的数值为：（7.5～10）、（5～7.5）、（2.5～5）、（0～2.5）。得分越高，则物流的运营效率越好。通过农产品电子商务物流效率评价，企业一方面可以了解自己跟同行业对比的物流运营情况，另一方面可以清楚自己的物流运营效果所处的等级，及时地做出调整。

8.3.3 BP 神经网络训练

8.3.3.1 数据处理

取得的上述样本数据为原始数据，各数据的单位不一样，所以要先对数据进行归一化处理。归一化过程由 matlab 的 premnmx 函数实现，调用格式为：

[pn，minp，maxp] =premnmx（p）

[tn，mint，maxt] =premnmx（t）

归一化后的数据如下：

pn =

1.0000	0.0573	−0.6051	0.3631	−0.1847	−1.0000	0.7834	0.0191	−0.8471
0.6000	−1.0000	−0.4000	1.0000	−0.4000	0.8000	0.4000	0.6000	0
1.0000	−0.8255	−0.9539	−0.4042	−0.9659	−0.9860	−0.7653	−0.9860	−1.0000
1.0000	−0.7778	−1.0000	−0.7778	−0.5556	−0.7778	0.7778	−0.5556	−0.7778
−0.6667	0.3333	−1.0000	0.6667	1.0000	0	−0.6667	−0.3333	−1.0000
1.0000	0.0291	−1.0000	−0.0680	−0.3592	−0.4563	−0.2621	−0.6505	−0.6505

0.298 2	−0.403 5	−1.000 0	0.438 6	−0.614 0	−0.614 0	1.000 0	0.157 9	0.368 4
1.000 0	0	0.600 0	−1.000 0	0	−0.400 0	0.200 0	−0.800 0	1.000 0
1.000 0	−0.333 3	−0.333 3	0.333 3	−1.000 0	−1.000 0	1.000 0	−0.333 3	−1.000 0
1.000 0	0	−1.000 0	0	0	−1.000 0	1.000 0	0	0
0.333 3	−1.000 0	−0.333 3	−1.000 0	−1.000 0	−0.333 3	1.000 0	−1.000 0	−0.333 3
0.939 1	−0.355 0	−0.699 8	0.768 8	−0.265 7	−0.870 2	1.000 0	0.164 3	−1.000 0
1.000 0	−0.979 0	−0.884 5	−0.679 8	−0.490 8	−1.000 0	−0.543 3	−0.847 8	−0.706 0
0.882 4	−0.058 8	−0.529 4	−0.058 8	0.529 4	−0.294 1	1.000 0	0.235 3	−1.000 0
−0.313 6	1.000 0	0.390 5	−0.532 5	−0.023 7	−1.000 0	−0.201 2	−0.822 5	−0.798 8
1.000 0	−0.610 4	−0.766 2	−1.000 0	−0.298 7	0.532 5	0.688 3	−0.766 2	−0.532 5

tn =

1.000 0	0.250 0	−0.750 0	0.500 0	−0.250 0	−0.500 0	0.750 0	0	−1.000 0

8.3.3.2 训练 BP 神经网络

接下来，我们确定输入层、输出层和隐含层的数目。根据前面的数据，我们知道本例中农产品电子商务的评价指标体系有 16 个指标。输入层的神经元数量是 16；输出层是我们要得到的结果，数量是 1；隐含层的个数一般根据第一个经验公式得到，通过计算，确定数目在 5 ~ 14 个。为了得到最佳的隐含层神经元的数量，通过实验从 5 到 14 依次进行训练，在达到训练精度的情况下，最少训练次数的神经元个数就是需要的结果。在试验过程中，将训练的次数设置为 5 000 次，目标精度设定为 1e ~ 5。

经过多次实验，最终得出一个次数最少的结果如下：

MATLAB 运行结果如下：

```
TRAINGDA, Epoch 0/5000, MSE 0.759797/1e-005, Gradient 2.08823/1e-006
TRAINGDA, Epoch 50/5000, MSE 0.0347032/1e-005, Gradient 0.130254/1e-006
TRAINGDA, Epoch 100/5000, MSE 0.000182496/1e-005, Gradient 0.00750178/1e-006
TRAINGDA, Epoch 150/5000, MSE 1.22123e-005/1e-005, Gradient 0.00271778/1e-006
TRAINGDA, Epoch 155/5000, MSE 9.63002e-006/1e-005, Gradient 0.00285649/1e-006
TRAINGDA, Performance goal met.


TRAINGDA, Epoch 0/5000, MSE 0.775004/1e-005, Gradient 2.26621/1e-006
TRAINGDA, Epoch 50/5000, MSE 0.0296103/1e-005, Gradient 0.119233/1e-006
```

TRAINGDA, Epoch 100/5000, MSE 0.00256705/1e-005, Gradient 0.0438575/1e-006

TRAINGDA, Epoch 150/5000, MSE 0.00116351/1e-005, Gradient 0.0359663/1e-006

TRAINGDA, Epoch 200/5000, MSE 0.000334334/1e-005, Gradient 0.0230998/1e-006

TRAINGDA, Epoch 250/5000, MSE 6.11096e-005/1e-005, Gradient 0.0069141/1e-006

TRAINGDA, Epoch 300/5000, MSE 9.40718e-006/1e-005, Gradient 0.00289653/1e-006

TRAINGDA, Performance goal met.

TRAINGDA, Epoch 0/5000, MSE 0.730849/1e-005, Gradient 2.94769/1e-006

TRAINGDA, Epoch 50/5000, MSE 0.0240317/1e-005, Gradient 0.13047/1e-006

TRAINGDA, Epoch 88/5000, MSE 9.79319e-006/1e-005, Gradient 0.00230508/1e-006

TRAINGDA, Performance goal met.

TRAINGDA, Epoch 0/5000, MSE 1.06816/1e-005, Gradient 3.0182/1e-006

TRAINGDA, Epoch 50/5000, MSE 0.0272821/1e-005, Gradient 0.117882/1e-006

TRAINGDA, Epoch 100/5000, MSE 1.17905e-005/1e-005, Gradient 0.00680415/1e-006

TRAINGDA, Epoch 104/5000, MSE 7.58465e-006/1e-005, Gradient 0.0040873/1e-006

TRAINGDA, Performance goal met.

TRAINGDA, Epoch 0/5000, MSE 0.553454/1e-005, Gradient 2.63164/1e-006

TRAINGDA, Epoch 50/5000, MSE 0.0120337/1e-005, Gradient 0.101785/1e-006

TRAINGDA, Epoch 82/5000, MSE 6.85433e-006/1e-005, Gradient 0.00456051/1e-006

TRAINGDA, Performance goal met.

TRAINGDA, Epoch 0/5000, MSE 2.25784/1e-005, Gradient 6.36943/1e-006

TRAINGDA, Epoch 50/5000, MSE 0.0108051/1e-005, Gradient 0.105647/1e-006

TRAINGDA, Epoch 84/5000, MSE 7.1753e-006/1e-005, Gradient 0.00211645/1e-006

TRAINGDA, Performance goal met.

TRAINGDA, Epoch 0/5000, MSE 1.7562/1e-005, Gradient 6.72244/1e-006

TRAINGDA, Epoch 50/5000, MSE 0.0126707/1e-005, Gradient 0.105458/1e-006

TRAINGDA, Epoch 80/5000, MSE 7.2422e-006/1e-005, Gradient 0.00283987/1e-006

TRAINGDA, Performance goal met.

TRAINGDA, Epoch 0/5000, MSE 4.52563/1e-005, Gradient 12.6599/1e-006

TRAINGDA, Epoch 50/5000, MSE 0.000398916/1e-005, Gradient 0.0264318/1e-006

TRAINGDA, Epoch 64/5000, MSE 8.63055e-006/1e-005, Gradient 0.00359532/1e-006

TRAINGDA, Performance goal met.

TRAINGDA, Epoch 0/5000, MSE 5.7563/1e-005, Gradient 14.5212/1e-006

TRAINGDA, Epoch 50/5000, MSE 0.00261741/1e-005, Gradient 0.0689738/1e-006

TRAINGDA, Epoch 68/5000, MSE 6.83084e-006/1e-005, Gradient 0.00329592/1e-006

TRAINGDA, Performance goal met.

TRAINGDA, Epoch 0/5000, MSE 2.69374/1e-005, Gradient 7.13325/1e-006

TRAINGDA, Epoch 50/5000, MSE 0.00825624/1e-005, Gradient 0.0939384/1e-006

TRAINGDA, Epoch 90/5000, MSE 9.3266e-006/1e-005, Gradient 0.00460389/1e-006

TRAINGDA, Performance goal met.

隐含层数目为 12 的时候，结果为:

TRAINGDA, Epoch 0/5000, MSE 4.52563/1e-005, Gradient 12.6599/1e-006

TRAINGDA, Epoch 50/5000, MSE 0.000398916/1e-005, Gradient 0.0264318/1e-006

TRAINGDA, Epoch 64/5000, MSE 8.63055e-006/1e-005, Gradient 0.00359532/1e-006

TRAINGDA, Performance goal met.

可以看出此时只训练了 64 次就达到了要求的精度，所以隐含层神经元的个数设为 12。

Matlab 中可以通过 a = sim（net, pn）得到 BP 神经网络的输出结果，如下:

a = sim（net, pn）

a = 0.999 5　0.244 2　-0.748 7　0.502 3　-0.245 4　-0.502 3　0.750 3　-0.004 0　-1.000 2

实际结果与输出结果对比如表 8-6 所示。

表 8-6　实际结果与输出结果对比

	企业 1	企业 2	企业 3	企业 4	企业 5	企业 6	企业 7	企业 8	企业 9
实际结果	1.000 0	0.250 0	-0.750 0	0.500 0	-0.250 0	-0.500 0	0.750 0	0	-1.000 0
输出结果	0.999 5	0.244 2	-0.748 7	0.502 3	-0.245 4	-0.502 3	0.750 3	-0.004 0	-1.000 2

然后我们用 postreg 函数对训练后的神经网络的实际输出和目标输出做线性回归，来检测神经网络的训练效果：

[m，b，r] = postreg（a，tn）

m = 0.999 7（m 表示实际值和预测值的拟合系数，越靠近 1 表明二者越接近）

b = −4.9900e−004（b 表示实际值和预测值的拟合截距，越靠近 0 表明效果越好）

r =1.00 00（r 表示实际值和预测值的相关系数）

本次神经网络的实际输出和目标输出的回归分析如图 8−4 所示。

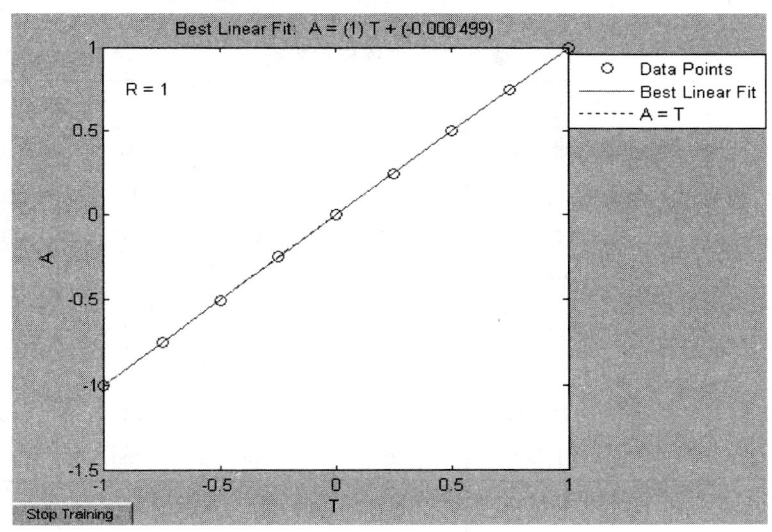

图 8−4　实际输出和目标输出的回归分析

从图中我们可以看出 A 与 T 的相关系数 $r=1$，拟合较好，说明本次训练的神经网络效果较好，可以对农产品电子商务企业物流运营效率进行评价。我们建立的农产品电子商务企业物流效率评价的 BP 神经网络结构模型如图 8−5 所示。

该模型为 16×12×1 的网络结构。IW｛1，1｝表示输入层到隐含层的连接权值，LW｛2，1｝表示隐含层到输出层的连接权值；b｛1｝表示输入层到

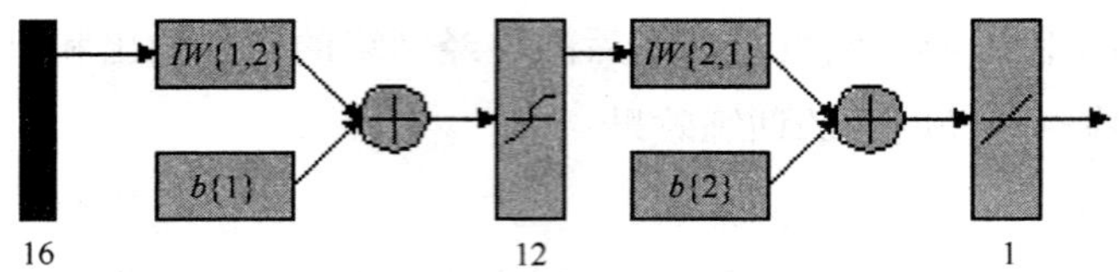

图 8 -5　BP 神经网络结构模型

隐含层的阈值，$b\{2\}$ 表示隐含层到输出层的阈值。

8.3.3.3　农产品电子商务企业物流效率评价

BP 神经网络已经训练好，我们可以利用训练好的神经网络来对另外的待评价的农产品电子商务企业的物流效率做预测评价，另外 4 个待评价的农产品电子商务企业 A、B、C、D 所对应的指标的相关数据如表 8 -7 所示：

表 8 -7　训练样本数据

一级指标	二级指标	A	B	C	D
物流运作	冷藏车的数量（辆）	108	39	27	57
	损耗率（%）	4	2	6.8	3
	SKU 数量	4 000	3 000	2 000	3 000
	生鲜仓库数	7	5	5	4
	履约成本	37	33	36	32
资产水平	营业收入（亿）	9	1	0.3	3
	投入资本（亿美元）	0.39	0.1	0.05	0.15
	营业收入增长率%	150	120	100	130
物流发展能力	信息化水平	8	6	6	7
	员工素质	8	7	7	7
	物流管理水平	7	6	6	7
	品牌认知度	11.4	5	1.2	1.1
物流服务质量	用户渗透率（%）	7.4	3.1	2.5	2.1
	购买意愿（%）	27	25	17	28
	用户满意度（%）	64.4	72.8	68.7	74.9
	交货准时率（%）	91.2	89.9	88.3	90.2

数据来源：中国电子商务研究中心、中国农产品电子商务行业分析报告、百分点大数据、联商网等数据统计网站，实地调研、问卷调查、咨询。

先将4家农产品电子商务企业的原始数据输入训练好的神经网络中，如下：

```
p_ test = [ 108     39      27      57;
            4       2       6.8     3;
            4 000   3 000   2 000   3 000;
            7       5       5       4;
            37      33      36      32;
            9       1       0.3     3;
            0.39    0.1     0.05    0.15;
            150     120     100     130;
            8       6       6       7;
            8       7       7       7;
            7       6       6       7;
            11.4    5       1.2     1.1;
            7.4     3.1     2.5     2.1;
            27      25      17      28;
            64.4    72.8    68.7    74.9;
            91.2    89.9    88.3    90.2 ];
```

然后对上面的原始数据进行归一化处理，调用格式为：

[p_ testn] =tramnmx（p_ test，minp，maxp）

归一化之后的数据如下：

p_ testn =

```
 0.057 3    -0.821 7    -0.974 5    -0.592 4
-0.600 0    -1.000 0    -0.040 0    -0.800 0
-0.925 8    -0.945 8    -0.965 9    -0.945 8
 0.111 1    -0.333 3    -0.333 3    -0.555 6
 1.000 0    -0.333 3     0.666 7    -0.666 7
-0.262 1    -1.038 8    -1.106 8    -0.844 7
-0.831 6    -1.035 1    -1.070 2    -1.000 0
```

0	-0.600 0	-1.000 0	-0.400 0
0.333 3	-1.000 0	-1.000 0	-0.333 3
1.000 0	0	0	0
-0.333 3	-1.000 0	-1.000 0	-0.333 3
-0.582 2	-0.841 8	-0.995 9	-1.000 0
-0.910 8	-1.136 5	-1.168 0	-1.189 0
-0.176 5	-0.294 1	-0.764 7	-0.117 6
-0.609 5	-0.112 4	-0.355 0	0.011 8
-0.064 9	-0.402 6	-0.818 2	-0.324 7

postmnmx 函数可以将网络输出值的数量级还原成原始数据的单位，因此调用 postmnmx 函数恢复被归一化的数据并调用 sim 函数得出神经网络的输出结果。postmnmx 的调用格式和输出结果如下：

yn = sim（net，p_ testn）

［y］ = postmnmx（yn，mint，maxt）

yn = 0.333 9　-0.373 6　-0.973 0　-0.252 6

y = 6.335 4　3.505 6　1.108 0　3.989 6

从上面的数据可以看出 4 家公司的物流运营状况排名为 A（良好）、D（中等）、B（中等）、C（差）。

通过查阅资料可知，A 农产品电子商务企业是中国成立最早的农产品电子商务企业，已经在农产品行业经营了十几年，深耕细作积累起了大量的用户和较好的口碑。创始人有很丰富的商业经历，始终坚持农产品的品质，贴合消费者的需求，且 A 企业自成立以来不断获得战略投资，更是在 2016 年完成了总金额为 5 亿美元的 C 轮和 C + 轮的融资。正是有了雄厚的资本，A 企业能够引进物流人才，建立优化农产品物流的设施并开展信息化等，这对提升物流效率很有帮助。A 企业采取全品类、多渠道的经营模式，自建农产品配送子公司，并且该子公司在冷链物流行业做得很出色，这为 A 企业降低物流成本，保证农产品的质量提供了很大的帮助。A 企业还和许多渠道合作，不断扩大自己的影响力以及市场份额，在农产品供应链的管理中起着重要的作

用，这对物流效率的提高起到了很重要作用。

C 企业成立较晚，经营的品类包括蔬菜、水果、肉类和家禽、鱼和海鲜、饮料、乳品、熟食、西点面包和个人护理产品等。C 企业主要针对高端消费者，用户群较小，公司规模不大。随着农产品电子商务市场竞争的激化以及品种的日益全面，C 企业的高端优势不再凸显，且随着用户的增加，不能做到及时配送，库房比较紧张，使农产品质量大打折扣，融资对于其他农产品电子商务企业来说也比较少。这些均制约了该企业物流的发展，对物流效率评价也影响较大。

由此可见，BP 神经网络得出的评价结果是比较符合实际的，也验证了 BP 神经网络评价法在该领域的可行性。C 的物流效率在 4 家公司中是最低的，应该参考评价的指标体系考虑自己公司的实际状况，着重查找效率低下的问题并进行改善，提高自己的物流运营效率。

农产品电子商务尽管前景一片看好，但是竞争很激烈，而且大部分企业还没有进入盈利状态。农产品物流是重要的一部分，着重关注物流运营效率，改善物流状况，对农产品电子商务企业的发展至关重要。BP 神经网络不仅可以对多家企业进行评价，也可以对一家企业不同年份的物流运营状况进行评价，这样企业就可以了解自己企业的物流运营效率相比于之前的年份是好还是差，也能够知道自己在同行业企业中所处的位置，从而改进物流中的不足之处，提升效率。

8.4 农产品电子商务物流发展相关的改善建议

8.4.1 基本结论

近几年农产品电子商务迅速发展扩张，交易额也很可观，2015 年农产品电子商务交易额 500 亿元，2016 年交易额近 900 亿元。但是，农产品电子商务在迅速发展的过程中，遇到了冷链设施不健全、物流成本较大等物流难题。但是经过几年的发展，农产品电子商务取得了很大进展，而且物流费用相比于几年前动辄成本的 50% 已经有了很大程度的降低。这说明，国内农产品行业及政策方面都已经开始注重农产品物流，通过信息化手段和标准化的仓储、分拣、配送流程，降低物流费用。

我们在文献研究的基础之上，构建了一个针对农产品电子商务企业物流效率评价的指标体系，并尝试用BP神经网络建立农产品电子商务企业物流效率评价模型，也希望能够为农产品电子商务企业在激烈的市场竞争中提供决策上的帮助。

8.4.1.1 农产品电子商务企业物流效率评价的指标体系

我们构建的农产品电子商务企业物流效率评价的指标体系包括冷藏车的数量、SKU数量、履约成本、冷藏库数量、营业收入、投入资金、业务增长率、信息化水平、员工素质、物流管理水平、品牌认知度、用户渗透率、购买意愿、用户满意度、交货准时率等指标。

8.4.1.2 基于BP神经网络的农产品电子商务企业物流效率评价模型

我们构建了基于BP神经网络的农产品电子商务物流效率评价模型。我们选取国内一些具有代表性的农产品电子商务企业的数据作为样本数据，应用MATLAB软件编程完成了模型的建立和评价的过程，通过案例分析可以看出，BP神经网络对农产品电子商务企业物流效率评价精度比较高，评价结果跟实际情况也比较符合，证明BP神经网络评价的方法在农产品电子商务企业物流领域是可行的。

此外，BP神经网络评价法在很多领域都有很好的应用，如企业的成长性评价、企业的绩效评价、竞争力评价、企业人员素质评价、煤矿安全评价、银行等客户的风险性评估等。此外，可以根据企业之前的数据情况对后面的运营等进行评价预测，这对整个企业的效率管理都是很重要的。

8.4.2 农产品电子商务企业物流发展相关的改善建议

农产品电子商务企业发展的瓶颈是“电子商务以类聚，新鲜以群分”。在电子商务领域，农产品已然独树一帜。相比于其他产品，农产品有着自己的特点，保质期短、易腐烂、难以标准化，用户对农产品的品质要求很高，使得冷链配送成为配送的重要指标。除配送之外，仓储也是制约农产品电子商务企业发展的主要原因。在农产品配送的过程中，对仓储、运输设备的温控要求极高。而在中国国内，冷链设施起步较晚，发展还不健全，大部分农产

品的配送做不到全程冷链，使得农产品的质量很难保证。京东商城虽已建立自己的物流中心，但仍然无法满足大规模农产品配送的要求。

如果这些问题能够得到解决，农产品电子商务企业的困境也将迎刃而解。农产品电子商务企业如何发展，如何摆脱目前的困境？在农产品市场，谁找到了出路，谁就能占据市场。我们对农产品电子商务企业物流提出以下发展建议。

8.4.2.1　完善物流的法律法规政策

我国农产品电子商务行的业规模在不断扩大和需求在不断增加，要进一步完善农产品物流的政策体系，加大资本投入，完善基础设施建设，在税收、土地等方面保证农产品物流的健康发展。另外，要制定相关的法律法规，建立农产品质量监督机制，制定农产品物流的操作规范以及标准化等。

8.4.2.2　重视物流过程中的信息化建设

加强物流过程中的信息化建设，在发展农产品电子商务企业的物流中非常重要。农产品电子商务企业要着力打造全国性的农产品的物流中心和物流信息平台，并通过该平台对社会资源进行整合，实现物流信息共享，让农产品在整个流通过程中都能得到较好的监控，为此农产品电子商务企业要努力实行“一体化的产销直达”“农宅对接”等新型模式，缩短物流环节，减少农产品物流中的流通主体，加强各主体间的稳定联系。

8.4.2.3　冷链是农产品配送的基础

完善仓储配送设施、建立信息网络平台等措施都是确保农产品有效配送的关键。只有冷链物流设施到位，才能降低农产品的损耗，保证产品的质量。

8.4.2.4　培养与引进物流人才

现代化的物流尤其农产品物流对人才的素质要求比较高，企业一方面要适时地开展物流岗位培训，提升企业员工的素质，另一方面应吸引懂物流、懂技术的高级物流管理人才。

8.4.2.5　打造专业的第三方冷链物流企业

并不是所有的企业都适合自建冷链物流，要充分发挥第三方专业冷链物流企业的作用，建立专业化和标准化的第三方冷链物流企业，让第三方物流企业将各环节连接起来。农产品电子商务企业可以和其他企业以及第三方冷链物流企业建立战略同盟，共同分摊物流成本。

9　农产品电子商务平台案例分析及效率评价研究

9.1　阿里和京东以技术和平台为支撑的案例分析

9.1.1　我国农产品电子商务主要特点

9.1.1.1　农产品电子商务发展迅速

我国是农产品生产、流通、消费大国。2016 年粮食总产量 6.16 亿吨，比上年减少 520 万吨，仍是历史第二高产年。其他农产品产量都呈现增长趋势。我国是全球最大的农产品生产国，同时也是最大的农产品贸易国。2016 年我国农产品进出口额 1 845.6 亿美元，粮食进出口贸易量近 1.17 亿吨，进口大豆 8 391.3 万吨，进口谷物（玉米、小麦、水稻）2 199.7 万吨，进口薯类（主要是干木薯）770.4 万吨。我国每年要消费大量的农产品，包括进口的农产品，超过 13 亿人口的巨大消费量使我国成为最大的农产品消费国。相应地，我国农产品物流量较大，但是相对全国全社会的总物流量来说，比值较小。2016 年我国农产品物流额为 3.6 万亿元，增长 3.1%，占社会物流的比例仅为 1.6%。

截至 2016 年 12 月，我国网民规模达 7.31 亿，全年共计新增网民 4 299 万人。互联网普及率为 53.2%，较 2015 年年底提升 2.9 个百分点。手机网民规模达 6.95 亿，网民中使用手机上网人群的占比由 2015 年年的 90.1% 提升至 95.1%。我国农村网民占比为 27.4%，规模为 2.01 亿，较 2015 年年底增加 526 万人，增幅为 2.7%。近年来我国农村电子商务得到飞跃发展，我国有各类涉及农产品电子商务企业 3.1 万家，其中涉农交易类电子商务企业有近 4 000 家，呈现蓬勃发展的态势。

9.1.1.2　农产品电子商务进入融资高峰期

据统计，本来生活、美味七七、京东、我买网、宅急送、阿里巴巴、收货宝、青年菜君等先后获得了大量的PE/VC融资，而且这些融资大都注入农产品电子商务领域。青年菜君以半成品生鲜电子商务为特色获千万元A轮融资，该企业采取“顾客头天网上下单，次日地铁口自提”模式。

9.1.1.3　电子商务企业积极开展农村电子商务

（1）进入农村进行“电子商务刷墙”。各家电子商务企业纷纷喊出以下口号：

淘宝：“生活要想好，赶紧上淘宝”。

京东：“发家致富靠劳动，勤俭持家靠京东”。

百度：“要销路，找百度”（“养猪种树铺马路，发财致富靠百度”）。

腾讯：“手机玩得好，要靠应用宝”，“装了应用宝下载快又好”。

360：“360家庭卫士（摄像头），防火防盗防家暴”。

网易：“用易信，省话费”。

当当：“老乡见老乡，购物去当当”。

苏宁：“当心花钱买假货，正品省钱来苏宁。”

龙宝：“要想吃得好，就得上龙宝。”

（2）进入三四线农村。京东开起了通往三四线城市和农村的“大篷车”，阿里启动了“千县万村”计划，两家更是先后和中国邮政合作，瞄准农村市场。“下乡”成为众多电子商务企业的共同目标和新的重要增长点。

9.1.2　阿里农产品电子商务平台发展

通过阿里研究院发布的《阿里农产品电子商务白皮书（2016）》可以看出，2016年阿里巴巴平台农产品交易额超过1 000亿元，同比增速超过40%。增长速度超过平台总体增速，反映出农产品电子商务良好的增长势头。

2016年，在阿里电子商务平台上，消费额增速最快的五类农产品依次为蔬菜、蛋制品、肉类、肉类制品和米面。

阿里研究院基于农产品销售额排名，首次发布了“2016年农产品电子商务50强县”。海宁、安溪、沭阳、临安、武功、义乌、武夷山、新郑、太仓和永康位居前十位。这是阿里研究院首度发布此排行榜，也是国内首次用大数据来揭示出县域农产品电子商务竞争格局。“农产品电子商务 50 强县”广泛分布在全国 15 个省区，其中浙江 13 个、江苏 9 个，福建 7 个、山东 6 个。东部占 72%，中西部占 28%。

报告认为，农产品电子商务的创新出现了很多新的亮点，其中包括：从溯源到品控，体现供应体系的创新；从物流到金融，体现基础设施的完善；从合伙人到淘帮手，体现服务体系的创新；从留学到招商，体现政府服务的创新；从创富到消贫，体现社会责任的创新。

报告指出，物联网的安装将为农产品电子商务的发展带来新的机遇，同时农产品 B2B 的春天也将到来，大宗农产品更具标准化，刚需更强，企业客户信息化基础也将更好。

9.1.3 京东农产品电子商务平台的发展

京东的“3F 战略”，即工业品进农村战略、农村金融战略，以及生鲜电子商务战略。“3F 战略”针对的是长期困扰农村经济发展的三大难题。

工业品进农村战略，瞄准农民“买东西贵”问题。京东发挥电子商务优势，让工业品下乡，消除城乡价格差异，让农民买到跟城里人同样价格的商品。

农村金融战略，瞄准农民“借钱难”问题。京东通过在金融领域的布局，让农民简单、方便地以合理的利息拿到贷款。

生鲜电子商务战略，瞄准农民“卖东西难”问题。京东打造生鲜电子商务，让优质农产品从产地直达消费者餐桌，去除中间流通环节，以价格杠杆引导农民种植绿色安全的农产品，帮助农民增收，为解决食品安全问题找到出路。

截至目前，京东乡村推广员人数已达到 15 万人，服务 15 万个行政村；京东县级服务中心超过 1 100 家，京东帮服务店布局超过 1 300 家；地方特产馆、特产店已达到 600 多家。

9.1.4 阿里与京东的农产品电子商务模式

9.1.4.1 阿里的农产品电子商务模式

“遂昌”模式是阿里平台对农产品网络销售的创新。“遂昌”模式推动了农产品电子商务的发展。它主要包括两大板块。

（1）以“协会＋公司”的形式打造“地方性农产品公共服务平台”，以“农产品电子商务服务商”的定位探索解决农村（农户、合作社、农企）对接市场的问题。

（2）推出“赶街—新农村电子商务服务站”，以定点定人的方式，在农村实现电子商务代购及农产品售卖，让信息化在农村得到更深入的运用。

阿里推动建立了“政府＋农户＋合作社＋网店协会＋淘宝网”的合作机制。

9.1.4.2 京东的农产品电子商务模式

线上特色馆是京东的农产品电子商务模式。京东与当地政府扶持的产业园区中电子商务综合服务平台（代运营公司）及农村生产合作社搭建地方特产馆，当地电子商务综合服务平台按照京东品类规划、国家农产品质检标准从合作社（农民）手中筛选农产品，同时负责该农产品的线上运营。

京东正在研究把市县一级的地方特色馆推上线。地方特色馆中既出售生鲜、特色蔬果，也出售一些特色手工艺品等。

京东物流负责将农产品统一入仓及配送。线上促销方面，京东根据地方特色农产品打造节日，如“京东仁寿枇杷节”“广东荔枝节”。据京东官方透露，目前京东地方特产馆数量超过400家。

9.1.5 阿里与京东的农产品电子商务的对比

9.1.5.1 第一关注点为冷链物流

农业电子商务是很多知名企业跃跃欲试的领域，同时也是让很多英雄折腰的领域。后面是含辛茹苦的农民，前面是成本高、难度大的冷链物流体系，最前面才是网民能一键下单的购物车。冷链体系成为农产品价格的调节器，因为大多农产品的运送必须确保放置在合格的卫生和温度环境下，运到物流配送中心后，接收和存储也必须严格、科学，还要有信息化的追溯手段进行把关，这个链条看似简单，实施起来难度较大。

在冷链物流方面，京东要比阿里强很多。京东的物流体系已经开始反哺电子商务业务，京东在物流体系建设和前端零售的一体化体验方面有更多的优势。阿里则通过外部合作来解决自己的物流短板问题，比如和海尔合作，借助海尔的物流冷链体系来支撑阿里的冷链物流战略布局。

国内东部沿海有些城市的冷藏体系比较完备，如山东栖霞的苹果冷藏体系就很成熟。很多不易保存的水果，如樱桃、草莓、荔枝等需要更加精密的全过程冷链系统，这样的成本是很高的。深圳荔枝售价为十元钱5斤，到北京售价为十元钱1斤。城市销售冷链终端的解决方案也是农业电子商务未来战局的重要组成部分。

9.1.5.2 第二关注点是生态之战

农民最关心的是种子、肥料、农药、销售、天气等五大要素，种子是农业耕种的开始，为此，京东开展“送种子下乡”活动。如果能在收获之时再来帮助农民把农产品卖出去，那么，京东的农业电子商务供应链体系将十分有吸引力。

京东农业电子商务重视更加末端的农业作物生产者——农民，开展“京东送种子下乡”这样的活动就是给农民送福利、和农民交朋友。京东构建了双向的物流和供应链体系，而且覆盖密度比较高，更能够直接影响农民。所以在这个意义上，京东农业电子商务塑造的不仅是农业电子商务生态，同时还在塑造乡村和城镇的网上零售B2C消费文化。农民在京东农业电子商务体系里既可以是供应链的一部分，也可以是消费者群体的一部分，城乡的线下网点成为京东品牌口碑传播的一个个“根据地”。

作为与京东风格迥异的对手，阿里在农业电子商务方面更多偏向营销。阿里注重发展县级网商，更多发挥销售平台和营销平台的作用，包括地域性特产的促销、水果电子商务企业的培养等。阿里的农业电子商务需要大量的平台商家共同努力和线下补强供应链，对地方商家的成长能力和支撑能力要求会比较高。但是，阿里农业电子商务模式的优点是会给一些地方商家带来早期的红利，在没有出现大型商家之前，创业机会可能多一些。

9.2 顺丰优选以物流和平台为支撑的案例分析

9.2.1 基本情况

顺丰优选是由顺丰速运集团倾力打造，以全球优质安全美食为主的网购商城。网站于2012 年5 月31 日正式上线，目前网站商品数量有一万余种，其中70% 均为进口食品，采自全球60 多个国家和地区，全面覆盖生鲜食品、母婴食品、酒水饮料、营养保健、休闲食品、饼干点心、粮油副食、冲调茶饮及美食用品等品类。网站致力于成为用户购买优质、安全美食及分享美食文化的首选平台。顺丰优选网站如图 9 –1 所示。

图 9 –1　顺丰优选网站首页

9.2.2 资本、商业与经营模式

9.2.2.1 资本模式

2013 年9 月，顺丰集团接受元禾顺风、嘉强顺风、招广投资、古玉秋创组成的投资团队入股。四家投资机构拟投资的金额在80 亿元左右，投资机构最终的入股比例为24.5%。这是民营快递巨头顺丰集团20年来首次融资。此前，顺丰速运是王为一人独掌的民营企业。此次所融入的资金将有一部分深入顺丰优选，其余用来完善顺丰信息系统、中转环节（场地、设备、车辆和运力）、航空枢纽、电子商务、物流仓储设施等。

9.2.2.2 商业模式

（1）战略目标。

顺丰优选是一个食品类的B2C网站，它的定位是“全球美食优选网购商城”。顺丰优选秉承顺丰速运的服务理念和物流优势，力求用物流缩短供应链，减少中间流通环节，为消费者提供更多优质低价、地道美味的食品。同时，顺丰优选顺利获得国家进出口商资质，逐渐发力国内外原产地商品直采，所有直采商品支持全程溯源。人们足不出户，就可以在它的网站买到更高质量的新鲜食品。

（2）目标用户。

顺丰优选的产品定位在中高端，以“进口食品为主”“国内外原产地直采”为目标，致力打造以全球优质安全美食为主的网购商城，商品覆盖母婴食品、营养保健品、粮油副食、酒水饮料等九大品类。它更注重食品的品质，追求绿色环保，所以它的顾客群体多追求生活品质，有一定的经济能力，大多为商务人士。

（3）产品和服务。

①产品种类繁多。拥有全国超过60个国家的美食产品，全面覆盖生鲜食品、母婴食品、酒水饮料、营养保健、休闲食品、饼干点心、粮油副食、冲调茶饮及美食用品等品类。

②特色产品和服务。顺丰优选的核心业务是生鲜食品、母婴食品和酒水饮料。生鲜食品是顺丰优选的强势品类，是增加客户黏度的；母婴食品能够提升用户群体；酒类产品毛利率大，可以弥补其他方面的资本损耗。

③仓储和物流。利用顺丰大网的优势，顺丰优选可以提供安全、优质的专业快递物流服务，可以发挥航空直达优势，用极快的物流缩短供应链，满足客户需求，加强客户体验。

④支付和配送。客户可以随时登录顺丰网站享受网上自助下单和查询服

务；使用灵活的支付和结算方式进行，其中，支付方式包括寄方支付、到方支付、第三方支付，结算方式包括现金结算、月度结算、转账结算、支票结算。

（4）盈利模式。

顺丰优选的利润可以分为供应链上游毛利和供应链下游毛利。它在世界各地分布买手，采取产地直采的方式专注原产地采购。国内外直采正品，减短了供应链，降低了产品成本，在一定程度上节省了大量的开支，同时保障了产品质量，吸引了更多的客户流量。供应链下游是来顺丰优选购物的消费者，顺丰优选利用商品差价赚取一定的毛利。

（5）核心能力。

①物流优势。利用顺丰速运 12 架自有包机，接近 20 架可以调动的货运机的资源，顺丰优选可以把各种商品快速送达，缩短供应链，降低成本，提高了利润。目前顺丰速运是快递业中冷链环节做得最好的一家。

②目标客户群很清晰。顺丰优选的客户范围与顺丰速运的配送范围高度契合，甚至能取得 1 +1 >2 的效果。

③口碑优势。顺丰优选长期承担国内网购高端用户市场的配送，拥有大量的用户数据，推广成本相对廉价。

④品牌优势。顺丰速运在快递业内的鼻祖定位和严明的形象，得到了网民的高度认可，使顺丰优选直接受益。

9.2.2.3　经营模式

（1）主导思想明确。

顺丰优选专注做食品领域，最终目标是成为消费者购买全球美食的首选平台。

（2）资源整合。

顺丰优选共享了顺丰航空、干线等资源，强化配送队伍的“作战力量”，配送团队和配送设备独立运营，标配冷藏车，为了完善售后服务，给每位客户经理配备了一台 iPad。

（3）物流配送。

顺丰优选正式启动斥巨资打造华东仓和华南仓的项目，并随之开始扩张，常温商品配送城市从 9 个扩展到 37 个、生鲜商品配送城市从 2 个扩展到 11 个。顺丰优选生鲜商品配送城市对生鲜的需求大，而且距离仓储的位置近。

（4）质量安全。

顺丰优选的采购人员都在传统大型零售行业有过工作经历，对原产地直采有着丰富的经验。公司派专业人员去做市场调查以及进货研究，一方面找国内的进口商拿货，另一方面自身也在做着直采。

9.2.3 顺丰优选供应链建设

9.2.3.1 顺丰优选采购模式

（1）集中采购。集中采购，是指企业设立高度集中的物资采购中心（或称“采购部”），这个中心按照生产需要将众多采购方的采购计划进行集中、整合，形成一个统一的采购计划，搭建一个为企业生产服务的采购平台。

（2）联合采购。采购政策会因地制宜，采取就近购买的原则，以确保商品新鲜度及快速周转，降低运输和库存损耗。在蔬菜采购上，也将与大型有机蔬菜、绿色蔬菜基地合作，联合采购，实行产地直供，24 小时内送达用户餐桌。

（3）直接采购。顺丰优选采购体系建立在顺丰物流的网络之上。任何一个有安全健康食品或者特色食品的区域，都能够由顺丰在当地的物流网点建立起采购能力。由专门的人负责直接采购，采购的商品面向顺丰优选平台和香港的电子商务平台以及其他内部需求。“进口食品为主”“国内外原产地直采”，是顺丰优选的重要优势及战略原则。目前，顺丰优选在中国香港、中国台湾、中国澳门以及新加坡、日本、美国等地的分支机构从事物流业务。以后将在当地的物流网点分别建立起采购团队，由专门的人员负责直接采购。通过直采直供的模式，缩短供应链、取消中间环节，把供应商和客户进行双向对接，尽最大可能减少中间的物流成本。

中国台湾地区的凤梨酥是第一单直采产品。一盒产自中国台湾地区中部的 12 粒装凤梨酥，在当地售价是 300 元台币，折合人民币约 58 元，由顺丰速运运到中国大陆，只需一周就能跨越重重关卡，送到北京顺丰电子商务有限

公司的仓库。在顺丰优选网站上，这盒凤梨酥的促销价格为 109 元。此款产品在内地属于独家销售。在一些电子商务平台，类似产品价格要高出 50% 以上。

顺丰拥有全球快递网络，这是顺丰优选进行产地直采的重要条件。顺风优选可通过直采减少中间商的流通环节，为消费者提供省去代理费的，价格更为实惠的直采商品。

直采的优势在于，顾客可查看商品品名、品种、重量、产地、采摘时间、装箱时间和发货时间等商品信息。

（4）预售采购（使库存降为0）。

9.2.3.2　顺丰优选冷库仓储建设

目前顺丰优选已建华北仓、华东仓、华南仓。每个仓库分为 5 个库区，包括常温区 0 ~ 30℃、冷藏区 0 ~ 8℃、冷藏区 8 ~ 10℃、冷冻区 －18℃、恒温恒湿区 15 ~ 18℃，并配有 －60℃冷冻柜。跨度达 90℃的温控区间，可满足全品类食品的存储要求。华东仓、华南仓开通后，顺丰优选也成为国内第一家走出北上广深、将生鲜配送拓展至二线城市的垂直电子商务企业。

（1）冷仓选址在地理位置优越、交通便利、辐射范围广的一二线城市。华北仓建在北京，因为北京拥有四通八达的交通网络，华北仓配送范围是整个华北，一些常温商品甚至能配送至全国。将辐射华东、华南地区的仓库选在嘉兴和广州，与其优越的地理位置密不可分。嘉兴位于上海、苏州、杭州的正中间，嘉兴仓紧邻嘉苏高速，广州仓紧邻广园高速路，在物流时效性上占有优势。

（2）在建新仓是因地制宜。在温控条件上，南方炎热、潮湿天气对食品尤其是生鲜食品的存储要求非常高。顺丰优选在选择及改造仓库时对温度有着严格把控。首先，库区整体的隔温性能要好，以避免受到外部气候变化的干扰。嘉兴仓建筑结构为砖混结构，具有保温效果；广州仓为普洛斯标准立体仓，在改造过程中库体墙体及屋顶全部采用以色列进口专业隔热材料进行隔温处理，能有效降低商品损耗。

9.2.3.3　顺丰优选配送体系

顺丰优选在上线之初就自建了配送队伍，这也一直被看作顺丰集团在冷链物流领域的试水。随着顺丰优选业务的发展及与集团物流系统的融合，顺丰集团积累了丰富的冷链配送经验。华东仓、华南仓开通后，顺丰优选的配送服务将全部交由集团负责。凭借集团强大的物流网络，顺丰优选的扩张步伐或许会更快。

①生鲜冷链管理。生鲜类食品将继续实行“全程冷链配送”，即当商品离开库区后到达具有温控条件的操作场地进行分拣和包装之后装入温控箱运输，收派员将商品装入保温袋上门派件。所使用的温控设备包括冷藏箱、冷冻箱、冰盒、冰袋、保温袋等，可有效降低商品在运输途中的损耗。

②整合利用顺丰速运的物流网络配送资源。在顺丰优选成立一年的时间里，顺丰优选不再壮大自己的配送队伍，而是更多地购买顺丰集团的业务，将仓储和配送的业务慢慢集中到顺丰集团的大网中去。无论平台建设还是团队建设，都开始更多利用大网资源，包括运输和航空资源的协调，还有充分利用顺丰速运强大的“最后一公里”快递收派功能。例如，顺丰航空就组织多个航班，在荔枝这些时令优选产品上给予优先权，保证荔枝等食品送达消费者手中的新鲜度。目前顺丰优选的七百多名员工中有两三百人都是物流团队的，如果能嫁接在大网里，也能降低人力成本。

9.2.4 技术与管理模式

9.2.4.1 技术模式

（1）后台仓储管理系统。通过后台仓储管理系统，顺丰的管理者能够随时掌握每类产品的详细信息，从而对销售、市场、供应商管理等运营活动做出指导。它覆盖了各个主要部门的系统，可以实时提供一切关于经营的数据。

（2）质量管控体系。设立四大类98项质量管理标准，严格管控。

（3）先进的呼叫中心。采用CTI综合信息服务系统，客户可以通过呼叫中心快速实现人工或自助式下单、快件查询等功能。

（4）“吧枪”管理工具。自行研制的“吧枪”管理工具，具备3G手机的基本功能。作为终端机，它集合了整个公司的全部IT系统功能，并支持GPRS、WIFI、蓝牙和拍照等功能，运用条形码技术，小小一台“吧枪”，能实现公司对所有业务人员的业务跟踪与监控。

9.2.4.2　管理模式

（1）公司管理。顺丰速运掌舵者王卫的集权式管理变革，加强了顶端掌控力。

（2）企业文化。顺丰的正确处事态度渗透到企业每一位员工的心中，凝聚着顺丰前进的合力，通过员工的一言一行，将企业诚信、正直、责任、服务、团队等价值观传递给客户，让客户感知顺丰内外一致的品牌形象。顺丰也在服务中改善自己。

（3）供应链管理。顺丰优选在全世界分布有大量的买手，为达到其口号“全球美食、产地直采、全程冷链、顺丰直达”服务，不断寻找新的供应网点。

（4）物流管理。顺丰优选的配送工具全部为汽车，每一次配送均由一位驾驶员和一位客户经理共同完成。车厢标配冷藏、冷冻和0℃保鲜三种功能。到达小区门口，客户经理将产品放入保温包，再步行将产品送至客户手中。每一位客户经理都标配一台 iPad，用户验货后可在 iPad 上进行确认及发送产品体验回馈。

（5）客户管理。顺丰优选以客户需求为核心，建设快速反应的服务团队，谨守服务承诺；提供灵活组合的服务计划，更为客户设计多种免费增值服务及创新体验，全天候不间断提供亲切和即时的优质服务。

9.2.5　结论与建议

与电子商务企业“烧钱”迅速培育物流渠道、形成规模优势相比，快递企业跨界发展电子商务绝非将商品“上网”销售那么简单，不但需要持续的资金支持，要进行行业价格战牺牲利润，更重要的是面临库存、供应链、运营管理等诸多挑战，因此，快递企业应培育独特的优势。

9.2.5.1　问题

（1）网站劣势。

①运营无优选。网站的运营频道没有和商品形成关联购买，也没有体现社交网络服务的互动性，价值未能充分开发。

②生鲜供应链要求高，卖相决定成败。不怀疑顺丰做不到，但这需要金

钱；在包材和 JIT 能力上。本地化的仓储建设要求高，需要一个城市几个仓，顺丰点多不等于仓多。

③背道而行需要承受考验。顺丰优选配送运费按 10 元/单计，购物金额满 200 元可以免运费，退换货运费按 10 元/单计。培养市场，需要通过免费的方式来降低门槛，但这恰恰违背了网购的基本规律。

（2）外界的影响。

①国家宏观经济的影响。近几年来，人民购买力在不断下降，地价、物价、人力资源价等均大幅上涨，顺丰的人员开支、地租、房租、车马费等主要成本大幅提升，提高盈利能力迫在眉睫。

②国内网购高端市场需求不大。目前没有高端电子商务企业的成功案例，大部分网购用户就是希望买到物美价廉的商品。

③竞争对手竖起“挡箭牌”。客户数据是电子商务企业的核心机密，顺丰介入电子商务领域，让同行格外警惕，因为顺丰掌握了太多核心数据，包括客户信息、购买记录、消费价格等。虽然涉足电子商务会带来业务，但竞争将会减少顺丰速递的业务量。

9.2.5.2 机遇

（1）食品电子商务行业未来有着巨大的利润空间，创业初期如果有实力给这个行业制定规则，树立行业壁垒，其他人难以进入分享，未来盈利将不可估量。

（2）倡导绿色安全食品，引导中国食品行业良性发展，将有助于成为政府扶持的对象。

（3）顺丰在生鲜冷链领域发展，首先应考虑将顺丰优选作为自身业务增长点，其次应考虑将顺丰优选作为生鲜冷链试验田，为 B2C 企业提供一个生鲜冷链解决方案，并在快递行业建立新的标准。

9.3 依托超市的第三方平台和物流为支撑的案例分析

9.3.1 社区电子商务 O2O 运营模式概述

电子商务大潮席卷而来，强力冲击着实体销售行业。将电子商务与实体销售联系得最为紧密的模式当属 O2O 无疑。O2O 即 online to offline（线上到线下），也就是将线下的商务活动与线上的商务活动相融合。O2O 是一种看似容易却极难操作的现代商业模式。团购、网络预订等低价促销方式很难给用户带来真正意义上的价值增值。没有优质的个性化服务，便谈不上能带来持续黏性的客户流。

近几年来，O2O 商业模式在“社区电子商务”领域“抢滩”登陆。发展社区电子商务的初衷在于为社区“懒人”提供全方位的便利化服务，完成产品或服务“最后一公里”的配送，从而形成一种全新的经济形态。目前的社区电子商务多集中在社区便利店、水果店、打印店、干洗店以及家政、快递、租车、外卖等便民服务领域。社区资源的全面整合与运营维护涉及多方利益重构，企业必须稳扎稳打，积极探索，方有成效。

目前的社区 O2O 运营模式大体可以归纳成两种类型：一类是以“连锁便利店”为中心，联合各路商家、电子商务平台搭建的本地消费生活圈。这种模式以“生活便利商品 + 快递配送服务”为主要运行机制，以社区 001、顺丰嘿店、京东小店等为代表。另一类是以“物业公司”为中心，整合社区周边各类资源搭建的本地消费生活圈。这种模式以“信息交易平台 + 社区增值服务”为主要运行机制，以万科住这儿、叮咚小区、小区无忧、小区管家等 APP 软件为代表。

当下各类社区 O2O 企业基本上都面临推广与盈利两大难题，破解这两大难题的关键点在于企业能否创造一个全新而又富有竞争力的运营模式。

9.3.2 社区 001 的 O2O 运营模式及衰落

9.3.2.1 社区 001 的崛起

社区 001 作为社区 O2O 的先行者，对于研究社区电子商务运营模式具有重要意义。社区 001 是一家起步于北京，创立于 2012 年 6 月，着眼于社区便利商品销售的新型电子商务企业。社区 001 通过与社区周边的商超合作，依靠自身的配送员，在 5 公里范围内完成 1 小时内送达的服务。目前，社区 001 已经覆盖全国 16 个城市，员工人数达 3 000 余人，月营业额突破亿元。

下面以在北京市“社区 001”购买“蓝月亮消毒液（1 公斤装）”的体验为例（见表 9－1），简单叙述其购买方式。社区 001 口前已经覆盖北京 4 000 多个社区，40 多万名客户，并以 5 公里为半径布点了 28 个商圈。在北京，社区居民可以通过电话、网页、微信等三种方式向社区 001 下单，其商品价格与周边商超基本保持一致，并在一定消费额以内向其缴纳少量配送费用，下单后 1 小时内可送达也可在顾客指定时间送达。

表 9－1 配送“蓝月亮消毒液（1 公斤装）”

平台	价格	配送状况	配送费用	评价
社区 001	23.9	1 小时内送达，支持货到付款	6 元/笔，单笔满 100 元免配送费	服务到家，方便快捷
家乐福	23.9	无配送	无	自助购物，体验生活
京东	26	一般下单后 2 天送达，支持货到付款	5 元/笔，单笔满 99 元免配送费	价格较高，速度一般

接下来，我们将进一步分析社区 001 的运营模式。在“顾客—社区 001—商超”这一价值链条中，社区 001 分别扮演了“服务商”与“渠道商”两个关键角色，并凭借着“便捷性”成为这一价值链的重要轴心。

第一，在社区 001 的内部，它独具“三个没有”的特色，即“没有仓储、没有物流、没有大供应链”，仅仅依靠为社区顾客提供便捷购物服务来获取订单。这“三个没有”的特色让其颇有几分“空壳公司”的色彩。社区 001 唯

有在顾客服务层面做到极致，才能在社区O2O领域杀出一条血路。因此，方便快捷的购物服务，使得社区顾客愿意为社区001掏出少量的配送费用。

第二，在社区001的外部，它拥有“三个打通”的优势，既打通了传统网络做不到的事（覆盖到菜鸟网民），又打通了传统零售做不到的事解决“最后一公里”配送问题，还打通了传统物业做不到的事（实现社区电子化）。社区001通过多元化的下单方式突破了传统电子商务的交易瓶颈，其高效率、精细化的配送服务突破了传统零售的配送瓶颈，通过强大的开发商关系网在众多社区建立起多功能、全互动的社区电子系统，在社区进行电子化革新。方便快捷的销售渠道，使得与社区001合作的商超愿意为其提供“扣点”形式的商业支持。

以上两方面从盈利方式这一核心要素解读了社区001的基本运营模式。然而所有的新兴经济形态都面临着公众接受度的考验，社区001也不例外。在宣传推广方面，社区001通过线下联合众多合作商超，在社区频繁举办大量的优惠让利促销活动，将社区居民的目光迅速集聚到其线上网络平台，从而快速推广其业务。

9.3.2.2 社区001的没落

众多社区O2O企业面前的盈利与推广两大难题便被社区001轻松化解了。这样一个身兼“服务商”与“渠道商”双重角色，横跨“线上”与“线下”两重区域的全新企业的运营模式便诞生了。借助互联网平台与互联网思维，社区001暂时在社区O2O领域站稳了一席之地。

然而好景不长，2016年2月社区001宣告倒闭。

这家成立于2012年2月，由邵元元、薛必群、杜国强三位投资人联合创建，为本地社区提供在线购物及配送服务的网站曾一度被业内视为社区O2O的先行者，并在2013年和2014年连续获得多轮融资。2013年10月获得海银资本、上海致景投资等数百万元天使轮融资，2014年4月获得上亿元A轮融资（其中五岳天下为其投资4 000万人民币）。从这些表现来看，社区001已经度过了大多数O2O企业最为艰难的融资阶段，剩下的无非就是稳扎稳打、茁壮成长了。

但事与愿违，就在市场一片看好之际，有关社区001负面消息却不断爆出：消费者无法正常下单；多地公司拖欠员工工资；购买“社区 001”购物卡的客户不仅无法消费也无法退卡……2015 年 8 月，社区 001 宣布全国各分公司陆续关停，在挣扎近半年之后，社区 001 还是走向了失败。曾经在社区 O2O 领域风头无人能敌的社区 001 失败在哪里？它的失败又带给 O2O 企业哪些值得深思的问题？

（1）解决痛点还是带来隐患。

社区 O2O 的核心就是社区资源整合、产品资源整合和服务，找到社区住户的痛点，并解决物业和住户之间的痛点问题。曾在社区 001 重庆新牌坊店市场部工作的龚智雄解释说，社区 001 的切入点便是社区购物。除了 1 小时送达，顾客还可以指定配送时间，这是其他电子商务企业不能做到的。每个商圈都有一个服务网点，只需要把货品存至服务点，由配送员按指定时间配送即可。

配送员还可以为顾客代购生鲜产品，虽然大多数生鲜产品并没有在社区 001 的网站上线，但是顾客下单时可以备注需要代购水果、蔬菜或者肉类。订单生成后，采购人员会在购货后直接打电话给顾客，向其描述所需商品和价格，由客户决定是否代购。这种情况成本高，不确定因素多，但为了全方位满足顾客需求，社区 001 还是这样做了。

“社区 001 销售的商品价格跟合作的超市价格一致，在前期推广宣传时不收取配送费，而且要尽最大能力满足每位客户的需求。这种模式符合社区 001 成立的初衷。”O2O 分析师朱立说，“按照邵元元的想法，社区 001 要走轻资产路线，所以不做供应链、不建立超市，也不做电子商务平台，而是成为每个社区的优质服务商，找商超、供应商、厂家来合作，让小区物业、小区住户和周边商超处在同一供需链条上，由此形成买卖关系，而社区 001 起的则是中间服务商的作用。当然，其服务范围排除了城市中心区域，因为那里商超资源较少，而商超是社区 001 最倚重的合作伙伴。”

“社区 001 最初将客户群定位为 35 ~ 55 岁，在其网站上，商品品类主要是柴米油盐等食品类和日化类商品。”朱立说，“虽然这类商品的毛利低，但邵元元认为，想要留住客户，就要投其所好，先吸引主力消费群，然后再上线毛利高的家居、百货类商品。遗憾的是邵元元忽略了消费者对于商品架构

的习惯，一旦社区 001 的商品架构在消费者脑子中形成印象，后期再想依靠改变商品架构来吸引新的消费者并不容易。”朱立举例说：“就好像淘宝一开始的定位是服装鞋帽，京东一开始的定位是电子产品，经过一段时间的培养，消费者已经习惯了买服装上淘宝，买电子产品上京东，即使淘宝开始卖电子产品，京东开始卖服装鞋帽，但想要通过新商品把对方客户全部抢夺过来并不容易。”

“不仅商品架构，在推广手法上，社区 001 也在不断强调柴米油盐，这使得其受众更为狭窄。”朱立说。社区 001 为了将小区物业、小区住户和周边商超充分结合起来，便联合物业在社区内搞线下体验，体验的商品也几乎全是柴米油盐。

“2014 年的时候，全国社区 001 的商圈内一周会有 100 多场促销活动，只要有时间我都会参加。”2014 年开始使用“社区 001 购物卡”的叶大妈说，“它们（社区 001）跟商家提前商量好给我们优惠，有的时候是米，有的时候是面或者油，反正都是过日子需要的。”铺天盖地的优惠活动让社区 001 的网点数量得到了大幅提升。邵元元在 2014 年 9 月接受《中国连锁》采访时曾表示，社区 001 在全国发展 60 万用户，日均 2 万订单，客单价 300 元左右。采用这种模式，截至 2015 年 9 月底，社区 001 已经在全国 12 个主要城市布局 78 个实体网点，且拥有了 70 多万用户。“表面上看社区 001 的发展势头良好，但事实上，恰恰是这 70 多万用户让社区 001 的后期发展陷入了困境。”朱立说。

（2）95% 的订单来自电话。

为何解决客户痛点反倒让社区 001 陷入困境？朱立认为，社区 001 的 70 多万用户中，中老年用户的占比高达 70% 以上，这种客户架构对于 O2O 企业来说非常不合理。O2O 基础是互联网，但绝大多数老人并不信任和熟悉网络，在他们眼里，只有面对面或者电话交流的方式才是安全可靠的。

“社区 001 在重庆一共有 3 家店，我进入其中一家店工作时，其人事部经理告诉我，重庆 3 个店一个月大概‘烧钱’50 万至 60 万，起初我对这个数字完全持怀疑态度。因为那时新闻上一直在说北京社区 001 已经开始盈利，而且全国的用户群一直在增长。”龚智雄说。但随之而来的现实让龚智雄跌破眼镜。“2014 年 7 月 25 日，重庆社区 001 开始做活动，主要为社区居民提供 1 小时免费送货上门服务，货到付款，与超市同价 1 元起送，购买社区 001 会员卡 200 元送 30 元，500 元送 87.5 元，1 000 元送 200 元，相当于原来在超市消费 1 000 元，现在用社区卡 001 会员卡可以在超市消费 1200 元，还免费送货上门，这样的优惠活动做到快 4 个月的时候，3 家店的订单竟然不到 100 单。”龚智雄说。

这么大的促销力度加上如此人性化的服务，3 家店近 4 个月的时间却只得到了 100 单生意，究竟哪里出了问题？“老人对于电脑和手机微信都不熟悉，所以他们几乎全部采用电话下单。因此社区 001 的 95% 的订单都来自电话，微信和 PC 端的订单基本上没有。”龚智雄说。

“电话下单的整个工作流程是这样的：客户打电话到社区 001 客服下单后，订单部客服会以微信或 QQ 群的方式把客户的信息及订单详情发给在超市的提货人员，提货人员接到信息后，把东西买好后等待配送人员过来取货，然后再由配送人员将货送到客户手中。”龚智雄介绍说，“不仅如此，因为电话下单无法在线支付，所以这类订单大部分都是由配送员先到超市帮顾客结账，然后送货上门时再向顾客收账。而且社区 001 用户在超市购买商品时和其他顾客没有区别，也要排队结账。”龚智雄补充说，互联网本身是为了节约成本提高效率，但社区 001 这种模式反倒让原本简单的购买行为变得更加烦琐和复杂。

（3）难以负荷的成本支出。

除了商品架构和客户群定位不匹配以及客户架构不合理，高额的成本也是将社区 001 推向深渊的因素之一。

“2014 年，社区 001 一个店的基本配置人员为 15 ~ 20 人，我在社区 001 的时候订单每天没有超过 30 单，人均工资 3 200 元，没转正前底薪 2 100 元加每天 24 元生活补助，2 个月转正底薪 2 500 左右，五险一金包吃住，加业绩奖金提成，电动车由公司配备，每个月最少要做 18 至 22 场小区公共关系活动。每场活动费用大概在 300 元左右，看小区规模及档次，10 月份以前只要参与公共关系活动的人员都可以拿到每天 40 元的补助，10 月份后全国都已经取消了。”龚智雄说，除此，社区 001 还要支付每家店铺的租金和其他费用，

确实压力很大。

朱立表示社区 001 的优势在渠道商上面，渠道的扩张导致地推及配送人员迅速增加。为了大力推进城市扩张，社区 001 选择自建物流，为此不惜招聘大量员工，这让社区 001 在发展过程中不堪重负。2015 年 6 月，O2O 独立分析师彭成京在接受《财经天下》的采访时也称：如果按人均月薪 3 000 元来计算，社区 001 每月仅物流团队的人力成本就高达 600 万元。如果按商品售价 10% 的抽成比例来算，要满足仅物流一项的收支平衡，月成交流水需要达到 6 000 万元。这个数字现在是难以实现的。

“社区 001 号称轻资产，但又自建配送团队，再加上没有自己的供应链，平台建设的效果也不明显，只能依附于合作的超市，而且合作的超市品牌过多，不能得到某一家的全力支持，结果沦落为商超的免费义工。”一位不愿透露姓名的社区 001 员工说。2014 年 12 月，社区 001 宣布跟麦德龙中国进行战略合作，麦德龙中国对社区 001 全面开放商品系统，打通资金链，共享顾客数据。未来一年中，相关合作将覆盖麦德龙在全中国 56 个城市的 80 家卖场。

“但事实上我们和商超之间的合作并不像外人想得那么美好。”龚智雄感叹说，“既然和超市合作了，按理说我们和超市的产品 SKU 就应该同步，但事实上，在和超市对接产品 SKU 时，超市根本不给我们提供数据，我们是自己派 6 个人去超市拍了一个礼拜的产品 SKU 条码。有的时候。为了造成没有库存的假象，我们就自己给超市下单，表面看商品都卖出了，实际上货就积压在店面。”社区 001 自欺欺人的做法还不仅限于此。社区 001 的订单部每天都会把所有订单在 PC 端重新录入一遍，我离开社区 001 的前一天。看到公司订单主管正在做统计，报表内容显示社区 001 的小区住户渗透率已经达到 30% ~45%，但事实上我们连 1% 都不到，对此，订单主管的回应是，这是拿给投资人看的假数据。”

除了自身的问题，来自合作伙伴和行业后进者的竞争成为压倒社区 001 的最后一根稻草。

先是以往的合作伙伴纷纷建立了自己的网上平台。比如，大润发创办了自有电子商务网站——飞牛网，沃尔玛投资一号，永辉则和京东合作，通过“京东到家”发挥其生鲜优势。这使得充当商超义工的社区 001 失去了赚取返点的机会。而紧跟其后的小美快购、本来便利等企业携大量资本涌入也进一步加剧了行业竞争。

自身的缺陷加上恶劣的外部环境让社区001迅速由盛而衰，最终没能逃开“虎头蛇尾”的命运。

9.3.3 多点等纷纷转型

社区001的倒闭让超市代购O2O开始加速转变角色。多点切入商品供应链，上线全球精选频道，触碰到商品前端链条。在多点看来，只做“搬运工”价值不大，通过消费需求反向改造传统商超的供应链才有意义。在业内人士看来，超市代购只是起步阶段，但最终以何种模式为发展目标取决于各家O2O价值观的不同。小e到家将自己的价值定位为社区入口，除了商品之外，还接入各种生活缴费项目；目前仅在北京探索业务的“即买送”，坚持基于位置的众包电子商务模式，并将以“城市合伙人的方式”复制到全国。

9.3.3.1 需求驱动

主打1小时配送的超市代购O2O生意异常火爆，不过，在多点线上运营负责人看来，因为完全基于线下商超，目前的代购O2O企业只能满足消费者“过日子的需求”，但传统商超高品质消费的定位是缺失的。

据多点线上运营负责人介绍，多点和物美合作，积累了大量的顾客购买数据和客服沟通数据，物美门店三四万的SKU完全能够满足日常需求，但商品结构尤其是果蔬、生鲜的品类已经没有办法满足消费者对高品质商品的需求。

在运营模式上，全球精选频道基于其他生鲜电子商务分析和大数据方法得出的消费需求，由多点开辟供应链，然后由物美提供仓储和配送，但不经过物美门店销售，直接配送给提前一天下单的顾客。

9.3.3.2 加重模式

自营商品的好处显而易见，省去了渠道费用，掌握了定价权，提高了毛利，又可以做到与竞争对手差异化发展。但不可忽视的是，超市代购O2O之所以迅速地攻城略地，一个重要原因是模式相对较轻，只提供“最后一公里”的配送，回避了商品和仓储等这些耗费巨大、短期又无法看到成效的供应链

前端业务。小 e 到家 CEO 荣光强调，小 e 到家不介入供应链。在即买送创始人赵廷超看来，传统超市在商品经营上资源更多，经验更充足，即买送目前只是专注于模式的探索。

多点线上运营负责人称，供应链包括现金流、物流和信息流，多点目前只是对接了信息流，并没有介入商品，物流服务由合作伙伴物美提供，包括生鲜物流和夜间物流。据他透露，物美对这种模式的接受并不顺利，双方磨合了三四个月。多点会为物美在供应链方面付出的成本买单，但双方在利润分配方面的情况并不明朗。

9.3.3.3 价值观差异

目前多数超市代购类 O2O 会收取来自超市销售商品的返佣，但这笔钱对于整个企业的运营成本来讲无关痛痒。当然，没有企业期望以此实现盈利，真正的盈利是通过超市代购积累的。

多点线上运营负责人认为，多点作为分布式电子商务企业，它的价值在于通过大数据分析来延伸商超供应链，促进传统商超采供体系的变革，也满足线上消费需求。这就要求多点和超市深度合作，超市才有可能接受多点的改造。然而，变革传统超市的供应链非常困难。

超市第三方平台的价值在于为合作的超市带来增量。一个超市门店可以覆盖一公里范围内的社区，但可以把它的服务半径延伸，拓展新的用户。小 e 到家在超市之外，将设置精品店频道，开发社区周边毛利较高的需求，如引进烘焙店、咖啡店等。除此之外，小 e 到家还将引进便民缴费、早餐、送药、洗衣、家政等，形成一个基于社区需求的完整的商业体系。

9.4 盒马鲜生线上线下贯通的案例分析

9.4.1 基本情况

盒马鲜生是阿里旗下的 OAO（online and offline）模式生鲜新零售电子商务平台。公司以“生鲜电子商务”为切入口，通过 APP 和线下门店覆盖生鲜食品和餐饮服务。门店以体验服务为主导，分为肉类、水产、南北货杂粮、米面油粮、水果蔬菜、冷藏冷冻、烘焙、熟食、烧烤以及日式料理刺身等区域，其中，生鲜产品占比20%。盒马鲜生是生鲜行业领先的全渠道电子商务企业，专注于为白领阶层提供专业、舒适的产品与服务。

盒马鲜生的创始人为有着20年物流从业经验的原京东物流总监侯毅。盒马鲜生已从阿里完成约1.5亿美元A轮融资。背靠阿里的盒马鲜生具有明显的先发优势，一方面，可以获得菜鸟网络以及易果生鲜旗下安鲜达多年的冷链物流配送经验；另一方面，“支付宝”提供支付方式及用户流量支持，使其得以专注于改善产品和服务的质量。盒马APP首页及线下盒马鲜生门店如图9－2所示。

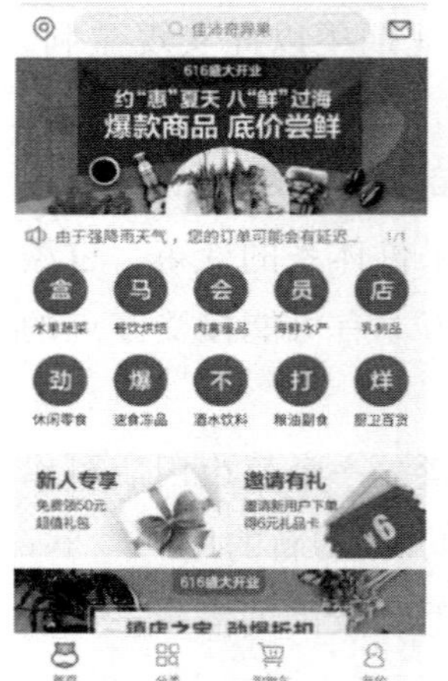

图9－2　盒马APP首页及线下盒马鲜生门店

9.4.2　业务模式

盒马鲜生以实体店为核心，采用“线上电子商务＋线下门店”的经营模式，门店承载的功能较传统零售进一步增加，具有“生鲜超市＋餐饮体验＋线上业务仓储”三大功能。该模式做了两个维度的创新。

第一，生鲜超市零售与餐饮的结合。客户所购生鲜可在餐饮区直接加工，提升生鲜转化率的同时带动线下客流增长。

第二，对线上订单，通过自营的自动化物流体系实现配送。该模式的难点在于店内分拣。盒马鲜生通过电子标签、自动化合流区等新技术实现效率提升。由于电子商务业务共享线下门店仓储配送体系，所以仓储成本更低，且通过门店配送周边客户的时效性也更强。

9.4.2.1 线上业务

线上业务端口为盒马 APP。APP 中分为盒马外卖与盒马鲜生两个模块。盒马外卖主打专业餐饮外卖，盒马鲜生主打生鲜配送。

（1）盒马外卖。

区别于传统外卖形态，盒马外卖为专业外卖服务，不提供堂食。盒马外卖目前集中在上海，定位中高端餐饮外卖，目标客户为白领阶层。

（2）盒马鲜生。

盒马鲜生主营生鲜、食品配送，基于门店发货。线上订单配送范围为体验店周围五公里内，配送时间为 8：30～21：00。盒马鲜生通过电子价签等新技术手段，保证线上与线下同品同价，通过门店自动化物流设备保证门店分拣效率，最终保证顾客通过 APP 下单后 5 公里内 30 分钟送达。

9.4.2.2 线下业务

线下业务主要分为生鲜超市和餐饮体验。截至 2017 年 6 月，盒马鲜生在上海共有新江湾店、上海湾店、汇阳广场店、平高店、金桥店、大宁店、虹桥店、宝地店、八佰伴店、杨高南路店、KiNG88 店共 11 家线下体验店，再加上宁波东岸里广场甬江店，北京朝阳区十里堡店，共计 13 家线下门店。

其中，上海八佰伴店以及北京的十里堡店是以盒马集市的形式面世的。盒马集市被定义为“盒马鲜生基本定型的 2.0 版”，与盒马鲜生最大区别在于门店面积扩大，进一步提高了餐饮的经营面积，发挥了超市与餐饮的联动效应。

（1）“零售＋餐饮”，提升客流及顾客体验。

盒马鲜生在超市内引入餐饮区域的模式，一方面为顾客提供了就餐方便，同时延长了顾客在店内的停留时间，增强了顾客黏性。另一方面，餐饮的高毛利率也可改善盒马鲜生零售的盈利结构。

（2）支付方式。

盒马鲜生始创期间不接受现金付款，只接受支付宝结账。消费者到店消费时，服务员会指导首次消费者安装盒马 APP，注册成为其会员，最后通过 APP 或支付宝完成付款。现在门店也开通了现金代付的功能，帮助没有支付宝的消费者或外籍人士完成消费，但最终还是由现场工作人员通过支付宝系统代付。支付宝统一付款为盒马鲜生创造了掌握线下消费数据以及线下向线上引流的机会。

①掌控线下数据。传统零售过程中，顾客通过现金结账购买，其消费偏好、交易行为等难以形成大数据供零售商分析。而通过盒马 APP 或支付宝结账，用户的每一项购买行为都会与账号关联，同时支付宝付款也可以形成广告、营销价值。

②全渠道营销机会。支付宝支付可以让每位到店顾客下载盒马 APP 并成为其会员，方便企业打造全渠道的消费体验。

9.4.3 商品定位

盒马鲜生售卖 103 个国家的超过 3 000 种商品，其中 80% 是食品，生鲜产品占到 20%，未来将提升到 30%。店内零售区域主要分为肉类、水产、蔬果、南北干货、米面油粮、休闲食品、烟酒、饮料、烘焙、冷藏冷冻、熟食、烧烤以及日式料理等各区。2016 年，盒马鲜生与上海光明达成合作，光明食品集团的乳制品、肉制品、有机米、海狮油、农场蔬菜水果、意大利橄榄油、英国维多麦等国际国内品牌食品也逐步加入盒马鲜生线上线下销售平台，进一步扩充 SKU。

盒马鲜生店内生鲜产品定位偏中高档，包括进口澳洲龙虾、波士顿龙虾、帝王蟹等。就相同新鲜度和品质的生鲜而言，主打生鲜的盒马鲜生相比其他竞争对手仍具一定价格优势。

9.4.4 智能化门店建设

9.4.4.1 自动化分拣及智能物流

盒马鲜生有一套自动化的运货设备，从货物的分拣到打包装箱都是物流带全程传输，整个过程迅速且有条不紊。实体货架就是虚拟货架，门店就是

线上的前置仓，确保 10 分钟之内完成拣货装箱，30 分钟之内完成配送。此外，盒马鲜生对于门店员工和自有的配送人员有着一套标准化的操作规范，贯穿物流的整个过程。

（1）分拣。线上 APP 的订单发送至门店拣货员的移动手持终端 FDA，移动手持终端 FDA 上共有收货、退货、上架、盘点、移库、打包、复核等多项功能，涵盖了从存货管理、拣货到配送的方方面面。接到订单后，FDA 会显示订单中每一个物品的货位、名称、编号、应拣数量、待拣数量等信息。拣货员接到订单后提取拣货袋，首先用 FDA 扫描拣货袋上的编号，确保订单在后续配送中可追踪。每找到一个商品，拣货员会用 FDA 扫描商品条形码，完成单个商品的拣货。

（2）合单打包。拣货员将装好商品的拣货袋挂上自动传送带，传输到门店后端的合流区进行打包。后台人员将拣货袋装入统一的配送箱，用垂直升降系统自动送到商品外送区等待配送。这套标准化的操作规范和自动化传输系统，使店内实现高效物流。

（3）物流配送。盒马鲜生的城市配送中心，包括线下门店的冷库、常温库和加工中心等直接接单指派。配送员依靠配送 APP，确认取货后，由系统分配路径，在周围五公里内进行配送。盒马鲜生自有物流体系和扁平化散射状配送模式使其能实现“五公里半小时到达”的高速配送。自动化分拣大大节约了消费者在门店排队结账的时间，为消费者带来更加舒适的购物体验，同时也提高了店铺出货的效率。高效的物流配送使得消费者能够真正享受到家模式购物的便捷，也保证了商品的新鲜，成为盒马鲜生打通线上线下的关键。盒马鲜生智能配送流程如图 9 -3 所示。

9.4.4.2 电子价签技术

盒马鲜生门店内几乎所有商品都已使用电子价签，电子价签的画质看起来像迷你版 Kindle，主要提供品名、价格、单位、规格、等级、产地等传统纸质价签提供的商品信息及对应条形码，还可以通过 APP 扫码了解产品信息并加入移动端购物车。

电子价签主要应用于消费品、零售、仓储物流等领域，主要功能为价格管理与高效陈列等。盒马鲜生使用的电子价签由 2011 年创立的汉朔科技提

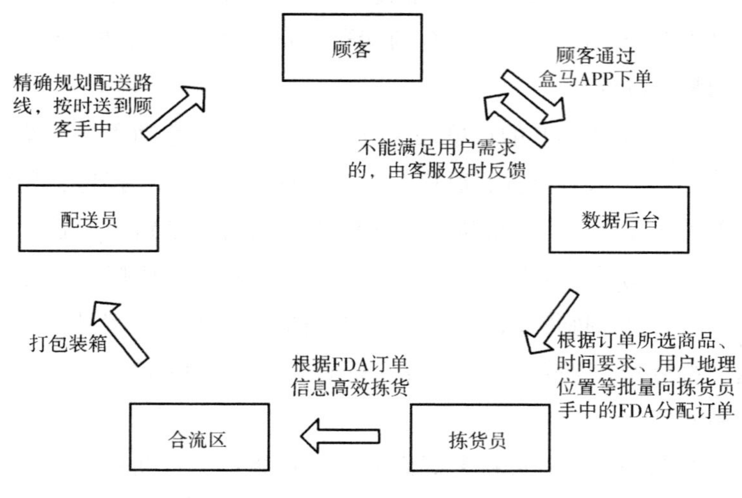

图 9-3 盒马鲜生智能配送流程

供。据悉，汉朔科技在仅成立一年多时，其技术水平已达到仅用时 23 秒更新 1000 个电子价签，比作为行业领军者的欧洲企业 Pricer 还短 35 秒。

盒马鲜生主打水产、蔬菜、瓜果等生鲜产品，生鲜是一个价格变动相对频繁的品类。使用电子价签之后，店员只需在后台更新价格，便能完成盒马 APP 和实体店内商品的同时变价。

从顾客消费体验来说，电子价签也有较大价值：一是顾客能通过盒马 APP 扫描条形码，快速获取更详细的商品信息、线上评价等数据，从而更好地做出消费决策，提升购物体验，增强顾客黏度。二是通过 APP 记录线下顾客扫码的商品种类、频率，并比对最后的购买行为等，亦可产生大量用户的行为数据，供盒马鲜生分析顾客消费习惯和偏好，从而提升商品选货能力以及精准营销能力。

从商家角度来说，电子价签具有省时、省力、环保高效、提升店面形象等诸多好处。在减少纸质标签换价、更新促销信息等烦琐步骤和人力消耗的同时，也展示了更加现代化、技术化、绿色化的企业形象，吸引了更多消费者。此外，电子标签也有利于商家分析消费者的消费行为，精准营销，形成良性的消费循环。电子价签在实现价格实时变动的同时，也和店内货架陈列、

SKU 管理、ERP 和仓库管理系统等综合应用，打造了盒马鲜生高效运营和快速配送的专业特色。

9.4.4.3　消费大数据

盒马鲜生线上和线下所有的支付方式选用支付宝支付和现金支付并由店员支付宝入账两种形式。通过支付宝付款入账的支付方式便于盒马鲜生掌握大量的线下消费数据，线下消费线上买单也能够有效实现线下用户向线上转化的模式，形成以下两大优势。

（1）掌控大数据，实现信息化营销推广。传统零售过程中，顾客用现金结账，致使传统商超难以掌握顾客信息，客源数据缺失。盒马鲜生采用线上支付形成大数据。利用消费者清晰的行为数据，进行广告和营销，吸引更多消费者，形成良性消费循环。

（2）提高线上用户的转化率，实现全渠道销售。盒马鲜生让每位到店顾客下载盒马 APP 并成为其会员，方便其线上结账的导购方式，实现从门店向线上引流，提高了线上用户的活跃度，提高了线上业绩，带来全渠道的消费体验。

9.4.5　总结分析

9.4.5.1　盒马鲜生的核心优势

（1）OAO 模式，信息完全打通，实现用户的最佳体验。实体店与网店融合一体化的双店模式，将线上消费者引导至线下实体店参观、体验；同时可将实体店顾客吸引至线上消费，除了线上、线下单独购买还可实现 Online、Offline 智能拼单，共同配送，真正实现资源互通、信息互联、双店彼此获益。支付方式的限制推动顾客下载盒马 APP 并成为其会员，方便打造全渠道的消费体验，同时支付宝结付很好地形成消费闭环，掌握线下大数据，并可形成广告及营销价值。

（2）到家服务看似增加成本，实则深度获取客群。盒马免费配送到家，短期来看成本相较于传统卖场偏高，但最终是为了实现对核心商圈客群的主动覆盖，一旦实现将快速颠覆传统卖场。

（3）零售与餐饮的跨界融合，满足随时随地“吃”的需求。在超市内引入餐饮区域模式，首先为顾客提供就餐方便，同时延长顾客在店内停留的时间，增强顾客黏性；其次餐饮高毛利率也可改善盒马鲜生零售的盈利结构。生鲜产品作为盒马鲜生的主打，也配备了海鲜代加工服务，方便消费者在店内享用最新鲜的美食，同时也提升了转化率。

（4）以店做仓提升效率，颠覆传统电子商务。常规电子商务用仓做配送，盒马选择用店做仓，店仓一体化。门店货架即为线上虚拟货架，让顾客对购物环境、商品品类和品质、服务质量有更真切的感受，增强客户的信任感。

9.4.5.2 盒马鲜生面临的挑战

（1）自营和中高端定位，弱化其快速连锁扩张能力。

①自营模式，投入成本高，现金流要求高。目前，盒马鲜生几乎所有商品经营品类，以及餐厅，都采取自营方式。店铺设备采购成本不低，对现金流要求较高。这种自营模式很难通过特许经营、加盟等方式复制推广。

②定位一、二线城市中高端消费。盒马鲜生商品种类偏向中高档，比如大量提供帝王蟹、三文鱼、法国生蚝等商品。生鲜为特殊商品其难点在于标准化分类和独立包装。尽管盒马鲜生开店伊始就实行商品标准化分类，独立包装，但也导致其高标准化成本。加之其配送效率标准化，成本进一步增加，使得盒马鲜生的相当一部分生鲜商品的售价高于传统实体超市的生鲜。

③优质服务依赖于复杂的高端技术和高效的管理运营。盒马鲜生所倡导的“热气腾腾 30 分钟到家”服务，是其综合管理的结果，需要工业自动化技术，软件技术，物流技术，以及线上线下的作业流程等复合的技术。高效的团队管理运营更是必不可少。高水平技术和管理要求使得盒马鲜生模式难以快速扩张。

（2）行业竞争激烈，用户粘性有待进一步提高。

目前生鲜行业并不存在市场龙头，行业竞争激烈。如何增强这一部分用户的消费粘性，提高用户留存率成为盒马鲜生的一大难题。此外，生鲜不同于一般零售商品，缺乏严格的标准化，其对物流要求更高。逐渐扩张的市场也加大了盒马鲜生的物流配送压力。盒马模式成功运营的关键在于两点：一是供应链体系所保证的高质量的产品，二是高效物流体系所保证的更短的到家时间。在未来一段时间内，“品质 + 服务”仍将是盒马生鲜打造品牌，提高

用户黏性的关键。

9.4.5.3　未来农产品流通的趋势

在农产品＋互联网后，农产品成为新零售里的重要组成部分。从盒马鲜生的发展模式中，我们可以看到未来新零售中农产品的流通的趋势。

未来新零售一定是充分融合 OAO 的全渠道销售，单纯的线上或线下已经不能满足现代消费需求。一方面，线下门店能够提升用户的消费体验，加深用户对于品牌的认知，培养其对企业品牌的认同感和忠诚度。同时线下门店可以作为产品的前置仓，对于生鲜产品建立线上冷藏配送基地，实现商品从门店配送，降低物流成本，实现产品的高效流转和配送。线下门店所带来的极佳消费体验能将用户引导至线上平台，保证了较高的用户留存率。另一方面，在消费者网购习惯日趋成熟的今天，线上模式能够满足消费者对于购物便捷轻松的需求。线上线下共享资源，有效降低了采购、仓储和营销成本，带来可观的盈利空间。线上线下两个场景的相互补充和有效互动，形成全渠道销售，能够充分满足消费者对于到家和到店消费的不同需求，形成消费的完整闭环。

充分掌控供应链资源与现代化物流将在零售新一轮洗牌中首先胜出。未来供应链将是零售行业的生命线，是实现对商品货源控制的关键。不管模式如何创新，零售的核心仍然是商品。顾客消费观念不断升级，更加注重商品的品质，供应链的优化管理，能有效地把控商品品质。可实施的策略有：整合优质供应商资源，提升商品议价能力，维持价格相对稳定的同时，也精选出更为优质的产品；整合运营资源，提升自身管理水平；打造完整的物流体系，整合物流资源，为用户提供更好的物流配送体验。未来高效迅速的配送到家服务对提升线上用户的消费粘性至关重要。

实现线上线下全渠道的大数据驱动。全渠道模式的产生是新零售的一个开端，更大的变革将发生在大数据驱动上。如今的电子商务平台都在做“千人千面”，通过用户背后的数据分析为其个性化地推荐商品与服务，在新零售打通了线上线下的数据获取之后，更要充分利用消费者行为大数据分析来进行广告和营销，开发每一位消费者的购买潜力。

9.5 沱沱工社以企业和产品为支撑的案例分析

9.5.1 生鲜农产品概述

生鲜产品是农产品中具有代表性的部分，是未经烹调、制作等深加工过程，只做必要保鲜和简单整理上架而出售的初级产品，以及面包、熟食等现场加工品类的商品的统称。生鲜产品保质期比较短，同时在消费习惯上也有很大的关联性。目前生鲜商品主要有水果、蔬菜、肉品、水产、干货及日配、熟食和糕点。

随着人们生活水平的提高加之近年来食品安全事件频发，人们对生鲜产品不仅仅要求安全，更注重品质。生鲜产品作为人们的生活必需品，具有消费频率高、黏性大的特点，需求市场巨大。电子商务企业们正是看中了生鲜产品这些特性，纷纷进入生鲜领域。

在农产品电子商务中，生鲜电子商务无疑是最有发展潜力的一片蓝海。我国的生鲜电子商务市场将会在未来几年内迅速增长。根据中国电子商务研究中心的统计，2016 年我国的生鲜电子商务市场的规模约为 900 亿元，比 2015 年增长了 80%。根据尼尔森的预测，我国生鲜电子商务市场将会在未来三年内呈现爆发式增长。2017 年有望超过 1 500 亿，年均复合增长率达到 50%，可以看出生鲜领域具有广阔的市场及发展空间。但是生鲜电子商务在发展的过程中并不是一帆风顺，而是遇到了很多问题，面临着很多挑战，包括物流成本高、产品损失率高、前期投入成本高等，很多生鲜电子商务企业经营不善或倒闭，但是也有一些生鲜电子商务企业求同存异，利用自己的特点脱颖而出，沱沱工社就是其中典型的代表。沱沱工社通过自己独特的管理及运营，在生鲜行业发展得风生水起。

9.5.2 沱沱工社案例分析

9.5.2.1 沱沱工社简介及发展

沱沱工社母公司九城集团成立于 1995 年，属于有机、天然、高品质食品

网上超市。2004 年 12 月成为美国纳斯达克上市企业（NASDAQ：NINE）。2009 年 4 月，九城集团正式进军食品 B2C 领域，注资 5 000 万元成立九城天时生态农业有限公司，在北京、上海等地投建上千亩有机农场。凭借雄厚的资金实力，九城集团整合了新鲜食品生产、加工、B2C 网络化销售全产业链各相关环节，并依托“透明供应链”产品质量透明管理体系在食品行业供应链上的独特应用，将“新鲜日配”这一 B2C 领域难以逾越的梦想变成现实。

9.5.2.2 管理情况分析

（1）组织架构。

沱沱工社之前是普通的职能部门架构模式，后来在公司内部进行改革，打破原有的组织架构，设立类似海尔“创客制”的“突击小组”。改革后的沱沱工社，从不同类别的方向上组建多个“突击小组”。每个小组由一个组长带领，拥有高度自主权，包括费用审批、资源调配、决策权、人事权、奖金分配权、问题处理权限等，突击小组成员可以涉及所有职能部门和级别的员工。另外，每个突击小组都会有一个“投资人”（即沱沱工社董事会成员），起指点和帮助作用。当突击小组遇到无法解决的问题时，投资人可以快速召集董事长和首席执行官（CEO）参加决策会议，当天拿出解决问题和困难的办法和措施。

变革后的架构，更加扁平化，每个小组长均直接向首席执行官（CEO）汇报，赋予员工更大的自主权，员工可以更好地发挥自己的思维和创意，减少了组织层级，提高了办事效率，可以在更大程度上发挥员工的潜力。

（2）运营管理。

沱沱工社打造的是有机、天然、高品质的产品，打破生鲜的品类限制，在平谷自建 1 050 亩农场，种植有机蔬菜、水果，散养猪、鸡等，供在沱沱工社进行销售，其余产品在国内进行高质量的采购，少许产品为进口产品。从选种育苗到收割包装，再到加工销售，实现全产业链上的透明操作，这样沱沱工社就可以从源头把控有机食品的质量。

沱沱工社自建物流团队，建立集冷藏、冷冻库和加工车间为一体的现代化仓储配送物流中心，专业冷链物流到家，最终实现生鲜企业追求的“新鲜日配”的目标。此外，沱沱工社还会举办一些活动，邀请消费者到农场参观等。

沱沱工社这种在线上以产品为核心，在线下以消费者为核心的理念，成功使自己的“有机生活新方式”和有机生活的态度深入人心，培育了一大批忠实消费者，让“有机”真正走入消费者的内心和生活。

9.5.2.3 经营状况分析

（1）营销模式。

①品牌理念。食品的品质核心不在其表面的色、香、味，而在于相当长一段时间内对消费者身体的影响。消费者很难从商品本身判断出食品的品质，于是以价格和广告作为标准。生产企业会从两方面压缩成本；一方面，压低供应商的材料价格，最后迫使供应商作假，国内的大企业的食品危机都源于此；另一方面，利用科技的手段（如转基因特种、农药、化肥、激素、抗生素等）来提高生产效率，降低成本。这个现象就是诺贝尔经济学奖得主乔治·阿克尔洛夫发现的劣品驱逐良品经济学规律，所以大规模生产存在固有的食品风险。

“沱沱”取自沱沱河，沱沱河是中华民族母亲河长江的正源，它发源于唐古拉山脉主峰格拉丹冬西南侧姜根迪如雪山的冰川，那里有雪山冰峰和无垠的草地，蓝天白云倒映在河水中，用沱沱命名正是意喻产品来源“透明”，可追溯，质量有保证。“工”表达两重含义：一是指手工制作，寓意是让食物的味道返璞归真；二是要大家共同努力捍卫安全食品环境。“社”即社区，是指为了构建一个安全的食品环境而形成的“透明社区”。

沱沱工社致力于打造有机健康生活方式的品牌理念，做最受客户信赖的有机、天然、高品质食品服务商。

沱沱工社经营小规模农场，产量有限，不参与大众市场的价格竞争，客户是认可其品质价值的小众消费者，只要沱沱工社遵循安全种养的原则，消费者就会给出合理的价格，并表现出非常强的忠诚度。国外很多经营了上百年的农庄，国内很多百年老店，都是这个理念的最好佐证。

②目标用户。2013 年 10 月 17 日，沱沱工社宣布面向全国 32 个城市正式开通冷链物流生鲜品类商品的配送服务。沱沱工社除北京地区以外的生鲜业务将与第三方物流合作，全程冷链，收到订单后承诺 24 小时发货。

③产品线。从沱沱工社的官网（见图9－4）来看，其产品包含有机食品、蔬菜水果、肉类禽蛋、海鲜水产等多类产品，能够满足用户不同的需求。

图9－4　沱沱工社官网首页

④精细化经营。沱沱工社在经营过程中非常重视数据的利用，它通过紧密的数据分析和管理控制，了解顾客的购物习性，进行决策，力求降低风险。沱沱工社每周、月、季度都会召开分析会，以此来判断工作进度和完成情况。这样可以掌握产品的利润和损耗情况，为进一步决策提供依据。

沱沱工社根据自身特点和市场承受能力，在线上做精准投放。沱沱工社从不盲目扩张品类规模，相反，它会相应地减少SKU的数量，将每一个品类做好。在线下，沱沱工社会举办农场会员活动，会员周末可以去农场参加活动，体验和感受有机；社区活动则针对企业用户，比如给企业员工开设营养培训课程等。

⑤全产业链模式。沱沱工社初期选择生鲜O2O电子商务的理想化运营模式——贯穿全产业链模式。全产业链模式要求企业在上游渗透到基地、农场，在中间控制生鲜物流，在末端掌握用户需求，抓住用户。全产业链模式在源头上需要自营农场，这在集中生产和管理上可以在极大程度上保障产品质量与食品安全，统一生产管理也会降低生鲜的基础成本。在物流方面，集中配

送，统一调配使得生鲜在运输过程中尽可能少地周转，大大降低了生鲜品的损耗，保障了产品品质，提升了配送效率，将购物体验尽可能做得更好。在消费终端，企业可以通过消费者的信息反馈，迅速指导农场生产方向和品类，减少不必要的投资风险。

⑥注重安全。沱沱工社拥有自有农场，很多产品在全产业链上控制，在经营过程中不使用有害食品安全的物质，遵循传统的养殖、种植技术，从源头上控制产品质量；对于合作的供应商的产品，会有仪器严格把关。另外，沱沱工社开放农场，让消费者参观农场，让顾客放心。

⑦产品标准化程度高。生鲜商品一向容易被归于非标准化的品类，品质、大小参差不齐成为生鲜电子商务的一大痛点。但是，沱沱工社首席执行官（CEO）杜非介绍说，农产品的标准化问题在2012年就已经得到解决，但是很多生鲜电子商务企业由于会员数量和销售额不够，拿不出这些钱来做标准化。实际上，标准化和销售是相辅相成的，没有标准化的时候，就不可能让销售持续增长，即标准化是根据销售的需求去做的，销售需求改造完之后，客户的需求就增加了，这是一个逆势而上的过程。然而很多生鲜电子商务企业认为反正生鲜电子商务企业标准化很难实现，就任由这个痛点存在。“我们发现，生鲜电子商务企业要做好，标准化、工业化、信息化、物联网化是必须放进去的，我们是逆向的，先标准化，销售才能上涨。”杜非这样总结道。

一些生鲜电子商务企业刚起步时规模都比较小，不知道哪些商品适合做网上销售，哪些不适合，于是就把相关的全品类都放在网上，以此来表明自己是个生鲜电子商务企业，因此使得非标准化的问题非常突出。

沱沱工社的标准化之路也并非一帆风顺，刚开始的时候，商品都是以称重这样的菜市场模式来包装的，多退少补。这不符合标准化，从2013年4月份开始，沱沱工社开始尝试把所有商品在出农场时就标准化，即通过包装和温控等方法将商品额定在500克。这对于叶菜是很好实现的。然而诸如萝卜、白菜这样的商品如何做到标准化呢？杜非称，表面上看萝卜、白菜大小各异，似乎很难标准化，其实这是种植上的标准要求没有实现，解决方案是对它们进行分级处理、分级销售。目前，沱沱工社的商品标准化程度已经达到100%。

⑧产品损耗降低保证质量。2012年，沱沱工社的月损耗率为34%。造成这些损耗的原因很好被归类，主要有四个：一是由商品周转慢导致的存货损耗，二是由配送不得当引起的损耗；三是陈列和消费者需求不符造成的收货损耗；四是由非标准化导致的生产损耗。前三种损耗也是众多生鲜电子商务的共同困扰，第四种损耗则是因涉及农场端生产而导致的。这四个损耗的优化难度是递减的，沱沱工社通过标准化来降低生产损耗，通过完善商品描述来减少退换货，通过商品包装改造和温控设备改造来减少配送损耗，最难的是解决存货损耗问题。因为订单数和会员数不足，很难判断每个商品的周转率。因此，沱沱工社决定引入零售业的考核模式，提升系统的监控能力，比如要求叶菜在三天之内必须周转完，当叶菜销售到1.5天还有剩余时，生产团队就不允许再出菜了，营销团队则用促销的方式卖掉。沱沱的经验是：通过零售业的管控+保存设备的提升+配送设备的提升来降低损耗。

损耗的降低还依赖于经验积累和设备的提升。肉类分割是沱沱工社颇引以为傲的一个方面。最初它做得并不好，损耗率很高，现在，在沱沱工社，每个部位怎么分割都有详尽的培训手册。随着人员操作方式和设备的改进，这部分的损耗率大为降低。

目前，沱沱工社的损耗率已从之前的34%降到了1.75%以下。

（2）盈利模式。

①沱沱工社创始人董敏女士说："沱沱始终关注的是消费者需求，对我们来说，唯一成功的途径就是赢得消费者的满意和尊重。"对此，沱沱工社坚持对消费者的网络采购行为进行统计和分析，为消费者挖掘美味的高品质稀缺商品。

②目前，除了蔬菜、肉禽等食品由沱沱工社自己的农场供应以外，一些有机食品采用的是对外采购的方式。为此，沱沱工社严格挑选了一些产品可靠、有技术保障的供应商。例如，沱沱工社销售的深海鱼产品都是进口的，因为国外的海捕技术可以保证深海鱼瞬间冷冻到-60℃，从而保证了深海鱼类的新鲜和营养。沱沱工社采用的第一部分种植技术如图9-5所示。

③打造国内首个有机农业电子商务企业全产业链。

④参与促销活动，如限时促销。

图 9－5　种植技术

⑤实行宅配卡，有沱沱工社蔬菜宅配 A 卡、沱沱工社蔬菜宅配 B 卡、沱沱工社宅配 C 卡等。如图 9－6 所示。

沱沱工社蔬菜宅配 **A** 卡 — 10 种 10 斤

卡　型	配送次数	价格（元）
月　卡	4	668
季　卡	13	1880
半年卡	26	3580
年　卡	52	6880

沱沱工社蔬菜宅配 **B** 卡 — 6 种 6 斤

卡　型	配送次数	价格（元）
月　卡	4	400
季　卡	13	1280
半年卡	26	2500
年　卡	52	4980

注：常规情况为每周配送一次，如有需要也可每周多次配送提前用完或延期。蔬菜品种随时令调整，请以实物为准。

图 9－6　沱沱工社蔬菜宅配卡

⑥获得一些加盟收入。

9.5.3　经验及总结

沱沱工社以全产业链模式打造农业电子商务新拐点。全产业链模式保证了沱沱工社的产品品质和消费者体验。以一个新鲜的西红柿为例，从采摘到送达客户手中，须经历 19 道程序。因为有机产品具有特殊性，所以从采摘入库到验收合格到发送配货到分包进入冷藏卡车，这一切需要非常快速的流程和低温环境。这整个流程，只有在沱沱工社的全产业链系统内才能够迅速完成，确保食品的新鲜和安全。

对此，业内专家指出，沱沱模式反映了中国电子商务企业在商业模式上的突破，首次改变国内外一贯的专卖店、连锁超市销售有机食品的模式，将

“网上有机食品超市”模式植入了中国。使得“按需采摘、农场直送、价格适中”的网上直供模式成为可能，而这种创新，将成为B2C电子商务领域混战之后的新拐点。

但是生鲜领域被称为电子商务企业的最后一片蓝海。在生鲜电子商务行业高利润的驱动下，诸多企业和资本不断进入，但受高成本、地域、人群、品类的限制，很多生鲜电子商务网站发展举步维艰。高损耗、高配送成本，往往让生鲜电子商务企业不堪重负。尽管沱沱工社在生鲜行业做得风生水起，但它用了7年的时间、投入一亿多元的资金才换来现在的运营成果。生鲜产品从田间到餐桌的产业链较长，时间跨度大，很难保证新鲜度。生鲜产品受环境、温度因素影响较大，对储藏、运输要求非常高，而物流不完善、成本高正是电子商务企业涉足生鲜的最大困难。

生鲜电子商务企业在发展的过程中应根据自身情况制定相应的发展策略，采取宜深不宜广的模式，先做好深度，再求规模。强大的供应链，无可替代的有机产品，自有农场的生态机制，仓储物流的绝佳优势，都是生鲜电子商务企业发展良好的条件。目前国内食品安全是一个很大的问题，唯有提升生鲜产品的品质，才能获得消费者的青睐，占领市场。

9.6 基于DEA方法的生鲜电子商务效率评价研究

9.6.1 农产品生鲜电子商务企业发展的现状

自2012年顺丰优选、本来生活、京东生鲜上线，标志着中国进入生鲜电子商务企业元年。目前国内的生鲜电子商务企业主要分以下四类。

9.6.1.1 平台型生鲜电子商务企业

平台型生鲜电子商务企业利用用户流量较大的知名电子商务平台来销售生鲜产品。平台企业只负责商品的网上交易组织，入驻厂商自行实施产品的配送和服务。以京东生鲜为例，其在目前的生鲜电子商务市场上处于领先地位，具有流量大、产品全、用户习惯好等优点，但也存在着竞争压力和信任风险。

9.6.1.2 物流型生鲜电子商务企业

物流型生鲜电子商务企业主要依托物流体系的优势发展生鲜产品冷链配送，有自己的冷链物流配送体系。例如，顺丰优选作为以物流起家的电子商务企业，强大的物流优势使其在同行业竞争中占据领先地位。但该类电子商务企业在生鲜平台建设前期及推广方面需要花费大量的费用。

9.6.1.3 实体供应型生鲜电子商务企业

实体供应型电子商务企业通常是借助线下的生鲜食品公司或门店，依托线下开展生鲜电子商务业务。这些电子商务企业充分利用线下资源优势，产品价格比较低，线下品牌的影响力也会作用于线上的经营。例如，盒马鲜生依托门店优势，开展电子商务订货。

9.6.1.4 垂直型生鲜电子商务企业

垂直型生鲜电子商务企业大多拥有自己的生产基地，企业自行采购，并在一定区域内进行配送。以沱沱工社为例，企业销售产品质量高、有品质保证。但由于高端消费者数量有限，如何精准定位成了主要难题。

9.6.2 生鲜电子商务企业效率评价的意义

在众多互联网 + 的应用中，生鲜电子商务企业近些年来增长最为迅猛。全球著名的市场调研公司尼尔森预测，未来中国的生鲜电子商务市场将会迎来爆发性增长，有望在 2018 年突破 1 500 亿元。生鲜类的食品对于物流配送要求极高，既要保持食品的新鲜，又要保证到达的速度，而生鲜电子商务企业却面临着综合效率低，缺乏相应经营效率评价的问题。虽然对生鲜电子商务企业的关注度和热度近年来一直很高，但是评价生鲜电子商务企业效率的文章还比较少，建立生鲜电子商务评价指标体系和对主要电子商务企业做出评价既有理论价值又有实际意义。

9.6.2.1 建立生鲜电子商务企业效率评价指标体系

现有的关于生鲜电子商务的文献主要集中于生鲜电子商务企业发展、现状、模式的探讨以及冷链存在的问题及优化等，我们通过阅读相关文献以及查阅网上资料、咨询专家构建了针对生鲜电子商务企业效率评价的指标体系。该指标体系包括更符合生鲜电子商务企业特点的投入和产出指标，从而使指标体系更

加客观。

9.6.2.2　对主要生鲜电子商务企业进行实证分析

我们列举了5家国内较为知名的电子商务企业，通过DEA对其进行效率分析评价，进一步对效率较高的企业在投入资源和扩大规模方面提出指导和建议，对效率不好的企业进行分析，提出相应的改进意见和建议。

9.6.3　效率评价指标体系分析

9.6.3.1　效率评价指标体系研究

在生鲜农产品交易过程中，包含对生鲜农产品的加工生产、运输配送等诸多环节，各个环节对冷藏、冷链等都有很高的要求。影响生鲜电子商务平台运行效率的因素很多。生鲜电子商务企业关心的是怎么能够以更少的投入获得更大的产出。采用科学的视角对生鲜电子商务企业的效率进行评价，能够准确而又科学地发现我国生鲜电子商务企业存在的问题。我们首先要对其投入和产出的指标进行分析。

我们总结了近年来专家学者使用DEA方法评价效率，尤其是生鲜电子商务企业效率时，建立的指标评价体系，如表9-2所示。

表9-2　DEA指标评价体系分析

作　　者	题　　目	投入指标	产出指标
马秋艳	河南省生鲜农产品冷链物流发展问题研究	物业从业人员，信息化等固定资产投资额，冷藏、冷冻库总数，冷链物流运输成本，政府投资额	生鲜农产品货运量，生鲜农产品周转总量，利润总额
戴丹，董学勤	基于DEA的生鲜农产品物流效率评价研究以杭州市为例	物流成本，信息化投入比率，员工数量，生鲜农产品平均单位流通时间	净利润，仓库利用率，配送准时度，客户满意度
蔡丰	基于DEA的我国上市物流企业运营绩效评价研究	固定资产净额，应付员工薪酬本期增额，员工人数，营业总成本	营业收入，营业利润，净利润
王家旭	我国农产品流通体系效率评价与优化路径	农村农产品流通相关资本存量和农产品流通人力资本投入量	农村农产品流通量

续表

作　　者	题　　目	投入指标	产出指标
李琳	鲜活农产品流通模式与流通效率研究	物流成本，交易成本，流通时间	产量柔性，销售额净利润，顾客满意度
张宝友	基于 AHP/DEA 模型的上市物流公司绩效评价	职工人数、总资产、主营业务成本和行业相对竞争力	净利润和主营业务收入
Amer Hamdan, K. J.（Jamie）Rogers	Evaluating the efficiency of 3PL logistics operations	总劳动时间，仓库空间技术投资，材料处理设备（MHE）	生产能力，空间利用率，订单准时完成率

总结以上专家所采用的指标，投入指标大致可以分成三类，分别是运营规模、拥有支撑的物流设施数量和人员投入。

生鲜电子商务企业运营的主要目的就是生存和盈利，通俗地说就是要以最少的投入获得最大的产出，因此，在选取产出指标时需要谨慎，所选出的产出指标要尽可能地体现出企业的盈利能力。产出指标主要分成三类：财务指标、生产能力指标和客户服务。

9.6.3.2　效率评价指标体系的确定

根据对指标体系中各个指标的分析和指标选取原则，我们主要选取投入资本（亿美元）、冷链覆盖城市数和生鲜冷库数、物流专业人员总数等指标作为投入指标，选取营业收入（亿）、日均订单量、损耗率、交货准时率等作为评价指标体系的产出指标。具体指标体系如表 9－3 所示。

表 9－3　评价指标体系

指标分类	一级指标	二级指标	指标说明
投入指标	运营规模	投入资本（亿美元）	—
	支撑资产投入	冷链覆盖城市数	—
		生鲜冷库数	—
	人员投入	物流专业人员总数	—

续表

指标分类	一级指标	二级指标	指标说明
产出指标	财务指标	营业收入（亿）	—
	生产能力指标	日均订单量	—
		损耗率	生鲜产品损失的价值/生鲜产品的总价值
	客户服务	交货准时率	及时送达的次数/配送的总次数

9.6.4 效率评价指标案例数据及分析结果

9.6.4.1 效率评价指标案例数据

根据前面提到的生鲜电子商务企业的4种主要类型，选择了业内知名的5家代表性企业进行数据分析，企业1属于平台型电子商务企业，企业2属于物流型电子商务企业，企业3属于实体供应型电子商务企业，企业4和企业5属于垂直型电子商务企业。

根据对生鲜电子商务企业投入与产出指标的分析以及数据的可操作性和可得性，我们主要是以5个生鲜电子商务企业的发展情况作为研究对象进行对比分析。我们选取投入资本、冷链覆盖城市数、生鲜冷库总数、物流从业人数4个投入指标和营业收入、日平均订单量、损耗率和交货准时率4个产出指标，对5家典型生鲜电子商务企业2015年的相关数据进行分析研究。具体数据见表9-4。

表9-4 样本企业2015年投入产出数据

具体指标	企业1	企业2	企业3	企业4	企业5
投入资本（亿美元）	3	2.1	2.2	1	0.15
冷链覆盖城市数	120	237	335	60	45
生鲜冷库数	10	47	19	13	3
物流从业人数	300	900	800	2500	400
营业收入（亿美元）	9	20	30	12	1.4

续表

具体指标	企业 1	企业 2	企业 3	企业 4	企业 5
日平均订单量	8 000	5 000	6 500	3 000	10 000
损耗率（%）	9	7	12	2	5
交货准时率（%）	94.1	89.4	87.6	91.6	88.5

注：数据主要来源于中国电子商务研究中心、中国生鲜电子商务行业分析报告、百分点大数据等。

9.6.4.2 效率评价案例实证分析的结果

我们通过构建 DEA 模型指标体系和运用 DEA 分析软件（DEAP2.1 版），分别对所采集的指标数据进行计算，得到各生鲜电子商务企业的综合技术效率值、纯技术效率值和规模效率值，见表 9－5。

表 9－5 样本企业各效率值以及规模报酬情况

firm	crste	vrste	scale	规模收益趋势
企业 1	1.000	1.000	1.000	—
企业 2	0.481	1.000	0.481	Drs
企业 3	0.445	0.447	0.994	Drs
企业 4	0.633	0.705	0.898	Irs
企业 5	1.000	1.000	1.000	—
mean	0.712	0.830	0.875	—

注：crste 为不考虑规模收益时的技术效率（综合效率），vrste 为考虑规模收益时的技术效率（纯技术效率），scale 为考虑规模收益时的规模效率（规模效率），纯技术效率和规模效率是对综合效率的细分，最后一列 irs、－、drs 分别表示规模收益递增、不变、递减。

由表 9－5 可知，在所选的 5 家生鲜电子商务企业中，综合技术效率 DEA 有效的企业是企业 1 和企业 5，这两个企业都达到了纯技术有效和规模有效，也就是说它们相对其他样本企业的效率要高，投入产出较为匹配，如果扩大投入则可以较好地发挥经营优势，也说明平台型轻资产和垂直型优势电子商务企业效率较好。纯技术有效中非规模有效的企业数只有企业 2 一家，这说明企业虽然在资产、人员、薪酬、管理及其他投入等方面为 DEA 有效，但是在规模上并非有效，需要进一步扩大投入比例来达到规模有效，也说明物流

电子商务企业需要规模支撑相应成本。实体电子商务企业3由于经营成本相对较高，属于重资产，有待通过各种途径进一步改善。企业4和企业5均属于垂直电子商务，但效率有所不同，说明即使在相同模式下也会在经营和管理上存在差距。另外我们可以看到，企业2和企业3在规模收益趋势上都是递减的，这说明再投入资源，并不会带来相应的收益，反映出两家企业存在资源不合理的情况，因此先不要盲目扩张，应在合理优化资源配置上下功夫。

由于样本量较小，而且我们选取的是行业内知名且经营状况比较好的5家企业，其中只有2家达到了综合技术效率DEA有效，属于少数。由此可见我国生鲜电子商务企业整体状况不容乐观，效率比较低，且绩效差距在逐渐增大。

9.6.5 对生鲜电子商务企业的建议

9.6.5.1 调整企业规模，立足优化资源配置

我们研究的是生鲜电子商务企业经营绩效。绩效是投入和产出的比率，它反映了资源合理配置后的盈利情况。本研究中的非DEA有效的企业，尤其是物流电子商务企业代表企业2和实体供应型电子商务企业代表企业3，它们本质上要解决的问题就是资源配置问题。优化资源配置的途径很多，要了解自己为什么会在一些投入中出现冗余，不能盲目地扩张，要立足优化资源配置。

9.6.5.2 通过数据分析，提高用户黏性、精准度和客单价

深入地了解和分析用户，有助于产品的筛选以及营销渠道、营销内容、促销手段、定价的选择。基于用户洞察和生鲜规则的个性化推荐，精确投放产品，有助于提高用户忠诚度和客单价。2015年生鲜电子商务行业报告数据显示，女性购买常用食材的频次均高于男性，尤其是蔬菜、水果、酸奶。因此，在投放广告的过程中，可以增大女性用户所关注的常用食材的广告投放量，有利于提高顾客转化率。

9.6.5.3 完善冷链物流基础设施建设

大多数生鲜电子商务企业缺乏专业运输工具和农产品专用仓库、冷藏库、保鲜库等，这使得生鲜农产品在运输和仓储过程中损耗增加，提高了运输成

本，极大地阻碍了生鲜电子商务企业的发展。因此，各生鲜电子商务企业要转变思想观念，加强现代物流意识，必须加强冷链物流基础设施建设。政府部门应该制定农产品物流的相关扶持政策，加大冷链物流的资金投入力度，帮助生鲜电子商务企业发展。

9.6.5.4 打造专业的第三方冷链物流企业

并不是所有的企业都适合自建冷链物流，要充分发挥第三方专业冷链物流企业的作用，建立专业化和标准化的第三方冷链物流企业，让第三方物流企业将各环节连接起来。生鲜电子商务企业可以和其他企业以及第三方冷链物流企业建立战略同盟，共同分摊物流成本。

9.6.5.5 加强冷链物流方面的人才培养

通过对 5 家生鲜电子商务企业投入与产出之间的关系进行分析发现，由于生鲜产品保质期较短，所以对运输条件要求较高。冷链物流方面专业人才缺乏是阻碍生鲜农产品电子商务企业长远发展的主要原因，引进和培养人才是企业提高技术效率的关键。

除此之外，我们认为在实体零售业的生鲜超市及便利店不断升级改造的环境下，生鲜电子商务企业也可以像盒马鲜生那样选择走向线下，自建或者合作建立生鲜超市，利用电子商务企业商品品类多、覆盖面广的优势，克服物流配送时间长的缺陷，从而占有更多的市场份额。

10　北京市农产品 O2O 流通的发展趋势与建议

10.1　北京市人口疏解与销地批发市场及社区菜市场改造升级

10.1.1　北京市人口疏解现状

随着非首都功能疏解工作的稳步推进，北京人口规模调控取得积极进展，由人口疏解所带来的积极影响也正逐步显现。北京市统计局的数据显示，2016 年年末，北京市常住人口为 2 172.9 万人，与 2011 年相比增加 154.3 万人，同比增长 7.6%，由图 10－1 可以看出，自“十二五”以来，北京市实现了常住人口增量与增速持续下降。截至 2016 年年底，北京市常住人口增速已经接近于零，达到 0.1%。

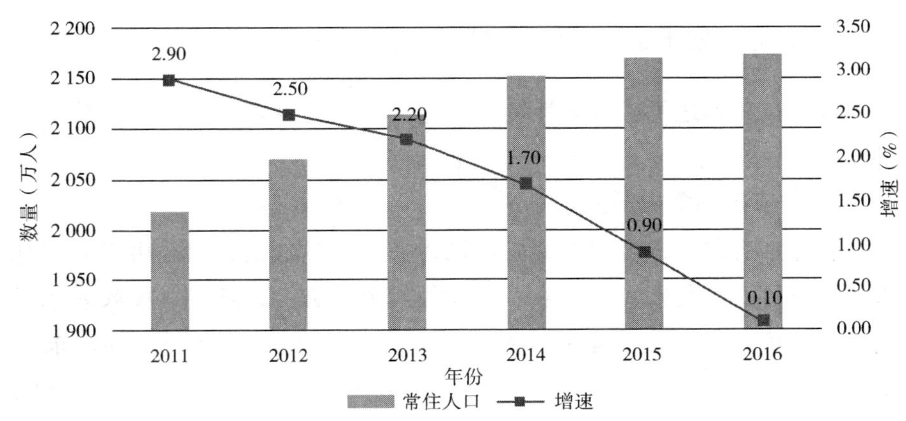

图 10－1　北京市常住人口数量及增速

另外，由图 10－2 可以看出，2016 年年末北京市常住外来人口为 807. 5 万人，比 2015 年减少 15. 1 万人，下降幅度为 1. 8%，常住外来人口总量首次出现负增长。由此可见，在常住人口增量增速“双下降”的同时，常住外来人口增长势头也得到有效抑制。

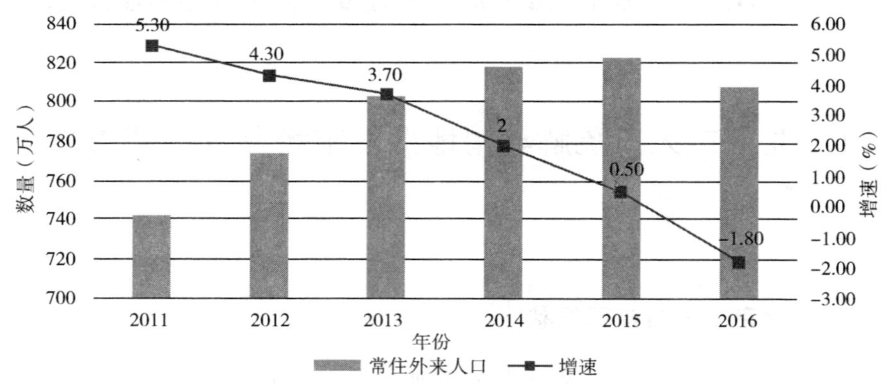

图 10－2　北京市常住外来人口数量及增速

除此之外，北京市东城区、西城区、朝阳区、海淀区、丰台区和石景山区城六区的常住人口也均呈现下降趋势。2016 年年末，城六区常住人口为 1 247. 5万人，比上年减少 35. 3 万人，下降 2. 8%，占全市常住人口的比重由 59. 1% 下降到 57. 4%。

10. 1. 2　销地批发市场及社区菜市场急需改造升级

除了人口疏解之外，区域性物流基地、区域性专业市场是功能疏解的重要内容。

10. 1. 2. 1　农产品需求量大

尽管北京市在人口疏解方面已经取得了一定的成效，但是由于人口基数过大，北京每天仍需要大量的农产品供给。另一方面，随着居民收入水平的提高，对于粮食的需求逐渐趋于稳定，对于蔬菜和禽蛋类食品的需求不断增加。

10. 1. 2. 2　现有销地批发市场和社区菜市场存在的问题

现有的传统销地批发市场及社区菜市场普遍存在经营方式落后、管理粗

放、设置简陋且土地使用率低等问题，另外，农产品批发市场的物流运作需要占用周边的公共资源，导致周边经常出现物流、人流集中，客运、货运交织融合的现象，拥堵严重，降低了物流运作效率，提高了运营成本。显然，现有的销地批发市场和社区菜市场是难以匹配的。

因此，如何促进北京市销地批发市场和社区菜市场改造升级，使其既能满足城市居民的基本生活服务需求，又符合国家关于非首都功能疏解的相关政策，是目前面临的首要难题。

10.1.3 销地批发市场和社区菜市场改造案例

目前有一些批发市场做出了一些积极的尝试。以新发地批发市场为例，它最引人注目的改造工程将于2018年年底竣工，这是新发地提档升级中的超级工程，即建造蔬菜交易大楼。交易大楼占地面积约为2.65万平方米，总建筑面积约17.39万平方米。交易大楼为地下二层、地上三层的建筑，其中一层、二层、三层、地下一层为展示、展销交易中心，地下二层为停车区。交易大楼竣工投入使用后，将实现电子商务、展示展销、试点拍卖、统一结算等先进运营模式，彻底改变目前露天市场“三现”（现金、现货、现场）的传统交易模式。

届时，将腾出约67万平方米建成绿化公园。这是大都市发展的必然要求，也是农产品物流园区全面转型、提档升级的具体体现。届时，新发地批发市场将成为一个集农产品交易、商务、会展、观光旅游、特色小镇于一体的花园式农产品园区。新发地批发市场一方面就地提档升级，加紧建设，完善各项主题系统和配套软硬件；另一方面正紧锣密鼓地在首都布局菜篮子配送系统。图10－3为新发地物流园及社区便民菜店。

另外，新发地批发市场已经在河北高碑店开发建设新发地农产品物流园，北京新发地市场的仓储、库房、净菜加工等功能将转移到高碑店，每年可减少565万次物流车辆进京，可疏解北京相关从业人口30万人。

由此可见，大型农产品批发市场的转型升级有物流园外迁和在社区驻点的趋势。这种转型有利于自身经营管理，提高经营效率，能更好地满足北京市居民对于农产品的需求。另外，具有仓储功能的物流园外迁，进一步缓解

图 10－3　新发地物流园及社区便民菜店

了北京市人口和交通压力，一定程度上达到了疏解人口的目的。

10.2　消费者不断提升的消费和服务需求

10.2.1　居民收入稳步增长，消费进一步改善

近年来，随着经济的高速发展，居民生活水平稳步提高。国家统计局的数据显示，2016 年，全国居民人均可支配收入为 23 821 元，比 2015 年增长 8.4%。居民收入逐渐呈现如下几个特征。

10.2.1.1　农村居民收入增长继续快于城镇居民

由图 10－4 可以看出，目前我国居民人均可支配收入已进入平稳增长阶段。以 2016 年为例，2016 年城镇居民人均可支配收入 33 616 元，相比 2015 年增长 7.8%；农村居民人均可支配收入 12 363 元，增长 8.2%。农村居民人均收入增速高于城镇居民 0.4 个百分点。城镇居民与农村居民之间的差距逐渐缩小。

10.2.1.2　城乡居民消费平稳增长

2016 年，城镇居民人均消费支出 23 079 元，相比 2015 年增长 7.9%；农村居民人均消费支出 10 130 元，增长 9.8%。农村居民人均消费增速高于城镇居民人均消费支出达到 1.9 个百分点。

10.2.1.3　恩格尔系数继续下降，与个人发展和享受相关的支出增长迅猛

随着人均可支配收入的逐渐增多，人们越来越注重消费结构的改善。以

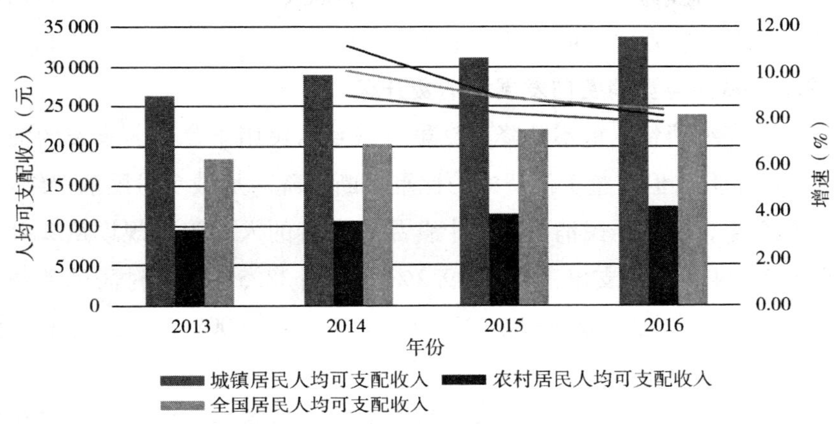

图 10－4　2013—2016 居民人均可支配收入情况及增速

2016 年为例，全国居民人均食品烟酒消费支出增长 7.0%，占消费支出的比重为 30.1%，比上年回落 0.5 个百分点。其中，城镇居民和农村居民的食品烟酒消费支出比重分别为 29.3% 和 32.2%，分别比上年下降 0.4 和 0.8 个百分点；全国居民人均衣着支出增长 3.3%，在消费支出中的比重为 7.0%，比上年下降 0.4 个百分点。与之相对应，居民人均居住、用品及服务、医疗保健、交通通信支出分别增长 9.6%、9.7%、12.3% 和 12.0%，增速比上年提高 2.8、2.8、0.8 和 0.4 个百分点，人均文化教育支出也保持了 11.2% 的较快增长。更进一步看，体育健身活动支出增长 13.7%，购买化妆品等个人用品的支出增长 16.8%，美容美发洗浴支出增长 12.2%，购买汽车等交通工具支出增长 19.8%。居民也更加乐于购买社会化服务，居民人均用于家政服务的支出增长 24.7%，居民人均用于旅馆住宿的支出增长 11.7%。由此可见，国内居民物质性消费需求逐渐趋于稳定，服务型消费支出不断增长。

10.2.2　消费结构升级的主要特征

我国已进入大众消费的新时代，大众需求、平民消费成为这个时代最为突出的特点。城乡居民的物质型消费需求基本得到满足，服务型消费需求不断增长。

与过去消费结构相比，我国城乡居民消费结构正在由生存型消费向发展型消费升级、由物质型消费向服务型消费升级、由传统消费向新型消费升级，并且这一升级的趋势越来越明显，速度越来越快。

10.2.2.1 从生存型消费向发展型消费升级

（1）生存型消费比重不断降低。虽然城乡居民用于食品、衣着的消费支出规模不断上升，但在整个消费中的比重不断下降。从城乡居民消费结构看，2000—2015 年，城镇居民消费支出中食品和衣着的人均消费规模从 2 458.77 元提高到 7 124.4 元，支出占比从 49.2% 下降到 38.5%；农村居民消费支出中食品和衣着的人均消费规模从 916.47 元提高到 3 008.2 元，支出占比从 54.9% 下降到 40.2%。

（2）发展型消费持续增长。我国城乡居民的发展型消费需求不仅在规模上持续提升，而且在消费总支出中的比重不断上升。以医疗保健、交通通信和文教娱乐三项支出的变化为例。不考虑价格因素，2016 年，我国城乡居民人均消费支出年均增长分别为 7.9% 和 9.8%，其中，医疗保健、交通通信和文教娱乐三项支出的年均增速分别达到 12.3%、12.0% 和 11.2%，普遍高出人均可支配收入的增速。

10.2.2.2 从物质型消费向服务型消费升级

在经过了“井喷式”的消费扩张后，城镇居民家庭的“大件”基本普及，农村居民家庭“大件”普及度也明显提高。例如，2015 年城镇居民每百户家庭拥有 114.6 台空调、78.5 台电脑，农村居民每百户拥有移动电话达到 226.1 部。对大多数家庭而言，耐用消费品支出已不再构成主要的支出压力，以前流行的家庭“三大件”基本上淡出了消费领域。伴随而来的是，服务型消费需求快速增长。

10.2.2.3 从传统消费向新型消费升级

（1）传统消费热点持续降温。随着城乡居民消费结构的升级，传统零售业增速放缓，传统支柱型消费进入低迷期。据统计，2016 年全国重点大型零售企业实现零售额同比下降 0.5%，增幅较上年放缓 0.4 个百分点，继 2015 年之后，连续第二年出现负增长。

（2）新消费群体不断扩大。新型消费热点层出不穷，主要源于新消费群体的持续扩大。如今，80 后、90 后已成为社会的中坚力量和最重要的消费主

体，这一群体更加注重消费体验、消费个性化和消费者主权的维护。新消费群体追求时尚、品牌与品质，更新换代很快，并不局限于商品使用价值的耗尽。

10.2.3 现存问题

10.2.3.1 消费供给的严重短缺成为消费释放的突出矛盾

从现实情况看，“有需求而缺供给”成为我国消费需求释放面临的主要问题。以北京市为例，北京市每年农产品的产需缺口非常大。就2015年的情况来说，北京市农作物种植面积是17.7万公顷，全国农作物种植面积是16 637.4万公顷，北京市农作物种植面积仅占全国农作物种植面积的0.11%，但北京市常住人口数量却约占全国总人口的1.58%，因此，北京市人均农作物种植面积不足全国的1/10。

10.2.3.2 消费环境因素制约消费需求释放

传统农产品批发市场由于管理粗放，设施简陋，难免给人以“脏”“乱”“差”的印象。再加上近年来重大消费安全事件频发，严重加剧了国内居民对食品的信任危机，一定程度上限制了消费者的购买欲望。

10.3 发展社区商业的趋势

10.3.1 社区商业相关政策

从上述分析我们可以看出，原有的销地批发市场和社区菜市场已经不能满足城市建设需求，需要继续改造升级，再加上近几年来社区商业成为带动消费的排头兵，业界也一致认为社区商业是商业未来的一个重要发展方向，有着巨大的成长空间。更重要的是，近距离接近社区居民的社区商业也是一项民生工程，是便民服务的重要载体。全国各地商务主管部门都在积极推进便民社区商业的发展，北京市商务委更是全力推进该项工作。众所周知，北京发展和提升社区商业还有一个特殊背景——疏解非首都功能。一些传统的农贸批发市场被疏解后，自然需要具备生活配套服务功能的商业服务来满足居民的日常生活需求，这就是社区商业。

北京市商务委大力推进社区商业的发展，提出新增为民办实事便民商业网点1 000个左右，其中，新建和规范提升200个蔬菜零售网点、200家连锁便利店，生活性服务业网点的连锁化率计划提高3个百分点左右。

10. 3. 2　社区商业现有痛点

10. 3. 2. 1　消费渠道单一与多渠道消费需求矛盾

互联网发展至今，可供消费者选择的购物渠道空前增多。消费者不仅可以去实体店购买，还可以在网上商城购买，甚至可以随时随地在智能手机、平板电脑等移动终端上购买。很多消费者往往会采用不止一个渠道，所以任何一个被独立分隔开的渠道已经无法满足消费者的需求了。由此可见，要满足消费者需求，首要的工作就是满足他们跨渠道购物的需求。零售企业要布局全渠道，通过全渠道建设，打通消费者接触点，让消费者突破时间和空间的限制，享受便捷的购物体验。

10. 3. 2. 2　单一销售商品与多元化服务需求的矛盾

品类全面、价格低廉且方便快捷的网购的兴起，使实体零售行业受到严重冲击，以销售商品为主要功能的实体零售商已经难以满足社区消费者的购买与体验需求。社区消费者希望在一个架构下实现购物、缴费、快递收发等功能，实现真正足不出户。因此，在社区商业区，零售企业推出合适的产品，在支付方式、配送服务等方面全面适应消费者的需求，才是求胜之道。

10. 3. 2. 3　上涨的租金、人工费与稀薄利润的矛盾

近年来房地产价格上涨、人工成本上升等，导致零售企业面临巨大成本压力。从租金成本看，房地产价格上涨推涨商业地产租金，一线城市表现尤为明显。据统计，北京市近几年商铺租金连年上涨（见图10－5），2014年商铺平均租金为841. 0元/月·平方米，2015年为846. 7元/月·平方米，2016年上涨到860. 9元/月·平方米。此外，人工成本、商业用电成本等均是零售企业成本增加利润压缩的重要影响因素。

10. 3. 2. 4　社区老龄化与互联网应用矛盾

据统计，截至2016年6月，中国网民规模达7. 10亿，手机网民规模达

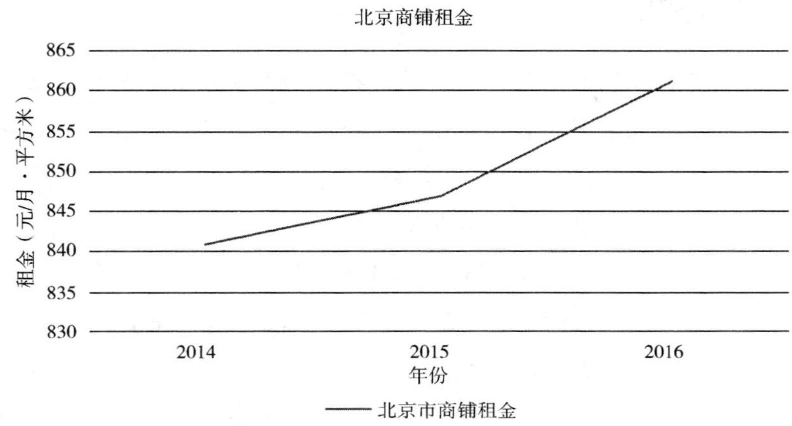

图 10－5　北京市 2014—2016 年商铺租金折线图

6.56 亿。我国网民以 10～39 岁群体为主，占整体的 74.7%。可见，在网络上最为活跃的是青少年。对于广大老年人来说，“互联网”似乎仍旧是一个遥不可及的中国人口老龄化进入快速发展期，据统计，截至 2014 年年底，中国 60 岁以上老年人口已经达到 2.12 亿，占总人口的 15.5%。老年人是一个非常庞大的群体，社区商业线上零售如何在老年群体进行推广，无疑是发展社区商业的一个重大挑战。

10.3.2.5　网上即买即得商品与物流时间的矛盾

当前我国零售业物流配送行业受信息化程度低、管理水平欠缺、专业人才匮乏等因素的限制，总体上还是缺乏统一的现代化配送体系。特别是在配送速度上无法满足当前消费者即买即得的需求。

10.3.2.6　互联网技术应用与投入成本的矛盾

在全渠道的发展形势下，互联网不再是简单的销售渠道，而是与顾客沟通的营销渠道和工具。零售商通过全渠道建立全新的顾客关系，开展精准的营销活动，形成互联网架构下的新商业模式。传统零售商“触网”，意在降低成本，提升效益，然而，当下互联网营销成本越来越高，其中，互联网人力成本、营销推广成本呈现逐年增高态势，并且整个营销运营成本呈上升趋势，获得效益呈下降态势。这无疑加大了传统零售商“触网”的难度。

10.3.3 发展方向

社区商业拥有优越的地理位置，是最接近消费者的商业形式。大中型超市在区域中的品牌知名度、客户影响力、资源调配能力，在社区商业中起到关键的支持作用。未来社区商业发展必然呈现以下特点。

10.3.3.1 社区商业线上线下融合创新发展

商务部2015年10月26日发布《关于加快居民生活服务业线上线下融合创新发展的实施意见》，提出要“重点发展大众化餐饮、住宿、家政、洗染、维修等居民生活服务业态的线上线下创新与转型，着力发展面向老年人的订餐、家政、咨询等上门服务”。随后又发布《关于加快发展生活性服务业促进消费结构升级的指导意见》，明确了今后一个时期，将重点发展家庭、健康、养老、旅游等生活性服务领域，这些都将极大促进我国生活服务业的发展。社区商业具有天然的地理位置优势。事实上，线上线下与居民生活服务业的融合创新正不断涌现，社区商业或将成为破解城市配送难题的突破口，使现有模式更加完善。

10.3.3.2 “社区商业+互联网”模式逐步成熟

互联网技术特别是互联网移动终端（如平板电脑、手机APP等）的推广普及，让社区居民的消费习惯逐步从以往的“自己到店”向“货品、服务到家”转变，以市场需求为导向，很多企业都以各个社区为服务圈，以移动终端和连锁店为服务载体，逐步实现“线上社区+线下配送”的商业模式。通过综合平台为社区用户提供包括购物、餐饮、家政等在内的全方位社区服务。用户可通过平台及时获取各种社区服务信息，通过物流享受商品送货上门的便捷服务，通过线上下单、线上支付获得多样与便捷的购买与支付体验。

10.3.3.3 社区商业新业态不断涌现

随着居民收入水平的提升和对消费便利性的追求，社区商业空间载体也将从目前小型、零散商铺为主的住宅底商向商店相对集中、消费档次较高、能提供品类更为丰富的“一站式”商业中心形态转变，如社区型迷你购物中心、社交体验中心等。此外，社区商业除了满足日常消费需求外，还将成为人们日常生活服务的提供者。商务部于2015年起实施“居民生活服务业转型

发展”行动计划，推动在有条件的中心城市探索建设社区便民生活综合服务中心，促进社区商业向文化服务、养老服务业态延伸。社区商业将逐步演变成居民家门口的综合服务和社交的重要载体，最终形成植根于社区的消费生态圈。

10.3.3.4 业态跨界组合导致社区商业功能多元化

社区商业需满足居民各类日常消费需求，虽单笔消费金额小但业种业态要做到“大而全”，商家也需要提供足够丰富的品牌种类以满足消费者的多品牌偏好。随着社区商业的发展，单一形态的商业网点将逐渐被市场淘汰，取而代之的是业态更为综合、跨界经营的布局。例如，社区便利店、超市可以提供传真打印、物品寄存、快递收发、手机充值、网购体验、广告营销等增值服务，便利店可以提供物品寄存、快递收发、健康咨询等生活服务。

10.3.3.5 社区商业向标准化集约化发展

未来社区商业的发展将以大中型超市为切入点，整合社区服务提供商、物流配送等资源，利用社区超市，便利店的便民性，打通“线下”与“线上”，升级改造实体门店，为社区住户提供全方位综合服务，形成“实体零售业＋互联网”相结合的新型零售业模式，最终构建全国范围内的快消品全渠道互联网平台。

10.4 “新零售”的启示与新社区商业

10.4.1 新零售的启示

10.4.1.1 新零售的崛起

在 2016 年 10 月的阿里云栖大会上，马云在演讲中第一次提出“新零售”的概念，他认为未来的新零售，就是线上、线下、物流、数据、技术的完美结合，会影响到城市的各行各业。

10.4.1.2 互联网对实体零售的渗透

近几年，互联网企业从未停止在商超领域的探索，特别是在马云提出“新零售”概念之后，各大互联网巨头开始了对实体零售业的渗透。

阿里巴巴将2017年定为“新零售元年”。截至目前，阿里巴巴投资布局了包括银泰、百联、三江等公司在内的数十个项目。

面对阿里对新零售的强势出击，另两个互联网企业腾讯和京东的关系似乎变得更密切了。2016年腾讯投资京东成为京东第一大股东，京东也开始渗透线下实体零售，布局与山西唐久便利合作、入股永辉、自主开店等项目。各互联网企业实体零售布局时间轴如图10-6所示。

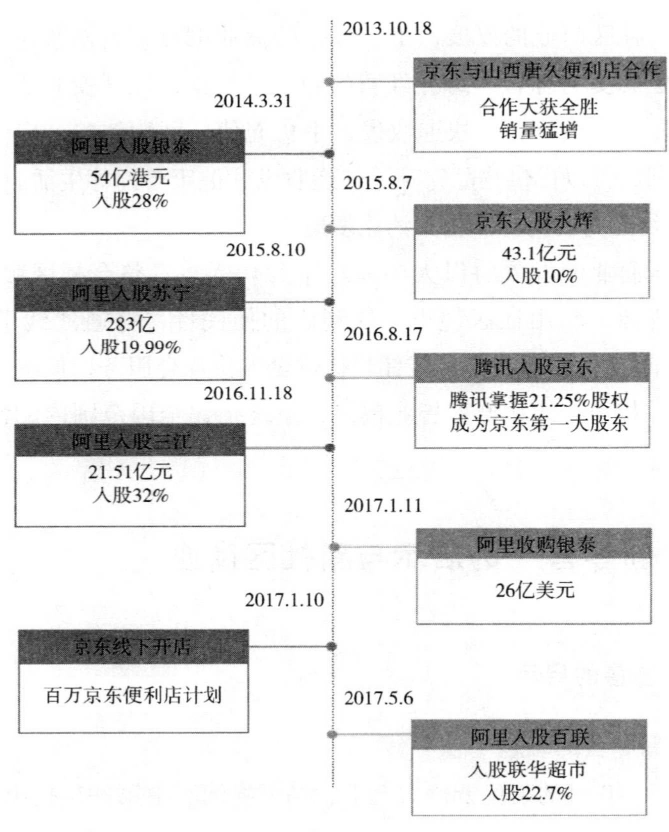

图10-6 互联网企业实体零售布局时间轴

10.4.1.3 新零售来了

互联网企业线下布局进行得如火如荼。它们开创的新零售模式作为线上向线下融合的模板可以给未来零售业发展方向带来哪些启示？以下具体分析

几种互联网企业新零售模式。

（1）京东百万便利店。2017 年 4 月，刘强东宣布，未来五年，京东将在全国开设超过一百万家京东便利店（如图 10－7 所示），其中一半在农村。

图 10－7　京东便利店

（2）永辉超级物种。超级物种（见图 10－8）作为永辉主打的“未来超市＋餐饮”业态，在 2017 年横空出世，这也是永辉继红标店、绿标店、精标店、会员店之后的第五个业态，同时也被业内认为是对应盒马鲜生的物种。2017 年元旦当天，永辉超级物种首店福州温泉店开业，营业面积约 500 平方米，选址在福州市鼓楼区温泉公园西门，融合永辉孵化的 8 个产物：鲑鱼工坊、波龙工坊、盒牛工坊、麦子工坊、咏悦汇、生活厨房、健康生活有机馆和静候花开花艺馆。永辉将鲑鱼工坊作为试水之作投入市场后，相继开出 8 家店，既有类似于福州东二环泰禾广场店的“爆款”门店，也存在因为选址等问题业绩不够理想的门店。可见，在线上线下融合的道路上，永辉处于起步阶段，也正在探索更好的解决方案。

（3）阿里盒马鲜生。阿里集团在线下领域谋划已久，寄希望通过某种方式更直接地掌控线下零售。盒马鲜生被认为是爱力集团试水线下零售并开拓传统模式的先驱部队。盒马鲜生线下门店（见图 10－9）和线上 APP 深度融合，生鲜商品标准化，信息系统重新开发，系统管理线下门店的同时充分支持线上订单的拣货和配送。盒马鲜生以“生鲜电子商务”为切入口，通过 APP 和线下门店覆盖生鲜食品和餐饮服务。目前，盒马鲜生已拥有在建及营

图 10-8　永辉超级物种 logo 和门店

业门店共计 14 家。但是 2017 年上半年，盒马鲜生仅有宁波甬江店 1 家门店开业，北京十里堡店因故推迟了三个月才开业。盒马鲜生的扩张之旅似乎不那么顺利。

图 10-9　阿里盒马鲜生 logo 和门店

（4）阿里无人超市。2017 年 7 月 9 日，阿里首家无人商店“淘咖啡”在杭州开业迎客（见图 10-10）。顾客第一次进店时，打开淘宝，扫门口的二维码进店。进店后，全程无须再用到手机。商店分超市区和餐饮点单区。在点单区点好单，只要在屏幕下方站着，头顶就会显示取餐号码和剩余时间。在超市区，和在普通超市一样，顾客可以拿起任何一件商品，离开店铺时会自动付款。这种依赖高科技技术的新模式店铺，噱头十足，一开张就引起社会各界的关注。

电子商务企业积极寻求线上到线下融合的模式，进行新零售的探索。但上述几种新零售模式可以完全适应当前零售业现状吗？是当下可以大规模复

图 10－10 淘咖啡无人商店 logo 及门店

制的线上线下融合的解决方案吗？答案似乎需要进一步思考。

10.4.1.4 几种新零售模式对比

在当前零售行业线上线下融合大势的环境下，阿里的盒马鲜生、永辉的超级物种、京东的百万便利店以及无人商店已经进行新零售模式的探索，通过打通线上线下全渠道购买模式，完成互联网架构支撑运营的消费闭环。这几种不同的新零售模式的探索究竟有何异同，四家新零售模式对比分析如表 10－1 所示。新零售模式现场见图 10－11。

表 10－1 新零售模式对比

对比分析	超级物种	盒马鲜生	京东百万便利店	无人商店
模式	餐饮＋零售 门店以提供优质餐饮服务和线下零售为主，线上为辅	线上＋线下＋餐饮 线下门店集合了超市卖场、餐饮、仓储、分拣等功能	线上＋线下＋零售 主要面向小城市及农村，以加盟方式对夫妻店进行改造，统一配货管理	线上＋线下＋零售 基于数字化、智能化技术的线下无人门店，总部统一配货管理
单店面积	500 平方米	3 000 － 7 000 平方米	100 平方米夫妻店	20 平方米
线上业务占比	约 10%	约 50%	约 10%	约 50%
APP	永辉生活	盒马	掌上宝	微信小程序
运营模式	合伙人模式	统一自营	加盟	自营

续表

对比分析	超级物种	盒马鲜生	京东百万便利店	无人商店
配送速度	物流建设规划中，配送距离短，时间较慢	5 公里半小时送达	采购配送由京东自建物流完成，效率较高	移动式商店，无配送功能
支付方式	现金、银行卡、微信支付宝扫码支付	支付宝为主、现金为辅	现金、银行卡、微信支付宝扫码支付	手机扫码支付

图 10－11　新零售模式现场图

（1）盒马鲜生。互联网架构支撑下运营，线上模式获得关注。

首先，支付宝打通互联网架构数据闭环。盒马背靠电子商务企业巨头阿里，依托支付宝用户基础及支付方式的天然壁垒，形成消费数据闭环，打造颇具特色的线上线下同步的互联网架构下全渠道运营模式，线上业务如火如荼，销量近 50%，模式日臻成熟。

其次，门店布局新颖，集前置仓、线下体验、线上展示等功能于一体。门店为库存的前置仓，店内有 300 平方米合流区，运用智能传送带等物流技

术，前场的营运和后场的物流完美结合，强化购物体验，提升物流配送效率。

最后，采取自营物流团队。盒马的创始人为有着 20 多年物流从业经验的原京东物流总监侯毅，其一手打造的自营物流团队集自动化运输设备、智能化物流传送体系、扁平化散射状配送模式于一身，确保 5 公里以内下单 30 分钟内送达。

盒马已在新零售道路上迈出了实质性步伐，实现了从 0 到 1 的突破，未来关键在于如何快速跨区域复制，最终实现从 1 到 N。一旦扩张成功，或可真正颠覆传统商业。

盒马鲜生新零售模式如图 10－12 所示。

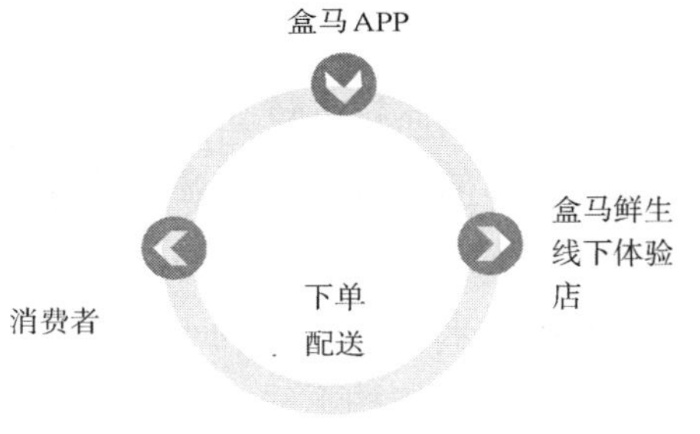

图 10－12　盒马鲜生新零售模式

（2）超级物种。供应链占优，运营能力突出，打造体验式业态综合体。

首先，依托永辉出色的供应链管理体系，联合京东强化物流配送。永辉是生鲜零售业龙头，其生鲜销售额占比及毛利率均处于行业领先地位。永辉深耕供应链管理，具备供应链整合能力和强大的买手团队。

依托永辉深度供应链管理优势，超级物种活鲜供应周期相对行业较短，大规模供应降低了附加成本，同时保证了食材的新鲜安全和高性价比。超级物种利用京东平台优势，强化线上线下融合。

其次，独立团队，自负盈亏，合伙人模式有效激励。永辉扮演孵化者，每个品牌店背后都有相对独立的运营团队，并自负盈亏。团队的员工考核通过即可晋升合伙人，合伙人可以分走品牌店相应比例的利润。利润分成的激励带动员工积极性，助力超级物种各品牌店的业绩提升。

最后，线下体验优势突出。四大工坊主题鲜明，各具特色，主打食材体验，优质的供应链、突出的品牌效应、消费的精品化满足不同消费者“食”的极致需求。咏悦汇、生活厨房、健康生活有机馆、静候花开花艺馆等则主要满足消费者“乐”的需求。超级物种的消费模式完全由消费者主导，线下体验更加到位。

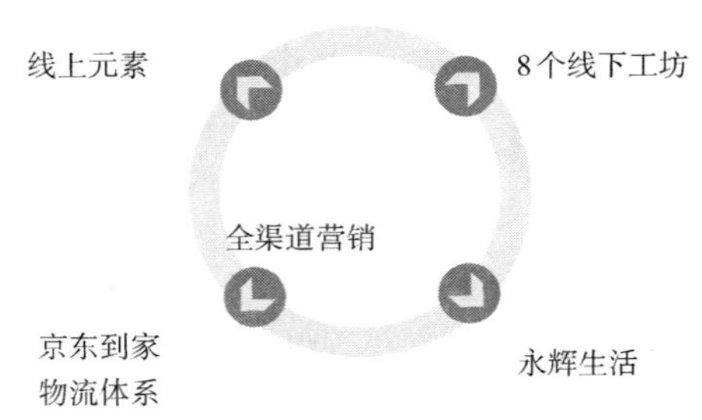

图 10－13　超级物种新零售模式

超级物种新零售模式如图 10－13 所示。

10.4.1.5　几种模式带来的启示

在新零售快速发展的当下，互联网企业与零售巨头似乎如鱼得水，进军新零售一路高歌猛进。但是，我们不能忽视一个庞大的零售群体——社区商业圈。如果说大企业涉足新零售易如反掌，那么，这些社区商业区实体超市转型新零售机会何在？且不说技术开发难、资金投入多，就连基本的人员规模也难以达到。所以，社区商业区零售门店转型新零售，无疑成为当下最具挑战的重大课题。新零售开发经验，我们提出社区商业区实体超市未来的发展方向。

（1）互联网架构下线上线下打通全渠道模式。全渠道是新零售的首要特征。马云在提出新零售时说线上线下要结合。真正的新零售应是 PC 网店、移动 APP、微信商城、直营门店、加盟门店等多种线上线下渠道的全面打通与深度融合，商品、库存、会员、服务等环节皆贯穿为一个整体。线上线下全打通，迎合了当下消费者多渠道购买的需求，带来强劲竞争力。

（2）数字化和智能化。新零售是数字化和智能化的，企业与商家应通过技术与硬件重构零售卖场空间，实现门店数字化与智能化改造。一是依托 IT 技术，在顾客、商品、营销、交易 4 个环节完成数字化。二是依托物联网进行智能化，使用智能货架与智能硬件（POS、触屏、3D 试衣镜等）延展店铺时空，构建丰富多样的全新零售场景。

（3）新型店铺。新零售时代的门店和传统的门店是不同的，新零售时代的门店不仅仅具有售卖的功能，更应富有体验的功能，同时是社交、教育的场所，而且新零售时代的门店不仅仅陈列商品，更多的是展示商品的多元化。

（4）线上订单超过线下订单。当前线上交易总额始终占着社会消费总额的 20% 以上，而且占比一直在快速增长。在新零售时代，更多的科技产品将

应用在零售场景中，企业在线上与顾客建立连接，诸如 APP、线上商城的使用可以扩大店铺的服务范围，同时会培养顾客的线上购物习惯。今后，线上订单必然超过线下订单。

（5）去库存。未来零售的一个方向是通过系统、物流将各地仓库，包括保税区甚至海外仓连接起来，完成库存共享，改变传统门店大量铺陈与囤积商品的状况，引导顾客线下体验，线上购买，实现门店去库存；另一个方向是从消费需求出发，倒推至商品生产，零售企业按需备货，供应链按需生产，真正实现零售去库存。

企业以互联网为依托，通过运用大数据、人工智能等先进技术手段，对商品的生产、流通与销售过程进行升级改造，进而重塑业态结构与生态圈。线上服务、线下体验以及现代物流进行深度融合的零售新模式是未来零售业发展的趋势，如图 10－14 所示。

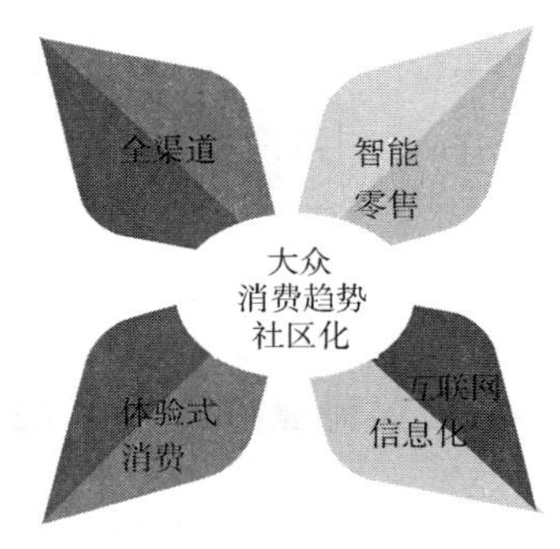

图 10－14　未来社区商业零售趋势

新零售线上线下“融合”的背后逻辑并不单一，多端零售的价格统一、实时库存、渠道协调、销售分析等也非常复杂，企业商家要想实现新零售，必须采取“商业模式＋零售系统＋运营服务＋资源共享”的架构。

进行零售变革，首先需要根据企业与商家自身行业的特点，确认一套先进、合适、可行、有效的商业模式；其次，组合一套彼此打通、整体管理的全渠道零售系统，用于配合商业模式的实施；再次，转变运营方式，构建多端引流、精准营销、深度服务的消费场景；最后，与更多企业商业进行会员、商品、数据等资源的共享，跨界合作，共享经济。

10.4.1.6　结论

（1）实体零售额占比量仍旧可观，发展机会巨大。据国家统计局提供的数据，2016 年我国商品零售额为 296 518 亿元，实体零售业消费交易额 243 230 亿元，占比 82%。

（2）互联网应用的必然。企业以互联网为依托，通过运用大数据、人工智能等先进技术手段，对商品的生产、流通与销售过程进行升级改造，进而重塑业态结构与生态圈。线上服务、线下体验以及现代物流进行深度融合的零售新模式是未来零售业发展的趋势。

（3）实体零售业模式创新的迫切性。当前线上零售业的巨大冲击以及线下需求的更新，使当前实体零售模式已经无法适应新零售背景下的新需求，传统模式创新已迫在眉睫。

（4）社区商业的崛起机遇与未来的风口。为了适应当前消费者越来越碎片化的多渠道购买需求，实体零售企业开始认识到，社区已经处于全渠道购买的枢纽位置。

（5）互联网架构与商业模式相辅相成，相互支撑。商家除了根据自身特点，确认一套适应当前新零售背景的商业模式之外，还应依附于一个彼此打通、全渠道管理的互联网架构来配合其商业模式的实施，实现新零售转型。

10.4.2 社区商业与新社区商业定位

社区作为我们日常生活居住地，其基础设置完善与否，生活产品购买的便利性，配套服务的好坏与社区居民生活质量密切相关。因此，国家近些年加大了对社区商业的重视。自 2005 年商务部下发《关于加快我国社区商业发展的指导意见》至今，商务部共下发了有关社区商业的文件 12 个，先后创建了 5 批共 489 个全国社区商业示范区，指导行业协会制定了社区商业设施设置和服务的行业标准，对全国社区商业建设工作进行了指导，标志着我国社区商业逐渐进入了规范发展的新阶段。

10.4.2.1 社区商业与新社区商业相关概念

（1）社区。社区是以城市中的居委会或物业及乡村的村委会为管理单位的一个或多个居民集中的居住区，具有一定配套的服务功能，不包括广义概念的社会群体或社会组织所形成的群体概念。

（2）商业。商业是以货币为媒介的为满足消费者需求提供商品与服务的经济活动。

（3）社区商业。社区商业是以满足社区居民日常生活需求而提供商品与

服务的经济活动。

（4）新零售。新零售是以互联网信息技术为支撑，采用全渠道的销售模式，满足消费者多元化、个性化的需求，并为顾客提供多渠道的获取商品或服务的方式。

（5）新社区商业。新社区商业以互联网信息技术为支撑，采用全渠道的销售模式，满足社区居民多元化、个性化的日常消费需求，并为其提供多渠道的获取商品或服务的方式。

10.4.2.2　社区商业的特征

社区商业的主要特征如表10－2所示。

表10－2　社区商业的主要特征

选址	社区内或社区周边为社区提供服务的公共活动区域
服务对象	社区居民为主
服务范围（商圈）	社区内或社区外1公里以内，服务设施较为集中的区域
规模	设置在社区内的100平方米左右的便利店，或设置在社区外1公里范围之内的、6 000平方米以内的综合超市
商品经营结构	与社区居民日常生活密切相关的日用品、食品及各项综合服务
商品售卖方式	自选与柜台结合，线下与线上结合，人工售卖和自助售卖结合
服务功能	服务时间在12小时以上；开设多项服务项目
管理信息系统	程度较高

10.5　北京市农产品O2O流通模式与电子商务平台的实施建议

近年来，北京市农产品流通在社区升级改造及电子商务平台方面发生了许多变化，农超对接、农社（区）对接以及社区生鲜超市建设等方面取得了显著效果。一些大型连锁超市公司大力推动了生产基地建设、订单农业，以及产地对接等模式，农产品质量和安全方面得到了有效的保障。

但总体上看，还存在一些问题需要逐步解决。目前北京市农产品的主要来源为新发地批发市场，从城市的整体布局以及新发地批发市场所处的地理环境分析，需要对北京市农产品的流通模式和布局做进一步的规划和提升。北京市的几大农产品批发市场在市场交易主体趋于专业化、细分化背景下，市场经营模式还处于传统的对手交易以及车辆占地交易的低效率状态，急需进行交易模式的提升及信息化。大部分农产品没有进行冷链运输和配送，批发市场的基础设施及服务与交易商户需求之间的矛盾日益突出。在农产品流通领域，超市和社区生鲜超市的主导地位有不断上升趋势，还应进一步扩大市场占有率和消费份额。

经过本书对北京市农产品 O2O 流通模式与电子商务平台框架的分析和研究，结合本市的农产品流通特点和现状，在此提出以下几点建议。

10.5.1 政府引导与政策支持

农产品属于特殊商品，关系到百姓的生存和生活，以及社会的稳定和消费者的生活水平。我国农产品生产规模普遍偏小，流通规模有限，生产出来的农产品流通路径较长、流通效率较低，加之大部分不采取地头打冷及冷链运输和存储措施，导致损耗大，农产品利润大都处于较低水平。应充分发挥政府在农产品流通产业中的引导和扶持作用，鼓励和培养一些农产品流通企业做大做强，在政策方面运用税收减免、财政补贴等手段扶持农产品规模生产和规模流通的发展。通过开展技术教育和技术推广，提高从业人员素质和技术水平。

10.5.2 完善主流农产品流通市场体系

北京市作为首都及特大型城市，承担着全国政治中心、文化中心、国际交往中心和科技创新中心的职能。未来北京市农产品流通主渠道应以“基地（农产品生产合作社）—超市（零售终端）—消费者”、电子商务的“基地（农产品生产合作社）—农产品电子商务平台—消费者”，以及融合型的“基地（农产品生产合作社）—超市（线下线上 O2O）—消费者”为主体。需要推动并鼓励连锁经营超市企业，以供应链思想为主导，开展上游“订单农业”及下游消费者的全渠道购物体验，完善及鼓励连锁经营超市企业不断拓展市

场终端网络，特别是发展社区生鲜超市，开展线下线上融合营销，便利消费者获取新鲜、优质、安全的农产品。

10.5.3 加强农产品安全追溯及安全控制

食品安全牵动着各级政府及消费者，引起社会的广泛关注。农产品的农药残留等安全问题一直是政府努力解决的民生问题。

2011 年 10 月，商务部下发《关于“十二五”期间加快肉类蔬菜流通追溯体系建设的指导意见》（商秩发〔2011〕376 号）。文件明确指出，在全国范围内分批支持大中城市开展试点工作，建设肉类蔬菜流通追溯体系。2012 年 6 月，商务部与北京市人民政府签署《肉类蔬菜流通追溯体系建设试点协议》，正式确立北京市为全国第三批试点城市。2012 年 6 月，财政部、商务部下达《城市肉菜流通可追溯体系建设试点中央补助资金的通知》（财建〔2012〕290 号），中央财政支持专项资金用于 2013 年北京肉菜流通追溯体系试点建设。农产品安全追溯及安全控制不仅仅是技术问题，涉及方方面面。由于北京市农产品的流通渠道呈多样化，具有复杂性和多产出路径等，需要从法律、监督、监管和流通各个环节进行综合治理，特别应在生产的源头进行控制，保障北京市农产品的质量安全。

连锁超市企业的生鲜产品加工配送中心，均配有政府支持的农产品检验监测实验室和相应监测设备，在保障首都“菜篮子”方面做出了重要的贡献。

10.5.4 农产品批发市场规划与基础设施建设

从现实情况看，由于北京市对农产品具有大量需求，加之小规模生产、多种农产品流通渠道的存在，所以在一定时期内北京市农产品批发市场具有存在必要性。依靠目前仅有的几家批发市场，无论在布局上还是在交易效率上均不能够适应首都不断发展及消费者生活品质提升的需求。完善批发市场体系、合理规划和布局，改善农产品批发市场的交易环境，提高交易现代化水平，都是需要政府积极应对的问题。将市场撤销或迁移到离市中心较远的地点，并没有解决主要矛盾。

提高市场的组织化程度，推进交易方式多元化，减少流通环节，降低交易费用，提高交易效率。加强市场基础设施建设，提高市场内仓储、装卸、搬运等物流活动的效率。加强市场的信息化建设，促进生产与消费信息的快速有效的传递。运用网上交易、网上信用评估、电子信息查询、网上金融等手段实现现代批发交易，满足交易主体对市场服务和规模化、专业化发展的需求。鼓励农产品生产和流通产业逐步向经营规模化、生产工艺和产品标准现代化方向发展。

10.5.5 推动冷链运输、存储和配送

由于我国农产品冷链物流发展起步较晚，冷链物流意识不强，政策支持力度不大，法律规章也不健全，不仅冷链物流管理缺少制度和监控手段，而且物流连接松散，缺乏协调机制和规范，冷链物流市场缺乏质量控制和监测工程，与国外发达国家存在非常大的差距。因此，亟待建立和完善相应的政策法规、标准化体系以及诚信体系，营造农产品冷链物流健康发展的良好环境。

我国普遍冷链流通的比例偏低，冷链物流基础设施能力严重不足，产后预冷技术和低温环境下的分等分级、包装加工等商品化处理手段尚未普及，第三方冷链物流企业发展滞后，冷链物流各环节的设施、设备、温度控制和操作规范等方面缺少统一标准，信息资源难以实现有效衔接。北京市可以考虑政策法规、标准化体系和示范试点先行，打造我国农产品冷链运输、储存和配送的规范体系，将我市农产品流通提升到现代化国际水平。

10.5.6 规范与指导农产品电子商务平台

最近几年，农产品电子商务平台发展很快，但迄今为止还没有形成稳定、成熟的经营模式和盈利示范案例，尚处于探索与试错阶段，大家都看好农产品电子商务具有的消费者依赖性、高频购买以及大好前景，各式各样的农产品电子商务平台都各显神通，但获得消费者认可的平台寥寥无几。

北京市政府应在规范电子商务平台方面加大力度，在规范的同时鼓励和推动与社区生鲜结合的O2O即线下线上平台的建设和运营。在上游扶持农业合作组织的发展，推动农业合作组织的规模化、专业化进程。在农业合作组

织内部设立农产品流通信息数据库及发布平台，由组织管理者实现信息的收集和汇总，通过平台向组织内成员发布农产品供需信息，实现网上买卖、线下交货的交易形式，提高资金周转率，使农产品从生产者直接流向消费者。

加强与政府部门和农产品行业龙头企业的数据互联互通，通过大数据分析和挖掘，做好消费预测和洞察，推动我国农产品更快地适应数字经济发展，通过和零售终端企业的合作和数据化赋能，推动我国供应链体系的整体优化。

10.5.7 发展社区商业与电子商务平台的融合

目前新零售及智慧零售的风波此起彼伏，为了适应当前消费者越来越碎片化的多渠道购买需求，大家开始认识到社区已经处于全渠道购买的枢纽位置。社区商业除了根据自身特点，建立一套适应当前新零售背景的商业模式之外，还应建设一个彼此打通、全渠道管理的互联网架构来配合其商业模式的实施，实现新零售转型，这就给社区商业指出了一条通往未来的必由之路，即与电子商务平台融合。社区商业与电子商务平台的融合既是社区商业发展的路径之一，也是电子商务平台落地的必然归宿。

农产品流通的重要通道之一就是社区商业的终端，可以通过社区商业提供商品的周转地和临时物流配送点。今后的发展趋势是没有线下和线上之分，O2O 的概念也会逐渐被人们淡忘，全渠道和融合的新零售将是今后商品流通的常态。

10.5.8 满足年轻消费者现代消费与饮食生活方式

现在的消费主力人群是 80 后和 90 后，他们习惯了互联网和手机终端，是互联网的“原生住民”，追求时尚、获得认同以及从众是他们的消费特点，任性、网购和冲动消费是他们的消费特征。如何抓住年轻消费者的心理，对他们进行精准营销是商家所面临的课题。需要利用大数据、人工智能等信息化手段进行对应。

农产品对所有人是不可或缺的。随着 80 ~ 90 后成家立业，面临下一代的抚养等问题，点外卖用餐的次数会越来越少，回归家庭和回归家庭用餐将是趋势。如何提供安全、富有营养和便利食用的农产品，迎合饮食生活方式的变革，需要提供农产品生产、流通渠道、加工、终端配送等一体化的解决方案。

北京市农产品O2O流通模式与电子商务平台的实施所涉及的方面还很多，需要政府、行业、企业和消费者各方不断研究、探索、调节以及协同，从而形成完整的体系，满足消费者不断增长的对品质、便利和提高生活水平的需求。

参考文献

[1] 吴丽华，等. 从流通理论核心概念谈我国流通经济学体系构建［J］. 商业经济研究，2017.

[2] 李静. 连锁经营与区域市场开发的结合点分析：非品牌茶叶的营销思路分析［J］. 福建茶叶，2017（5）：37－38.

[3] 徐伟. 农产品O2O营销模式研究［J］. 农村经济与科技，2017（1）：113－114.

[4] 黄俭. 以互联网思维引领我国的“互联网＋”教育战略［J］. 中国电化教育，2017（1）：99－104.

[5] 赵爱东. 西方经济学与马克思经济学商贸流通理论概述与对比［J］. 商业经济研究，2016.

[6] 吴镜. 基于顾客视角的生鲜电商物流服务评估指标体系研究［D］. 杭州：浙江理工大学，2016.

[7] 曾鸣，张晓春，王丽华. 以能源互联网思维推动能源供给侧改革［J］. 电力建设，2016，37（4）：10－15.

[8] 黄佳楠. 鲜果电商现状与发展研究［J］. 现代商业，2016（31）：41－42.

[9] 李金峰. 基于DEA的河南省农产品冷链物流绩效评价［J］. 知识经济，2016（21），26＋28.

[10] 解新华. “互联网＋”环境下我国农产品电子商务模式研究［J］. 商业经济研究，2016（18）：84－86.

[11] 徐印州，林梨奎. 论社区商业的新发展［J］. 商业经济研究，2016，（18）：5－7.

[12] 许海晏，张军. 北京农产品批发市场疏解升级问题研究［J］. 商业

经济研究，2016（13）：215－217.

［13］孙晶晶．产供销一体化背景下农产品流通模式发展研究［J］．商业经济研究，2016（11）：176－178.

［14］石少春，范静．国外农产品物流模式的经验与启示［J］．改革与战略，2016（8）：120－122.

［15］刘静娴，沈文星．农产品电商发展问题及模式改进对策［J］．现代经济探讨，2016（7）：38－41.

［16］李栋．生鲜农产品物流供应链模式演化路径及动因分析［J］．商业经济研究，2016（6）：86－87.

［17］刘文辉，文珊．我国农产品物流系统模式革新趋势及其构筑策略［J］．农业经济，2016（5）.

［18］贺峰．中国农产品物流模式构建：基于批发市场的研究［J］．农业技术经济，2016（5）.

［19］周发明．中外农产品流通渠道的比较研究［J］．经济社会体制比较，2016（5）.

［20］鲁钊阳，廖杉杉．农产品电商发展的增收效应研究［J］．经济体制改革，2016（5）.

［21］钟景辉，刘志坚．我国农产品电商困境与纾解［J］．对外经贸，2016（5）.

［22］刘书艳．农产品流通中存在问题及优化策略研究：基于新型城镇化建设背景［J］．经济问题，2016（5）：90－93.

［23］刘丽红，李瑾，张丹丹，等．北京市蔬菜产业供需分析及发展战略［J］．农业展望，2016（5）：43－47.

［24］周丹，杨晓玉，姜鹏．中国重要农产品流通现代化水平测度与实证研究：基于2000—2014年度省际面板数据［J］．贵州财经大学学报，2016（5）：22－28.

［25］2015中国生鲜电商大数据分析报告［J］．信息与电脑：理论版，2016（5）：11－14.

［26］徐书彬．中国生鲜电商面临的机遇与挑战［J］．科技广场，2016

(4)：102－106.

［27］秦芬，张佳倩. 我国农产品O2O的发展现状分析［J］. 长治学院学报，2016（4）：35－38.

［28］陈松炜. 发展农产品电商的意义及对策［J］. 农业经济，2016(3).

［29］宋苏杭. 基于冷链物流的生鲜电商发展探究［J］. 物流工程与管理，2016（3）：159－160.

［30］张越. 生鲜之殇：生鲜电商三大难题［J］. 中国信息化，2016(3)：62－64.

［31］张云飞，王志民. 生鲜电商存在的问题探析［J］. 电脑知识与技术，2016（2）：249－251.

［32］汪旭晖，张其林. 电子商务破解生鲜农产品流通困局的内在机理：基于天猫生鲜与沱沱工社的双案例比较研究［J］. 中国软科学，2016（2）：39－55.

［33］田玲，张卓宇，吴亚琪. 农产品电商流通模式研究［J］. 现代商业，2016（2）：14－15.

［34］李春成，李崇光. 农产品营销渠道发展对策探讨［J］. 华南农业大学学报：社科版，2016（1）.

［35］池瑜莉. 基于F2C2B模式的农产品电子商务平台构建设想［J］. 特区经济，2016（1）.

［36］匡远配，詹祎蕊. 中美日三国农产品流通特征比较分析［J］. 世界农业，2016（1）：114－118.

［37］霍永亮. 极大极小随机规划逼近问题最优解集和最优值的稳定性［J］. 运筹学学报，2016（1）：75－83.

［38］郭鸿鹏，于延良，赵杨. 电商平台农产品经营主体空间分布格局及影响因素研究：基于阿里巴巴电商平台数据［J］. 南京农业大学学报：社会科学版，2016（1）：42－48＋163.

［39］石海娥. 社区001的没落［J］. 光彩，2016（1）：31－33.

［40］任庆琳，王明宇. 我国生鲜电商物流模式与配送中存在的问题研究

[J]. 电子商务，2016 (1)：28－29.

[41] 洪涛. 2014—2015 年中国农产品电子商务发展报告 [J]. 中国果菜，2016 (1)：12，13，15－18，20－23.

[42] 李丽娜. 快速消费品行业供应商评估方法与应用研究 [J]. 商业经济研究，2015.

[43] 安国山. 快速消费品的新媒体营销研究 [J]. 企业管理，2015.

[44] 程丽娟，马斌，武毓涵，基于系统动力学的快速消费品供应链信息共享研究 [J]. 物流技术，2015.

[45] 孟莹. 农产品供应链各成员企业利益分配研究 [D]. 哈尔滨：哈尔滨商业大学，2015.

[46] 李瑜生. O2O 模式下传统零售业物流配送模式选择 [D]. 广州：华南理工大学，2015.

[47] 姚斌. 生鲜农产品 O2O 运作模式的研究 [D]. 杭州：浙江工业大学，2015.

[48] 皇文利. XL 农产品批发市场电子交易平台商业计划书 [D]. 广州：华南理工大学，2015.

[49] 王玉珂. 农产品交易领域电子商务 O2O 模式应用研究 [D]. 武汉：华中师范大学，2015.

[50] 刘萍. S 公司生鲜 O2O 平台商业模式及其发展对策研究 [D]. 成都：电子科技大学，2015.

[51] 刘静. 新发地农产品批发物流效率研究 [D]. 北京：北京交通大学，2015.

[52] 张震，左婷. 基于 O2O 背景下农产品物流发展对策探索 [J]. 产业与科技论坛，015.

[53] 马秋艳. 河南省生鲜农产品冷链物流发展问题研究 [D]. 郑州：郑州大学，2015.

[54] 赵芳妮. 农产品冷链绿色物流评价指标体系的构建与应用 [D]. 株洲：中南林业科技大学，2015.

[55] 傅艳梅. 冷链物流企业绩效评价研究 [D]. 株洲：湖南工业大

学，2015.

［56］张澜觉. 基于 BP 神经网络的 P2P 信贷个人信用评价模型研究［D］. 昆明：云南财经大学，2015.

［57］孙群花. 农产品电子商务物流配送体系优化研究［D］. 成都：成都理工大学，2015.

［58］蔡丰. 基于 DEA 的我国上市物流企业运营绩效评价研究［D］. 洛阳：河南科技大学，2015.

［59］赵冕. 生鲜产品电子商务模式研究［D］. 青岛：中国海洋大学，2015.

［60］王家旭，岑磊，仲深. 黑龙江省农产品流通效率测度与影响因素分析［J］. 商业研究，2015（45503）：46－50.

［61］周静，孙健. 基于 AHP－DEA 模型的冷链物流企业绩效评价［J］. 社会科学辑刊，2015（22005）：114－119.

［62］黄升民，刘珊. “互联网思维”之思维［J］. 中国传媒大学学报：现代传播，2015，37（2）：1－6.

［63］陈耀庭，戴俊玉，管曦. 不同流通模式下农产品流通效率比较研究［J］. 农业经济问题，2015，36（42303）：68－74，111.

［64］李耀华. 基于生态经济视角的农产品冷链物流效率评价研究［J］. 商业经济研究，2015（36）：31－32.

［65］方芳，汪飞燕. C2B＋O2O 模式驱动农产品电商发展［J］. 现代商业，2015（35）：38－40.

［66］温春娟. 基于疏解非首都核心功能视角的农产品批发市场分析［J］. 商业经济研究，2015（27）：22－23.

［67］郑悦. 沱沱工社：瘦身产业链［J］. IT 经理世界，2015（24）：38－40.

［68］归秀娥. “互联网＋”给农产品电商带来的机遇和挑战［J］. 新西部：理论版，2015（23）：62－63.

［69］新鲜水果 O2O 解决痛点迎来爆发［J］. 乡村科技，2015（19）：12.

［70］毛艳琼，邢玉凤. 探索电子商务在农产品批发市场的应用［J］. 科

技创新导报，2015（17）：134.

［71］四月．生鲜电商：虽然新鲜，但带着青涩［J］．金融经济，2015（15）：54－55.

［72］张鸽．借鉴美国经验优化我国农产品电子商务发展的路径［J］．农业经济，2015（12）：128－130.

［73］赵萍．线上线下融合发展进入实质阶段：2015年中国流通产业回顾与2016年展望［J］．中国流通经济，2015（12）：24－29.

［74］张永强．“互联网＋”背景下农产品电子商务两种典型模式分析［J］．黑龙江畜牧兽医，2015（11）.

［75］叶伟媛．农产品O2O流通模式的形成与运行系统构建［J］．物流科技，2015（11）：87－89.

［76］关颖，仲伟来，许评．O2O模式下生鲜农产品物流发展浅析［J］．物流工程与管理，2015（11）：32－34.

［77］汤晓丹．生鲜农产品电子商务企业为核心的供应链管理研究：以沱沱工社为例［J］．物流科技，2015（11）：11－13.

［78］李自琼，刘东皇．借鉴国外经验探索中国农产品电子商务发展模式［J］．世界农业，2015（10）.

［79］刘艳，夏宇．快递企业参与我国农产品流通的模式［J］．中国流通经济，2015（10）：96－102.

［80］辛巴．生鲜电商，明天去哪儿［J］．销售与市场：管理版，2015（8）：40－41.

［81］张闯，夏春玉．农产品流通渠道：权力结构与组织体系的建构［J］．农业经济问题，2015（7）.

［82］张晓林．农产品流通创新系统构建与实施路径［J］．经济问题，2015（7）：101－105.

［83］卢迪颖．合作经济视角下日本农产品流通渠道模式分析与启示［J］．物流科技，2015（7）：6－9.

［84］李康，郑建国，伍大清．生鲜农产品冷链管理及关键技术研究进展［J］．食品与机械，2015（6）：233－237.

［85］张应语，张梦佳，王强，等. 基于感知收益—感知风险框架的O2O模式下生鲜农产品购买意愿研究［J］. 中国软科学，2015（6）：128－138.

［86］黄海. 中国农产品市场的对外开放［J］. 中国流通经济，2015（6）：1－5.

［87］李晋红. 美日农产品流通渠道模式比较及对我国的借鉴［J］. 中国合作经济，2015（5）.

［88］孙杏桃. 农产品电商物流存在的问题及对策研究［J］. 商场现代化，2015（5）.

［89］刘晓红. 中国电子商务O2O运营模式研究：以H公司为例［D］. 长春：吉林大学2015（5）.

［90］周静，孙健. 基于AHP－DEA模型的冷链物流企业绩效评价［J］. 社会科学辑刊，2015（5）：114－119.

［91］张潇化. O2O模式下农产品物流运行问题研究［J］. 晋中学院学报，2015（5）：56－59，67.

［92］杨柳，翟辉，冼至劲. 生鲜产品的O2O模式探讨［J］. 物流技术，2015（5）：13－16.

［93］赵礼阳，霍永亮. 极大极小随机规划逼近最优值的收敛性［J］. 重庆理工大学学报：自然科学，2015（4）：132－135.

［94］王晓平，张旭凤. 农产品流通中的分阶段追溯模式［J］. 中国流通经济，2015（4）：108－113..

［95］董津津，陈学云. 基于O2O模式的农产品流通一体化方式研究［J］. 物流技术，2015（4）：93－95.

［96］金元浦. 互联网思维：科技革命时代的范式变革［J］. 中华文化论坛，2015（4）：42－48.

［97］王胜，丁忠兵. 农产品电商生态系统——一个理论分析框架［J］. 中国农村观察，2015（4）：39－48，70，96.

［98］白磊. 农产品O2O的成本痛点和创业机会［J］. 茶世界，2015（3）.

［99］陈耀庭，戴俊玉，管曦. 不同流通模式下农产品流通效率比较研究

[J]. 农业经济问题，2015 (3): 68-74，111

[100] 史嘉兴，孙若莹. 基于ANP的生鲜电商冷链物流绩效评价 [J]. 北京信息科技大学学报：自然科学版，2015 (3): 47-52.

[101] 洪涛，张传林. 2014—2015年我国农产品电子商务发展报告 [J]. 电子商务. 2015 (2).

[102] 周强. 论我国农产品流通支撑体系存在的问题及其对策 [J]. 北京交通大学学报：社会科学版，2015 (2): 69-75.

[103] 谢小良. 我国生鲜农产品物流效率研究综述 [J]. 农业科研经济管理，2015 (2): 15-19.

[104] 许渭书，樊相宇. 基于数据包络分析的农产品冷链物流绩效评价 [J]. 物流技术，2015 (1): 152-155.

[105] 杨德权，王佳. 判断并解决线性规划"多反而少"悖论的逆最优值解法 [J]. 运筹与管理，2015 (1): 75-80.

[106] 魏国辰. 电商企业生鲜产品物流模式创新 [J]. 中国流通经济，2015 (1): 43-50.

[107] 郑书莉，流通产业研究文献综述 [J]. 经营与管理，2014.

[108] 杨圣明，对马克思流通理论的再学习、再认识 [J]. 毛泽东邓小平理论研究，2014.

[109] 高婷. 农超对接供应链利益分配机制研究 [D]. 宁波：宁波大学，2014.

[110] 温继锦. 农业产业化龙头企业与农户利益分配机制研究 [D]. 太原：山西财经大学，2014.

[111] 薛建强. 中国农产品流通模式比较与选择研究 [D]. 大连：东北财经大学，2014.

[112] 张立鑫. 基于O2O模式的小城镇超市物流信息服务研究 [D]. 北京：北京物资学院，2014.

[113] 陈振轩. 家乐福中国电子商务商业模式发展研究 [D]. 上海：上海外国语大学，2014.

[114] 顾翊中. 基于第四方物流的宜家物流优化研究 [D]. 上海：华东

理工大学，2014.

［115］罗红梅．电商生鲜品冷链物流运作及风险控制研究［D］．曲阜：曲阜师范大学，2014.

［116］罗蓉．电子商务背景下的生鲜农产品冷链物流绩效评价研究［D］．武汉：华中农业大学，2014.

［117］陈长红．第三方冷链物流企业绩效评价研究［D］．郑州：河南农业大学，2014.

［118］李小锋．农产品电子商务模式选择的影响因素分析［D］．武汉：华中农业大学，2014.

［119］郭艳，王家旭，仲深．我国农产品流通效率评价及影响因素分析：基于2000—2011年省际面板数据［J］．商业时代，2014（62607）：12－14.

［120］陈金波，陈向军，罗权．湖北农产品流通效率评价及对策研究［J］．统计与决策，2014（40711）：97－99.

［121］王仁祥，孔德树．中国农产品流通效率评价模型构建及其应用［J］．辽宁大学学报：哲学社会科学版，2014，42（25004）：64－73.

［122］李隽波，陈薇．农产品电子商务发展中的问题与创新对策［J］．商业时代，2014（34）.

［123］冯义飞．湖南中小农户农产品电子商务O2O模式研究［J］．现代商业，2014（33）：287－288.

［124］李义福．北京农产品市场对经济发展的影响研究［J］．中国商贸，2014（32）：17－20.

［125］易海燕，张峰．基于冷链物流的生鲜电商发展模式研究［J］．中国市场，2014（31）：26－27.

［126］汪旭晖，张其林．基于线上线下融合的农产品流通模式研究：农产品O2O框架及趋势［J］．北京工商大学学报：社会科学版，2014，29（17703）：18－25.

［127］杨丽君．农产品电商的发展研究［J］．商，2014（26）.

［128］张哲．美国农产品电子商务发展及对我国的启示［J］．中国商贸，2014（25）：115－117，119.

[129] 黄黎平. 我国社区商业经济发展现状及未来趋势 [J]. 商业时代, 2014, (23): 13-14.

[130] 曹顺妮. 社区 001 比顺丰嘿客更轻巧 [J]. 中国企业家, 2014 (20): 99.

[131] 曹顺妮, 史小兵. 社区 001: 怎样赚到懒人的钱 [J]. 中国企业家, 2014 (20): 95-98.

[132] 杜辉, 杨红, 陶雪娟. 农业科技期刊构建农产品电子商务平台探索: 以《上海农业科技》为例 [J]. 编辑学报, 2014 (12).

[133] 王珂, 李震, 周建. 电子商务参与下的农产品供应链渠道分析: 以"菜管家"为例 [J]. 华东经济管理, 2014 (12): 157-161.

[134] 尹志洪, 李平. 英美国家农产品电子商务发展模式对中国的启示 [J]. 观察, 2014 (12): 25-26.

[135] 宋晓迪, 武二帅, 杨栋旭, 等. 传统连锁超市进军网络的思考: 基于1号店的分析 [J]. 中国商贸, 2014 (12): 24-25.

[136] 张夏恒. 生鲜电商物流现状、问题与发展趋势 [J]. 贵州农业科学, 2014 (11): 275-278.

[137] 王娟娟. 基于电子商务平台的农产品云物流发展 [J]. 中国流通经济, 2014 (11): 37-42.

[138] 李海舰, 田跃新, 李文杰. 互联网思维与传统企业再造 [J]. 中国工业经济, 2014 (10): 135-146.

[139] 易珏, 王伟. 沱沱慢慢来 [J]. 中国经济信息, 2014 (10): 25-27.

[140] 崔振洪, 王家旭, 华振. 我国农产品物流效率评价及影响因素分析 [J]. 物流技术, 2014 (9): 114-116.

[141] 杨晶, 李先国, 王超. 关于完善我国农超对接模式的战略思考 [J]. 科学决策, 2014 (9): 66-81.

[142] 赵晓娟. 社区 001 凭什么值 20 个亿? [J]. 中国连锁, 2014 (9): 42-43.

[143] 马增俊. 中国农产品批发市场发展现状及热点问题 [J]. 中国流

通经济，2014（9）：8－12.

［144］龙朝晖. 农产品电子商务平台模式浅析［J］. 农业经济，2014（8）：105－107.

［145］周永刚，黄圣男，江笛，等. 参与农产品直销店经营对农村留守人员身心健康的改善：以日本福冈县为例［J］. 中国农村经济，2014（8）：86－96.

［146］马蓉，张仙，朱克西，等. 农产品电子商务发展探索［J］. 经济师，2014（8）：76.

［147］陆静，熊燕舞. 杜非：让沱沱工社贩卖信任［J］. 运输经理世界，2014（7）：50－53.

［148］赵志田，何永达，杨坚争. 农产品电子商务物流理论构建及实证分析［J］. 商业经济与管理，2014（7）：14－21.

［149］林笑. 不跟风的沱沱工社［J］. 农经，2014（6）：68－71.

［150］方凯，钟涨宝，王厚俊，等. 基于绿色供应链的我国冷链物流企业效率分析［J］. 农业技术经济，2014（6）：45－53.

［151］杨媚，刘小玲，前泽重礼. 日本农产品流通体系中农协与批发市场的关系研究［J］. 南方农业学报，2014（5）：891－897.

［152］徐高. “互联网思维”的经济学逻辑，华尔街日报，2014（2）.

［153］邓延伟，邬文兵，于腾群. 水产品冷链运输绩效评价研究［J］. 山东社会科学，2014（4）：145－150.

［154］李育民，高莉洁，顾巧英，等. 基于电商背景下农产品销售模式的思考［J］. 上海农业科技，2014（3）.

［155］李梦蝶. 生鲜农产品移动电商发展模式研究［J］. 电子商务，2014（3）.

［156］余燕. 美国、日本农产品流通渠道管理模式及经验借鉴［J］. 世界农业，2014（3）：72－75.

［157］汪旭晖，张其林. 基于线上线下融合的农产品流通模式研究：农产品O2O框架及趋势［J］. 北京工商大学学报：社会科学版，2014（3）：18－25.

[158] 杨浩雄，刘彤，胡静. 物流对鲜活农产品价格影响研究：基于北京市鲜活农产品流通的实证分析 [J]. 价格理论与实践，2014 (2)：112 - 114.

[159] 鲁艳. 关于中外农产品在市场中的流通比较研究及启示 [J]. 企业导报，2014 (2)：65 - 67.

[160] 李玉清. 我国农产品物流发展现状与对策研究 [J]. 农业网络信息，2014 (1)：103 - 105.

[161] 刘刚. 鲜活农产品流通模式演变动力机制及创新 [J]. 中国流通经济，2014 (1)：33 - 37.

[162] 刘薇. 产销视角下的北京市农产品物流配送优化研究 [D]. 北京：北京交通大学，2013.

[163] 王雪峰，我国流通理论研究进展述评 [J]. 中国流通经济，2013.

[164] 吕承超. 连锁经营品牌共生机制研究 [D]. 济南：山东大学，2013.

[165] 张贵华. 发展农产品连锁经营的研究 [D]. 株洲：湖南农业大学，2013.

[166] 刘琛. 基于 NET 的农产品电子商务系统的设计与实现 [D]. 济南：山东大学，2013.

[167] 方凯. 我国农产品冷链物流的发展问题研究 [D]. 武汉：华中农业大学，2013.

[168] 毛蕤. 第三方冷链物流体系构建与评价研究 [D]. 兰州：兰州理工大学，2013.

[169] 郑治. 农产品物流效率影响因素的研究 [D]. 大连：东北财经大学，2013.

[170] 李小艳. 基于改进 BP 神经网络的企业知识管理绩效评价研究 [D]. 广州：华南理工大学，2013.

[171] 齐朔风. 矿山生态安全的 BP 神经网络评价方法与应用研究 [D]. 太原：太原理工大学，2013.

[172] 王家旭. 我国农产品流通体系效率评价与优化路径 [D]. 哈尔滨：

哈尔滨商业大学，2013.

［173］吴自爱，王剑程，王丽娟，等. 欠发达地区农产品流通效率评价［J］. 统计与决策，2013，(39624)：47－49.

［174］姜长云，洪群联. 2012年农产品流通政策回顾与评述［J］. 经济研究参考，2013（56）：30－50.

［175］崔明理. 生鲜之路在何方：沱沱工社的回答［J］. 农产品市场周刊，2013（42）：12－16.

［176］刘静. 生鲜电商O2O模式探讨［J］. 现代商业，2013（36）：84－85.

［177］陈德宝. 农产品流通电商化新模式构建［J］. 商业时代，2013（32）：23－24.

［178］崔婧. 沱沱工社：全供应链的把控［J］. 中国经济和信息化，2013（14）：56－57.

［179］朱华友，谢恩奇. 区域农产品流通模式研究：基于浙江省金华市的实地调查［J］. 农业经济问题，2013（10）：63－68.

［180］李志博，米新丽，安玉发. 农产品流通政策体系的现状、问题及完善方向［J］. 价格理论与实践，2013（8）：46－47.

［181］刘刚. 基于农民专业合作社的鲜活农产品流通模式创新研究［J］. 商业经济与管理，2013（8）：5－10.

［182］张兴无. 企业＋农户与合作社＋农户：两种农业产业化模式简析［J］. 河北师范大学学报：哲学社会科学版，2013（5）.

［183］马增俊. 电子商务是农产品批发市场的创新机会［J］. 农经，2013（5）：11.

［184］王崇锦. 我国农户品电子商务模式研究［D］. 武汉：华中师范大学，2013（4）.

［185］李安渝，杨兴寿. 信息化背景下精准农业发展研究［J］. 宏观经济管理，2013（4）：40－41.

［186］许军. 我国农产品流通面临的突出问题与应对思路［J］. 经济纵横，2013（3）：92－95，99.

［187］张红程，韩红莲．日本与美国鲜活农产品流通体系比较［J］．世界农业，2013（3）：37－38，89．

［188］陈耀庭，蔡贤恩，戴俊玉．生鲜农产品流通模式的演进：从农贸市场到生鲜超市［J］．中国流通经济，2013（3）：19－23．

［189］杨钧．中国农产品冷链物流发展模式研究［J］．河南农业大学学报，2013（2）：222－226．

［190］张建军，杨艳玲．我国农产品冷链物流发展现状及发展趋势研究［J］．物流科技，2013（2）：102－105．

［191］刘云龙，侯忠伟，吴磊．基于线上线下交易的农村物流发展模式研究［J］．价格月刊，2013（2）：86－89．

［192］杨金勇．“连锁经营、电子商务、移动互联”三位一体的O2O模式研究［J］．武汉工程职业技术学院学报，2013（2）：51－55，76．

［193］陈万钧，杨运来，张维玲，等．基于B/S结构的农产品电子商务平台研究［J］．科技视野，2013（1）．

［194］王鹏飞，陈春霞，黄漫宇．“农餐对接”流通模式：发展动因及其推广［J］．理论探索，2013（1）：56－59，64．

［195］尤月．供应链中农产品加工企业与农户间利益分配机制研究［J］．当代生态农业，2013，Z1：90－94．

［196］屈海．北京市农产品市场供应问题与对策研究［D］．北京：中国农业科学院，2012．

［197］芦亚丰．我国农产品冷链物流发展问题研究［D］．合肥：安徽农业大学，2012．

［198］乐冬．基于统筹城乡信息平台的农产品电子商务模式研究［D］．北京：中国农业科学院，2012．

［199］郑鹏．基于农户视角的农产品流通模式研究［D］．武汉：华中农业大学，2012．

［200］王潇芳．我国农产品流通模式创新探究［D］．成都：四川师范大学，2012．

［201］吴涛．基于BP神经网络的“农超对接”型供应链绩效评价［D］．

兰州：兰州理工大学，2012.

［202］罗艳. 基于 DEA 方法的指标选取和环境效率评价研究［D］. 合肥：中国科学技术大学，2012.

［203］姜长云，赵佳. 我国农产品流通政策的回顾与评论［J］. 经济研究参考，2012（33）：18－29.

［204］杨国才. 农业农村信息化云服务平台集成关键技术研究［D］. 重庆：西南大学，2012，12.

［205］洪奕. 电子商务在贵州重点农产品批发市场中的应用研究［J］. 电子商务，2012（10）：49－50，52.

［206］杨浩雄，方亚男. 鲜活农产品流通模式探究：以北京市为例［J］. 山西农业科学，2012（8）：903－906.

［207］牛东来. 流通业供应链管理与电子商务模型及应用［M］. 北京：中国人民大学出版社，2012（4）.

［208］朱霖，权承九. 韩国农产品流通体系研究［J］. 浙江农业学报，2012（3）：528－532.

［209］于家涛，乔长涛. “农超对接”的利益分配机制分析［J］. 武汉职业技术学院学报，2012（3）：117－120.

［210］李连英，李崇光. 中国特色农产品流通现代化的主要问题与对策［J］. 中国流通经济，2012（2）：21－26.

［211］杨青松. 农产品流通模式研究［D］. 北京：中国社会科学院研究生院，2011.

［212］殷丽玲. 基于合作博弈的农超对接利益分配问题研究［D］. 北京：北京交通大学，2011.

［213］李秀明. 北京市生鲜农产品流通模式研究［D］. 北京：北京物资学院，2011.

3［214］毕玉平. 山东生鲜农产品物流供应链模式研究［D］. 西安：西北农林科技大学，2011.

［215］李国平. 长春市生鲜农产品物流系统全面绩效评价体系研究［D］. 长春：吉林大学，2011.

[216] 刘永红. 食品冷链物流的仓储绩效评价研究 [D]. 长沙：中南林业科技大学，2011.

[217] 李琳. 鲜活农产品流通模式与流通效率研究 [D]. 青岛：中国海洋大学，2011.

[218] 张党利，李安周，李海平. 农产品电子商务模式创新 [J]. 湖北农业科学，2011 (14)：2974 - 2975，2978.

[219] 张黔珍. 农产品流通体系建设的国际经验及其启示 [J]. 中国集体经济，2011 (13)：193 - 194.

[220] 肖亮. 农产品绿色供应链流通模式及运作流程研究 [J]. 技术经济与管理研究，2011 (11)：109 - 112.

[221] 郑小平，张小栓，等. 基于 XML 的大宗农产品中远期交易规范研究 [J]. 计算机工程与设计，2011 (10).

[222] 张胜军，路征，邓翔. 我国农产品电子商务平台建设的评价及建议 [J]. 农村经济，2011 (10).

[223] 林涛. 基于 J2EE 框架的农业领域电子商务平台设计 [D]. 上海：复旦大学，2011 (10).

[224] 仇莉，阎维杰. 农产品供应链的构建及利益分配研究 [J]. 企业经济，2011 (10)：114 - 116.

[225] 纪良刚，刘东英. 农产品流通的关键问题与解决思路 [J]. 中国流通经济，2011 (7)：18 - 20.

[226] 赵苹，骆毅. 发展农产品电子商务的案例分析与启示：以“菜管家”和 Freshdirect 为例 [J]. 商业经济与管理，2011 (7).

[227] 安玉发. 中国农产品流通面临的问题对策及发展趋势展望 [J]. 农业经济与管理，2011 (6)：62 - 67.

[228] 程蕾，王道平，李锋. 我国大城市农产品物流现状分析及规划框架：以北京市为例 [J]. 北京社会科学，2011 (6)：30 - 34.

[229] 范力军. 国内近期农产品流通模式研究综述 [J]. 农业科技管理，2011 (5)：75 - 77，90.

[230] 刘小艳. 农产品批发市场的电子商务系统研究 [J]. 商业时代，

2011 (3): 34 - 35.

[231] 黄国雄. 加强流通理论创新推动流通产业快速发展 [J]. 中国流通经济, 2010.

[232] 李艳军. 美国农产品物流发展对我国的启示 [D]. 石家庄: 河北师范大学, 2010.

[233] 卢泓举. 中日韩农业政策比较研究 [D]. 延吉: 延边大学, 2010.

[234] 严靖华. 农产品市场流通过程中的利益分配研究 [D]. 福州: 福建农林大学, 2010.

[235] 王慧萍. 基于 BP 神经网络的第三方物流企业竞争力评价研究 [D]. 武汉: 武汉理工大学, 2010.

[236] 刘斐斐. 生鲜农产品冷链物流系统安全评价研究 [D]. 大连: 大连海事大学, 2010.

[237] 刘玲玲. 基于神经网络的港口效率评价研究 [D]. 大连: 大连海事大学, 2010.

[238] 张兰怡, 邱荣祖. 我国物流发展现状与展望 [J]. 物流科技, 2010 (12): 8 - 11.

[239] 李圣军. 农产品流通环节利益分配机制的实证分析 [J]. 农业技术经济, 2010 (11): 108 - 114.

[240] 丁国颖. 农产品电子商务平台及信息网络建设探究 [J]. 中国商贸, 2010 (8).

[241] 徐月, 田建春. 连锁经营理论研究综述 [J]. 合作经济与科技, 2010 (8): 92 - 94.

[242] 李丽, 邓博文. 流通技术在我国农产品批发市场中的应用研究 [J]. 北京工商大学学报: 社会科学版, 2010 (6): 11 - 16.

[243] 周立群. 中外农产品物流的比较与借鉴 [J]. 南方农村, 2010 (4): 85 - 87.

[244] 胡天石. 冷链物流发展问题研究 [J]. 北京工商大学学报: 社会科学版, 20109 (4): 12 - 17.

[245] 郑培, 黎建强. 基于 BP 神经网络的供应链绩效评价方法 [J]. 运

筹与管理，2010（2）：26－32.

［246］祝映莲，郭红莲，谢宏良．我国农产品流通模式优化研究［J］．商业时代，2010（1）．

［247］吴建国，中国流通理论研究六十年［J］．上海商学院学报，2009.

［248］朱永波．我国鲜活农产品流通渠道现状、问题和对策［D］．太原：山西财经大学，2009.

［249］李智．第三方物流企业绩效评价研究［D］．青岛：山东科技大学，2009.

［250］林晓松．基于BP神经网络的上市零售企业成长性评价研究［D］．泉州：华侨大学，2009.

［251］杨晶晶．成都市农产品物流绩效评价［D］．雅安：四川农业大学，2009.

［252］黄锋权．集成化食品冷链物流的绩效评价研究［D］．北京：北京交通大学，2009.

［253］周宇．基于BP神经网络的应急物流风险评价研究［D］．大连：大连海事大学，2009.

［254］蔡锦锦．基于BP神经网络的高校课堂教学质量评价系统的研究与实现［D］．杭州：浙江工业大学，2009.

［255］赵晓飞，田野．我国农产品流通渠道模式创新研究［J］．商业经济与管理，2009（20802）：16－22，91.

［256］宋林波．金融危机下果蔬冷链物流战略探讨［J］．现代商贸工业，2009（17）：17－19.

［257］杨光华，林朝朋，谢小良．生鲜农产品冷链物流模式与对策研究［J］．广东农业科学，2009（6）：200－203.

［258］赵宇，张京祥．消费型城市的增长方式及其影响研究—以北京市为例［J］．城市发展研究，2009（4）：83－89.

［259］袁平红．直卖所—日本农产品流通新模式［J］．现代日本经济，2009（2）：59－64.

［260］朱自平，和金生．我国农产品物流发展的现状与亟待解决的问题

[J]. 现代财经：天津财经大学学报，2009（2）：27 – 30.

［261］邹雪丁，王转. 基于国际经验的农产品流通模式研究［J］. 物流技术，2009（1）：20 – 22.

［262］杨薇. 中美农产品流通政策比较研究［D］. 天津：天津财经大学，2008.

［263］曹春益. 基于语义网格的农产品信息平台的研究与实现［D］. 北京：北京邮电大学，2008.

［264］赵冰. 基于 BP 神经网络的港口竞争力评价研究［D］. 大连：大连海事大学，2008.

［265］霍美丽，侯振宇. 韩国农产品流通现状及经验教训［J］. 世界农业，2008（11）：56 – 58 + 60.

［266］汪克亮，杨力，查甫更. 改进 BP 神经网络在企业网络营销绩效评价中的应用［J］. 商业研究，2008（3）：64 – 68.

［267］汪旭晖. 农产品流通体系现状与优化路径选择［J］. 改革，2008（2）：83 – 88.

［268］霍永亮，刘三阳. 一类随机规划逼近最优值和最优解集的收敛性［J］. 应用数学，2008（2）：322 – 325.

［269］顾大宇. 我国餐饮企业连锁经营研究［D］. 哈尔滨：东北林业大学，2007.

［270］彭永胜. 我国农产品物流发展及其支撑体系研究［D］. 汀潭：湘潭大学，2007.

［271］刘琦. 我国农产品物流发展及对策研究［D］. 太原：山西财经大学，2007.

［272］孙婧. 第三方冷链物流企业物流系统的规划与评价研究［D］. 合肥：安徽农业大学，2007.

［273］霍永亮，刘三阳. 概率约束规划逼近最优解集的稳定性和最优值的连续性［J］. 系统科学与数学，2007（6）：908 – 914.

［274］易法敏，夏炯. 基于电子商务平台的农产品供应链集成研究［J］. 经济问题，2007（1）.

[275] 张巍. 基于 BP 人工神经网络的道路安全评价研究 [D]. 西安: 长安大学, 2006.

[276] 张德化, 论我国农产品流通理论贫困与对策 [J]. 商讯商业经济文荟, 2006 (10).

[277] 韩一军, 张宇萍. 国外农产品物流发展特点分析及启示 [J]. 农业展望, 2006 (10): 32-36.

[278] 周发明. 中外农产品流通渠道的比较研究 [J]. 经济社会体制比较, 2006 (5): 116-120.

[279] 傅毓维, 尹航, 杨贵彬. BP 神经网络在企业经营绩效评价中的应用 [J]. 运筹与管理, 2006 (4): 137-140.

[280] 熊湘辉, 白彦平. 我国农产品流通渠道存在的问题及对策 [J]. 河南商业高等专科学校学报, 2006 (3): 23-25.

[281] 朱经浩, 王成. 正定二次最优控制问题的最优值的估计 [J]. 控制理论与应用, 2006 (1): 152-156.

[282] 邱化蛟. 北京市都市农业的可持续性分析与评价 [D]. 北京: 中国农业大学, 2005.

[283] 王发良. 我国物流发展中存在的问题及对策研究 [D]. 重庆: 西南农业大学, 2005.

[284] 李平. 生鲜超市连锁经营的物流与供应链优化研究 [D]. 天津: 天津大学, 2005.

[285] 俞菊生. 韩国农产品批发市场流通体制 [J]. 世界农业, 2005 (7): 40-42.

[286] 胡天石. 中国农产品电子商务模式研究 [D] 北京: 中国农业科学院, 2005. 6.

[287] 颜佳华, 宁国良, 盛明科. 基于 BP 神经网络的电子政务绩效评价研究 [J]. 中国管理科学, 2005 (6): 125-130.

[288] 陈善晓, 王卫华. 基于第三方物流的农产品流通模式研究 [J]. 浙江理工大学学报, 2005 (1): 74-78.

[289] 郭均鹏, 李汶华. 区间线性规划的标准型及其最优值区间 [J].

管理科学学报，2004（3）：59－63.

［290］黎元生．农产品流通组织创新研究［M］．北京：中国农业出版社，2003.

［291］郭冬乐．中国商业理论前沿（第1、2、3部）［M］．北京：社会科学文献出版社，2000—2003.

［292］段智力．逐步等效t检验最优值的修正及应用［J］．东北师大学报：自然科学版，2003（4）：9－13.

［293］谭雪云．导数概念在经济学中最优值确定方面的应用［J］．山西广播电视大学学报，2002（2）：32－33.

［294］楼文高．BP神经网络模型在水环境质量综合评价应用中的一些问题［J］．水产学报，2002（1）：90－96.

［295］王焰．物流服务绩效标准及评价［J］．物流技术，2002（1）：25－26.

［296］万彼宁，孙新宇．中国农产品电子商务网上交易探讨［J］．计算机与农业，2001（2）：18－20.

［297］吴玉刚．电子商务在我国农产品贸易中的应用研究［D］．合肥：安徽农业大学，2000.

［298］张庆祥，张璞．参数非线性规划中最优值函数的预不变凸凹性（英文）［J］．运筹学学报，2000（4）：12－20.

［299］丁来强，郑进．论韩国农产品流通体制改革及其启示［J］．农业经济问题，1999（5）：59－61.

［300］贺继康．拉格朗日乘数与目标函数最优值［J］．陕西教育学院学报，1999（3）：64－65.

［301］刘建华．美国的农产品流通及其可借鉴经验［J］．财经研究，1994（9）：38－42.

［302］周超产．GINI系数的理论最优值［J］．昆明工学院学报，1994（2）：63－66.

［303］纪宝成，等．商品流通论：体制与运行［M］．北京：中国人民大学出版社，1993.

[304] Huijuan Li, O2O – Based Agricultural Products Supply Chain Process Integration Optimization Based on Internet + [J]. MATEC Web of Conferences 100, 02036 (2017).

[305] Loes van Schaik, Juliane Palm, Julian Klaus, et al. Potential effects of tillage and field borders on within – field spatial distribution patterns of earthworms [J]. Agriculture, Ecosystems and Environment, 2016 (326): 254.

[306] Thomas Keller, Johan Arvidsson. A model for prediction of vertical stress distribution near the soil surface below rubber – tracked undercarriage systems fitted on agricultural vehicles [J]. Soil & Tillage Research, 2016, 65 (2): 155

[307] Yu Zhang, Jinhe Zhang, Guorong Tang, et al. Virtual water flows in the international trade of agricultural products of China [J]. Science of the Total Environment, 2016 (2).

[308] Kevin Morelle, Philippe Lejeune. Seasonal variations of wild boar Sus scrofa distribution in agricultural landscapes: a species distribution modelling approach [J]. European Journal of Wildlife Research, 2015, 25 (6): 611.

[309] Guritno A. D, Fujianti R, Kusumasari D. Assessment of the Supply Chain Factors and Classification of Inventory Management in Suppliers' Level of Fresh Vegetables [J]. Agriculture and Agricultural Science Procedia, 2015 (3): 51 –55.

[310] Heide. Interorganizational Covernance in Marketing Channel [J], Journal of Marketing, 2014 (1).

[311] Peng Wang, Tao Xiong. Is the Distribution of Returns Symmetric? — Empirical Evidence from Agricultural Futures Market of China [J]. Journal of Financial Risk Management, 2014, 584 (4): 127.

[312] Bahta Y T, Willemse B J, Grove B. The role of agriculture in welfare, income distribution and economic development of the Free State Province of South Africa: A CGE approach [J]. Agrekon, 2014, 366 (9): 531.

[313] Y Fang, I Qureshi. Trust, satisfaction, and online repurchase inten-

tion: the moderating role of perceived effectiveness of E – commerce institutional mechanisms [J]. Mis Quarterly, 2014, 38 (2): 407 –427.

[314] Geoffrey C Gunn. Chinese Circulations: Capital, Commodities, and Networks in Southeast Asia [J]. Business History Review, 2013.

[315] CAO Shoufeng, YAN Lu, ZHANG Jiao. Increase Factors of China' s Agricultural Products Exporting to Member Countries of Shanghai Cooperation Organization [J]. International Business and Management, 2013 (71).

[316] Mantymaki M, Salo J. Purchasing Behavior in Social Virtual Worlds: An Examination of Habbo Hotel [J]. International Journal of Information Management, 2013, 33 (2): 282 –290.

[317] Jiang Yanhuia, Li Xiana. A Study on Supply Chain Information Integration of Commodity Circulation Based on Grid [J]. Procedia Engineering, 2012.

[318] Simone Zanoni, Lucio Zavanella. Chilled or frozen? Decision strategies for sustainabl food supply chains [J]. International Journal of Production Economics, 2012 (140).

[319] Hamdan A, Rogers K J. Evaluating the efficiency of 3PL logistics operations [J]. International Journal of Production Economics, 2008, 113 (1): 235 –244.

[320] Dabbene F, Gay P, Sacco N. Optimization of fresh – food supply chains in uncertainenvironments [J]. Biosystems Engineering. 2008 (99): 348 –359.

[321] Panda S, S, Senapati S, Basu M. Optimal replenishment policy for perishable season all products in a season with ramp – type time dependent demand [J]. Computers &Industrial Engineering, 2008 (54): 301 –314.

[322] Knemeyer A, Murphy. Evaluating the Performance of Third – Party Logistics Arrangements: A Relationship Marketing Perspective. Supply Chain Management, 2004, 40 (1): 35 –51.

[323] Gilmore J P. Developing distribution cannels and systems in the emerging recycling industries [J]. International Journal of Physical Distribution, 2002,

6（1）：28－38.

［324］Kaplan S，Sawhney M. E－hubs：the newB2B（business－to－business）marketplaces［J］. Harvard Business Review，2001，78（3）：97－103，214

［325］Nicole Leroux，Max S Wortman Jr，Eric D Mathias. Dominant factors impacting the development of business－to－business（B2B）e－commercein agriculture［J］. International Food and Agri－business Management Review，2001（4）：205－218.

［326］Lambert D，Burduroglu R. Measuring and selling the value of logistics. Logistics Management，2000，11（1）：1－17.

［327］Sink H I，Langley CJ，Gibson，B. J. Buyer observations of the US third－party logistics market［J］. International Journal of Physical Distribution &Logistics Management，1997（5）.